PROUST PAR LUI-MÊME

Biographies

Monsieur Dassault, Balland, 1983.

Gaston Gallimard. Un demi-siècle d'édition française, Balland, 1984. Grand Prix des lectrices de *Elle*.

Une éminence grise. Jean Jardin (1904-1976), Balland, 1986.

L'Homme de l'art. D.H. Kahnweiler (1884-1979), Balland, 1987.

Albert Londres. Vie et mort d'un grand reporter (1884-1932), Balland, 1989. Prix de l'essai de l'Académie française.

Simenon, Julliard, 1992.

Hergé, Plon, 1996.

Le Dernier des Camondo, Gallimard, 1997.

Cartier-Bresson. L'œil du siècle, Plon, 1999.

Grâces lui soient rendues. Paul Durand-Ruel, le marchand des impressionnistes, Plon, 2002.

Rosebud, éclats de biographies, Gallimard, 2006.

Entretiens

Singulièrement libre (avec Raoul Girardet), Perrin, 1990.

Le Flâneur de la rive gauche (avec Antoine Blondin), La Table ronde, 2004.

Récit

Le Fleuve Combelle, Calmann-Lévy, 1997.

Documents

De nos envoyés spéciaux. Les coulisses du reportage (avec Philippe Dampenon), J.-C. Simoën, 1977.

Lourdes. Histoires d'eau, Alain Moreau, 1980.

Les Nouveaux Convertis. Enquête sur des chrétiens, des juifs et des musulmans pas comme les autres, Albin Michel, 1981.

(suite à la p. 665)

PIERRE ASSOULINE

PROUST PAR LUI-MÊME

TEXTO

Texto est une collection des éditions Tallandier

La première édition de cet ouvrage a paru sous le titre
Autodictionnaire Proust.

1re édition : © Omnibus,
un département de Place des Éditeurs, 2011

© Éditions Tallandier, 2019 pour la présente édition
48, rue du Faubourg-Montmartre – 75009 Paris
www.tallandier.com

SOMMAIRE

À mon ami, Eli Namyas

NUL N'EST MOINS MORT QUE LUI

Un jour, il cesse de vivre et se consacre à revivre. Cela a donné *À la recherche du temps perdu*. Près d'un siècle qu'on en parle et ce n'est pas fini. Marcel Proust (Paris XVIᵉ, 1871-Paris XVIᵉ, 1922) est l'écrivain que croient aimer ceux qui n'ont jamais rien lu. Même si tout dans sa vie conspire à lui permettre de créer son grand œuvre, même s'il n'a en fait jamais cessé d'écrire (*Jean Santeuil,* lettres, articles, critiques), et donc de travailler, un moment de son existence vers 1908, dont les ressorts nous demeurent indéchiffrables, le voit se retirer progressivement du monde extérieur ; il s'enferme alors dans le sien propre, à l'issue d'un infime et décisif putsch dans son parlement intérieur, afin de se consacrer à l'immense chantier qu'il a ouvert tandis qu'il agonise.

Le siècle littéraire qui s'est achevé il y a une décennie à peine fut le siècle de Proust, et rien n'indique que son empire sur les consciences romanesques soit entamé en profondeur ; il l'a dominé au point que tout écrivain français en est à se demander comment être soi dans un pays où Proust est tout. Pris au pied de la lettre, ce genre de dilemme peut soit stimuler, soit stériliser un auteur. C'est que, pour être un massif romanesque aussi impressionnant que *La Comédie humaine* ou *Les Rougon-Macquart*, la *Recherche*[1] n'est pas à proprement parler un cycle ni une série mais un livre, que des problèmes techniques liés à son énormité ont contraint à publier par morceaux.

Il se propose en sept, en quatre, en trois volumes et même désormais en deux volumes. Le découvrir en un bloc unique d'un seul tenant (2 402 pages, 1,5 kg tout nu) provoque une forte secousse sismique sur l'échelle de Richter de l'émotion littéraire. Les proustologues de la Pléiade ont accompli des exploits. Leur décryptage des graphies de l'écrivain, leur recollement des paperoles aléatoires, leurs datations des lettres imprécises rendent davantage que de signalés services aux chercheurs. Grâces leur soient rendues. Sans eux, notre intelligence de l'œuvre et de l'homme en serait amoindrie. Mais on ne saurait trop conseiller, une fois au moins, l'ascension de la *Recherche* dans son plus simple appareil, c'est-à-dire débarrassée de tout appareil critique, propre à ce sadisme universitaire qui rend parfois de sérieux sévices. Qui dira jamais la secrète volupté du proustien de fond, au plus profond de sa nuit de lecteur, entamant une lecture passionnée de la *Recherche* par un incipit qui ne serait pas : « Longtemps, je me suis couché (a) de bonne heure… »

Qui reçoit la *Recherche* en un bloc d'un ou deux volumes cherche aussitôt l'île déserte qui va avec. Eu égard à sa fabrication, c'est une édition qu'il convient de lire de préférence en la laissant reposer sur une surface plane. Observée en plan

---

1. Nous ne l'évoquerons pas par son titre complet (trop lourd à la longue), ni par son sigle RTP (trop universitaire dans sa sécheresse), ni par le confusant *Le Temps perdu* (trop Ramon Fernandez).

de coupe, ondulée par le souffle du lecteur quand l'atmosphère est trop intense, elle ressemble alors à une mouette battant gracieusement des ailes au-dessus d'un lac.

La *Recherche* est le modèle indépassable du classique moderne, à la charnière entre deux siècles, au poste frontière de l'ancien et du nouveau monde. Elle l'est devenue très tôt après la mort de Proust, dès que la boucle de sa publication complète fut bouclée ; un classique moderne au sens où Italo Calvino l'a si justement défini : « Est classique ce qui tend à reléguer l'actualité au rang de rumeur de fond, sans pour autant prétendre éteindre cette rumeur. Est classique ce qui persiste comme rumeur de fond, là même où l'actualité qui en est la plus éloignée règne en maître. Un classique est un livre qui n'a jamais fini de dire ce qu'il a à dire[1]. »

Ainsi, en en renouvelant la signification, chaque génération étend l'influence d'un classique moderne.

Du chef-d'œuvre, quand bien même celui-ci est-il inachevé, donc imparfait à jamais, la *Recherche* a la plus tranquille, la plus apaisante, la plus inoubliable des vertus : celle de nous expliquer ce qui nous arrive mieux que nous ne saurions le faire. Il avait bien mis le mot « Fin » *in fine* mais les manuscrits découverts depuis laissent à penser que ce point final était inconclusif.

Depuis la mort de Proust en 1922, non seulement son étoile n'a jamais cessé de monter haut dans les cieux, mais son œuvre n'a pas été ensevelie sous l'avalanche des exégèses. Sa capacité de résistance au commentaire témoigne déjà à elle seule de la force souterraine de ce roman. Le commen-

---

1. Italo Calvino, *L'Espresso*, 28 juin 1981 repris dans *Défis aux labyrinthes,* Seuil, tome II, 2003.

taire du commentaire entraîne dans le vertige du commentaire infini. Tous n'apportent pas des suppléments d'âme. D'autant que tous ne sont pas si lumineux ; on en connaît même qui brouillent la vue jusqu'à faire oublier l'origine des lignes commentées. Un comble : tuer ce qu'on exalte. Pour la vanité d'ajouter son apostille à l'immensité d'une littérature ? Plus que pour tout autre auteur de son temps, on pourrait écrire le récit de la nouvelle vie de Proust, son existence posthume, de sa mort terrestre à nos jours, en incorporant le torrent de commentaires qu'il a provoqués. Pourtant, bien que Proust ait déjà suscité une bibliographie considérable (à égalité avec de Gaulle et Picasso), nul n'a réussi à l'abîmer. Comme si tout cela n'était au fond que de peu d'importance à côté de ce bloc de papier dont rien n'a réussi à entamer l'énigme à l'issue d'un siècle d'explications.

On sait qu'il en est de la littérature comme de l'Histoire : il est permis de la violer à condition de lui faire de beaux enfants. Pour la *Recherche* c'est désormais légitime, s'agissant d'une œuvre « tombée » dans le domaine public. Depuis une dizaine d'années, à l'égal de nombre de ses prédécesseurs, Proust peut être traité comme une fille publique. Son corps de papier appartient à tout le monde.

Tant pis pour ceux qui l'ont cantonné aux salons : Proust est partout, il nous attend à tous les coins de rue. Comment ne pas sentir l'ombre portée de la *Recherche* sur tous ceux qu'elle touche ? Faut-il être présomptueux pour se croire durablement soustrait à son champ magnétique.

On feuillette un magazine et, au hasard d'une évocation du monde d'avant, on tombe sur un portrait de la comtesse Greffulhe, née Élisabeth de Caraman-Chimay. Paul Nadar,

qui avait repris l'atelier de son père, a figé sa grâce souveraine en 1895 sur une plaque de verre au gélitano-bromure
d'argent qui était le négatif de l'époque. Cette photographie
dégage un je-ne-sais-quoi d'envoûtant qui nous enveloppe,
quand bien même ne serait-on pas séduit par la personne. La
comtesse Greffulhe était au début de l'autre siècle l'une des
femmes les plus distinguées de la grande société parisienne.
Il arrivait que Proust ne se rendît à l'Opéra que pour admirer
son port lorsqu'elle gravissait les degrés du grand escalier.
Elle ne l'ignorait pas, elle qui jouissait de se savoir l'objet
de tous les regards. La toute première fois qu'il l'aperçut,
c'était en 1892 à un bal chez la princesse de Wagram. Sous le
choc de cette révélation, il ne put s'empêcher de s'en ouvrir
auprès d'un ami afin que celui-ci communiquât son trouble
à l'intéressée : « Elle est difficile à juger, sans doute parce
que juger c'est comparer, et qu'aucun élément n'entre en elle
qu'on ait pu voir chez aucune autre ni même nulle part ailleurs. Mais tout le mystère de sa beauté est dans l'éclat, dans
l'énigme surtout de ses yeux. Je n'ai jamais vu une femme
aussi belle. » Plus de vingt ans après, alors qu'il venait d'être
couronné du prix Goncourt, il songeait avec mélancolie que
cette femme qui l'inspira avec le bonheur que l'on sait n'avait
jamais accédé à son plus cher désir, malgré son insistance
dans la réclamation. Elle avait toujours refusé de lui envoyer
son portrait, alléguant que la photographie immobilise la
beauté de la femme, quand Proust lui accordait justement
le mérite d'éterniser un moment radieux.

Proust est de ces hommes qui osent dire et écrire
« Maman », avec un « M » majuscule, quand bien même

seraient-ils rassasiés de jours. Avec *Maman*[1], le psychana-
lyste Michel Schneider a voulu montrer que le plus grand
roman du siècle était une longue lettre adressée par l'auteur
à sa mère pour lui demander de revenir. On savait déjà que
la *Recherche* racontait comment Marcel devint Proust. On
se souvenait que tout cela devait beaucoup à un baiser de
Maman espéré en vain avant de gravir l'escalier de la nuit.
Michel Schneider nous pousse à tout reconsidérer en amont
et en aval de la mort de Jeanne Proust, née Weil. À nous
demander en quoi cet écrivain fut le fils homosexuel d'une
mère juive. Ou pourquoi certaines mères mettent autant de
douceur et d'amour à tuer leur fils. Ou comment les femmes
sont à ceux qui savent les entendre de cruelles lampes pour
éclairer les recoins de l'âme. Toute son étude repose sur
une réplique du *Bourgeois gentilhomme,* phrase codée que
maman adressait à son petit loup en un clin d'œil complice :
« Fais comme si je ne le savais pas. » On devrait la prendre
au mot… Et s'en souvenir en relisant la *Recherche* comme
si on ne le savait pas.

S'il est vrai que la biographie d'un écrivain ne saurait être,
avant tout mais pas exclusivement, que celle de son œuvre,
ce n'est jamais aussi vrai que pour Marcel Proust. À ceci près
que son grand livre étant l'œuvre de toute une vie, les deux
se fondent et se confondent. Pour autant, le roman n'est
évidemment pas autobiographique, contrairement à *Jean
Santeuil,* quand bien même le jeune Marcel entretiendrait des
rapports étroits avec le Narrateur dit Pseudo-Marcel, comme
on parlait dans l'Antiquité de faux auteurs tels le Pseudo-

---

1. Gallimard, 1999.

Denys ou le Pseudo-Cicéron. Il y a là déjà de quoi prendre la mesure de la complexité de l'entreprise dès lors qu'on ne la réduit pas à une histoire de duchesses racontée sur le mode nostalgique. Les derniers temps, lorsqu'il manifesta le désir d'être de l'Académie française, Jacques Rivière voulut l'en dissuader en lui objectant qu'il était trop dru, trop positif, trop vrai pour « ces gens-là ». Non qu'il soit au-dessus mais à part. Proust ne considérait-il pas que son œuvre délivre un artiste de la morale requise chez tout homme qui n'est pas un véritable artiste ? Au besoin, elle rachète ses fautes.

Rat des villes, Proust mourrait asphyxié en rat des champs. Il a fréquenté le monde ; il l'a aimé, s'est laissé enchanter, emberlificoter même. Mais lorsqu'il s'est véritablement mis à son grand œuvre, tout est retombé, à commencer par les masques ; alors la satire a pris le dessus et il les a tous enrôlés dans son guignol. Nul besoin de revenir des tranchées pour pétrarquiser sur l'horrible.

C'est un distrait que la société distrait. Mais rien ne lui échappe de la misère d'un milieu falsifié par le snobisme. Non celui des altesses qui en sont naturellement dépourvues, mais celui des autres, lesquels se trouvent dans la situation de ceux qui n'en ont pas. Sous son regard, la mondanité cesse d'être frivole dès qu'elle sert de révélateur et que les êtres y apparaissent dans toute leur complexité. Le snobisme ou l'obsession de la classification : lorsqu'elle va de pair avec la fièvre généalogique, cela cause les dégâts que l'on sait : au mieux, l'entre-soi élevé au rang d'un des beaux-arts, au pire le même phénomène ramené à sa plus simple expression raciste. Et ses pantins qui rêvent d'en être se retrouvent soudain démasqués, véritablement snobs, plus encore que sous la plume d'un Thackeray[1], réduits à l'étymologie de leur état pathétique : *sine nobilitate*. Sans *aucune* noblesse.

L'édification d'une œuvre d'art, de celles qui confèrent un réel inédit à la réalité, fut la solution à tous ses tourments spirituels. Au commencement est le souvenir, aussi mince soit-il, puis le réseau de liens qui se tisse autour, enfin les sensations qui se superposent pour en donner une analyse. Proust est le grand percepteur des arts et lettres. Nul ne perçoit comme lui. Tout est dans la sensation, la mémoire n'est qu'un moyen. Nul autre que Proust n'a su ainsi mettre à nu le système nerveux des événements.

À défaut d'avoir modifié la langue, comme Joyce et Céline l'ont fait, il a profondément bouleversé notre perception du monde en nous plaçant dans cette tension inconfortable mais si troublante où les secrets du sentiment luttent contre les vérités de l'intelligence. Il a l'art de revisiter des lieux tristes d'avoir été heureux. Comment n'être pas désespéré en se laissant convaincre par sa lecture que certaines heures de notre vie ne ressusciteront jamais ?

Tout en déployant avec éclat son humour noir dans la peinture de la comédie sociale, en rival avoué de Saint-Simon, il a le génie de parler de soi sans parler de lui.

Il est celui qui nous apprend à écouter en nous-même. Tant de lecteurs lui doivent leur oreille intérieure. Il nous apprend à lire sans confondre la lecture et la conversation, analogie séduisante mais trompeuse, car la seconde dissipe la

---

1. W.M. Thackeray, *Le Livre des snobs,* 1842, traduction de Raymond Las Vergnas, GF/Flammarion, 2007.

jouissance intellectuelle, et le travail de l'esprit sur lui-même, que seule la solitude du lecteur procure. Il nous apprend à nous souvenir, c'est-à-dire à nous déprendre de l'enregistrement heure par heure de notre vie, puis à nous confier à l'oubli et, comme le dit Maurice Blanchot, « à ce risque qu'est l'oubli absolu et à ce beau hasard que devient alors le souvenir ».

C'est un maître qui ne se pousse pas du col, comme souvent les maîtres sans école ni disciple. L'air de rien, il enseigne qu'est doué de sens artistique celui qui se soumet à la réalité intérieure. Vous et moi. Il écrit par exemple que nous vivons auprès de gens que nous croyons connaître mais qu'il nous manque l'événement qui nous les révélera autres que nous ne le savons ; et cela suffit à modifier notre regard sur le monde. Proust nous pousse à la passion des nuances, qui est l'enseignement même de la littérature. C'est lui le vrai souverain des nuances, et l'ombre des apparitions, et non son ami Montesquiou qu'il avait ainsi baptisé.

On attend désormais de la littérature qu'elle nous sidère et nous méduse, quand Proust nous avait habitués à ce qu'elle nous enchante, nous plonge dans le doute. À le fréquenter durablement et intensément, on se surprend à proustiser inconsciemment. À la suite de Cervantès, il a déchiré le rideau entre l'homme et le monde. À l'inverse d'Oscar Wilde, il aura mis son génie dans son œuvre et son talent dans sa vie. Quel lecteur aurait le culot de s'en plaindre ?

À LA RECHERCHE D'UN ÉDITEUR,
PERDU PUIS RETROUVÉ…

Imagine-t-on seulement ce qu'a dû être une conversation entre Proust et Gide ? La première fois, c'est un 1er mai. La scène se passe chez Gabriel Trarieux, un poète symboliste rencontré en faculté. Nous sommes en 1891. Proust, encore étudiant en droit et sciences politiques, fait la connaissance d'Oscar Wilde et de Maurice Barrès, « joue » au tennis avec Gaston de Caillavet et pose déjà pour Jacques-Émile Blanche. Ils ont une vingtaine d'années mais c'est Gide l'aîné, de deux ans. Des choses à se dire ? Mieux : d'évidentes affinités qui appellent d'inévitables retrouvailles. Ils se revoient encore l'année suivante avant un grand blanc de vingt-quatre ans. Ce ne sont pourtant pas les occasions qui ont manqué. Quand Proust et ses amis se sont mobilisés pour que les intellectuels exigent la révision du procès du capitaine Dreyfus, leur « Manifeste des 104 » a atteint Gide qui a signé. Mais cela n'a pas été au-delà. Un quart de siècle d'une estime qu'ils diront réciproque mais qui n'est pas alors suivie d'effet… C'est long. L'explication de cette distance que rien ne semble réduire, on la trouve peut-être dans cette observation de Charles Du Bos : « Quand on pense simultanément aux deux, Proust est le danger-point de Gide[1]… » Finalement, les affres de l'édition les rapprocheront. Il faudra que Proust connaisse des déboires dans la publication de son manuscrit et que Gide le traite avec désinvolture pour que la magnanimité de l'un et le repentir de l'autre les remettent en présence.

---

1. Charles Du Bos, *Journal*, Corrêa, 1946, p. 154.

Depuis 1912, Proust est à la recherche d'un éditeur pour *Le Temps perdu,* premier volume de son grand roman qui porte encore le titre général *Les Intermittences du cœur.* Eugène Fasquelle le refuse, de même que Gaston Gallimard, gérant du tout jeune comptoir d'édition de *La Nouvelle Revue Française.* Même du côté des journaux et des revues, on fait la fine bouche pour des extraits. Mais Proust ne se décourage pas pour autant. Ces revers n'entament pas sa détermination. Son roman sera édité car il doit l'être, dût-il en assumer les frais de fabrication et de diffusion. Bernard Grasset, un jeune éditeur récemment installé, se laisse d'autant plus convaincre de publier finalement *Du côté de chez Swann* en 1913 que le procédé du compte d'auteur limite ses propres risques financiers. L'affaire est conclue mais Proust pense déjà à la suite. Insatisfait, il démarche la maison Ollendorff. Nouveau refus. Mais la réponse de son directeur M. Humblot est prophétique car typique des reproches que l'œuvre de Proust subira probablement tant que ce livre sera réédité, autrement dit jusqu'à la fin des temps de la librairie : « Je suis peut-être bouché à l'émeri mais je ne puis comprendre qu'un monsieur puisse employer trente pages à décrire comme il se tourne et se retourne dans son lit avant de trouver le sommeil[1]. » Ce que Céline exprimera à sa manière : « Proust explique trop à mon goût – trois cents pages pour nous faire comprendre que Tutur encule Tatav c'est trop[2]. » Pourtant, un peu plus d'un an après, c'est le département édition de la *NRF* qui

---

1. Humblot cité par Louis de Robert, *Comment débuta Marcel Proust,* Gallimard, 1925, p. 13 ; et Jean-Yves Tadié, *Proust, le dossier,* Belfond, 1983.

2. Lettre à Milton Hindus, 11 juin 1947, in Philipe Alméras, *Dictionnaire Céline,* Plon, 2004.

se prépare à publier la suite de son roman. Entre-temps, la déclaration de guerre et la mobilisation ont éloigné Bernard Grasset de Paris. Nerveusement épuisé, contraint à un long repos forcé en Suisse, il a décidé de ne rien publier avant la fin des hostilités. Il refuse tout, *L'Exil* par exemple, premier manuscrit d'un jeune inconnu, Henry de Montherlant. Quand il rentre enfin à Paris, il sait qu'il est trop tard. De multiples correspondances lui ont fait comprendre, à mots couverts tout d'abord, au futur interrogatif puis au présent exclamatif, que Proust le quitte pour rejoindre la maison d'un homme qui sera son rival permanent pendant un demi-siècle : Gaston Gallimard.

Après tout, ce n'est pas par dilection que Proust avait choisi d'être édité à compte d'auteur puisqu'il était convaincu, à raison, que dans ces cas « les éditeurs ne s'occupent plus d'un livre[1] ». C'est un fait que, jusqu'à ce qu'on le lui dispute, Grasset considérait Proust non comme un auteur mais « comme un client pour le compte duquel on exécute un travail et à qui on remet une facture[2] ». Avec le recul et en ayant pris connaissance des écrits des uns et des autres, on doit convenir qu'il était « normal » que la *NRF* refuse le manuscrit de Proust comme il était « normal » qu'elle s'évertue peu après à le rattraper. Ce qui n'a rien de contradictoire, tout bien pesé.

En 1912, la *NRF* fait ses premiers pas. Elle a déjà une ligne qui est une manière de programme. Son intransigeance est salubre ; elle lui est même salutaire. C'est le prix de son

---

1. Gabriel Boillat, *La Librairie Bernard Grasset et les lettres françaises*, Honoré Champion, tome II, 1988.

2. Louis de Robert, *op. cit.*

indépendance et la marque de sa singularité. La *NRF* représente ce dont il peut rêver de mieux pour la diffusion, la consécration et la pérennité de son œuvre. Dans son esprit, paraître sous son sigle ne relève pas seulement d'une bonne stratégie littéraire ou commerciale : c'est un honneur[1]. C'était un temps où la littérature était de la *NRF* comme la radio était de la TSF. En être, c'est aussi la certitude d'être reconnu par Gide, juge et modérateur, l'homme du juste milieu dans cet aéronef en proie aux turbulences du milieu littéraire. Si Proust manifeste quelque réserve en 1911 lors de la publication d'*Isabelle* dans la revue (« Pas mal, mais pas renversant[2] »), il tient *Les Nourritures terrestres* pour « un chef-d'œuvre[3] » et, à court de superlatifs, appelle Balzac et Stendhal à la rescousse pour se dire le captif anxieux et ravi des *Caves du Vatican*[4].

Le petit cénacle qui anime la *NRF* porte déjà les stigmates des premiers schismes. Il y a les orthodoxes, gardiens de la foi, et les autres, plus ouverts et accueillants. L'irruption du manuscrit de Proust dans cette atmosphère-là, entre les mains de ces lecteurs-là, c'est « Bacchus survenant en pleine Réforme ! » notera le plus subtil analyste du milieu *NRF*[5].

1. Franck Lhomeau et Alain Coelho, *Marcel Proust à la recherche d'un éditeur*, Olivier Orban, 1988.

2. George D. Painter, *Marcel Proust*, Mercure de France, 1966, tome II ; Tallandier, collection « Texto », 2008.

3. Lettre de Proust à Gide, octobre 1917, tome XVI, in *Correspondance générale de Marcel Proust*, 21 vol., édition de Philip Kolb, Plon, 1970-1993.

4. Auguste Anglès, *André Gide et le premier groupe de « Nouvelle revue française »*, III, Gallimard, 1978-1986.

5. *Ibid.*, tome II, p. 392.

Marcel Proust, ils le rejettent *a priori*. À leurs yeux, il incarne tout ce qu'ils détestent : frivolité et dilettantisme, mondanités et oisiveté, duchesses et *Figaro*. Un snob. La cause est entendue avant même d'avoir été plaidée. Car le manuscrit n'a pas été vraiment lu. En sus de cette personnalité, la plus défavorable des entrées en matière pour un auteur, donc un solliciteur, l'œuvre se présente mal. Elle est énorme, hirsute, difficile à déchiffrer. On ne pardonne pas à un roman d'avoir mauvaise mine. Celui-ci est dans un tel état qu'il n'invite pas ses tout premiers lecteurs à la lecture, encore moins à la découverte. Les gens de la *NRF*, déjà mal disposés à son endroit, ne font pas l'effort d'en savoir plus. Trop de préventions se conjuguent pour qu'ils aillent plus loin. D'ailleurs, pour cet exigeant comité de lecture, le cas Proust ne pose même pas problème : la correspondance croisée des membres fondateurs de la *NRF* révèle qu'en 1912, son œuvre et sa personne ne sont même pas évoqués. À une exception près : on signale son nom comme celui d'un souscripteur potentiel[1]… Au vrai, ils s'en fichent jusqu'à la publication de *Du côté de chez Swann*, un an après, chez Grasset. Preuve qu'ils ne l'ont pas lu. Bien plus tard, quand ces acteurs de l'histoire littéraire se seront mués en témoins et qu'ils auront lu Proust autrement que par ouï-dire, certains d'entre eux n'en démordront pas : « C'est mal composé et mal écrit », tranchera André Ruyters. Autrement dit : persiste et signe[2]. Quant à Jean Schlumberger, il argumentera : « Par quelle extravagance aurions-nous fait place à sept ou huit volumes d'un Monsieur qui n'était pas des nôtres et dont nous ne

---

1. *Ibid.,* tome III.
2. *Ibid.,* tome II, p. 393.

savions rien qui ne nous mît en défiance[1]. » Certes… Mais outre Jacques Rivière et Jacques Copeau, qui ne tardent pas à communiquer leur enthousiasme au principal intéressé, deux piliers de la *NRF* s'évertuent à estomper les traces de cette méprise : deux hommes qui s'affrontent alors pour prendre la direction de la maison, Gaston Gallimard et André Gide.

Le premier, alors âgé de vingt-six ans, a fait la connaissance de Proust quelques années auparavant sur la route de Benerville, en Normandie. Une rencontre qui l'a fortement marqué, tant il est frappé par la tendresse du regard de cet homme à l'allure nonchalante qui ne manque pas de grâce. Il est séduit et attiré ; et lorsque Proust dévoile le but de sa visite à Robert Gangnat, le représentant de la Société des auteurs dramatiques qui accompagne Gaston Gallimard et fait les présentations – « Je suis venu vous inviter ce soir à dîner au Grand Hôtel » – Gaston Gallimard dissimule à grand-peine qu'il aimerait lui aussi partager cette table, mais sa timidité et son éducation l'empêchent de s'inviter. Ce qui n'échappe pas à Proust qui « ne manqua pas de le faire avec une politesse, une insistance si délicates qu'elles ne me surprirent même pas bien que venant d'un homme plus âgé que moi ».

Le soir venu, Proust accueille ses hôtes avec une courtoisie d'un autre âge : « Il nous donna le nom de chacun de ses convives. Il nous fit le portrait de chacun et nous conta son histoire. Mais surtout il nous parla longuement du vieux marquis de N… qui devait être des nôtres, un drôle de personnage, ruiné, abandonné et malade, qui voguait

---

1. Lettre à Henri Bonnet citée par Tadié, *op. cit.*, p. 275.

comme une épave dans cet immense hôtel[1]. » Gallimard est ébloui par la conversation, la facilité et l'éloquence de Proust ; quand les uns et les autres évoquent leurs voyages et que l'écrivain récite de mémoire une page de Pierre Loti sur Constantinople, Gallimard ne peut dissimuler son admiration. « Lisez l'indicateur Chaix, c'est bien mieux », lui conseille Proust avant de lui réciter des noms de pays comme pour le convaincre[2].

Cette première rencontre demeurera à jamais gravée dans la mémoire de Gaston Gallimard. Jamais il ne se fera prier pour la raconter. Mais dans les premières années du siècle, c'est l'homme qui l'impressionne, pas l'écrivain, pas encore. Leurs retrouvailles, quelques années plus tard, sont professionnelles. L'écrivain s'adresse à l'éditeur débutant, tout nouveau gérant du « comptoir d'édition » de la *NRF*. En novembre 1912, il lui écrit à deux reprises pour lui demander un conseil et un bref entretien, et le prie de lui rendre visite dans sa chambre, boulevard Haussmann. Proust a deux gros manuscrits de cinq cent cinquante pages chacun à lui montrer, mais déjà, il se montre très pointilleux sur l'aspect technique de leur édition, les détails typographiques, le prix, la fabrication… Sa résolution est faite : s'il n'obtenait pas les précisions voulues, il ne se donnerait même pas la peine de retirer les manuscrits chez l'éditeur Fasquelle à qui il regrette de s'être adressé sur les conseils et la recommandation de son ami Calmette, le directeur du *Figaro*.

---

1. Citations extraites de « Gaston Gallimard raconte Marcel Proust », *Marianne,* 3 mai 1939.

2. Gaston Gallimard, « Première rencontre », *La Nouvelle Revue Française,* 1er janvier 1923.

Il faut croire que Gallimard se montre déjà un épistolier convaincant puisque, après avoir reçu sa réponse, Proust lui écrit : « Vous avez eu les mots les plus simples et les plus efficaces pour dissiper le léger malaise moral que j'éprouvais et je vous en remercie sincèrement. » Mais l'éditeur ne semble pas bien imaginer l'ampleur du travail de Proust puisqu'il propose de venir lui-même chercher les manuscrits et de les emporter sous le bras. Ils se connaissent à peine et pourtant ils se font confiance. C'est que Gaston Gallimard représente, *stricto sensu*, la *NRF*, une manière d'écrire et de réfléchir qui séduit Proust plus que d'autres. C'est là qu'il lui faut être et nulle part ailleurs. L'écrivain, d'ordinaire si secret, n'hésite pas à mettre l'éditeur dans la confidence ; il lui fait lire la seconde partie de son livre, celle qui pourrait choquer en raison notamment du personnage du baron de Charlus, « pédéraste viril » qui fait profession de détester les efféminés. « Vous pouvez penser que le point de vue métaphysique et moral prédomine partout dans l'œuvre, lui écrit Proust. Mais enfin on voit ce vieux monsieur lever un concierge et entretenir un pianiste. J'aime mieux vous prévenir d'avance de tout ce qui pourrait vous décourager[1]. » Tout en renouvelant sa confiance à Gallimard, Proust lui demande de garder le secret jusqu'à la parution et, pour bien lui montrer la valeur qu'il attache à son jugement, il cite quelques phrases d'une critique signée de l'éditeur dans la *NRF* d'août 1912 sur une exposition de Bonnard ! Il faut le croire sincèrement conquis puisque, quelques jours après, il écrit à Jacques Copeau, un

---

1. Lettres de Marcel Proust à Gaston Gallimard, 5 et 6 novembre 1912, in *Correspondance générale de Marcel Proust*, 21 vol., édition de Philip Kolb, Plon, tome XI, 1984.

des pères fondateurs de la *NRF* : « […] paraître à *La Nouvelle Revue Française* est encore beaucoup plus tentant pour moi depuis que vous m'avez dit que mon lecteur et mon éditeur serait M. Gallimard. Je l'ai rencontré une fois et j'ai gardé de lui un si bon souvenir que, pour moi qui suis malade et que les rapports avec un éditeur effraient déjà, tout devient simple et charmant si l'éditeur c'est lui[1]. »

Peu après, un jeudi, à la traditionnelle réunion des hommes de la *NRF* rue d'Assas chez Jean Schlumberger, après que l'on a fait le point de l'ordre du jour, le nom de Proust est cité : « Alors, et les cahiers que Gallimard a apportés ? – C'est plein de duchesses, ce n'est pas pour nous… Et en plus, c'est dédié à Calmette, le directeur du *Figaro*… » Ce jugement est attribué à Gide. Gallimard remporte donc les manuscrits et les rend à son auteur qui, déçu mais pas découragé, les publie finalement à son propre compte chez Bernard Grasset. Malgré une sortie assez confidentielle, *Du côté de chez Swann* est bien accueilli, y compris par la *NRF*. Et si l'on s'était trompé ? Ghéon fait lire le manuscrit à Jacques Rivière lequel, à son tour, presse Gide de le « relire ». Gallimard et Rivière en parlent longuement et s'accordent à blâmer l'impair commis par la maison : « C'est de la folie… c'est une œuvre capitale, beaucoup mieux que tout ce que font nos amis[2] ! » Gallimard se rendra à nouveau chez Proust pour exprimer ses regrets et ceux de la maison ; sur ses conseils, il entrera en contact, pour la première fois, avec Bernard Grasset afin de lui racheter les droits et les stocks de *Swann*

---

1. Lettre de Proust à Copeau, 24 octobre 1912, *ibid.*
2. Interview de Gaston Gallimard par Madeleine Chapsal, *L'Express*, 5 janvier 1976.

et de publier tout le *Temps retrouvé*. Gide, quant à lui, fera son *mea culpa* en écrivant à Proust : « [...] le refus de ce livre restera la plus grave erreur de la *NRF* et (car j'ai honte d'en être beaucoup responsable) l'un des regrets, l'un des remords les plus cuisants de ma vie[1]. »

André Gide n'était pas le seul fautif. Il s'était certes ennuyé à la description d'un dîner chez les snobs pendant des pages et des pages ; le thé à la camomille, l'eau de Vichy-Célestins, la tante Léonie, tout cela lui avait hérissé le poil, quand il n'avait pas été choqué par des expressions telles que « ce triste front [...] où les vertèbres transparaissaient[2]... » qu'il tient pour un méchant solécisme quand ce n'est qu'une banale métonymie. Mais il avait des excuses : le manuscrit était démesuré, hirsute, difficilement déchiffrable, surraturé et l'auteur s'était par avance opposé à toute coupe ; la charge financière eût été trop importante pour une si jeune maison au demeurant encore très mal organisée. Il n'empêche : la faute de la *NRF* passera à la postérité comme la faute de Gide. Il n'y est pas étranger. Rarement un aveu de culpabilité aura été aussi entier et univoque, surtout sous la plume d'un écrivain comme Gide, au tempérament parfois sinueux, et soucieux de s'adapter aux circonstances.

Une fois n'est pas coutume, on lui fait crédit de sa sincérité, en dépit de sa tendance à s'incriminer en permanence, avec ostentation, dans sa correspondance comme dans son *Journal*. Après tout, nul ne lui demande de se frapper ainsi la poitrine en s'attribuant la paternité du mal, concentrant ainsi sur son seul nom l'opprobre et le soupçon. S'il s'était

---

1. Léon-Pierre Quint, *Proust et la stratégie littéraire*, Corrêa, 1954.
2. Voir entrée « Métaphore énigmatique »

tu, nul ne le lui aurait reproché, le refus de *Swann* étant un acte collectif, celui d'un groupe dont la responsabilité est partagée donc diluée, même si pour beaucoup, la *NRF*, c'est Gide. Gardons-nous pour autant d'imaginer que cette attitude était exempte de tout machiavélisme. Il faut aussi l'interpréter comme une démonstration d'autorité, nécessaire à un moment où une lutte pour le pouvoir oppose Gide à Gallimard. En excipant de sa très grande faute et en revendiquant la responsabilité, sans en dégager tout à fait ses amis, Gide signifie explicitement : « La *NRF*, c'est moi. » Quand il lira vraiment *Du côté de chez Swann,* sans prévention d'aucune sorte à l'endroit de l'auteur, Gide lui avouera l'avoir fait avec avidité et, selon ses propres termes, s'en être sursaturé avec délice, s'y être même vautré ! De cette erreur qu'il juge dès lors grossière et impardonnable, le grand lecteur en Gide tirera une leçon d'humilité pour l'avenir.

Le refus de *Swann* l'obsédera longtemps comme un spectre que rien ne peut conjurer. Cela le fera même douter, lui, le contemporain capital, de son aptitude à s'enthousiasmer pour de nouveaux textes et de jeunes auteurs en rupture avec la tradition académique, tout en sachant qu'il ne suffit pas de briser les icônes de la littérature installée pour avoir du génie : « Aurais-je su reconnaître tout de suite la valeur insigne de Baudelaire, de Rimbaud ? N'aurais-je pas d'abord considéré Lautréamont comme un fou[1] ? » En fait, l'attitude de Gide envers Proust est triple. Admiratif, il loue sans réserve ses dons d'architecte, la force de sa composition et l'équilibre des différentes parties du roman : il en parle

---

1. André Gide, « Ainsi soit-il », in *Journal,* Gallimard, La Pléiade, volume II, 1997.

comme d'une cathédrale dont les lignes et les volumes lais-
seraient pantois les artistes les plus exigeants. De plus, il se
dit très impressionné par la gratuité de son acte d'écriture,
son désintéressement. Selon lui, il est de ces rares écrivains
qui ne cherchent ni à prouver ni à démontrer. De ceux qui
écrivent pour rien, ce qui ne signifie pas qu'il écrive sans
nécessité, et qui est bien plus efficace que tant d'œuvres
dont l'utilité est la motivation première. Solidaire, il reven-
dique son appartenance à une équipe dans laquelle il figure
aux côtés de Valéry, Proust, Claudel et Suarès en raison
de leur commun mépris des contingences de l'actualité :
mais s'ils entendent clairement inscrire leur œuvre dans la
durée, cela ne porte en rien jugement sur leur capacité à
s'engager dans la société. Critique enfin, Gide se fait maître
d'école, du genre plutôt grincheux et méticuleux, comme
il sera peu après avec Simenon. Il donne l'impression de
lire la *Recherche* un crayon à la main, corrigeant volontiers
dans la marge. Cela ne procède plus de la correction fraternelle mais de la correction de copie. Il se plaît à relever
une incertitude grammaticale en notant que « réaliser » est
probablement employé pour servir d'exemple au Littré[1] ou
à dénoncer « un maniaque besoin d'analyse » qui pousse
l'auteur à s'autoriser « de trop nombreuses phrases intolé-
rablement mal écrites[2] ». Un correspondant lui fait remarquer la puissance d'évocation d'un passage des *Plaisirs et les
Jours* : « Et je compris alors que jamais Noé ne put si bien
voir le monde que de l'arche, malgré qu'elle fut close et qu'il
fît nuit sur la terre. » Remarquable en effet, répond Gide,

---

1. *Ibid.*, 1er octobre 1927.
2. *Ibid.*, septembre 1938.

remarquable par ses fautes de français : trois en sept mots[1]. Et ce côté redresseur de syntaxe ne relève pas d'une passagère mauvaise humeur ou d'un accès de jalousie provoqué par l'attribution du prix Goncourt à Proust puisqu'en 1949 encore, soit deux ans avant sa mort, Gide note chez son honorable confrère un « cela ne me souciait pas davantage » et conclut : « Indéfendable, je crois[2]. »

Gide, lui, est incorrigible. Mais on s'en doute, ces vétilles de professeur mal embouché ne sont pas l'essentiel de ce qui les sépare. Au début des années 1920, Gide se rend plus souvent au chevet de Proust, bouffi et martyrisé. Comme d'autres, mais eux impardonnables pour avoir été des proches et des commensaux de Proust et l'avoir vu souffrir, il a longtemps émis des doutes sur la sincérité de cette agonie qui commence à durer, comme si elle n'était qu'un commode paravent pour travailler en paix. Dorénavant, en le voyant allongé sur son lit de douleur, s'exprimant avec difficulté, il sait que la situation n'est pas fabriquée. Les deux hommes parlent des Évangiles, de la rédaction de son *Journal* – « Vous pouvez tout raconter mais à condition de ne jamais dire : je… », lui conseille Proust[3] – de littérature bien sûr, et d'homosexualité, d'uranisme, d'inversion. Là encore, c'est le malentendu.

Le voudraient-ils qu'ils ne pourraient se rencontrer. Ce que l'un proclame, l'autre le dissimule. Ce que Gide exprime directement tout au long de son œuvre-confession, Proust le transpose dans ses personnages afin de ne pas heurter

---

1. *Ibid.*, 1er septembre 1942.
2. *Ibid.*, 30 avril 1949.
3. *Ibid.*, mai 1921.

de front un entourage déjà choqué par certaines descriptions. D'un côté un inverti plein de remords, de l'autre un inverti triomphant[1], bien que les deux se refusent à être considérés comme efféminés. Comment s'étonner alors des réserves de Gide à l'endroit du baron de Charlus et de sa conception de l'amour viril ? Comment être surpris par ses griefs de duplicité, d'hypocrisie et de traîtrise formulés contre Proust qui n'est pour lui qu'un camoufleur à la Oscar Wilde, un maître en dissimulation[2] ? Les lecteurs de 1922 pourront en juger grâce à la publication simultanée de *Corydon* en tirage non confidentiel et de *Sodome et Gomorrhe*. Autant l'essai de Gide se présente comme une analyse exhaustive de l'instinct sexuel, battant en brèche les arguments de ceux qui considèrent l'homosexualité comme un phénomène contre nature, autant le roman de Proust apparaît comme une descente aux enfers, un récit plus ambigu, oscillant entre la disculpation ponctuelle et la confession poétique. Est-ce là le grand art de la dissimulation dénoncé par Gide ?

Convenons alors que sa force et sa finalité vont bien au-delà de la seule défense et illustration de « l'homosexualité » tandis que *Corydon* a pu y être réduit. Il est d'ailleurs troublant que Proust qui ne se livrait guère directement sur cette question l'ait tout de même fait, et que cet aveu exceptionnel nous soit transmis par... le *Journal* de Gide : « Loin de nier ou de cacher son uranisme, il [*Proust*] l'expose et je pourrais presque dire s'en targue. Il dit n'avoir jamais aimé les femmes que spirituellement et n'avoir jamais connu l'amour qu'avec

---

1. Painter, *op. cit.*, tome II, p. 390.
2. Gide, *Journal, op. cit.*, 1er octobre 1927.

des hommes[1]. » Ils étaient de la même génération mais Gide lui a survécu près de trente ans. Il a occupé le terrain sans jamais craindre que la gloire de Proust n'éclipse la sienne. Entre les deux guerres, ils étaient devenus des classiques, grâce notamment aux bons soins de la *NRF*. Mais Gide, premier auteur à entrer de son vivant dans la Pléiade, n'a pas cessé d'avancer ses pions, mettant à contribution toutes les facettes de son génie. Il a peut-être ainsi payé le prix de son foisonnement. Son œuvre immense, où le diariste, le critique et l'épistolier entrent en rivalité avec le romancier, n'est pas un monument, un massif au titre emblématique comme *La Comédie humaine*, *Les Rougon-Macquart* ou la *Recherche*. Elle voulait s'inscrire dans la durée. Elle le sera peut-être, probablement. Mais les redécouvertes sont capricieuses et prennent leur temps. Il n'en reste pas moins que quelques années après sa mort, l'astre Gide a commencé à pâlir, bousculé par les étoiles filantes Camus et Sartre. Dans le même temps, malgré les aléas que lui firent subir les airs du temps universitaires, la *Recherche* poursuivait sa lente et lourde progression vers une consécration unanime et internationale. Le problème se posera finalement à titre posthume : comment rester Gide dans un pays où Proust est tout ?

Enquêtant sur les ratages des éditeurs américains à la fin des années 1980, un grand quotidien de New York prenait encore comme point de repère et référence le refus de *Swann* par… Gide[2]. Quant à Bernard Grasset, à qui Gallimard avait définitivement arraché Proust fin 1917, la rumeur le consacra

---

1. Henri Bonnet, *Les Amours et la Sexualité de Marcel Proust*, Nizet, 1985 ; Gide, *Journal, op. cit.*, 14 mai 1921.
2. *The New York Times*, 6 mai 1984.

méchamment pendant de longues années comme « l'éditeur qui s'est débarrassé de Proust, cédant ses droits à la concurrence car il ne croyait pas à l'avenir de cet écrivain… ». Grasset s'employa longtemps à démentir cette interprétation de l'histoire, tandis que de son côté, Gaston Gallimard n'eut de cesse de rappeler qu'il avait connu Proust le premier, sur la route de Benerville et que toute cette affaire n'était qu'une erreur de jeunesse, une faute qu'il convenait de passer au plus tôt par profits et pertes. Un problème d'intendance, en quelque sorte. Un regrettable malentendu, délicat euphémisme dont le rusé gérant du comptoir d'édition de la *NRF* abusa pendant des décennies pour atténuer l'onde de choc de ce péché originel.

Longtemps, le grand éditeur évoqua Marcel Proust comme l'auteur majeur de son catalogue, l'écrivain *NRF* par excellence. Il conservait un excellent souvenir de lui pour des raisons légèrement moins littéraires : « Très gentil, Marcel Proust ! Il ne m'a jamais demandé d'avance d'argent. Jamais ! Ni de publicité ! », confia-t-il[1]. Il est vrai qu'à l'issue du Goncourt de Proust, qui était également le premier de Gallimard, l'auteur avait demandé à son éditeur « de bons conseils pratiques » plutôt qu'une augmentation de ses droits. « Ce n'est peut-être pas d'un très bon homme d'affaires de vous le dire mais c'est l'épanchement d'un ami qui est très à vous », écrivit l'un à l'autre[2]. Heureuse époque ! Gaston Gallimard oublia d'autant moins Proust que, des décennies plus tard, la *Recherche* figurait toujours dans la liste des best-sellers de la maison. On comprend que lorsque

---

1. À Madeleine Chapsal, art. cit.
2. « Gaston Gallimard raconte Marcel Proust », art. cit.

l'hebdomadaire *Marianne* a demandé en 1939 à trois grands éditeurs de raconter chacun leur écrivain préféré, Eugène Fasquelle ait choisi Zola, Robert Denoël, Céline et Gaston Gallimard, Proust bien sûr.

L'exercice d'admiration était-il calculé ou sincère ? On peut l'imaginer circonstanciel, pour ne pas dire opportuniste, ce qui ne retire rien au génie de l'éditeur. Cela ressemble assez à l'éditeur et la genèse des rapports entre les deux hommes le confirme. D'autant qu'en privé, Gaston Gallimard reconnaissait volontiers que Gide restait l'ambassadeur privilégié de la maison et que dans son panthéon personnel, il plaçait Fargue, Larbaud, Jouhandeau au-dessus de tous. Des écrivains qui étaient davantage son genre.

Proust, lui, est un malade qui a mis cinquante et un ans à mourir. Il en parle tellement et sur la durée qu'il semble en permanence agoniser sa vie. Dans sa toute dernière lettre, ou l'une de ses dernières, gardons-nous d'insulter l'avenir, il traçait ces mots d'une main incertaine : « Je crois que je ne prendrai rien. Mais enfin si je demandais (quitte à ne pas le prendre) du café au lait que Marie l'ait tout prêt et sache bien que ce que je veux c'est du lait n'ayant pas d'odeurs[1]. » À la fin, les mots ayant prouvé leur impuissance, il n'y eut plus qu'à jeter une poignée de taire. On se souvint alors avec Proust que les livres sont l'œuvre de la solitude et les enfants du silence.

---

1. Lettre à Céleste Albaret, vers le 6 novembre 1922, in *Correspondance générale de Marcel Proust*, 21 vol., édition de Philip Kolb, Plon, tome XXI, 1970-1993.

À LA RECHERCHE DE LA *RECHERCHE*

Oublier un instant la théorie, bien que la *Recherche* ait ceci d'exceptionnel que le roman contienne la sienne propre ; mais Proust jugeait indélicate, somme toute assez vulgaire, une œuvre à théories incorporées, puisqu'il la comparait à un objet sur lequel on a laissé la marque du prix[1].

Oublier tout autant les idées, tenues pour des succédanés des chagrins[2] ; elles intéressaient moins Proust que les sensations, les impressions, les seules susceptibles de nous permettre d'investir en permanence notre moi profond.

Oublier enfin toute prétention à ajouter son propre « commentairuscule » à l'infinité des commentaires les plus savants déjà suscités par Proust et son monstre, sous peine de se tourner en ridicule.

Et puisque nous sommes invités à participer au roman, la fonction du Narrateur étant aussi de faire partager l'invention de son œuvre au lecteur, autant y entrer selon le vœu de l'auteur, avec la conviction que notre vraie vie n'est autre que la réalité telle que nous l'avons sentie, et non un réel prétendument objectif.

Rien ou si peu pour la mémoire volontaire, réaliste, documentaire et positiviste si plate et si prévisible ; tout pour la mémoire involontaire, si poétique et si inattendue, cette « mémoire du cœur » chère à Schopenhauer qui, sous la plume de Proust, permet au Narrateur de s'abandonner à la volupté due à la « déflagration du souvenir ».

---

1. Voir entrée « Théories et théoriciens ».
2. *Le Temps retrouvé*. Voir entrée « Théories et théoriciens ».

« Réminiscence » est utilisé en proustisme comme synonyme de « souvenir involontaire ». À distinguer de la mémoire involontaire, organique, celle du corps, plus spontanée.

La *Recherche*, cette chose moderne sous une forme ancienne, permet à Proust de donner là tant ses *Métamorphoses* que ses *Contes des Mille et Une Nuits*[1], même si, à l'instant de se lancer dans l'écriture de son roman, le Narrateur se prend pour Shéhérazade plutôt que pour Ovide. Il n'en demeure pas moins un Saint-Simon qui dépasserait les questions de préséance, de protocole, de cérémonial, d'étiquette et de généalogie nobiliaires pour accorder ses histoires et ses portraits avec une véritable vision qui les transcende, condition *sine qua non* pour que la physionomie de ses personnages annonce leur âme. Mais en se détachant enfin des romans-fleuves auxquels on l'avait abusivement rattachée par paresse critique, les Pasquier, les Thibault, les Boussardel et autres familles de bonne volonté, la *Recherche* s'est installée au firmament des Lettres en enterrant ces œuvres, ce qui n'était pas moins injuste[2].

La *Recherche* est une tapisserie que les contraintes de l'édition ont obligé à découper en panneaux. Comme si les librairies, aussi étroites que les appartements, étaient dépourvues de murs assez vastes pour l'accueillir d'un seul tenant. Écrivant au galop plutôt qu'au trot, ne cessant de la com-

---

1. Article « Métamorphose », de Marie Miguet-Ollagnier, in Annick Bouillaguet et Brian G. Rogers (édité par), *Dictionnaire Marcel Proust*, Honoré Champion, 2004.
2. Dominique Fernandez, « Une longue amitié », préface à *Proust* de Ramon Fernandez, réédité chez Grasset, coll. « Cahiers rouges », 2009.

poser, la décomposer, la recomposer, Proust l'a nourrie sans fin, quitte à changer de direction, à faire exploser le plan.

Les paperoles et béquets indiquant les corrections, équivalents proustiens des « allongeails » chères à Montaigne, sont les éléments matériels de la prolifération ; mais ils modifient le texte davantage qu'ils n'y ajoutent. Le souci de composition a constamment gouverné son œuvre ; les problèmes de volume, d'harmonie, de proportion et d'équilibre de son architecture n'ont cessé de le hanter.

La *Recherche* est avant tout une quête organisée autour d'un plan très structuré mais suffisamment souple pour y accueillir ses ramifications et excroissances imprévues. Elle n'en conserve pas moins son unité grâce au « Je » du Narrateur omniscient et personnage principal, voix sans nom ni visage ; ce « Je » fédère tout ce qui pourrait échapper à la structure d'un récit gonflé de digressions aux horizons vertigineux. Tout y est flux. On a rarement autant circulé dans un cycle romanesque de cette ampleur.

Toute manifestation du réel (les moindres faits et gestes, mais aussi les bruits, odeurs, paroles, intentions) est remise en question par le Narrateur qui ne se satisfait jamais des apparences ; il les creuse sans fin pour qu'une autre interprétation émerge de cette nouvelle analyse, et permette d'accéder à un sentiment du monde au plus près de la vérité. Le projet esthétique de Proust est d'offrir une œuvre d'art et, dans le même temps, non seulement son mode d'emploi mais celui de toute œuvre d'art qui procéderait du même usage géologique des sensations. Le roman incorpore sa propre théorie.

On ne lit pas la *Recherche* pour se documenter sur le prétendu grand monde, mais pour comprendre toute la société à partir d'un microcosme.

LES « FAUTES » D'UN STYLISTE

Son lexique n'est pas complexe ; il évite toute terminologie technique jusques et y compris dans les passages ayant trait à la musique, car il sait que par le jargon, et par les expressions trop *fashionable*, un roman se démode plus vite que son ombre ; ses mots sont intelligibles par tous, encore que l'« agate-mousse » par exemple doit être aussi mystérieuse aux jeunes lecteurs d'aujourd'hui que le « canonicat » et le « doyenné » de Bossuet évoqués sur un pilier de la cathédrale de Metz.

Sa ponctuation est à juste titre réputée lacunaire : horreur des points de suspension, rejet des blancs, points d'interrogation facultatifs, passion du point virgule… Ajoutez-y son dédain des abréviations (mais qui l'en blâmerait ?) et des sigles (un seul relevé dans toute la *Recherche*, lorsque Proust ridiculise une fois de plus la Verdurin dans *Le Temps retrouvé* en lui faisant dire : « J'ai téléphoné au GQG ») et vous obtiendrez une manière d'autoportrait en creux du styliste. Car son seul souci demeure celui du liant, du flux, de la continuité. Il y asservit toute ponctuation, étant entendu que celle-ci participe de plein droit de son esthétique. Bataillant avec ses correcteurs et préparateurs de copie, il en fait une question de principe. Cela peut tourner à l'obsession, mais jamais gratuite, tant la ponctuation, et la lisibilité qui en découle jusqu'à modifier parfois le sens, importent dans le système de la *Recherche*. Elle est entièrement au service de cette idée fixe. Après une époque où l'on avait tendance à la normaliser au mépris de l'impérieux souhait de l'auteur, on en est revenu à une fidélité plus grande à ce qui relève tout de même de son style.

Les parenthèses, typiques du style de Proust au même titre que la métaphore, au point de constituer l'essentiel de son pastiche, sont sa manière de nous emmener dans les profondeurs de sa pensée ; chaque ouverture de parenthèse annonce une descente de spéléologue dans les entrailles de la terre ; contrairement à d'autres romanciers, il s'en sert peu pour préciser une analyse, insister à l'aide de synonymes afin de mieux marteler une idée ou un effet, mais bien pour creuser et creuser encore l'essence d'une sensation ou la racine d'une émotion ; rien ne vaut l'incise pour emmener le lecteur au-delà des apparences. Chacune de ses phrases est un creuset.

Proust fait ce qu'il veut dès qu'il prend la plume, celle du romancier comme celle de l'épistolier, du critique, de l'essayiste. Il ne corrige pas ses lapsus, si tant est qu'il les considère comme tels (plutôt que « parution du livre », il parle d'« apparition »). Sa leçon de liberté s'affirme d'emblée ; il s'autorise des néologismes derrière lesquels on devine la jubilation de l'inventeur : « Vous êtes très moschant » (à Antoine Bibesco) ; « roumestaniser » (par allusion au héros de *Numa Roumestan* de Daudet) ; ou encore : « Peut-être ludrisez-vous jeudi et fitzjamez samedi » le premier à propos des soirées de la marquise de Ludre (juin 1918) ; ou « Guermantiser » ; et pourquoi pas « la perspective émotionnante de déjeuner chez Mme Swann » plutôt que « émouvante ».

La métaphore, figure de rhétorique, n'est pas exercice de style à effet ornemental, mais nœud vital de son esthétique. « Comme » est probablement l'adverbe qui soutient la *Recherche*. Mais avec lui, dès qu'il y a analogie, il y a métaphore.

L'étude quantitative du linguiste Étienne Brunet[1] montre que la phrase de Proust est deux fois plus longue que celle des écrivains de son temps, mais on savait déjà à l'œil nu qu'il était champion de France de saut en longueur et que cela participait de son esthétique et non de son tempérament ; que sa richesse lexicale est la plus manifeste dans *Sodome et Gomorrhe* ; que l'originalité stylistique de Proust surgit moins dans l'emploi de mots extraordinaires que dans la combinatoire de mots ordinaires. On assiste à un phénomène rare dans la littérature française de son temps, pour s'en tenir là : une fusion inédite entre simplicité lexicale et complexité syntaxique. Qu'on le tienne pour un auteur du XIXe ou du XXe siècle, le fait est que Proust recourt à moins de vocables que Chateaubriand et Giraudoux[2]. Giraudoux connaît un purgatoire, à peine épargné par les instants commémoratifs, car la richesse de son lexique désoriente les nouvelles générations littéraires. On objectera que celui de Racine était nettement plus économe, à ceci près que sa combinatoire exceptionnelle lui donnait un haut niveau de sophistication.

NOM DE NOM !

Les personnages rêvent sur leur nom, entraînant le lecteur dans leur douce divagation. Innombrables sont les études de toutes sortes consacrées au choix crucial des noms de personnages chez Proust. Un terrain rêvé pour les freudiens

---

1. Étienne Brunet, *Le Vocabulaire de Proust*, Slatkine/Champion, 1983, 3 vol.
2. *Ibid.*

comme pour les lacaniens. Guermantes et Swann dominent naturellement cette foule inventée par le fresquiste : ils ont les rôles-titres de deux des livres et incarnent un versant du petit monde du Narrateur : le côté bourgeois et le côté aristocratique au sein desquels il fait l'apprentissage de la vie dans ses ruses et ses détours ; deux côtés qui se retrouvent unis *in fine* dans *Le Temps retrouvé* à travers Mlle de Saint-Loup, née de Gilberte Swann et de Saint-Loup lui-même, neveu de Mme de Guermantes.

Dans son monde, tout fait signe : le mot et ce qu'il désigne, dans toute l'ambiguïté de sa polysémie, sont récurrents tout au long du livre.

L'esprit de conversation est gouverné par le bon ton, ce qui fait consacrer la causerie aux fleurs quand, dehors, l'affaire Dreyfus défraie la chronique. À la table des Guermantes, on parle de la nature des plats *ad infinitum,* et même *ad futilitum*, car il serait inélégant d'y introduire grandes phrases et sentiments élevés. Pour une pure question d'harmonie, la politique et ses remugles y seraient naturellement dissonants. Rien n'est plus ritualisé que l'art de la conversation sous de tels lambris ; mais cela est si naturellement intégré à l'éducation que cela ne se voit ni ne s'entend, sauf pour les non-initiés qui se demanderont longtemps pourquoi on les a invités à une table si prestigieuse si ce n'est pour y faire entendre l'écho de leurs mérites. À son meilleur, le *small talk* y est d'une légèreté poétique qui n'a d'égale que sa vacuité intellectuelle.

Sa puissance comique est insuffisamment soulignée alors qu'à elle seule, elle devrait ramener les réticents sur les rives de la *Recherche*. Dans le vocabulaire bien sûr mais aussi dans les situations, les gestes, l'ironie, les mimiques, les quiproquos, les caricatures, le langage, l'autodérision, le pastiche, les manies, la satire, les jeux de mots… Rarement un romancier aura déployé un tel raffinement à se montrer farcesque. S'ensuit un rire par lequel l'auteur communique au lecteur sa propre jubilation distinguée sans que jamais le sentiment tragique de la vie ne cesse de traverser cette histoire.

La *Recherche* est un récit linéaire qui ne se soucie guère des dates, ce qui accentue encore son caractère impressionniste et renforce l'universalité du propos. On sait où et quand cela se passe, mais sans guère plus de précision chronologique. Qu'il s'agisse des sentiments, des sensations, des émotions, des événements, de l'âge des personnages, moins c'est exact, plus c'est vrai. Quel que soit le registre, son écriture est extrêmement tenue ; évoque-t-il des choses scandaleuses, elle n'en demeure pas moins digne et exempte de toute crudité de langage, c'est particulièrement vrai pour sa correspondance qui n'en est pas avare[1].

La *Recherche*, elle, offre cette particularité de nous envelopper dans son confort ouaté ; on s'y sent dans une bulle protectrice, à l'abri de la rumeur du monde comme on le dirait d'une œuvre de consolation. On y est d'autant bienvenu que le lecteur habitué aux grandes fresques romanesques classiques, héritées de la fin du XIXe siècle et toujours en vigueur, y retrouve aussitôt ses repères ; il y avance guidé par le doux halo de la lanterne magique, contrairement à l'accueil violent et déstabilisant qu'il reçoit la première fois qu'il entre en Joyce ou Céline, où il a tôt fait de perdre ses marques.

---

1. Entretien de Philip Kolb avec Jean-Pierre Tison et Pierre Assouline, « Les livres ont la parole », RTL, 22 juin 1991.

Et pourtant, cette œuvre est de celles qui attaquent et repoussent les frontières, ce qui n'est rien moins que la fonction assignée par Kafka à l'écriture. Ceux qui pénètrent dans cette œuvre, encore assez naïfs pour confondre la fiction et l'imagination, rendent les armes en la quittant, intimement convaincus qu'il n'est pas de meilleure arme que l'imagination pour rendre le réel lorsqu'il a été vécu, senti, observé par l'auteur.

Comme tout grand roman, mais peut-être davantage que tout autre tant ses ramifications sont innombrables, la *Recherche* invite à la relecture permanente tant ses significations sont inépuisables, sa guerre des signes indéchiffrable et difficilement interprétable à première vue[1]. On peut l'avoir lue plusieurs fois avant d'être frappé par l'étrange double mouvement par lequel Bloch s'assimile à la haute société à mesure que Swann s'y désassimile : plus le premier se dépouille de ses attributs juifs par un désir effréné d'en gravir les échelons, plus le second s'en éloigne en se rejudaïsant tandis qu'il est gagné par la maladie et se rapproche de la mort. L'un accomplit le parcours inverse de l'autre sur la voie non du judaïsme mais de la judéité. L'analyse que fait Proust de cette crise d'identité n'a rien perdu de son actualité[2].

On ne se lasse pas d'en exalter tant le classicisme que la modernité : ce que Proust a su conserver de l'héritage des formes littéraires, et ce qu'il a fait du réalisme du XIXe

---

1. Gilles Deleuze, *Proust et les signes,* PUF, 1964.
2. Henri Raczymow, *Ruse et déni. Cinq essais de littérature,* PUF, 2011.

en conférant au « Je » du Narrateur une vision cubiste du monde cumulant les points de vue diffractés se rapportant à un même réel, un même objet, une même personne, un même événement, chacun appréhendé sous tous ses angles par une conscience mobile. Tous les genres littéraires se mêlent sans hiatus au sein de ce grand roman d'apprentissage d'un artiste à la recherche de sa vérité ; il semble inventer son propre genre en renforçant son acuité de la pathologie des passions héritée de son commerce avec un certain XVIIe, par l'encyclopédisme étourdissant des références et allusions tant historiques ou artistiques que scientifiques. Tout cela pour dire comment on devient écrivain.

Trop longtemps ramenée à sa dimension « décaduc », la *Recherche* est une véritable enquête sociale, fût-elle incomplète, car elle ignore, ou à peu près, aussi bien l'École, l'Armée, l'Église, l'Université, la Justice et le monde du travail. Le plus extraordinaire est que Proust soit parvenu à dresser un si profond tableau des sentiments et de la société en resserrant la focale sur les maîtres et les valets. Ses observations sont pénétrantes, son imagination ardente et subtile, sa sensualité au service d'une capacité d'analyse remarquable, soit : tout cela a été dit, écrit et réécrit. Or l'inégalée réussite de la *Recherche* témoigne de ce que l'inspiration n'est rien, que l'imprégnation est tout, davantage encore au fond que l'observation, laquelle vaut surtout par la disponibilité à se laisser impressionner comme une pellicule photo par les détails et par les mots. Proust est en ce sens le grand percepteur des vérités cachées. Tout à son exploration du réel, il sait comme nul autre déployer le détail des sensations jusqu'à épuisement. La recherche des clés paraît alors d'une telle vanité qu'on s'en remet à la musique ; car l'origine des personnages dans les personnes est à l'image de la petite phrase de la sonate de Vinteuil, mosaïque de sons de trémolos et d'harmonies, et de mouvements espacés qui emprunte à la sonate pour piano et violon de Saint-Saëns, à un motif du *Parsifal* de Wagner, à la sonate de César Franck, mais aussi à un prélude de Lohengrin, à quelque chose de Schubert, et à la *Ballade* de Fauré.

La *Recherche* est bien « une machine à produire des hasards objectifs[1] ». De le constater rend plus odieux encore le crime contre la fiction, perpétré par une commune d'Eure-et-Loir ce jour de 1971 où elle inventa de débaptiser Illiers pour la rebaptiser Illiers-Combray au mépris de la liberté de l'esprit des lecteurs ; que ce fut à l'initiative de M. Larcher, secrétaire général de la Société des amis de Marcel Proust, n'en est que plus accablant. On dira qu'il existe quelques autres cas, telle Terre-Natale, née en 1972 de la fusion de Varennes-sur-Amance, Chézeaux et Champigny-sous-Varennes en hommage au livre de Marcel Arland, mais l'enjeu de mémoire était moindre. Comment peut-on s'offusquer des attentats biographiques commis sur la personne de Proust quand on n'a pas réagi à ce scandale ? On devrait interdire à tout proustien bien né d'y mettre jamais les bottines. Si d'aventure, par une matinée de funeste mémoire, il prenait à Cabourg d'en faire autant en s'adjoignant Balbec (il ne faut jurer de rien), ce serait un signe des temps et il ne nous resterait plus alors qu'à demander l'asile poétique au plus loin de ce pays sans boussole.

---

1. Antoine Compagnon, « Un classique moderne », hors-série *Magazine littéraire*, « Le siècle de Proust, de la Belle Époque à l'an 2000 », 2000.

L'ÉPREUVE DE L'ÉTRANGER

L'étoile de Proust n'a jamais cessé de briller. Même quand il connut un bref purgatoire en France dans un après-guerre littéraire dominé par Sartre et Camus, Faulkner et Dos Passos, ce n'était pas le cas à l'étranger, où l'on ne cessa jamais de lui être attentif.

En 1921, il était déjà question d'un projet de dictionnaire des personnages de Proust comprenant un bref exposé de leurs parentés et des principaux événements auxquels ils ont été mêlés. Proust y était favorable, Gallimard n'y voyait aucun inconvénient bien qu'il jugeât l'entreprise légèrement prématurée, d'autant que la publication du cycle dans son intégralité n'était pas encore achevée.

Dès 1928, soit six ans après la mort de Proust, le philologue allemand Léo Spitzer analyse dans ses *Études de style*[1] son art de la parenthèse et des tirets et leur rôle rythmique, la longueur de ses phrases, ou la fréquence du préfixe *re* en nous enjoignant de considérer son style comme une vision du monde.

La *Recherche* a été traduite en plusieurs langues dès les années 1920. On est d'autant plus frappé par l'accueil contrasté que lui réserva la critique française au lendemain de son prix Goncourt qu'à l'étranger l'enthousiasme fut plus net et ne cessa de croître. À Paris au début, il y en eut pour dédaigner sans autre forme de procès cette chose confuse,

---

1. Gallimard, 1970.

pesante, snob, aussitôt taxée « rive droite », malgré l'indéniable raffinement de sensations, d'impressions et d'émotions qui s'offrait là aux lecteurs. Les sceptiques des premiers temps furent vite balayés par le succès foudroyant du livre ; c'est aussi que le Goncourt de Proust avait profité, lui et beaucoup d'autres, de ce que Ramon Fernandez appela « la gloire de démobilisation », et qu'Albert Thibaudet désignait plus prosaïquement comme un phénomène de décompression, bien naturel au lendemain des horreurs et privations de la guerre.

L'Angleterre est parmi les pionnières à se passionner.

Dès 1913, le *Times Literary Supplement* s'enthousiasme pour *Du côté de chez Swann* ; la traduction de Scott Moncrieff n'y est pas étrangère, qui gagne un public fidèle, ainsi que les suffrages de la critique, à Proust ; cet intérêt ne s'est jamais démenti. Au XXIe siècle, on voit même paraître un *Proust's English*[1] alors qu'il n'était pas vraiment connu pour son anglomanie, moins que Jean Lorrain, Morand, Drieu La Rochelle et tant d'autres avant et après eux, même s'il a toujours payé sa dette à Thomas Hardy et quelques autres. Les anglicismes sont rares dans son œuvre. D'ailleurs, s'il pouvait lire en anglais, il n'était pas capable de suivre une conversation dans cette langue, ne l'avait pas étudiée et n'avait jamais ressenti la nécessité de se transporter sur l'île, ce qui ne l'a pas empêché de traduire l'adulé John Ruskin *(La Bible d'Amiens, Sésame et les lys)*. Il faisait remarquer que l'habit se nomme « smoking » en français, car nos snobs

---

1. Daniel Karlin, *Proust's English*, Oxford University Press, 2005.

ont l'habitude de nommer en anglais ce que les Anglais désignent autrement dans leur langue. Il devait se douter qu'un jour, on lui ferait le sale coup là-bas d'intituler durablement son grand œuvre *Remembrance of Things Past* avant de le remplacer dans une (récente) nouvelle traduction par *In Search of Lost Time*. Comment Daniel Karlin s'y prend-il alors pour démontrer que l'anglais joue un rôle stratégique dans *À la recherche du temps perdu* ? À partir d'une liste d'à peine deux cents mots, il établit sa prédominance. Mais on peut craindre que ce prisme exclusif et légèrement obsessionnel ne le pousse à angliciser la moindre remarque d'Odette de Crécy, la plus infime dentale de Norpois, le geste le plus anodin de Charlus, la qualité de *clubman* de Swann. De quoi oublier que certains personnages de ce monde sont des gentilshommes avant d'être des *gentlemen*.

Quant aux États-Unis, la traduction de Scott Moncrieff fut publiée à New York entre 1922 et 1931, au lendemain de sa parution en Angleterre. Mais dès 1920 des revues littéraires (*The Dial, The Bookman*) saluaient son génie tout en publiant des traductions d'extraits[1].

En Italie, le premier compte rendu de *Du côté de chez Swann* date de 1913. Curieusement, il fallut attendre 1945 pour que paraisse la traduction de la *Recherche*, confiée à une équipe dont faisait partie Natalia Ginzburg qui signa celle de *La strada di Swann*.

En Allemagne, le critique Ernst Robert Curtius et l'essayiste Walter Benjamin ont assuré sa renommée, ce dernier

---

1. Emily Eells, « Proust aux États-Unis », in *Dictionnaire Marcel Proust, op. cit.*

ne voyant pas, dans toute la littérature occidentale, de tentative plus radicale que la *Recherche* de s'absorber en soi-même, depuis les *Exercices spirituels* de Loyola.

Mais c'est du Japon qu'est venue la ferveur proustienne la plus durable (et la plus inattendue, dès lors que l'on postule une différence de civilisation et de culture si irréductible qu'elle en apparaîtrait antagoniste, en raison notamment de la différence des langues, qu'il s'agisse du vocabulaire, de la syntaxe, de la grammaire, pour ne rien dire des éléments de vocabulaire qui n'ont pas de référents dans l'autre langue[1]) ; cet enthousiasme n'en a pas moins donné naissance à une véritable discipline proustienne d'Extrême-Orient. Dès 1923, « La regarder dormir. Mes réveils », un extrait de *La Prisonnière* trouvé dans un numéro de la *NRF*[2] est publié dans la revue littéraire *Myôjô* suivie par une nécrologie de l'auteur dans le quotidien *Asahi*. Dès la fin des années 1920, Satoh Masaaki, Kanda Tatsuo, Miyake Tetsuzo, Ryâuzâo Yodono, des étudiants sortis frais émoulus de l'université de Tokyo, qui avaient en commun d'être passionnés de littérature française, conçurent le projet de traduire en équipe l'intégralité de la *Recherche* ; une fois par semaine, ils se réunirent en un petit cercle de lecture afin de livrer au groupe les cinq pages que chacun avait traduites de son côté, pour les corriger et les reprendre ensemble[3]. Leur traduction de

---

1. Jo Yoshida, « L'école japonaise de recherches sur la littérature française : le cas de Marcel Proust », in *Cahiers de l'Association internationale des études françaises,* n° 53, 2001.

2. *La Nouvelle Revue Française,* 1er novembre 1922.

3. Conférence de M. Ryâuzâo Yodono, le 6 décembre 1958 à l'Institut franco-japonais de Tokyo, in *Bulletin de la société des amis de Marcel Proust et des amis de Combray,* n° 9, 1959.

Combray paraît dans la livraison de décembre 1929-janvier 1930 de la revue *Bungaku* ; un an plus tard, Proust paraissait pour la première fois en volume chez un éditeur japonais, Musashino-shoin. D'autres équipes de traducteurs prirent le relais. C'est à partir de 1953 qu'est éditée la traduction complète de la *Recherche*. Les proustiens de la région du Kansai ont commencé à se réunir en 1987, ce qui a abouti à la création de la Société japonaise d'études proustiennes en 1992. Elle compte une centaine de membres. Jo Yoshida assure que Proust jouit aujourd'hui au Japon d'un succès « exceptionnel » auprès des amateurs de littérature[1]. Tant et si bien qu'on peut parler à bon escient d'une « École japonaise » de proustologie, dominée, outre les pures problématiques de traduction, par la génétique et l'indexation. On n'imagine pas que l'étude comparée du trempage de la madeleine dans le thé et de celui des fleurs artificielles dans l'eau ait suffi à provoquer cette passion, non plus que la récurrence de *mousmé* (« jeune fille », en japonais) dans la bouche d'Albertine. Alors ? Jo Yoshida, l'un des piliers de cette école, en décèle l'origine plutôt dans la sensibilité japonaise à la nature, laquelle trouve une résonance dans la description proustienne des paysages, de l'eau, des arbres, des fleurs ; également dans son système de déchiffrement des signes et dans le recours à la peinture et la musique dans son explication du monde ; si on y ajoute une commune passion de l'analyse, notamment celle, implacable, de la jalousie, et de son cortège de souffrances, et en quoi Proust renouvelle leur vision de l'amour, on ne s'étonne

---

1. « Proust au Japon », in *Dictionnaire Marcel Proust, op. cit.*

plus de voir tant de Japonais faire un détour par la bou-
langerie d'Illiers[1].

Quant à la Pologne, pour beaucoup, le nom de Proust
demeure inséparable de celui du peintre Joseph Czapski
(Prague 1896-Maisons-Laffitte 1992). Celui-ci prononça des
conférences sur la *Recherche* en 1940-1941 à l'attention de
ses codétenus du camp soviétique de Grazovietz. Un mot
d'abord sur l'itinéraire riche et mouvementé de cet homme.

Issu d'une famille de l'aristocratie polonaise, il avait fait
des études de droit à Saint-Pétersbourg avant de s'engager
dans le 1er régiment de uhlans en octobre 1917, d'en sortir
armé de solides convictions pacifistes et de reprendre du service un an plus tard à Varsovie en offrant de servir son pays
mais sans arme. Il fut ainsi envoyé en Russie à la recherche
d'officiers polonais disparus dont bon nombre avaient été
exécutés. Durant l'entre-deux-guerres, on retrouve sa trace
principalement en France où, après avoir étudié la peinture
à l'Académie des beaux-arts de Cracovie, il fonde et anime
le « Comité de Paris » constitué de jeunes peintres polonais
appelés les « kapistes » et influencés par Cézanne. Jusqu'à
ce que le 1er septembre 1939, officier de réserve, il rejoigne
son pays et son armée. Une vingtaine de jours plus tard, il
est fait prisonnier et interné par l'Armée rouge à Starobielsk,
l'un des trois camps d'URSS où étaient détenus les officiers
polonais ; sept mois plus tard, des milliers d'entre eux sont
déportés vers une destination inconnue ; Czapski et quelques
centaines d'autres sont transférés au camp de Griazowietz.

1. Jo Yoshida, « Les proustiens de l'École japonaise », *Magazine littéraire,* n° 246, 1987.

Il passe dix-huit mois derrière les barbelés soviétiques avant d'être libéré suite à un accord entre Moscou et Varsovie ; mais aussitôt après avoir réintégré son armée, il part enquêter sur la disparition de ses camarades près de Smolensk et découvre les traces de l'exécution des officiers polonais dans la forêt de Katyn, un massacre de masse destiné à décapiter le pays, que la propagande réussira durablement à faire endosser à Hitler quand Staline en était le commanditaire, malgré les témoignages de Czapski et d'autres, le sien ayant été publié dès 1945 à Rome avec une préface de Gustav Herling.

Et Proust dans ce chaos ? Grand lecteur épris de culture française, admirateur de Romain Rolland, notre Polonais avait découvert *À la recherche du temps perdu* en 1924 à Paris deux ans à peine après la mort de l'auteur. C'est peu dire que le roman l'avait puissamment impressionné. C'est ainsi que, de mémoire, il jeta des notes sur de méchantes feuilles de papier tachées, posa des noms et des notions à la diable et traça quelques graphiques et portraits avant d'évoquer chaque soir, dans le réfectoire sombre et puant d'un couvent désaffecté, le petit pan de mur jaune, les pavés disjoints de la cour des Guermantes, la madeleine trempée dans le thé et de faire pleurer sur la mort de Bergotte quatre cents officiers et soldats polonais détenus à Griazowietz durant tout l'hiver où il fut interné, se serrant pour se réchauffer sous les portraits de Marx, Engels et Lénine alors que dehors, il faisait parfois quarante-cinq degrés sous zéro. Certains soirs, d'autres prisonniers, dans le civil spécialistes éminents de leur sujet, les entretenaient qui de l'Amérique du Sud, qui des migrations des peuples, qui de l'histoire de l'architecture. Czapski, c'était Proust, son art, sa science. Pas sa spécialité mais sa passion. Tout un monde ressuscité par sa seule mémoire, non dans son exactitude mais dans sa vérité. Juste pour se prouver les uns les autres qu'ils sont capables de penser aux choses de l'esprit et pas seulement à ce qui les mine (la nourriture, les maladies, l'exil, le froid, les punitions, l'incertitude du lendemain). Ils ne cherchaient même plus à comprendre pourquoi eux, quatre cents sur quinze mille Polonais, n'avaient pas été exécutés ou déportés en Sibérie. Ils survivaient tous les soirs avec Proust. L'un des moments les plus forts des conférences de Czapski survint lorsqu'il aborde la question de la traduction. Rappelant que Proust avait récusé l'idée d'une parenté de sa phrase avec la phrase allemande (il justifiait le malentendu par sa parenté avec le français du xvie si lié au latin), le conférencier du camp se remémora la traduction en polonais de pans significatifs de la moitié de la *Recherche* par Boy-Zelenski (la guerre avait interrompu le travail en 1939) ; et il se souvint que le traducteur lui avait confié avoir délibérément « éclairci » le texte proustien afin de le populariser :

« Quand il s'agit de la Pologne, la phrase énorme de Proust est inacceptable. N'en ayant pas les moyens, la langue polonaise exigerait des "ktory, ktora[1]" sans fin. Mais Boy, dans sa traduction, alla plus loin encore. Il fit paraître ces volumes avec une impression bien plus lisible, avec les alinéas, avec des dialogues pas en fouillis dans le texte mais menés de ligne en ligne. Le nombre de ses volumes dans sa traduction est double. "J'ai sacrifié le précieux pour l'essentiel", affirmait Boy. Le résultat immédiat fut que Proust se lisait si facilement dès sa parution en polonais qu'on aimait à raconter une

---

1. « Que » en polonais.

blague à Varsovie, qu'il faudrait retraduire Proust en français d'après la traduction polonaise, et que c'est alors seulement qu'il deviendrait un écrivain enfin populaire en France. »

La leçon du professeur Czapski, qui ne se présente évidemment pas ainsi, est d'autant plus éblouissante qu'elle ne refoule pas ses incertitudes. C'est du sans filet, qu'il s'agisse d'établir des parallèles audacieux entre la sensualité de Proust et l'antisensualité radicale de Pascal pour les rapprocher autour d'une commune quête de l'absolu. Ou de rappeler ses divergences avec Barrès, pour qui un écrivain ne devait jamais cesser d'être un écrivain national. Ou encore de citer des dialogues de *La Révolte des anges* d'Anatole France ou des *Frères Karamazov* de Dostoïevski, ou d'autres écrivains qui, ressuscités quand ils sont cités, sont de ces êtres, tel l'écrivain Bergotte dans *La Prisonnière*, dont on ne pourra pas dire qu'ils sont « morts à jamais » tant que leurs œuvres leur survivront. Mais entendons-nous bien : si à ce stade la mémoire n'est louée qu'à l'égal d'un exploit sportif, on reste dans la technique ; il y a bien autre chose de plus souterrain, qui conjugue le lieu et le moment, la fascination qu'exerce ou qu'exerçait la littérature française et sa capacité à ouvrir des horizons. À la Kolyma, Varlam Chalamov passa quelques nuits sans sommeil immergé dans la *Recherche* sachant qu'on lui arracherait vite ce privilège[1].

En y repensant, Czapski confie que ces heures à dire Proust ont été « les plus heureuses » et que leur dette à tous est immense envers l'art français « qui nous a aidés à vivre ». Surtout, on ne compte pas le nombre de fois où il s'excuse, platement et à sa courte honte, de son imprécision dans les

---

1. Varlam Chalamov, *Récits de la Kolyma*, Verdier, 2003.

citations de pages entières de la *Recherche* ; il s'en veut de les banaliser en les résumant « trop sommairement » ; pour un peu, il se reprocherait de les avoir abîmées. À ce titre déjà, pour cette humilité dans sa capacité à se mettre au service d'une culture française qu'il ne cessa d'admirer quelles que furent les circonstances, Joseph Czapski mérite d'être distingué parmi les plus admirables. Les notes constituant le texte de ces conférences au camp de Grazovietz ont partiellement échappé à la destruction. Une version polonaise en a été publiée en 1948 dans la revue *Kultura* à Paris. Ce que cet homme y ressuscitait est proprement inouï lorsqu'on pense aux circonstances de cette résurrection. Reprise en volume en français en 1987, elles sont parues sous le titre *Proust contre la déchéance*[1].

LE CÔTÉ DES ÉCRIVAINS

Les pastiches, reflet de son art poétique, sont de la critique littéraire à ciel ouvert. Il nous a appris à pasticher pour se libérer de l'emprise d'un écrivain. Mais, on le sait par tant de ses vains pasticheurs inavoués que, dans son cas, cela ne suffira pas. Conscients ou inconscients, les « à la manière de » sont toujours des singeries : réduire Proust à des parenthèses et incises interminables est aussi vain que de ramener Céline à des points d'exclamation. Un écrivain de cette trempe, il faut l'admirer toujours, l'imiter jamais. Comment un écrivain ne serait-il pas tétanisé par l'ombre portée de Proust ? Pierre Michon ne dit rien d'autre : « Si

---

1. Éditions Noir sur blanc, 2011.

bien que maintenant, [*Faulkner*] c'est comme le folklore rim-
baldien ou proustien, ces gens qui sont des mythes, dont on
ne peut plus parler dans les limites de la simple raison. Les
universitaires, eux, peuvent en parler ; c'est bien qu'ils se
réunissent au moment d'une commémoration. Mais nous,
les écrivains, que pouvons-nous dire, sinon nous mettre au
garde-à-vous[1] ? »

On l'a comparé à Henry James (qui voyait dans la
Recherche « ennui et extase ») et à James Joyce. On a rapproché la *Recherche* de *L'Homme sans qualités*, pour la longueur
des phrases, et du *Guépard*, pour la peinture crépusculaire
d'une aristocratie, parallélismes aussi vains l'un que l'autre.
Albert Cohen et Paul Claudel l'ont détestée. Anthony Powell
a été sacré « le Proust anglais » par la critique de son pays
pour sa fresque romanesque en douze volumes *A Dance to
the Music of Time*.

Céline prétendait expliquer la logique interne de certains
morceaux de la *Recherche* par l'architecture du Talmud. Il
y revint dans une lettre : « Talmudique[2] ! » Dans l'un de
ses pamphlets, il n'en fait pas seulement le successeur de
Balzac pour les manuels, mais encore « l'enculailleur irré-
solu poitrineux Prout Proust, la Miche juive aux Camélias[3] ».
Après la guerre, ça ne s'arrange pas : « Proust il m'agace par
son pilpoul – cette façon tarabiscotée – latine, allemande,
judaïque – celle de Claudel aussi – les phrases qui se mordent

1. Pierre Michon, *Le roi vient quand il veut. Propos sur la littérature*, Albin Michel, 2007.

2. Lettre à Lucien Combelle, 2 février 1943, citée par Philippe
Alméras, *Dictionnaire Céline*, Plon, 2004.

3. *Bagatelle pour un massacre*, cité par Alméras, *ibid.*

la queue après d'infinis tortillages – tout cela pue l'impuissance[1]. » Léon Daudet devait bien rire en lisant sous la plume de Céline que le succès de Proust s'expliquait par le tam-tam des coreligionnaires. Cela dit, dans d'autres lettres plus tardives, Céline admet que Proust est un des seuls vrais grands écrivains du xxe siècle, avec lui, naturellement.

Qui eût dit que tant d'amateurs de littérature se seraient damnés depuis un siècle pour un entiché d'altesses qui n'était même pas leur genre ? On ne voit guère que Virginia Woolf qui ait su, comme lui, avec un tel génie de la forme reposant sur une alliance si puissante de la sensibilité et de l'intelligence, traduire l'émigration des sensations du monde visible dans l'invisible.

À bien des égards, Simenon est l'anti-Proust : qu'il s'agisse de la culture, du style, de l'univers, de l'éducation, de la formation, des goûts, des tropismes, tout les oppose. Ils n'ont guère que Bernard de Fallois en commun, éminent spécialiste de l'un et l'autre : il fut le découvreur et l'éditeur de *Jean Santeuil* et du *Contre Sainte-Beuve* du premier, et l'ami et l'éditeur d'une partie de l'œuvre du second. On ne s'étonne pas que Georges Simenon l'ait choisi pour lui confier sa manière de comprendre Proust : « Ses redites, c'est tout simplement trouver ce que le subconscient a inspiré à un écrivain. Or ça me fait plaisir de savoir que Proust donnait de l'importance à son subconscient, plus d'importance qu'à son intelligence. Parce que pour certains, c'est l'écrivain ultra-intelligent ; il est l'observateur des personnages, des mœurs de son époque, mais je m'aperçois qu'en réalité, il

---

1. Lettre à Milton Hindus, 11 juin 1947, *ibid.*

suivait son inspiration. Je n'aime pas le mot "inspiration", j'aime mieux le mot "subconscient[1]". »

On imagine facilement Simenon, le chroniqueur des petites gens et de leur intelligence instinctive, s'enthousiasmer pour le *Monsieur Proust* de Céleste Albaret ; il a apprécié la qualité de son français bien qu'elle fût ignorante, trait que l'on retrouve dans le personnage si profond et essentiel de Françoise. Encore qu'il y a apporté un bémol en regrettant les interventions de l'interviewer, Georges Belmont : il aurait préféré une transcription intégrale sans aucun arrangement des bandes magnétiques et il n'est pas le seul. À la fin de sa lecture, il en a même conçu un certain désenchantement ; à la réflexion, il eût préféré demeurer dans l'ignorance de certaines choses ; rien qui trahisse la vie privée, mais la technique, en l'espèce sa manie de vérifier la texture ou la vraie couleur d'une robe en interrogeant une femme aperçue à un bal. Cette révélation de la gouvernante le déçoit profondément car il est de ces romanciers pour qui toute création artistique doit trouver sa source dans un jaillissement spontané, dût-elle s'appuyer sur le travail du souvenir jusqu'à endurer ce que le philosophe Walter Benjamin appelait « le martyre de la remémoration ».

Cela dit, Simenon a assuré avoir lu deux fois la *Recherche* dans son intégralité : la première fois volume par volume au moment de leur parution en 1919, donc dès l'âge de seize ans ; et il dit l'avoir relue au moment de son édition dans la collection « À la Gerbe » de Gallimard, donc en 1929. S'il

1. Entretien avec Bernard de Fallois et Gilbert Sigaux, 1970, cité in Pierre Assouline, *Autodictionnaire Simenon*, Omnibus, 2009, p. 525-530.

a regretté l'absence de tendresse des personnages, et s'il a même regretté au fond avoir lu les souvenirs de Céleste, son admiration pour Proust demeura inentamée, dût-elle être curieusement limitée dans le temps : « C'est probablement le plus grand écrivain français du siècle dernier et du début de ce siècle[1]. »

Souvent, les écrivains se révèlent être les meilleurs propagandistes de la gloire d'un écrivain à l'étranger. Pour Proust, ce fut le cas d'Ungaretti en Italie, d'Edith Wharton et plus tard de William Faulkner aux États-Unis, de Joseph Conrad, Aldous Huxley, Virginia Woolf, E.M. Forster en Grande-Bretagne, ou de Rainer Maria Rilke en Allemagne. Ces grands lecteurs, ceux de langue anglaise, ont tiré les premiers. On ne s'étonnera donc pas qu'un Américain fut le patient décrypteur de l'innombrable correspondance, et qu'un Anglais se fît le biographe de l'insaisissable auteur en creux dans le Narrateur. Gloire à Philip Kolb et George D. Painter[2] !

LE CÔTÉ DES BIOGRAPHES

Faut-il être inconscient pour se lancer dans la biographie de l'auteur du *Contre Sainte-Beuve*, bref traité de disqualifica-

---

1. *Autodictionnaire Simenon, ibid.* et Georges Simenon, *Des traces de pas* (dictées des 11, 14, 15 mars 1974), Presses de la Cité, 1975 et *Au-delà de ma porte-fenêtre* (dictée du 21 novembre 1976), Presses de la Cité, 1978.

2. Gilles Barbedette, « In search of lost Proust », *Magazine littéraire,* n° 246, 1987.

tion par anticipation de tous les prétendants à la biographie de Proust !

Bizarrement, on se sent tenu de les défendre, envisagés en bloc comme une corporation mal aimée, contre les proustiens. La faute aux malentendus du *Contre Sainte-Beuve*. Ils ont tétanisé les biographes, et pas seulement ceux de Proust. Cloués au sol dès l'envol par l'injonction devenue si fameuse qu'elle en est une tarte à la crème. Si André Maurois y a échappé pour notre bonheur, c'est qu'il ne l'avait pas lu – et pour cause ! (il n'était pas encore paru) ; de toute façon, l'écrivain avait suffisamment d'assurance, et le biographe était assez aguerri (Shelley, Disraeli, Byron, Tourgueniev, Voltaire, Chateaubriand…) pour s'affranchir de ce genre d'intimidation. La biographie d'André Maurois[1], jugée certes incomplète aujourd'hui d'un point de vue critique et scientifique, était remarquable en son temps, ne fût-ce que par les inédits qu'elle reproduisait et par son travail sur les manuscrits ; elle demeure inégalée pour son approche humaine du personnage, de son œuvre et de son milieu ; le portraitiste, qui avait eu le privilège de les fréquenter, tira de cette intime connaissance une finesse d'analyse qui manqua à d'autres. Et puis quoi, Maurois n'avait-il pas déjà, à la fin des années 1940, eut la bonne intuition en insistant sur l'humour et le comique de la *Recherche* ? Outre ses qualités d'écriture, sa biographie vaut déjà par cette dimension.

---

1. *À la recherche de Marcel Proust,* Hachette, 1949 ; Mémoire du Livre, 2003.

Qu'est-ce qui importe dans une vie ? Les moments de rupture. Chez un écrivain, ils se manifestent avant tout par son passage dans une forme d'art qui n'était pas la sienne. Cela devrait se voir au premier coup d'œil à l'examen du plan ; curieusement, s'agissant des biographies de Proust, ils apparaissent rarement.

Avant Maurois, il y eut Léon-Pierre Quint dès 1935, mais il était si proche de son sujet qu'il est difficile de faire la part du biographe et celle du mémorialiste.

Après Maurois, il y eut George D. Painter. Publié d'abord à Londres en 1959 puis au Mercure de France à partir de 1963, sobrement intitulé *Marcel Proust*, son travail se présentait sous la forme de deux volumes : « 1871-1903. Les années de jeunesse » et « 1904-1922. Les années de maturité ». Deux volumes longtemps considérés comme *la* référence pour la vie de l'écrivain, et parfois même pour l'étude de son œuvre. Dans sa préface, le biographe exposait son projet : un récit complet, exact et détaillé du passage de Proust sur terre en n'utilisant que les témoignages de première main et en les passant au tamis méthodologique de la critique universitaire. Mais il apparaissait évident dès sa préface que, malgré l'injonction du maître, il espérait mieux comprendre l'œuvre par la clé explicative de la vie. Funeste illusion qui installa le mythe autobiographique dans l'esprit de dizaines de milliers de lecteurs ! Avec le recul et malgré le succès rencontré par sa biographie, on se dit que l'auteur nous offrait là des verges pour se faire battre : « Je vais montrer qu'il est possible d'identifier et de reconstituer, d'une façon tout à fait évidente, à partir de la vie réelle de Proust, les sources de tous ses principaux personnages, et de nombreux personnages secondaires, ainsi que des événements et des lieux de son roman. En découvrant quels sont les aspects de ses modèles qu'il a retenus, ou rejetés, comment il a combiné plusieurs modèles pour composer chaque nouveau personnage, et surtout, comment il a modifié la réalité matérielle pour la rendre plus strictement conforme à la réalité symbolique, nous pourrons saisir l'effort de son imagination dans le travail créateur même [...] Il se trouve non seulement que la *Recherche du temps perdu* est entièrement fondée sur l'expérience de son auteur, mais qu'elle s'offre comme une histoire symbolique de sa vie, et qu'elle occupe une place unique parmi les grandes œuvres romanesques, du fait que ce n'est pas, à proprement parler, une fiction, mais une "autobiographie créatrice[1]". »

Au vrai, George D. Painter est le grand responsable et coupable de la *proustification de Proust*[2] et de la confusion entre la vie et l'œuvre.

L'EFFET DE VÉRITÉ DES ESSAYISTES

On ne saura jamais vraiment ce qui s'est passé à la charnière de 1908-1909 pour que Proust passe insensiblement d'un projet de livre mêlant plusieurs genres (essai, souvenirs, récit) à un projet de roman, et de Sainte-Beuve à Combray. On peut creuser encore le maquis des cahiers *ad nauseam,*

---

1. George D. Painter, *Marcel Proust*, traduit de l'anglais par Georges Cattaui et R.P. Vial, Mercure de France, 1963-1966.

2. Antoine Compagnon, « *La Recherche du temps perdu* de Marcel Proust », in *Les lieux de mémoires*, sous la direction de Pierre Nora, *III, La France 2, traditions*, Gallimard, 1992.

jusqu'à en trouer les pages du regard, on ne sait que ce que l'on voit : la production d'articles se ralentit à mesure que les cahiers de fiction se noircissent. En s'interrogeant après et avant beaucoup d'autres sur cette mutation cruciale, Roland Barthes s'est demandé pourquoi la mayonnaise a pris précisément à ce moment-là (la métaphore culinaire est de lui) ; il a cherché la motivation profonde de ce qu'il présentait faute de mieux comme « une sorte d'opération alchimique ». La mort de Maman, bien sûr, mais l'effet est à retardement. Quoi alors ? À défaut, dès lors que l'explication biographique est tenue dans la méfiance, on en revient à l'illumination technique, qui en procède aussi d'une certaine manière. Le moyen de faire tenir l'œuvre en gestation aurait jailli en lui à ce moment-là : le « je » dans ses trois dimensions (auteur, narrateur, héros), la vérité poétique des noms propres, la juste proportion rythmant les parties, le retour des personnages récurrents[1]…

Dans ces moments-là, lorsqu'un biographe prend la liberté d'inventer afin de combler un blanc qui lui est insupportable (le cas de George D. Painter), mieux vaut s'en remettre aux essayistes. Même si le commentateur d'un grand écrivain sera toujours assuré de bénéficier d'un effet de vérité en en parlant sur le mode épique plutôt que dans un registre critique.

Ramon Fernandez éblouissait par sa capacité d'analyse, mais il écrivait pesamment, pour ne rien dire de l'empreinte de l'Occupation et de ses propres errements idéologiques sur les pages consacrées au juif Proust (ah, les « aryens » et ce pauvre Swann réduit au rang d'« animal-témoin d'une race »…).

---

1. Roland Barthes, « Ça prend », *Magazine littéraire*, n° 144, 1979.

Après-guerre, Jean-François Revel manifesta son franc-parler avec une acuité d'autant plus percutante qu'elle s'exer-çait hors de l'Université, dans un style vif dégagé de tout respect académique. Écrit pour l'essentiel en 1955, complété quatre ans plus tard, rien n'est moins théorique que son *Sur Proust*[1] ; rien de moins biographique pourtant que cet essai qui annonce précisément en sous-titre qu'il s'agit de « Remarques sur *À la recherche du temps perdu* ». Revel jongle brillamment avec les paradoxes (« Le seul roman que Proust ait jamais conté est que son livre soit un roman »), observe que la *Recherche* est en réalité moins remarquable pour sa composition que pour sa décomposition, cette faculté du manuscrit de se gonfler en tous sens au fur et à mesure de l'avancement des travaux ; délire maîtrisé du créateur devenu l'angoisse de l'éditeur et *in fine* le cauche-mar de l'architecte, il déborde remarquablement, l'hypertro-phie des digressions menaçant en permanence d'estomper l'objet principal ; la *Recherche* constitue ainsi l'air de rien avec un siècle d'avance le banc d'essai de l'hypertexte : les plus récentes études montrant que nombre de lecteurs d'un texte sur Internet décrochent définitivement du texte initial lorsqu'ils se laissent emporter vers d'autres sites par plus de deux liens consécutifs, obéissent sans le savoir à la même logique que les contempteurs du labyrinthe proustien : ils avouent qu'au-delà de deux parenthèses et autres incises, ils sont transportés si loin du rivage qu'ils n'y reviennent pas.

Revel, qui s'offre au passage le luxe d'un chapitre sur Montaigne et Proust aussi brillant qu'inattendu, ne goûte guère tout ce qui relève de la « seconde mémoire » dite invo-

---

1. Grasset, coll. « Cahiers rouges », 2004.

lontaire ; dès qu'elle menace, ce qui annonce généralement de longs tunnels narratifs, il est sans pitié pour les madeleines, les aubépines et les pavés, tous relégués au rang des accessoires scolaires. Il est persuadé que le type d'émotion que dégagent ces résurrections n'a d'intérêt que pour celui qui les vit, le Narrateur en l'occurrence ; alors que justement, l'identification du lecteur en empathie est telle que ces pages concourent parfaitement à faire de la *Recherche* un chef-d'œuvre. L'admiration de Revel pour Proust est implacable : tout pour le visionnaire qui sait montrer les hommes comme personne, rien pour celui qui peine laborieusement à décrire des objets ou même la nature.

Dans un premier temps, un lecteur vierge peut être emporté, troublé, bouleversé par la *Recherche* sans rien savoir de l'auteur ; dans un second temps, il peut la lire différemment en découvrant que les volumes qui la composent, et qu'il a lus distinctement, ne font qu'un seul et même livre ; dans un troisième temps, il l'envisagera autrement en découvrant dans la lecture du journal une interview dans laquelle l'auteur confie avoir conçu une tapisserie qu'il fallut scinder ; dans un quatrième temps, il pourra méditer le passage d'une biographie de l'auteur dans laquelle il est révélé qu'au même moment, il cherchait à vendre les tapisseries dont il avait hérité de ses parents car les murs de son appartement étaient trop modestes pour les accueillir. Qu'est-ce que cela change ?

Mais pourquoi continue-t-on à disputer de la dimension autobiographique ou non de la *Recherche,* de la dissociation du moi social et du moi qui écrit[1] quand il apparaît désormais évident que l'œuvre de Proust se nourrit de sa vie, mais que dans le processus de création, rien ni personne ne s'y trouve intégralement transporté, tous les éléments y étant amalgamés, fondus et confondus ? De la contiguïté entre l'auteur et le Narrateur se dégage une ambiguïté qui ajoute à son mystère, et qui s'en plaindrait. Gardons-nous de trop les confondre tout en nous gardant de les distinguer systématiquement. Le débat paraît aussi vain que l'on écoute les partisans de l'un ou l'autre bord alors que Proust, malgré le postulat exposé dans sa philippique contre Sainte-Beuve, a de longue date souterrainement opéré la jonction entre les deux, comme le font tant de romanciers sans même que la question théorique ne les effleure.

La lecture attentive de sa correspondance, en parallèle avec celle de la *Recherche*, témoigne si besoin est de ce qu'il n'a cessé de puiser dans sa vie pour alimenter son œuvre, s'inspirant de faits par lui vécus, ou par d'autres rapportés, empruntant parfois même des mots, des expressions, des tournures, des phrases à ses correspondants, avant naturellement de condenser ces lieux en un seul, et ces personnes en une seule, puis de transcender cette matière profuse et de transformer cette boue en or. Ce qui va sans dire pour tout écrivain mais va mieux en le disant s'agissant de l'auteur d'un *Contre Sainte-Beuve* qui a créé le malentendu, métamorphosé en mythe, d'une haine de la biographie à partir d'une dissociation absolue et sans appel entre le moi social et le moi qui écrit. Henry James n'en pensait pas moins mais il prit les choses avec moins de tranchant lorsqu'il se passionna pour

---

1. Voir entrée « Sainte-Beuve (méthode de) ».

le génie de Robert Browning qu'il admirait : troublé par le clivage observé chez le grand poète victorien entre l'homme du monde et le créateur reclus, et par sa capacité à vivre ses deux vies sans sacrifier l'une à l'autre, il écrivit la nouvelle *La Vie privée* (1891) dans laquelle il campa deux artistes incarnant chacun l'un de ses deux visages[1].

Ni Proust ni Sainte-Beuve, dans la mesure où l'on en a fait deux absolus de la critique littéraire exclusifs l'un de l'autre ; mais si l'on prend la peine de nuancer leur jugement, on se laisserait volontiers aller à une critique qui intégrerait Proust et Sainte-Beuve. Combien de fois Proust lui-même est-il sorti du texte seul, du texte nu, pour s'aventurer dans les dédales de la vie et en tirer une information, qu'il s'agisse de Balzac, Thomas Hardy, John Ruskin, Baudelaire ! Il brûle de savoir quels modèles de la vraie vie ont inspiré à George Eliot, Maggie et Tom Tulliver, les personnages du *Moulin sur la Floss.* Ses lettres regorgent de cette curiosité restée rarement inemployée. On le voit même écrire à la duchesse de Clermont-Tonnerre en 1921 pour lui demander l'autorisation de citer dans son roman un mot d'elle sur l'impression de rigidité que dégageaient ses asperges. De même, il brocarde ceux qui utilisent des métaphores militaires, champêtres ou autres en ignorant tout de leur univers, ce qui ne l'empêche pas lui-même, épuisé par le travail de couturière que représente la correction des épreuves, de reconnaître qu'il a fini par jeter le manche après la cognée… Et dans le *Contre Sainte-Beuve* même, ne remarque-t-il pas que le grand

---

1. Henry James, *Sur Robert Browning,* traduit de l'anglais par Jean Pavans, Le Bruit du temps, 2009.

critique du XIXᵉ siècle s'était bien gardé de s'en prendre à Chateaubriand du vivant de Mme Récamier. Il s'en prend à l'homme privé en Sainte-Beuve, le guignolisant comme peu de caricaturistes oseraient le faire et l'anecdotisant comme peu de biographes l'ont fait, pour mieux dénoncer le critique.

Pour informe qu'il soit, le *Contre Sainte-Beuve* nous intéresse moins pour ce qu'il dit de la méthode de Sainte-Beuve (la cause est entendue depuis longtemps, l'histoire anecdotique des auteurs est secondaire quand elle n'est pas dénuée d'intérêt) que de celle de Proust. Encore que l'on pourrait réviser sa critique de Sainte-Beuve à l'aune de ses propres jugements littéraires. Car enfin, si son jugement était très sûr s'agissant de peinture, il n'en était pas de même en littérature et en poésie. Quoi, Anna de Noailles ? Pierre Loti ? Lucien Daudet ? Robert de Montesquiou ? Henri de Régnier ? Francis Jammes ? Eux, des phares de leur temps ? C'était bien la peine de mépriser Péguy avec une telle constance pour couvrir ceux-ci d'éloges éhontés. Soit Proust était guidé par l'amitié, et dans ce cas sa complaisance est indigne d'un écrivain qui manifestait à tout instant une telle exigence, ne souffrant guère de réserve à sa règle dès lors qu'il s'agissait de se mettre au service de son art ; soit il était sincère et alors sa critique de la cécité de Sainte-Beuve en est sérieusement entachée.

Jean-François Revel va plus loin : « La thèse de Proust sur la création littéraire est le retournement exact de celle de Sainte-Beuve, et elle est du même niveau. À la thèse que l'œuvre procède du moi des dîners en ville, Proust réplique qu'elle procède d'un moi qui ne mange jamais. » Et de défier Proust d'avoir eu plutôt le courage de se lancer dans un

« Contre Taine », d'une tout autre envergure et d'un tout autre intérêt eu égard à la qualité de grand historien des lettres, et d'une tout autre difficulté.

Quel plus bel exemple d'unité de l'œuvre à la vie et réciproquement que l'édification de cette grande machine romanesque ! Elle est la négation même du principe exposé, succinctement mais radicalement, dans sa critique de l'esprit Sainte-Beuve ; mais à force de l'étirer en théorie, les glosateurs en ont fait un axiome de nature à terroriser des générations de biographes. Car si Proust l'a dit, n'est-ce pas, il n'y a plus qu'à ranger les instruments de l'enquête et à changer de genre.

Il oppose le moi intime, profond, créateur, au moi social, mondain, superficiel. Or rien n'est plus fabriqué que cet antagonisme. Comme si son grand livre n'était pas irrigué par sa vie tandis que son sang coule dans toutes les veines de ses chapitres ! Pas un fait, pas un mot, pas un son, pas une odeur, pas une couleur, pas une voix, pas une note de musique, pas une humiliation, pas un sourire qui n'en soit issu avant d'être naturellement malaxé, métamorphosé, transcendé. Tant et si bien qu'il est aussi vain de nier cette filiation que d'en chercher des clés.

Dans le précieux *Index général de la correspondance de Marcel Proust,* mis au point par la Société japonaise d'études proustiennes, la fiction et la réalité se rejoignent dans le même corpus de l'« Index des noms de personnes et de personnages ». On ne saurait mieux écrire.

Longtemps, les débats sur le carnet de 1908 ou le statut des aubépines dans la structure binaire de l'œuvre nous ont fait bâiller d'ennui ; aujourd'hui encore, certaines interventions de colloques relèvent tant et si bien de messages codés entre initiés qu'elles donnent une soudaine envie de fuir pour trouver refuge sous un arbre, dans la lecture à jamais enchantée de la *Recherche* mais au plus loin de ses rechercheurs.

Qu'il le sache ou non, tout proustien du XXIe siècle paie sa dette à André Maurois, le premier à avoir rangé l'œuvre dans la vie, à Philip Kolb, qui a su reconstituer une autobiographie épistolaire en vingt et un volumes, à Bernard de Fallois, qui exhuma l'ébauche de *Jean Santeuil* et les fragments du *Contre Sainte-Beuve*, à Pierre Clarac et André Ferré qui ont donné forme à une recherche au texte plus sûr que celui de l'édition originale, et à Jean-Yves Tadié, tant l'éditeur que le biographe, les deux d'une rigueur exemplaire, qui incarne désormais la référence proustienne s'agissant tant de l'homme que de l'œuvre. Il y en eut certes d'autres, impossibles à tous nommer tant est vaste l'internationale proustienne ; ils ont chacun apporté leur pierre – et quelle ! Certains ont enchanté notre intelligence de l'univers de Proust, d'autres l'ont désenchantée avant que de nouveaux venus ne la réenchantent. Mais quel dommage que pour sa biographie pionnière, George D. Painter se soit strictement cantonné aux témoignages écrits et qu'il n'ait pas interrogé les nombreux témoins encore vivants de l'existence de Proust ! Le tremblé de leur voix, la finesse du regard qu'ils portaient sur lui et l'écho de leurs conversations nous manqueront à jamais car ce monde-là est depuis mort pour tout biographe. Regrets éternels.

Tout explorateur de l'univers intérieur de Proust tient du spéléologue ; il s'enfonce de strates en strates, se tenant parfois en équilibre instable entre les stalagmites des béquets et les stalactites des paperoles ; seule leur lampe au front les différencie. Chacun son éclairage : salonnard chez Painter, mondain chez Diesbach, juif chez Raczymow, chronologique chez Kolb, freudien chez tant d'autres…

À chacun sa manière d'entrer dans une ville. Certains, ce sont les bistros. D'autres, « le » cinéma. Cees Nooteboom, ce serait plutôt les cimetières. Rien de morbide dans sa quête. Absolument rien car ici les tombes sont refermées contrairement aux cérémonies d'obsèques. C'est même là qu'il a le plus de chances de croiser l'ombre de vivants selon ses goûts. Des poètes et des penseurs dont il se dit persuadé qu'ils ne meurent pas tant qu'ils sont lus. Alors ce grand écrivain néerlandais maintes fois lauré, tout le temps en mouvement même lorsqu'il se pose puisqu'il vit entre Amsterdam, Berlin et Minorque, visite leurs tombes avec délectation depuis une trentaine d'années comme on visite des membres de la famille. Une famille de papier. Rien de tel pour prendre la mesure de la vanité du monde. Cela fait bien trente ans qu'il court les Père-Lachaise partout dans le monde. Là où ses pas le mènent à la faveur d'une conférence, d'une recherche ou d'une interview. Sa compagne Simone Sassen étant photographe, ils ont imaginé ensemble *Tumbas*[1], un vrai beau livre, déroutant par son projet même et étrangement séduisant par la poésie qui s'en dégage ; le titre d'origine, conservé dans l'édition française, ajoute à ce sentiment. C'est l'équivalent des « tombeaux » en musique. Que celui d'entre nous qui

---

1. Traduit du néerlandais par Annie Kroon, Actes Sud, 2009.

n'a jamais arpenté un cimetière à la recherche du nom d'un écrivain de chevet lui jette la première pierre (tombale).

Il en a donc dénombré près d'une centaine. Ils sont classés par ordre alphabétique, de manière un peu paresseuse, du Brésilien Carlos Drummond de Andrade à l'Irlandais Y.B. Yeats. Des évocations du glorieux disparu par des souvenirs personnels (Mary McCarthy, Thomas Bernhard) ou des moments de sa vie alternent avec des extraits de poèmes ou de méditations quand ce n'est des récits d'attroupements de fidèles autour du marbre noir ou du granit moucheté. Cees Nooteboom n'a pas été partout mais ce qu'il a vu l'a marqué. Car on peut voir une atmosphère et s'en imprégner par tous les sens. « Le lecteur, devant la tombe de son poète, voit ce que nul autre ne voit », écrit-il. L'invisible, que Nooteboom dit avoir tutoyé durant sa longue errance dans la terre des morts lettrés, trouble le lecteur. On entend résonner leurs vers, leurs mots, jusqu'aux inflexions de leur voix lorsqu'on les a connus. Le phénomène est si troublant qu'on se demande si le silence de la mort dans les lieux qui lui sont dévolus n'a pas un grain identifiable par les seuls arpenteurs de cimetières. Alors, à l'instar de notre guide, on se persuade que l'on connaît peut-être mieux ces défunts que l'on croit connaître nombre de contemporains.

James Joyce a droit à une sculpture en pied presque aussi effrayante que celle de Sainte-Beuve. Heureusement, il en est d'autres plus mémorables : le caveau de famille où repose Adolfo Bioy Casares à la Recoleta ; Spinoza enterré derrière la Nieuwe Kerk de La Haye ; la signature d'Elias Canetti incisée avec force sur sa dalle en ciment ; l'épaisse et puissante croix de Chateaubriand à l'île du Grand Bé devant Saint-Malo « pour n'y entendre que la mer et le vent », un peu comme celle de Robert Louis Stevenson à l'île Upolu (Samoa), bouleversante par la force avec laquelle l'édifice rigide se dresse contre un arbre tout en nœuds devant lui.

L'émotion qui naît de cette évocation est aussi forte que celle de l'Ouse à Rodmell, cette rivière du Sussex dont les flots furent le linceul de Virginia Woolf. Certaines inscriptions valent le détour par leur sobriété granitique (« Beckett »), par leur sécheresse (« W.H. Auden poet and man of letters »), par leur injustice (Baudelaire coincé durant toute sa mort comme il le fut dans la vie entre sa mère et son beau-père, le général Aupick), par leur caractère prémonitoire (« Il n'y a aucun témoignage de la culture qui ne soit également un témoignage de la barbarie », phrase de Walter Benjamin sur la plaque qui lui est dédiée à Portbou), par l'étonnement qu'elles suscitent (« Ici reposent les restes et la semence de Paul Claudel »).

La tombe de John Keats au cimetière des non-catholiques à Rome l'a vivement impressionné ; d'autres l'ont fait marcher, tous les morts ne s'offrant pas au premier venu, comme si certains se méritaient. Parfois, en y revenant quelques années après, il a retrouvé sur le marbre des crayons, des gants, des messages, des fleurs, une bouteille d'absinthe aménagés en autel permanent par des mains attentives, comme c'est le cas sur la tombe de Julio Cortázar.

Pour avoir baigné toute son enfance dans un monastère augustin, Cees Nooteboom est fasciné par les rituels. Il croyait avoir fait le tour de ceux attachés à la mort quand il a découvert à soixante-seize ans, en se rendant aux obsèques d'un ami écrivain, que, contrairement à ce qu'il imaginait, les écrivains aussi ont une famille alors qu'il en avait fait des créateurs créés *ex nihilo*.

Un livre lui est revenu en mémoire : *À la recherche du temps perdu* découvert tardivement, la quarantaine passée.

La tombe de Marcel Proust au Père-Lachaise fut sa première, celle qui lui donna envie de prendre des notes. Elle est la tombe à l'origine de *Tumbas*. Face à elle, par une froide journée de novembre, les spectres de Norpois, Albertine, Elstir et Bloch lui faisant cortège, il eut le sentiment d'être de la famille. C'était la fête des défunts, quand les vivants visitent leurs morts. Proust en était. Quelqu'un avait déposé deux bouquets d'asters brun rougeâtre. S'il osait, Nooteboom se serait cru « du côté de chez lui » mais il ose à peine l'écrire, tétanisé par l'admiration, recru d'émotion ; cette sépulture est la seule du Père-Lachaise à lui donner l'étrange impression qu'elle ne contient pas seulement les ossements d'un écrivain, de ses parents et de son frère, mais qu'elle est « pleine à ras bord d'un temps compressé, d'un temps retrouvé que l'écrivain a reconquis sur le temps perdu ».

De toutes celles qui y sont recueillies, c'est la plus sobre, la plus banale, la plus quelconque. La plus vraie. Une simple dalle de marbre noir.

« Marcel Proust 1871-1922 »

C'est tout et cela suffit. Le reste est littérature

Narratologie, sémiotique, psychanalyse, génétique, stylistique, biographie : tout le monde s'y est mis pour la plus grande gloire de Proust. Mais que nous réserve l'avenir du proustisme ? L'actualité de la recherche sur la *Recherche* en offre déjà un aperçu. Les chercheurs en proustologie ne semblent plus passionnés que par la critique génétique, quand bien même seraient-ils convaincus qu'elle ne permet, pas plus qu'une autre méthode d'étude et d'analyse, de percer le secret du moi créateur. Quoi alors ? Retrouver la pulsation d'une écriture qui progresse comme en s'élargissant de l'intérieur, mettre à nu l'extraordinaire système de formes invisibles sur lequel repose la *Recherche*[1]. Les manuscrits n'ont pas encore livré toute leur âme. La génétique a encore de beaux jours devant elle. Il y en aura d'autres, des biographies. Une anthologie en deux volumes de sa correspondance à son meilleur paraîtra en habit de Pléiade sous la direction de Jean-Yves Tadié.

Plus de cinq mille lettres avaient été publiées par Philip Kolb ; encore n'est-ce que le sommet de l'iceberg si l'on considère que beaucoup ont été perdues et que d'autres sont jalousement gardées au secret par des héritiers et plus encore par des collectionneurs. Mais on ne devrait pas tarder à découvrir l'intégralité de la correspondance avec son vieil ami et confident Robert Dreyfus, conservée à la Bibliothèque nationale de France ; celui-ci, qui en avait publié des extraits prometteurs dans ses souvenirs proustiens en 1926, l'avait confiée au début des années 1960 à Suzy Mante-Proust à condition qu'elle ne soit pas publiée avant un délai d'un demi-siècle. On attend aussi beaucoup de la correspondance inédite entre Proust et Lucien Daudet, détenue par Julien Green, et désormais par son ayant droit Éric Jourdan. Et tout autant de la correspondance avec Bertrand de Fénelon alias Saint-Loup qui serait entre les mains d'une famille italienne… On peut rêver sur le contenu de ses lettres d'amour, rarissimes en raison de sa prudence extrême pour ces choses,

---

1. Nathalie Mauriac-Dyer, « Le roman des manuscrits », *Magazine littéraire*, « Proust retrouvé », n° 496, avril 2010.

ou sur la correspondance avec son amant et chauffeur Alfred Agostinelli, réputée perdue mais dont une lettre retrouvée offre un avant-goût de son immense intérêt ; ou sur les lettres à son père dont on ignore le sort. Un jour peut-être, qui sait. Quant à sa bibliothèque, dont l'examen minutieux aurait été si riche d'enseignements, on peut faire une croix dessus. Dispersée… Céleste Albaret n'était pas, hélas, Max Brod ; quand son maître lui a demandé de brûler, elle a brûlé. Nombre de lettres reçues par Proust demeurent introuvables. Sait-on jamais… On sait juste avec certitude que le précieux *Journal* de son ami Reynaldo Hahn, son correspondant le plus intime depuis la mort de sa mère[1], est bel et bien conservé et qu'il finira un jour ou l'autre par être ouvert aux chercheurs et édité, dans une vingtaine d'années.

Sa correspondance fourmille de potins et de futilités pour lesquels il réclame un absolu « tombeau », voire même « Tombeau ! Tombeau ! » ; c'est dire le secret dont il les nimbe, lequel, on le sait depuis un certain temps déjà, a le don de dissimuler aussi bien des faits d'une haute importance que le néant.

Qui analysera les aventures du néologisme « proustien » de sa naissance (quand et sous quelle plume, au fait ?) à nos jours ? Lorsqu'il travaillait à son essai *Sur Proust*, à la fin des années 1950, Jean-François Revel en avait une certaine idée : « De quiconque, aujourd'hui, cultive les signes extérieurs du raffinement, on dit qu'il est "proustien", comme on le dit de n'importe quel éphèbe du Quai d'Orsay qui susurre un

---

1. Entretien de Philip Kolb avec Jean-Pierre Tison et Pierre Assouline, « Les livres ont la parole », RTL, 22 juin 1991.

français atonal, de tout bas-bleu pâmé de complications, de tout énergumène herculéen qui s'invente une névrose et, pleine de sang, se fait un point d'honneur de rester au lit jusqu'à onze heures du soir, pour mieux ressembler à Proust, lequel était mourant quand il en faisait autant[1]. » Signe des temps : c'est moins à l'homme qu'au style de l'écrivain que font aujourd'hui allusion ceux qui se haussent du col en qualifiant de « proustien » tout chapelet de phrases réputées interminables, ennuyeusement digressives et confusément métaphoriques. C'est bien d'ailleurs sur le nom de l'auteur lui-même, davantage encore que sur son œuvre, que s'est noué le néologisme le plus durable : seuls les initiés savent de quoi il en retourne lorsqu'on évoque un « Charlus », une « Verdurin », voire même un « Bloch » ou une « Françoise », quand un plus grand nombre comprend sans explication de quoi Rastignac est le nom et ce que bovaryser veut dire.

On verra certainement apparaître de nouveaux travaux sur le thème de l'homosexualité. Dans la notice qu'elle consacre à Proust dans le *Dictionnaire des cultures gays et lesbiennes*[2], l'universitaire Elisabeth Ladenson, auteur d'un *Proust's Lesbianism*[3] publié en France sous un titre encore plus intrigant *Proust lesbien*[4] pointe d'emblée le paradoxe qui consiste à voir dans la *Recherche* un roman universel alors que le rôle de l'homosexualité y est crucial. Encore prend-elle soin d'observer que l'auteur ne la nomme pas ainsi (il lui préfère « inversion » dont il a confié à Ramon Fernandez qu'il l'étu-

---

1. Jean-François Revel, *Sur Proust*, *op. cit.*
2. Didier Eribon (sous la dir. de), *Dictionnaire des cultures gays et lesbiennes*, Larousse, 2003.
3. Cornell University Press, 1999.
4. Préfacé par Antoine Compagnon, EPEL, 2004.

diait comme « une sorte de maladie sociale généralisée[1] »), de même qu'il ne nomme pas le lesbianisme, préférant le cas échéant les désigner comme sodomites et gomorrhéennes, ou mieux encore ne pas les nommer tout en en parlant. Elle pointe la singularité du discours proustien sur l'homosexualité en ce que l'auteur tient ses pratiquants pour des invertis qui se prennent pour des femmes, quand ses pratiquantes ne sont quant à elles véritablement attirées que par leurs semblables. Mais Elisabeth Ladenson nous invite à prendre la vraie mesure de la complexité de la question en rappelant que Charlus est fondamentalement sado-masochiste, que le violoniste Morel se révèle être bizarrement à ses yeux une gouine et qu'Albertine rêve de se faire casser le pot : « On voit donc un Sodomite qui fait l'amour en Gomorrhéenne, et une Gomorrhéenne qui ne demande qu'à se faire sodomiser[2] », écrit-elle. De quoi effectivement abattre les frontières et réduire la distance qui sépare Sodome de Gomorrhe, sinon dans les terres bibliques, du moins sur la côte normande.

D'après cet auteur, qui enseigne la littérature française et comparée à l'université de Virginie, la perception de l'homosexualité proustienne a changé à partir de 1990, date de la parution d'*Epistemology of the Closet* : Eve Kosofsky Sedgwick, qui signait là l'un des ouvrages pionniers de la *queer theory*, y consacrait une partie à Proust ; elle y analysait notamment la théorie dite du « placard transparent » à partir des pages de la *Recherche* où Charlus expose au clan Verdurin ses idées sur l'homosexualité sans jamais donner l'impression d'en être. On dira que c'est une vision améri-

---

1. Ramon Fernandez, *op. cit.*
2. Elisabeth Ladenson, *op. cit.*

caine des choses. Et en France ? « On commence à prêter plus d'attention à cet aspect de l'œuvre proustienne depuis que *Sodome et Gomorrhe* a figuré sur la liste de l'agrégation pour la première fois en 2000. » Ce qui n'a pas étonné les spectateurs de *Proust ou Les Intermittences du cœur,* ballet datant de 1974 mais entré au répertoire de l'Opéra de Paris en 2007, que le chorégraphe Roland Petit a voulu axer sur le désir amoureux et le choix sexuel.

Les salles de ventes exposeront certainement des documents inédits dont la seule reproduction dans un catalogue fera déjà le bonheur des proustiens. L'une des ventes les plus récentes[1] présentait les derniers mots tracés sur une feuille par la main de Marcel Proust. Même si l'on n'est pas bibliophile ni fétichiste, cela fait quelque chose. Il est écrit : « Céleste Odilon peut partir dans 10 minutes et rentrer avers 6 h 1/2. 7 h du matin. Approchez de moi la chaise. » Et au verso : « J'avais entendu fer au lieu de verre. » Après quoi il essaya de boire un peu de café en disant à sa fidèle Céleste : « Pour vous faire plaisir à vous et à mon frère », c'est-à-dire au docteur Robert Proust. Au passage, il tacha la lettre d'un peu de café. C'était le 18 novembre 1922. Il était sept heures du matin. Il est mort à seize heures trente. La trace du café est toujours là.

Ce « billet de malade », comme le présente le catalogue, était estimé entre 6 000 et 8 000 euros ; une mèche de cheveux de Marcel montée en médaillon (1 000/1 500 euros), sa montre en or avec chaîne (1 500/2 000 euros) ainsi que

---

1. 16 décembre 2008, Sotheby's, Paris.

tout un tas de lettres, cartes et télégrammes reçus par la plus illustre gouvernante du siècle littéraire à propos de devinez qui furent également vendus aux enchères. Finalement, les « derniers mots » de Proust sont partis à 21 500 euros…

Dans un autre genre, une proustienne obsessionnelle a eu l'idée et surtout le désir irrépressible de filmer des lecteurs lisant à haute voix quelques pages d'*À la recherche du temps perdu*. Véronique Aubouy avait vingt-six ans et voyageait en Amérique latine lorsqu'elle s'est pris la *Recherche* de plein fouet. Depuis, cette idée fixe la poursuit et la hante. Elle filme donc de vraies gens, des personnes de toutes conditions, qui se prêtent à l'expérience : lire quelques pages face à la caméra. Elle a commencé sa performance en octobre 1993 et ne s'est pas arrêtée. L'achèvement de l'expérience est prévu pour 2050 environ avec la collaboration de quelque deux mille lecteurs en tout. Elle a récidivé en lançant un nouveau projet baptisé du beau titre énigmatique *Le Baiser de la matrice*.

Il s'agit d'un film entièrement tourné sur Internet. On y verra trois mille internautes de partout dans le monde lire des pages de la *Recherche*. Il leur revient de se filmer eux-mêmes avec leur webcam chez eux, ou dans un cybercafé. Un seul impératif : lire le texte sur l'écran de leur ordinateur afin que leur regard soit bien face à l'objectif. Le roman sera lu dans son intégralité, par ces lecteurs, en français bien sûr. « Mon utopie aujourd'hui est qu'une machine puisse réagencer le temps de la lecture d'un livre, explique-t-elle. Au total, 3 424 personnes liront la *Recherche* avec une autre vision et une autre dimension du temps. Véritable objet virtuel, la Matrice va précipiter tous les mots de la *Recherche* en une durée propre qui n'aura plus rien à voir avec la durée linéaire du livre papier, produisant un effet d'anamorphose temporelle (qui tout en évoquant le *bullet time* des films de science-fiction n'est pas sans rappeler l'incorporation du temps produite par l'absorption d'une petite madeleine). Qui sait, en effet, si au terme de cette expérience, nous ne parviendrons pas à une autre figure de temps retrouvé[1]. »

À ce jour, en trois ans, 2 681 pages ont été lues ainsi, soit 78 % du livre. Mais combien de romans suscitent d'aussi réjouissantes folies ? *Don Quichotte* lu en public par les Espagnols en une course relais, *Ulysses* célébré dans tout Dublin pour le Bloomsday... On les compte sur les doigts d'une seule main.

Du côté du cinéma, la surprise est venue de la télévision. Car malgré les quelques tentatives déjà observées[2], on n'imagine pas que les filmeurs renoncent jamais à s'approprier la *Recherche* pour la porter jusqu'à l'écran et l'y déposer. Il faut être fou, inconscient ou Nina Companeez pour oser aujourd'hui toucher à un tel monument national. D'autres s'y sont déjà brûlé les ailes : Luchino ne trouva pas les moyens d'en faire du Visconti ; Joseph Losey non plus, qui sollicita jusqu'au soutien du Président Giscard d'Estaing et s'attira cette réponse : « Vous êtes américain, né dans le Middle West, comment pouvez-vous toucher à un chef-d'œuvre de la littérature française ? » L'Allemand Volker Schlöndorff, le Chilien Raoul Ruiz et la Belge Chantal Akerman apprécieront, eux qui ont chacun tenté de s'approprier le roman avec des fortunes diverses. Encore eurent-ils la prudence de

---

1. Site : www.lebaiserdelamatrice.fr.
2. Voir annexes.

n'en garder qu'une partie : ici *Un amour de Swann,* là *Le Temps retrouvé,* et là encore *La Prisonnière.* Chaque fois, les proustiens ont fait la fine bouche. De toute façon, ils ne sont jamais contents : c'est toujours trop ou pas assez.

Nina Companeez s'est emparée du chef-d'œuvre en abandonnant tout complexe. N'étant pas considérée comme une géante du septième art, elle n'est donc pas tenue de faire un grand film en se hissant à la hauteur d'un grand livre. Elle a voulu réaliser un téléfilm à sa mesure mais à sa manière. Jamais paralysée par le respect. Toute la *Recherche* ou rien. Enfin, presque toute. Il a fallu choisir, donc sabrer, exclure, à commencer par *Du côté de chez Swann,* hélas. Les producteurs ont suivi. Au début, après un générique qui dégage un parfum de liberté, on craint le pire, en découvrant le Narrateur (délibérément confondu avec l'auteur, les proustiens de vieille roche en ont fait une jaunisse) en grande folle tordue s'évanouissant à l'idée qu'une mouche puisse se poser sur sa madeleine trempée de thé. Passé l'effet de surprise des premières minutes, d'autant que l'ahuri personnage est aussi haut perché que Proust ne l'était pas (1,68 mètre), ce qui permet donc de ne pas identifier le Narrateur à l'auteur, on se souvient que Proust avait effectivement un fort tropisme lacrymal et que son extrême délicatesse en toutes choses et toutes circonstances l'avait fait surnommer « mon petit Saxe psychologique » par Laure Hayman, et « l'abeille des fleurs héraldiques » par l'abbé Mugnier – ce qui renforce l'identification. Alors va pour les évanouissements, même si le plaintif ainsi campé fait oublier le héros viril de la pensée que Proust voulut en faire. Que Nina Companeez en eût fait trop ou pas assez dans l'amalgame des deux, cela lui eût été reproché. On rend vite les armes de l'exactitude tant la vérité du personnage et de son monde est éclatante. Les colonnes de porphyre et de marbre veiné de l'hôtel de Béhague, qui abrite l'ambassade de Roumanie à Paris, forment l'écrin idéal pour les robes de la duchesse de Guermantes ; les boiseries de l'hôtel Singer-Polignac sont rêvées pour un bal de têtes, pour ne rien dire du Grand Hôtel de Cabourg désormais situé « Promenade Marcel-Proust ». Mais la vraie magie n'est pas sous les alcôves du bordel homo de Jupien mais du côté des scènes en extérieur où le spectateur se retrouve de plain-pied dans le motif : y a-t-il sensation plus proustienne que de voir s'animer la Terrasse à Sainte-Adresse comme si Monet actionnait la caméra ?

On aura compris que Nina Companeez a su trouver le bon rythme à « sa » *Recherche*, grâces en soient rendues à la vivacité de sa troupe, de l'étonnant Micha Lescot si juste dans ses évanescences, à Didier Sandre épatant en Charlus qui en redemande sous le fouet d'un robuste garçon boucher, sans oublier les jeunes filles en fleurs qui se font des gâteries dans la nature et les femmes en fiel qui balancent à tout-va. Mais si son film est si profondément convaincant, outre le beau souci du détail, cela tient aussi à ce qui ne relève pas de l'image : la voix off du Narrateur dont le commentaire ne nous lâche guère, et les dialogues issus du roman qui ont la délicatesse de nous parler de nous-mêmes, sujet dont nul ne saurait se lasser. Tout ce que l'on peut donner à voir de Proust (gestes, attitudes, allure, regards, mimiques), tout ce qu'il y a à connaître de son univers, tout ce qu'il y a à entendre de sa voix intérieure, ne se trouve nulle part ailleurs mieux que dans ses phrases et son propre phrasé. L'anthologie est si bien composée, et toujours à propos, qu'elle invite à la lecture autant qu'à la relecture.

Dans son souci de rendre non seulement l'intelligence mais le charme de l'écrivain, Nina Companeez a subtilement saisi ce qui avait échappé à ses prédécesseurs : l'humour de Proust, auteur comique d'une finesse et d'une pénétration sans égales. Sa *vis comica* est au cœur de son projet. Il est vrai que les grotesques de la haute mondanité y sont propices, que ces personnages s'agitent pour des histoires de jalousie amoureuse, de manières de table, de protocole d'altesses ou d'affaire Dreyfus. Nina Companeez a tout lu, de et sur Proust. Les témoins (Gramont, Lucien Daudet, Quint) comme les biographes (Painter, Tadié, Diesbach) ou les essayistes (Deleuze, Citati, Davenport-Hines) et ceux des chemins de traverse où elle a fait son miel, telle la biographie de la mère de Marcel par Evelyne Bloch-Dano. Elle a avancé dans l'écriture de son film guidée par deux émotions : les larmes qui lui sont venues en découvrant que, au retour de son enterrement, Maurice Barrès avait lâché : « C'était notre jeune homme… » ; et le rire suscité en elle par le film que Percy Adlon consacra à *Céleste*, la gouvernante de M. Proust.

À l'issue de cette fresque enchanteresse de deux cent dix minutes (seulement, hélas, quand le livre aurait pu nourrir sans peine sept épisodes, autant que de romans composant la *Recherche*), le Narrateur s'apprête à édifier sa cathédrale de papier. L'excipit ? « Il était temps de commencer… » Une pépite, au risque d'une confusion entre le vécu et l'écriture puisque la *Recherche* est l'histoire d'une vocation. Le film s'achevant avec la fin du *Temps retrouvé,* il n'y a donc rien à commencer, mais nous sommes là au cœur de l'ambiguïté qui noue le Narrateur à l'auteur, celui qui a vécu l'histoire qu'il raconte et l'écrivain qui l'a écrite, Marcel et Proust.

Entendons-nous bien : aucun classique de la littérature n'est destiné à passer la rampe. Jusques et y compris ceux qui sont contemporains du développement du cinéma et de la télévision. S'il veut être fidèle à un auteur admiré, le réalisateur qui s'obstine sur cette voie doit s'approprier son roman pour en faire son film. Chacun son œuvre. Ce qu'a fait Nina Companeez. Et comme par surcroît, en le donnant à voir, elle le donne à entendre ; et en le donnant à entendre, elle le donne à lire. Peu de proustiens peuvent se flatter d'avoir réussi une telle propagande pour la *Recherche*.

Il y aura d'autres films et la *Recherche* y survivra. Pendant ce temps, les chercheurs continueront de chercher, dans toutes les directions. L'analyse des manuscrits et des épreuves permettra d'affiner encore la réponse à la question : comment Proust travaillait-il ? On s'intéressera aussi aux lecteurs de Proust en particulier Brassaï, Albert Cohen, Nabokov, Benjamin, Blanchot, Gracq, Gadenne, Ricœur, Eugénio de Andrade, Oscar Wilde.

Le survol des communications et interventions de différents colloques proustiens qui se sont récemment tenus, en France et à l'étranger, permet de se faire une idée des centres d'intérêt, des thèmes qui émergent et de la manière de les aborder :

« Le parlé coulé dans l'écrit ou la recherche de la sonorité dans l'écriture proustienne », « "Couchage" et "gougnotage" : les jeux de l'amour dans les cahiers de brouillon de Proust », « Le Moyen Âge de Proust : une mémoire volontaire », « La discipline, le travail et l'amour : Proust au reclusoir », « Marcel Proust : un Moyen Âge sans moines », « Un jeune frère rustre et grognon : Proust médiéval ou le déchaînement des affects », « Parodier Sainte-Beuve ou comment conjurer la tentation d'un "roman génétique" », « Le propre et l'étranger : Proust et la poétique de la traduction », « Proust et la critique d'art du XIXe siècle », « Des campagnes napoléoniennes à la Première Guerre mondiale : Proust lecteur de Tolstoï », « Marcel Proust est-il le dernier romancier du XIXe siècle ? », « Déchiffrer le monde. Proust à l'écoute de Balzac », « Proust, cadet des Goncourt », « Édition, interprétation : quels horizons pour la génétique textuelle proustienne ? », « Proust : vers une éthique de la traduction », « Swann et le dilettantisme », « Le jet d'eau dans les brouillons », « L'héritage de l'insomnie : Léonie et ses modèles sur le chemin de Marcel », « Le monde proustien impénétrable et le Neutre barthesien », « Le degré zéro de la *Recherche* : Barthes et le processus de création de Proust », « Proust du côté de chez Sade », « Proust et Einstein », « *À la recherche du temps perdu,* roman de la guerre* », « Embusqués et femmes à haut turban : ethnologie d'une tribu », « La guerre et le sacré dans *À la recherche du temps perdu* », « Proust et la "langue poilue" : le cas du mot boche »…

Mais on attend encore le colloque qui saura répondre à la question posée par Antoine Compagnon : « Comment diable ce juif homosexuel et snob a-t-il pu devenir le modèle incontesté du grand écrivain de la France ?[1] »

---

1. *Lieux de mémoire, op. cit.*, p. 952.

FEUILLETER SA MÉMOIRE

L'*Autodictionnaire Proust*[1] ne remplace en rien ni la biographie, ni les exégèses, ni les essais. Parfois, la citation se suffit à elle-même pour dire ce qu'elle a à dire ; parfois, on risque de trahir la pensée de l'auteur en ne ramenant pas la citation à son contexte. Certaines ne peuvent sortir qu'accompagnées, d'autres sont suffisamment mûres pour vivre leur vie. Le parti pris a été de faire confiance à l'esprit critique et à la maturité de jugement du lecteur, capable d'accorder des statuts distincts à l'extrait de la *Recherche* et à celui d'une lettre ou d'un article, sans qu'on lui prenne la main. C'est du Proust dans son jus.

Des savants du proustisme l'envisageraient tout autrement, dans une approche scientifique, méthodologique, exhaustive. Ce dictionnaire est avant tout celui d'un lecteur, l'anthologie d'un proustien amateur à destination des amateurs de Proust. Dans sa préface au travail exhaustif d'Étienne Brunet[2], Jean-Yves Tadié oppose « la science de la littérature » à « la fantaisie brillante d'un esprit excentrique ». Nous vient alors l'envie profonde de nous glisser dans les interstices exactement à équidistance des deux genres pour en susciter un troisième qui emprunterait le meilleur aux deux autres.

Voilà un auteur difficile à couper, fût-ce d'une main gantée de suède, tant sa prose est de la dentelle, longue et digressive, élevant le point virgule au rang d'un des beaux-arts. Rien n'est

---

1. *Autodictionnaire Proust* est le titre de la première édition de ce livre en 2011.
2. Étienne Brunet, *Le Vocabulaire de Proust, op. cit.*

plus injuste que de trancher dans son cas. Au vrai, Proust n'est pas coupable. Le reproche de saucissonnage serait dans son cas justifié ; il menace toute anthologie ; l'essentiel est dans l'honnêteté du compilateur. Les « […] » de convention au début et à la fin de chaque extrait en deviennent inutiles tant il apparaît évident que chacun d'eux est un isolat.

Face à l'injustice anthologique, il y en aura toujours pour hurler au massacre. C'est Proust qu'on assassine !…

Pour les entremêler en permanence, cet *Autodictionnaire* n'en rejette pas moins toute confusion entre la fiction et la non-fiction, le roman d'une part, les articles et les lettres de l'autre ; ils n'ont évidemment pas le même statut mais ont en commun une seule et même signature ; on a déjà suffisamment glosé sur l'identification de la voix du narrateur pour en rajouter ; mais il n'échappera à personne que la plupart du temps, les extraits puisés dans la *Recherche* s'énoncent sous la forme de vérités morales et universelles, sur le ton, la forme, et parfois dans l'esprit, des maximes du Grand Siècle.

Faut-il inclure les propos rapportés ? Délicat. Surtout lorsqu'ils le sont par une source unique. « Aimez-vous Borodine ? Vous savez que c'est l'un des thèmes de sa 3e symphonie qui m'a donné l'idée de la petite phrase de la sonate de Vinteuil. » La piste est séduisante. À ceci près que, comme le remarque Philip Kolb, Proust ne s'en est ouvert qu'à Mme Scheikévitch qui le rapporte dans sa correspondance, et à elle seule. Alors non. On ne trouvera pas davantage ici d'extraits du livre de souvenirs[1] de Céleste Albaret, par crainte d'y rapporter des mots de son coauteur Georges Belmont plutôt que des mots de Proust.

---

1. *Monsieur Proust,* Robert Laffont, 1973.

Tout choix nous engage car il se manifeste par ses exclusions autant que par ses dilections. Une anthologie poétique a son véritable auteur, qui n'est pas qu'un compilateur.

Les lettres de Proust étant rarement datées, le travail des éditeurs de la correspondance est vital (à l'opiniâtre Philip Kolb, notre reconnaissance éternelle). Certaines exigent de son destinataire qu'il soit « tombeau », expression proustienne par excellence employée comme synonyme de l'absolue discrétion ; d'autres en revanche semblent tellement avoir été envoyées afin d'être répétées qu'on les dirait écrites à la cantonade. J'ai privilégié dans la correspondance générale ce qui a trait à l'œuvre et à la personne de Proust au détriment de ce qui se rapporte parfois à la personne de ses correspondants, et surtout à leurs œuvres.

À l'entrée sur « Mme Daudet », on trouve condensée en vingt lignes la plus lucide analyse des vertus et défauts de l'aristocratie et de la bourgeoisie. Les lettres les plus ennuyeuses sont souvent les plus techniques (impression de ses livres, détails de contrats d'éditeurs, division de l'œuvre en volumes, achats et ventes d'actions), qu'elles s'adressent à l'éditeur (Gaston Gallimard) ou à l'ami banquier (Lionel Hauser) ; le fait est que nombre de lettres de Proust sont inutilement longues et bavardes.

Certaines époques (les dernières années) sont plus denses, et par conséquent plus intéressantes, que d'autres. Ses lettres sont généreuses, prodigues même. Il ne s'économise guère. Elles sont fertiles en mots de son invention, pas toujours dans un code d'initié à destination de Reynaldo Hahn : « Nullemation » pour nullement, « Aucuniadès » pour aucunement… Les fautes d'orthographe ne sont pas rares, la ponctuation est souvent fantaisiste, cette façon très particulière d'écrire « peut'être »…

Lorsqu'on voit toutes les lettres qu'il écrit lorsqu'il se plaint de ne pouvoir écrire en raison de la souffrance que ses yeux lui imposent, on imagine son épistolat lorsque ses yeux sont en parfait état de marche.

À quel type d'autobiographie renvoie sa correspondance ? Sa feuille de température. Les mémoires d'un malade. D'un reclus qui prend très mal qu'on le tienne pour un mondain. Il ne cesse de répéter qu'il ne va plus dans le monde ; non qu'il ne soit pas reçu, les invitations pleuvent comme jamais ; mais il ne s'y rend qu'exceptionnellement une ou deux fois dans l'année. D'où tient-il alors sa science de cette société ? De ses anciennes sorties, autrefois. S'il ne va effectivement plus dans le monde, c'est le monde qui vient à lui et lui permet de garder le contact. Il y a les visites à son chevet. Il y a surtout les lettres, longues, fournies, régulières. Il en sait et en apprend ainsi davantage qu'en traînant son chrysanthème dans les salons.

Contrairement à la correspondance d'un Céline, pour ne citer qu'elle, celle de Proust ne permet pas, du moins pas souvent, de saisir les vibrations provoquées par les événements autres que ceux qui agitent son propre univers. Comparée aux correspondances de Balzac, Stendhal, Flaubert, celle de Proust souvent déçoit. La vocation d'un dictionnaire de ce type est justement d'en extraire la substantifique moelle, jamais si bien nommée, d'une gangue de flagorneries à l'endroit de critiques et d'hommes de lettres, de pommades à des correspondantes correctement alliancées, de complaintes du mal soigné, d'interminables excuses pour des rendez-vous non honorés ou des lettres sans réponse. Tant de ces épîtres

sont si encombrées d'urbanité, d'extrême politesse, d'éducation et de la rhétorique de l'incertitude qui leur fait cortège
que l'envie soudaine nous prend de balayer toutes ces précautions pour aller enfin au cœur des choses. On se frotte
les yeux, on se dit que ce n'est pas possible, pas lui et pas
à nous ; on en appelle à son humour, à ses pointes glissées
çà et là *cum grano salis*, on se réconforte de son sens du
comique en se disant que ce doit être du troisième degré
car s'il ne se paye pas leur tête, alors il se paie la nôtre ; ce
n'était pas la peine de rompre de telles lances en dénonçant
la cécité criminelle d'un Sainte-Beuve pour faire de Robert
de Montesquiou un nouveau Baudelaire. Il était pourtant
bien sérieux.

On comprend bien l'évident intérêt de la *Correspondance*
dans son ensemble aux yeux des biographes et des généticiens
de la littérature, pour qui tout ce qui entre fait ventre, de la
miette mal digérée d'un dîner chez Larue à un échange de
haute tenue avec Maurice Barrès en passant par une requête
pressante destinée à raturer des paragraphes oubliés sur ses
épreuves. L'épistolier est très soucieux de sa digestion ; on
conçoit ce que les biographes peuvent tirer des conséquences
de ces événements gastriques sur le flux des travaux et des
jours, d'autant que la vraie nature de « la constipation des
prophètes » dont Swann est réputé souffrir demeure une
énigme, mais le lecteur ? Même dans la première partie de
la correspondance relative à son commerce de la mondanité,
qui alimentera sa grande machine romanesque avec l'acuité
que l'on sait. Mais dès qu'il prend ses distances, du moins
physiquement, pour écrire, c'est-à-dire travailler comme un
malade, sa correspondance gagne en âpreté, en intensité et en
densité. Il se comporte vraiment comme si le temps lui était

compté et qu'il avait engagé une course de vitesse contre la mort. Hormis le premier cercle des chercheurs et proustiens, peu ont lu toute la *Recherche,* encore moins l'intégralité de la *Correspondance* et des articles et essais.

Il faudrait avoir le courage de (re)lire de bout en bout les vingt et un volumes de la *Correspondance* comme le journal de bord de la traversée de la *Recherche.* Oserais-je avouer que je m'y suis efforcé à seule fin d'établir cet *Autodictionnaire* ?

Je ne suis pas proustologue (Dieu préserve ! eût dit ma grand-mère Marie), n'en ayant ni la formation ni l'aptitude ; non plus que proustolâtre, pour n'être pas inconditionnel de qui que ce soit, en raison d'un esprit critique naturellement développé ; mais proustophile, certainement, croyant et pratiquant, ce qui se traduit par la relecture intégrale de la *Recherche* tous les cinq ans en moyenne, et par un vif intérêt porté depuis des années aux travaux, avancées et découvertes des professionnels du proustisme.

On jugera le lecteur assez adulte pour faire la part des choses dès lors que la source est clairement indiquée.

Ce que tait cet objet littéraire non identifié qu'est l'*Autodictionnaire,* c'est justement ce qu'il faut écrire. Risquons donc une définition, nécessairement inédite, puisque le genre même l'est : tentative non exhaustive d'inventaire de la vie et de l'œuvre d'un créateur, appréhendées par le biais de définitions embrassant un large champ ou focalisant sur d'infinis détails, dont la particularité et l'unité sont d'avoir tous été exclusivement puisés dans ses propres écrits et propos sous toutes leurs formes ; encore faut-il préciser qu'une main amie se charge du forage dans les couches géologiques de ses bibliographies accumulées, de préférence bien des années après que le temps a fait son office.

Fol est le biographe qui se vouerait à une telle entreprise car il a tout à y perdre. Réussie, elle le met au chômage technique puisque, formellement, l'*Autodictionnaire* est, par son caractère fragmentaire même, la négation du récit biographique continu. L'idéal serait de parvenir à « rompre avec la nostalgie de l'Un, sans céder sur sa nécessité », ainsi qu'y invite Maurice Blanchot dans une lettre où il livre ses réflexions sur la discontinuité[1]. Le lecteur contemporain, familier de l'observation en zapping et sujet à l'impatience dont la télécommande est le bras armé, préfère de plus en plus pénétrer dans la peau d'une vie par tous ses pores. Autant dire : ses entrées. C'est tellement plus pratique, mieux en accord avec l'esprit du temps marqué par la rapidité et la commodité. Pour ma part, j'en ai pris conscience en me perdant avec délice dans le *Dictionnaire Picasso* de Pierre Daix à sa sortie en 1995[2], des années après avoir lu sa biographie du peintre.

La vocation d'un *Autodictionnaire* est d'être pillé sans vergogne, rarement cité. Pourquoi alors se lancer dans l'invention d'un *Autodictionnaire* d'un grand écrivain quand tant de livres en tous genres lui ont déjà été consacrés ? Non pour convaincre les réticents ni désarmer les hostiles. Plutôt pour le revisiter avec un autre regard. On ne creuse jamais assez. Rien à craindre dans l'ordre de l'effondrement, cette

---

1. Maurice Blanchot, *Lettres à Vadim Kozovoï*, Houilles, Éditions Manucius, 2009.
2. Robert Laffont, coll. « Bouquins ».

œuvre-là est de ces cathédrales de papier qu'un océan de gloses et commentaires jamais ne réussira à engloutir.

Rien à jeter. Non que tout soit bon, mais tout fait sens.

S'agissant de la *Recherche,* je m'étais donné pour règle de ne conserver que l'indispensable, le vital, plutôt des passages où le Narrateur exprime des jugements déjà formulés par l'auteur par ailleurs, des jugements moraux aux accents de vérités universelles, de manière à éviter ce vieux piège qui consiste à attribuer à l'auteur des pensées de ses personnages. Les opinions n'ont pas le même statut selon qu'elles sont exprimées en privé par l'épistolier, par l'homme de lettres en public et par le narrateur du roman. Et l'on se gardera bien d'attribuer à l'auteur les sentiments du Narrateur, sauf lorsque leur concordance est si attestée que la simple juxtaposition d'un extrait de roman et d'un fragment de lettre suffit à les confondre, dût-on susciter des cris d'orfraie du côté des proustiens canal historique.

Même si les biographies en font déjà état, la lecture du document brut offre un autre éclairage ; d'autant qu'en l'espèce, comme dans l'ensemble de l'*Autodictionnaire*, ses vérités successives sont exposées dans l'ordre à leurs dates. Et au besoin, ses répétitions dès lors qu'elles font sens. Toutes choses dont la mise en perspective confirme la cohérence d'une œuvre.

L'expérience produit un sentiment étrange de déjà vu et déjà lu mais pas vraiment reconnu. Le regard évolue au gré des saisons de la vie d'un lecteur ; il s'enrichit de lectures, de rencontres, de conversations ; et si l'on est solidaire de tous ses âges, on entrevoit un début de sagesse lorsque notre écrivain de chevet, celui dont on croit avoir tout vu parce qu'on en a tout lu, nous est révélé autre que nous le savions, au détour d'une page d'une profondeur soudain lumineuse.

Le travail de découpage a pourtant ses limites : on ne touche pas sans cas de conscience aux pages de la *Recherche,* roman total parfaitement bouclé sur lui-même, même si l'on se sent moins respectueux avec la correspondance que le temps n'a heureusement pas sanctuarisée. Un principe intangible a guidé la composition de l'*Autodictionnaire* : tout ce qui s'y trouve est de Marcel Proust ; de sa plume ou de sa voix. Tout. Volontairement, l'édition n'est pas critique, et encore moins savante, si tant est que j'en aie le goût et la compétence. Pas de demi-mesure : dès lors qu'on commence à mettre des notes, on en met au bas de chaque page. Or toutes ces pages devaient être les siennes. Les très rares notes ou rajouts ne sont pas destinés à informer ou commenter, mais à éviter des malentendus ou à dissiper des ambiguïtés.

Quelle part d'une œuvre-vie est irréductible à la mise en fiches ? L'émotion qui naît d'une continuité biographique, la mise en scène des événements, les respirations d'un récit, les mouvements d'une âme. Un *Autodictionnaire* n'a pas réponse à tout.

Si l'on veut comprendre autrement comment Proust s'y « est pris » (tant Revel que Barthes et d'autres à leur suite n'ont cessé de se poser la question), il faut le saisir par le biais du discontinu, briser les reins à la chronologie, ranger ses angoisses et ses rêves par ordre alphabétique. C'est une autre manière de lui être fidèle. Car si la biographie laissait paraître l'homme nu derrière le voile de ses paroles, l'*Auto-dictionnaire* expose son squelette. Plus de faux-semblants, plus d'échappatoires, plus de procédés. Le squelette, c'est ce qui reste quand on a éliminé toute littérature dans le mauvais sens du terme – car il en existe un.

Proust a ressuscité un monde englouti. Quand tant d'Atlantide attendent leur Proust, celle-ci ne connaît pas son bonheur. Au lieu d'aller en répétant que Proust ne savait pas grand-chose de leur milieu, n'ayant pas été reçu, entendez qu'il fut peu invité dans les meilleurs hôtels du faubourg mais uniquement dans quelques salons littéraires, les héritiers de ce monde disparu, effondré plutôt, devraient se réjouir qu'il l'ait sauvé de l'oubli en le faisant entrer dans la mythologie parisienne. Qui d'autre a mis tant d'esprit à croquer un La Rochefoucauld se jugeant déclassé d'être à la table d'un Luynes au motif que sa famille n'avait pas de situation en l'an mil... Sans lui, qui se souviendrait que ces gens ont régné sans couronne sur une élite dont la naissance, la richesse, la naissance, l'illustration héréditaires étaient inversement proportionnelles à leur ignorance de la marche des idées ? Sans lui, ils ne seraient que « gens du monde, gens du vide, fantômes de désirs » ainsi que Céline voulut réduire les personnages proustiens dans *Voyage au bout de la nuit*. Que ne fleurissent-ils sa tombe, que ne lui savent-ils gré d'avoir sauvé de l'oubli le nom de leur famille et de leur Maison en les faisant passer des grimoires des archivistes à l'immortalité du plus grand des romans de ce temps ? Gloire à la fiction qui les a sortis de la naphtaline à laquelle ils étaient promis ! L'Histoire retiendra que ces personnalités ont brillé de tous leurs feux non à la dite Belle Époque, mais sous Proust comme on le dirait d'un souverain. « Qui était président de la République sous Marcel Proust ? », s'interroge fort à propos Régis Debray[1]. Une vraie question piège pour jeu de société. Que Proust ne soit pas notre contemporain « direct » épargne à ses lecteurs les plus snobs le déplaisir de son jugement sur eux. Une poignée de mots chus de sa plume eût suffi à les anéantir.

Lorsque meurt un grand écrivain, il est d'usage d'évoquer le vide terrible qu'il laissera, et la marque que laissera son absence. Pas Proust. Comme l'a dit un jour l'abbé Mugnier à sa nièce : « Nul n'est moins mort que lui[2]. »

P.S. Cette préface reprend parfois des extraits de préfaces, de chroniques et d'articles que j'ai autrefois consacrés à Proust, son monde et ses commentateurs.

---

1. Régis Debray, *Du bon usage des catastrophes,* Gallimard, 2011, p. 67.
2. Causerie de Suzanne Mante-Proust à l'Institut franco-japonais de Tokyo, 6 décembre 1958, in *Bulletin de la Société des amis de Marcel Proust et de Combray,* n° 9, 1959.

Avertissement au lecteur

Le choix a été fait de laisser dans les extraits venant de correspondances l'orthographe particulière de Marcel Proust : parfois « fascher » pour « fâcher » par exemple, ou bien une graphie qu'il affectionnait : « peut'être » souvent pour « peut-être »… Sa ponctuation aussi. Mais si une faute d'accord ou une ponctuation fautive rendaient le sens de la phrase délicat à comprendre, nous avons préféré les corriger.

A

À bon entendeur, salut !
Abréviation
Académie française
Accent
Action française (l')
Action française (L')
Adolescence
Adultère
Âge
Agonie
Agostinelli (Alfred)
Ajoutages
*À la recherche du temps
    perdu*
Albaret (Céleste)
Allemagne
Altruisme
Âme
Amitié

Amour
Amour platonique
Amour-propre
Amoureux
Anecdote
Anglaise (langue)
Anglaise (littérature)
Angleterre
Antisémitisme
Appartement
Archives
Argent
Aristocratie
Art
Asthme
Atavis et Armis
Aubépines
Autoportrait
Avoué

À BON ENTENDEUR, SALUT !

La maxime « à bon entendeur, salut ! » est trop étroite. Le mauvais entendeur peut, par d'autres côtés, être « délicieux ». À quoi bon par une intransigeance chagrine se priver de ses délices ? Nos destinées à tous sont sans doute faites pour être vécues, non pour être comprises. Si ceux qui les méconnaissent, les embellissent d'autre manière, pourquoi les lasser par des reproches inévitablement inécoutés et incompris, de toute façon fort ennuyeux ? Un malentendu (que je croyais à tort dissipé) qui s'est renouvelé après un an est un malentendu éternel. Tant il y a de lois originales dans l'arithmétique et la chronologie du sentiment.

(Lettre à Robert de Montesquiou, 11 mars 1894)

ABRÉVIATION

Mais connaissez-vous quelque chose d'aussi absurde que ce prénom abrégé : « Napo ». J'ai déjà dû vous en parler car cela me hante. Ce n'est pas faute de ceux qui le portent, mais enfin je n'aime pas cette abréviation. J'ai dans *Swann* Mémé pour Palamède et (je ne sais plus lequel des deux) Bubus pour Phoebus ou Babal pour Annibal de Bréauté-Consalvi. Mais qu'est-ce à côté de Napo !

(Lettre à Lucien Daudet, vers la mi-mai 1915)

ACADÉMIE FRANÇAISE

Quant à savoir si un grand écrivain doit ou non désirer entrer à l'Académie, la question doit être tranchée par chacun en particulier, suivant ses préférences et décisions personnelles. Il ne peut y avoir de règle. Le fait que Flaubert n'ait pas voulu être de l'Académie ne suffit pas à sacrer grand écrivain tout contempteur de l'Académie, pas plus que, malgré l'exemple inverse de Victor Hugo, un poète n'est grandi d'être académicien. Les « commandements » spirituels les plus absolus et les plus minutieux doivent sur ce point rester muets et s'en remettre à la volonté et à la complexion de chacun. C'est affaire d'hygiène individuelle.

(« Un professeur de beauté »,
Les Arts de la vie, 15 août 1905)

Naturellement, je ne parlerai pas de l'affaire. Mais peut-être ferais-je bien, pour qu'il ne dise pas que ce sont des vengeances politiques, de dire que j'ai été enchanté de l'élection de Barrès à l'Académie, que je le serais de celle de Léon Daudet, que si je trouve celle de Schlumberg* absurde ce n'est pas à cause de ses opinions mais de sa bêtise – qu'il

---

* L'historien Gustave Schlumberger.

est légitime qu'il y ait à l'Académie un parti des ducs (je ne le trouve pas mais c'est mieux ainsi) mais qu'il serait excessif qu'il y eût un parti des snobs ; que si être duc suffit pour être académicien, rechercher la société des ducs ne peut pas suffire ; qu'encore si Schlumberg n'était que snob et on le nommait pour cela, mais qu'il a fait des livres et que la pensée qu'il pourrait être nommé pour ses livres a quelque chose d'offensant, enfin je dirais cela mieux, moins sérieusement, moins gentiment, en parlant de ses pieds, sans aucune prétention au bon goût, et presque à la bonne foi […] Et si c'est le snobisme qui dicte, alors que ce soit un grand seigneur qui n'ait jamais écrit une ligne, qu'on sente bien que c'est le grand seigneur qu'on élit […]

(Lettre à Mme Straus, vers le 15 juin 1908)

Si, pourtant, malgré tant de correspondances que je perçus dans la suite entre l'écrivain et l'homme, je n'avais pas cru au premier moment, chez Mme Swann, que ce fût Bergotte, que ce fût l'auteur de tant de livres divins qui se trouvât devant moi, peut-être n'avais-je pas eu absolument tort, car lui-même (au vrai sens du mot) ne le « croyait » pas non plus. Il ne le croyait pas puisqu'il montrait un grand empressement envers des gens du monde (sans être d'ailleurs snob), envers des gens de lettres, des journalistes, qui lui étaient bien inférieurs. Certes, maintenant il avait appris par le suffrage des autres qu'il avait du génie, à côté de quoi la situation dans le monde et les positions officielles ne sont rien. Il avait appris qu'il avait du génie, mais il ne le croyait pas puisqu'il continuait à simuler la déférence envers des écrivains médiocres pour arriver à être prochainement académicien, alors que l'Académie ou le faubourg Saint-Germain n'ont pas plus à voir avec la part de l'Esprit éternel laquelle est l'auteur des livres de Bergotte qu'avec le principe de causalité ou l'idée de Dieu. Cela il le savait aussi, comme un kleptomane sait inutilement qu'il est mal de voler. Et l'homme à barbiche et à nez en colimaçon avait des ruses de gentleman voleur de fourchettes, pour se rapprocher du fauteuil académique espéré, de telle duchesse qui disposait de plusieurs voix dans les élections, mais de s'en rapprocher en tâchant qu'aucune personne qui eût estimé que c'était un vice de poursuivre un pareil but, pût voir son manège.

(*À l'ombre des jeunes filles en fleurs,* 1918)

Je serais désolé pour une visée académique d'altérer le caractère de mes livres. Mais enfin je dois dire la vérité, même fût-elle favorable à ma candidature. J'avais la ferme intention de parler de *Sodome et Gomorrhe* d'une façon objective. Mais à mon grand chagrin, la fatalité des caractères en jeu m'a entraîné à une sorte de pamphlet, de sermon, fort différent de l'impartiale peinture que je me proposais. J'y vois un inconvénient littéraire à quoi je ne peux rien ; mais à quelque chose malheur est bon et cela, dit par vous, serait peut-être de nature à rassurer l'Académie. J'ajoute que si le blâme perce partout, en revanche la peinture n'est pas à l'eau de rose tant s'en faut. Et cela sans doute n'est pas très académique bien qu'assez religieux.

(Lettre à Henri de Régnier, 22-23 avril 1920)

Je serai candidat à l'Académie (n'en parle pas !) quand un de tes confrères mourra [...] Du reste il est probable que la mort la plus prochaine sera la mienne et non celle d'un académicien.

(Lettre à Robert de Flers, 4 juin 1920)

Je ne vous parle pas, après un si grand sujet, de mes petites ambitions académiques. Vous m'aviez conseillé à la première vacance de déclarer aussitôt ma candidature, pour qu'on n'ait pas son siège fait. Mais j'ignore sous quelle forme se fait une déclaration de candidature ; puis le fauteuil de M. Aicard n'est même peut'être pas encore déclaré vacant. Enfin on m'a vaguement dit que Claudel se présenterait. Je ne le connais pas et n'ai aucune raison de m'effacer devant lui. Mais sa notoriété si grande, et aussi ses amitiés politiques, m'ôte-raient sans doute toute chance.

(Lettre à Maurice Barrès, début juin 1921)

Voir à « Schlumberger (Gustave) », « *Sodome et Gomorrhe* »

ACCENT

[...] il y avait plus d'intonations, plus d'accent, dans ses livres que dans ses propos ; accent indépendant de la beauté du style, que l'auteur lui-même n'a pas perçu sans doute, car il n'est pas séparable de sa personnalité la plus intime. C'est cet accent qui, aux moments où, dans ses livres, Bergotte était entièrement naturel, rythmait les mots souvent alors fort insignifiants qu'il écrivait. Cet accent n'est pas noté dans le texte, rien ne l'y indique et pourtant il s'ajoute de lui-même aux phrases, on ne peut pas les dire autrement, il est ce qu'il y avait de plus éphémère et pourtant de plus profond chez l'écrivain, et c'est cela qui portera témoignage sur sa nature, qui dira si malgré toutes les duretés qu'il a exprimées il était doux, malgré toutes les sensualités, sentimental.

(À l'ombre des jeunes filles en fleurs, 1918)

ACTION FRANÇAISE (L')

Je pense que Léon Daudet va bientôt revenir et que nous pourrons nous voir tous trois (ou plutôt tous quatre car je ne crois pas qu'il dîne sans sa femme). On pourrait adjoindre Bainville et Maurras (Mme Bainville est jolie) et trouver quelqu'un d'une opinion politique différente.

(Lettre à Walter Berry, 5-6 octobre 1920)

Voir à « Critique littéraire », « Daudet (Léon) », « Juifs », « Maurras (Charles) »

ACTION FRANÇAISE (L')

Ne pouvant plus lire qu'un journal, je lis, au lieu de ceux d'autrefois, *L'Action française.* Je peux dire qu'en cela je ne suis pas sans mérite. La pensée de ce qu'un homme pouvait souffrir m'ayant jadis rendu dreyfusard, on peut imaginer que la lecture d'une « feuille » infiniment plus cruelle que *Le Figaro* et les *Débats*, desquels je me contentais jadis, me donne souvent comme les premières atteintes d'une maladie de cœur. Mais dans quel autre journal le portique est-il décoré à fresque par Saint-Simon lui-même, j'entends par Léon Daudet ? Plus loin, verticale, unique en son cristal infrangible, me conduit infailliblement à travers le désert de la politique extérieure, la colonne lumineuse de Bainville. Que Maurras, qui semble détenir aujourd'hui le record de la hauteur, donne sur Lamartine une indication géniale, et c'est pour nous mieux qu'une promenade en avion, une cure d'altitude mentale. À l'autre point de l'horizon, scintille la constellation d'Orion [*pseudonyme de la Rédaction*].

(« Un esprit et un génie innombrables : Léon Daudet »,
probablement 1920, in *Nouveaux Mélanges,* 1954)

ADOLESCENCE

La caractéristique de l'âge ridicule que je traversais – âge nullement ingrat, très fécond – est qu'on n'y consulte pas l'intelligence et que les moindres attributs des êtres semblent faire partie indivisible de leur personnalité. Tout entouré de monstres et de dieux, on ne connaît guère le calme. Il n'y a presque pas un des gestes qu'on a faits alors qu'on ne voudrait plus tard pouvoir abolir. Mais ce qu'on devrait regretter au contraire c'est de ne plus posséder la spontanéité qui nous les faisait accomplir. Plus tard on voit les choses d'une façon plus pratique, en pleine conformité avec le reste de la société, mais l'adolescence est le seul temps où l'on ait appris quelque chose.

(À l'ombre des jeunes filles en fleurs, 1918)

ADULTÈRE

Les maris trompés qui ne savent rien savent tout tout de même. Mais il faut un dossier plus matériellement documenté pour établir une scène de jalousie. D'ailleurs, si la jalousie nous aide à découvrir un certain penchant à mentir chez la femme que nous aimons, elle centuple ce penchant quand la femme a découvert que nous sommes jaloux. Elle ment (dans des proportions où elle ne nous a jamais menti auparavant), soit qu'elle ait pitié, ou peur, ou se dérobe instinctivement par une fuite symétrique à nos investigations. Certes il y a des amours où, dès le début, une femme légère s'est posée comme une vertu aux yeux de l'homme qui l'aime. Mais combien d'autres comprennent deux périodes parfaitement contrastées. Dans la première, la femme parle presque facilement, avec de simples atténuations, de son goût pour le plaisir, de la vie galante qu'il lui a fait mener, toutes choses qu'elle niera ensuite avec la dernière énergie au même homme, mais qu'elle a senti jaloux d'elle et l'épiant. Il en arrive à regretter le temps de ces premières confidences dont le souvenir le torture cependant. Si la femme lui en faisait encore de pareilles, elle lui fournirait presque elle-même le secret des fautes qu'il poursuit inutilement chaque jour. Et puis, quel abandon cela prouverait, quelle confiance, quelle amitié ! Si elle ne peut vivre sans le tromper, du moins le tromperait-elle en amie, en lui racontant ses plaisirs, en l'y associant. Et il regrette une telle vie que les débuts de leur amour semblaient esquisser, que sa suite a rendue impossible, faisant de cet amour quelque chose d'atrocement douloureux, qui rendra une séparation, selon les cas, ou inévitable, ou impossible.

(*La Prisonnière,* parution posthume)

De relations qui ne sont pas consacrées par les lois découlent des liens de parenté aussi multiples, aussi complexes, plus solides seulement, que ceux qui naissent du mariage. Sans même s'arrêter à des relations d'une nature aussi particulière, ne voyons-nous pas tous les jours que l'adultère, quand il est fondé sur l'amour véritable, n'ébranle pas le sentiment de famille, les devoirs de parenté, mais les revivifie ? L'adultère introduit l'esprit dans la lettre que bien souvent le mariage eût laissée morte. Une bonne fille qui portera, par simple convenance, le deuil du second mari de sa mère n'aura pas assez de larmes pour pleurer l'homme que sa mère avait entre tous choisi comme amant.

(*La Prisonnière,* parution posthume)

ÂGE

Vous avez vécu des jours de triste maturité qu'il faut défalquer de votre âge réel (lequel est fort jeune d'ailleurs). Mais vous savez de plus que l'âge arithmétique est une farce […] on n'a que l'âge de ses artères.

(Lettre à René Peter, 26 octobre 1911)

Les philosophes nous ont bien persuadés que le temps est un procédé de dénombrement qui ne correspond à rien de réel. Nous le croyons, mais la superstition ancienne est si forte que nous ne pouvons pas nous évader, et il nous semble qu'à une certaine date nous sommes forcément plus vieux, comme les administrations qui trouvent qu'il doit faire chaud le 1er avril et qu'on n'a plus besoin de calorifère. Il y a longtemps qu'on trouve cela ridicule pour l'administration et pour l'âge on ne le trouve pas.

(Lettre à Mme Straus, 26 octobre 1912)

Vous m'avez un peu fâché en me parlant de votre « âge » ; la vie n'est pas chronologique. On a des étés où il pleut tout le temps ce qui n'empêche pas de compter sur un mois d'août plus radieux qu'un printemps. Dans la vie aussi les saisons sont interpolées. Vous venez de passer tristement quelques pages du milieu. Bientôt vous allez en trouver quelques-unes du début qui ont été mal reliées.

(Lettre à Mme Réjane, juillet 1919)

Je me vois vieillir avec la rapidité d'un personnage de féerie.

(Envoi autographe d'*À l'ombre des jeunes filles en fleurs* à Élie-Joseph Bois, vers le 26 décembre 1919)

AGONIE

Il n'y a rien de frivole comme l'agonie.

(Lettre à Robert de Montesquiou, 21 mars 1912)

AGOSTINELLI (ALFRED)

À propos d'Agostinelli je vous avais dit je crois qu'il avait une situation délicate à l'égard d'une personne que nous connaissons tous deux vous et moi. Je n'ai plus pu vous voir seul, et d'ailleurs il est aussi bien que je n'aie pas eu ainsi à vous apprendre relativement à une connaissance commune des choses que vous ignorez sans doute. Mais comme vous ne savez en tout cas pas de qui je voulais parler, pour éviter toute gaffe dangereuse, je préférerais que vous ne disiez en général à personne que j'ai Agostinelli comme secrétaire, en un mot que vous ne parliez de lui à personne. S'il y a quelqu'un de nos amis communs à qui vous en ayez parlé ou qui vous en ait parlé, vous seriez bien aimable de me le dire pour que je le sache et en tienne compte.

(Lettre à Charles d'Alton, début août 1913)

Mon cher Alfred, je vous remercie beaucoup de votre lettre (une phrase était *ravissante* (crépusculaire etc.) et de votre télégramme préliminaire qui était une amabilité de plus […]) Pour l'aéroplane, c'est plus compliqué […] En tout cas si je le garde (ce que je ne crois pas) comme il restera vraisemblablement à l'écurie, je ferai graver sur (je ne sais pas le nom de la pièce et je ne veux commettre d'hérésie devant un aviateur) les vers de Mallarmé que vous connaissez : *Un cygne d'autrefois se souvient que c'est lui/Magnifique, mais sans espoir qui le délivre* [...] C'est la poésie que vous aimiez tout en la trouvant obscure et qui commence par : *Le vierge, le vivace et le bel Aujourd'hui* [...] Hélas « Aujourd'hui » n'est plus ni « vierge », ni « vivace », ni « beau » !

(Lettre à Alfred Agostinelli, vers le 30 mai 1914)

C'est qu'Agostinelli (ce que je n'avais pas *supposé* à Cabourg où je ne l'avais connu que comme chauffeur, et ensuite j'étais resté des années sans le revoir) était un être extraordinaire possédant peut'être les dons intellectuels les plus grands que j'aie connus ! L'an dernier ayant perdu sa place il était venu me demander de l'employer comme chauffeur, je ne pouvais faire tort à Albaret en le prenant. Je lui avais sans confiance proposé de me faire la dactylographie de mon livre. C'est alors que je l'ai découvert, que lui et sa femme sont devenus part intégrante de mon existence. Hélas, j'ai le chagrin aujourd'hui de penser que s'il ne m'avait pas rencontré et n'avait pas gagné tant d'argent par moi, il n'aurait pas eu les moyens d'apprendre l'aviation.

(Lettre à Émile Straus, 3 juin 1914)

J'aimais vraiment Alfred. Ce n'est pas assez de dire que je l'aimais, je l'adorais. Et je ne sais pourquoi j'écris cela au passé car je l'aime toujours. Mais malgré tout, dans les regrets, il y a une part d'involontaire et une part de devoir qui fixe l'involontaire et en assure la durée. Or ce devoir n'existe pas envers Alfred qui avait très mal agi avec moi, je lui donne les regrets que je ne peux faire autrement que de lui donner, je ne me sens pas tenu envers lui à un devoir comme celui qui me lie à vous, qui me lierait à vous, même si je vous devais mille fois moins, si je vous aimais mille fois moins [...] Ce n'est pas parce que les autres sont morts que le chagrin diminue, mais parce qu'on meurt soi-même. Et il faut une bien grande vitalité pour maintenir et faire vivre intact le « moi » d'il y a quelques semaines. Son ami ne l'a pas oublié, le pauvre Alfred. Mais il l'a rejoint dans la mort et son héritier, le « moi » d'aujourd'hui aime Alfred mais ne l'a connu que par les récits de l'autre. C'est une tendresse de seconde main. (Prière de ne parler de tout cela à personne ; si le caractère général de ces vérités vous donnait la tentation d'en lire quelques extraits à Gregh ou à d'autres, vous me feriez beaucoup de peine. Si jamais je veux formuler de telles choses ce sera sous le pseudonyme de Swann. D'ailleurs je n'ai plus à les formuler. Il y a longtemps que la vie ne m'offre plus que des événements que j'ai déjà décrits. Quand vous lirez mon troisième volume celui qui s'appelle en partie « À l'ombre des jeunes filles en fleurs », vous reconnaîtrez l'anticipation et la sûre prophétie de ce que j'ai éprouvé depuis.)

(Lettre à Reynaldo Hahn, fin octobre 1914)

Mon amie, j'allais justement vous écrire, et je vous remercie de me dire que, si j'avais eu besoin de vous, vous seriez accourue [...] Le yacht était déjà presque prêt, il s'appelle, selon votre désir exprimé à Balbec, le Cygne. Et me rappelant que vous préfériez à toutes les autres les voitures Rolls, j'en avais commandé une [...] Et comme je ne me servirai pas d'eux et qu'ils ont chance de rester toujours, l'un au port, désarmé, l'autre à l'écurie, je ferai graver sur le... (mon Dieu, je n'ose pas mettre un nom de pièce inexact et commettre une hérésie qui vous choquerait) du yacht ces vers de Mallarmé que vous aimiez :

Un cygne d'autrefois se souvient que c'est lui
Magnifique mais qui sans espoir se délivre

[...] Vous vous rappelez – c'est le poème qui commence par : *Le vierge, le vivace et le bel aujourd'hui...* Hélas, « aujourd'hui » n'est plus ni vierge, ni beau.

(*Albertine disparue*, parution posthume)

Ajoutages

Cher ami et éditeur, vous paraissez me reprocher mon système de retouches. Je reconnais qu'il complique tout (pas dans la chose de la Revue, en tout cas). Mais quand vous m'avez demandé de quitter Grasset pour venir chez vous, vous le connaissiez, car vous êtes venu avec Copeau qui devant les épreuves remaniées de Grasset s'est écrié : « Mais c'est un nouveau livre. » Je m'excuse auprès de vous de deux façons, la première c'est en disant que toute qualité morale a pour fonction une différence matérielle. Puisque vous avez la bonté de trouver dans mes livres quelque chose d'un peu riche qui vous plaît, dites-vous que cela est dû précisément à cette surnourriture que je leur réinfuse en vivant, ce qui matériellement se traduit par ces ajoutages.

(Lettre à Gaston Gallimard, vers le 22 mai 1919)

Voir « Paperoles »

À LA RECHERCHE DU TEMPS PERDU

Quant à mon titre général *À la recherche du temps perdu*, l'explication qu'en a donnée Monsieur Ghéon m'a vraiment porté malheur, car (ce qui montre du reste la grande influence qu'il exerce) il n'est plus un critique, hollandais ou breton, qui ne me « resserve », en moins bon langage, ses reproches. Il semble bien pourtant que « Temps perdu » signifie « Passé », et puisque j'annonçais le troisième volume sous le titre : *Le Temps retrouvé*, c'était bien dire que j'allais *vers* quelque chose, que tout cela n'était pas une vaine évocation de dilettante. Fallait-il donc dès le début annoncer ce que je ne découvrirais qu'à la fin ? je ne le crois pas, pas plus que je ne crois qu'il eût été d'un artiste de dévoiler tout de suite que si Swann laissait Monsieur de Charlus sortir avec Odette, c'était parce que celui-ci avait été épris de Swann dès le collège, et qu'il savait n'avoir pas à être jaloux.

(Lettre à André Gide, 10-11 juin 1914)

Ce que je voudrais que l'on vît dans mon livre, c'est qu'il est sorti tout entier de l'application d'un sens spécial (du moins je le crois) qu'il est bien difficile de décrire (comme à un aveugle le sens de la vue) à ceux qui ne l'ont jamais exercé. Mais ce n'est pas votre cas et vous me comprendrez (vous trouverez certainement mieux vous-même) si je vous dis que l'image (très imparfaite) qui me paraît la meilleure du moins actuellement pour faire comprendre ce qu'est ce sens spécial c'est peut-être celle d'un télescope qui serait braqué sur le temps, car le télescope fait apparaître des étoiles qui sont invisibles à l'œil nu, et j'ai tâché (je ne tiens pas d'ailleurs du tout à mon image) de faire apparaître à la conscience des phénomènes inconscients qui, complètement publiés, sont quelquefois situés très loin dans le passé. (C'est peut-être, à la réflexion, ce sens spécial qui m'a fait quelquefois rencontrer – puisqu'on le dit – Bergson, car il n'y a pas eu, pour autant que je peux m'en rendre compte, suggestion directe.)

Quant au style, je me suis efforcé de rejeter tout ce que dicte l'intelligence pure, tout ce qui est rhétorique, enjolivement et à peu près, images voulues et cherchées (ces images que j'ai dénoncées dans la préface de Morand) pour exprimer mes impressions profondes et authentiques et respecter la marche naturelle de ma pensée.

(Lettre à Camille Vettard, vers mars 1922)

ALBARET (CÉLESTE)

Je ne crois pas vous fâcher en vous racontant que ma femme de chambre, qui est d'une ignorance invraisemblable (je lui ai appris récemment que Bonaparte et Napoléon étaient une même personne ; je n'ai pas pu arriver à lui apprendre un peu d'orthographe et elle n'a jamais eu la patience de lire une demi-page de moi) mais qui est remplie de dons extraordinaires, a eu dernièrement (comme j'avais trop mal aux yeux et toujours pas de verres) à me lire haut quelques pages des *Nourritures*. Dès le lendemain, tout ce qu'elle avait à me dire de désagréable ou d'ironique, elle me le disait dans une forme que je ne saurais appeler « pastichée » des *Nourritures terrestres*, car je me fais du pastiche une idée plus littéraire, et elle serait incapable d'en faire un, mais enfin qui prouvait combien elle avait été frappée. Aussi, toutes les personnes qu'elle connaît ont eu leur tour. Si j'allais voir la princesse Soutzo et que je priais Céleste de lui téléphoner, Céleste commençait par me dire : « Nathanaël, je te parlerai des amies de Monsieur. Il y a celle qui l'a fait ressortir après des années, taxi vers le Ritz, chasseurs, pourboire, fatigue. »

(Lettre à André Gide, fin 1917)

ALLEMAGNE

J'ai une grande admiration pour la littérature et la philosophie allemandes mais votre langue ne m'est pas si familière (bien que je la mette à côté du grec parmi les langues les plus riches). J'allais ajouter la musique (c'est le mot que j'ai barré – non la chose !) là où l'Allemagne est en effet insurpassable. Et en quittant votre étude je me tourne vers le *XVe quatuor* de Beethoven, avec un espoir – bien incertain – de convalescence.

(Lettre à Robert Curtius, 7 mars 1922)

ALTRUISME

Toujours incapable d'arriver à rien quand il s'agit de moi, je fais presque toujours réussir les choses qui concernent les autres, depuis les plus frivoles jusqu'aux plus profondes. Je vous citerai des exemples de vive voix. Ne voulez-vous pas éprouver ce don, tragiquement refusé à mes seuls désirs personnels ?

(Lettre à Walter Berry, 29 juin 1919)

ÂME

Si l'on savait analyser l'âme comme la matière, on verrait que, sous l'apparente diversité des esprits aussi bien que sous celle des choses, il n'y a que peu de corps simples et d'éléments irréductibles et qu'il entre dans la composition de ce que nous croyons être notre personnalité, des substances fort communes et qui se retrouvent un peu partout dans l'Univers.

(« Ruskin à Notre-Dame d'Amiens », avril 1900,
Le Mercure de France)

AMITIÉ

Je ne suis pas de ceux qui pensent que les amitiés, si rares soient-elles, doivent être aisément cueillies ou laissées sur le chemin. Mais si sentir *pour* un ami mille peines est d'une grande douceur, les subir *par* cet ami mêle trop d'amertume à l'amitié. J'espère, cher Monsieur, que vous saurez et voudrez bien dissiper tant de nuages que mon imagination seule peut-être a assemblés. Ils m'oppressent de façon bien orageuse et puisque vous avez été celui qui fait luire les eaux, j'espère que vous serez aussi « Celui qui dissipe les nuées ».

(Lettre à Robert de Montesquiou, 28 mars 1894)

Je me disperse aussi mais successivement. La part de chacun est plus courte, mais plus grande. À ce propos cher ami cela me rappelle qu'il y a longtemps que nous devrions être brouillés. Vous avez dépassé infiniment le temps maximum que j'octroie à mes amitiés. Brouillons-nous vite.

(Lettre à Antoine Bibesco, vers le 6 juin 1902)

Je suis ravi. Je suis *bourgeois* en amitié et pas métaphysicien, et j'ai des « distinctions » de mes amis des satisfactions naïves et familiales. J'ai pour mes amis tous les mauvais sentiments et premièrement un extrême amour-propre. Et de ce que vous êtes décoré je suis aussi peuplement content que si j'étais votre frère si vous en aviez un – ou votre concierge.

(Lettre à Robert de Billy, fin juillet 1903)

Quand vous dites qu'un ami retient autour de lui (je crois que dans le troisième volume de *Swann* il y a comparaison avec un morceau d'aimant) toutes les petites circonstances où il fut mêlé, cela est vrai mais peut l'être aussi bien pour une personne qui n'est pas votre ami. Je m'honore de n'être pas l'ami d'Arthur Meyer et cependant que de choses son ridicule visage me rappelle. Plus que celui d'un ami peut'être, car la puissance d'évocation tient plus au disparate des souvenirs qu'à leur continuité.

(Lettre à Emmanuel Berl, 1916)

Je me souviens d'avoir trouvé jadis une phrase inexacte de vous (dans la *N.R.F.* d'il y a au moins dix ans) où vous placiez trop haut à mon avis l'amitié. Du reste *Jeunes filles en fleurs* et les suivants sont imprégnés du même esprit anti-amical. Or l'intérêt que je ressens pour vous me porterait maintenant à modifier ma manière de voir. (Notez du reste que si théoriquement je suis un athée de l'amitié, je la pratique avec beaucoup plus de ferveur que tant d'apôtres de l'amitié.)

(Lettre à Jacques Rivière, vers le 2 décembre 1919)

Le signe de l'irréalité des autres ne se montre-t-il pas assez, soit dans leur impossibilité à nous satisfaire, comme, par exemple, les plaisirs mondains qui causent tout au plus le malaise provoqué par l'ingestion d'une nourriture abjecte, ou celui de l'amitié qui est une simulation puisque, pour quelques raisons morales qu'il le fasse, l'artiste qui renonce à une heure de travail pour une heure de causerie avec un ami sait qu'il sacrifie une réalité pour quelque chose qui n'existe pas [...]

(*Le Temps retrouvé,* parution posthume)

Voir à « Amour », « Daudet (Léon) », « Lecture »

AMOUR

Mais où avez-vous vu qu'on aime les gens pour leur faire plaisir. On aime les gens parce qu'on ne peut pas faire autrement. Seulement avec vous il y a plus de gens qui ne peuvent pas faire autrement qu'avec une autre. Voilà tout. Il y a de quoi être fière. Il n'y a pas de quoi être heureuse. Je suis encore trop jeune pour savoir ce qui fait le bonheur de la vie. Mais je sais bien déjà que ce n'est ni l'amour ni l'amitié.

(Lettre à Suzette Lemaire, 1er novembre 1894)

Un amoureux sera moins heureux de causer de l'amour avec Stendhal que de sa maîtresse avec son porteur d'eau.

(*Jean Santeuil,* 1899, publié en 1952)

Les amours pour les créatures vivantes ont quelquefois une origine vile qu'ils épurent ensuite. Un homme fait la connaissance d'une femme parce qu'elle peut l'aider à atteindre un but étranger à elle-même. Puis une fois qu'il la connaît il l'aime pour elle-même, et lui sacrifie sans hésiter ce but qu'elle devait seulement l'aider à atteindre.

(« John Ruskin », préface du traducteur
à *La Bible d'Amiens* de John Ruskin, 1904)

Le « Je dirai qu'ils sont beaux quand tes yeux l'auront dit » du poète n'est pas très vrai, s'il s'agit des yeux d'une femme aimée. En un certain sens, et quelles que puissent être, même sur ce terrain de la poésie, les magnifiques revanches qu'il nous prépare, l'amour nous dépoétise la nature. Pour l'amoureux, la terre n'est plus que « le tapis des beaux pieds d'enfant » de sa maîtresse, la nature n'est plus que « son temple ». L'amour qui nous fait découvrir tant de vérités psychologiques profondes, nous ferme au contraire au sentiment poétique de la nature, parce qu'il nous met dans des dispositions égoïstes (l'amour est au degré le plus élevé dans l'échelle des égoïsmes, mais il est égoïste encore) où le sentiment poétique se produit difficilement.

(« John Ruskin », préface du traducteur
à *La Bible d'Amiens* de John Ruskin 1904)

L'amour c'est l'espace et le temps rendus sensibles au cœur.

(*La Prisonnière*, parution posthume)

Voir « Cœur »

AMOUR PLATONIQUE

[...] vous n'êtes pas assez pénétrée de cette vérité (je crois que vous n'êtes pénétrée d'aucune vérité !) *qu'il faut accorder beaucoup à* l'amour platonique. Une personne pas sentimentale du tout le devient étrangement si elle est réduite à l'amour platonique. Comme je veux suivre vos jolis préceptes contre le mauvais ton je ne veux pas préciser. Mais pensez-y je vous en prie. Ayez quelques complaisances à l'égard de l'amour platonique le plus vif, par lequel vous est attaché, daignez le croire et le permettre, votre respectueusement dévoué...

(Lettre à Mme Straus, fin 1892-début 1893)

AMOUR-PROPRE

Car (et le cas est fréquent des hommes bien posés et snobs, qui, par vanité, brisent toutes leurs relations pour être vus partout avec une maîtresse, demi-mondaine ou dame tarée, qu'on ne reçoit pas, et avec laquelle pourtant il leur semble flatteur d'être lié) il était arrivé à ce point où l'amour-propre met toute sa persévérance à détruire les buts qu'il a atteints, soit que, sous l'influence de l'amour, on trouve un prestige, qu'on est seul à percevoir, à des relations ostentatoires avec ce qu'on aime, soit que, par le fléchissement des ambitions mondaines atteintes et la marée montante des curiosités ancillaires, d'autant plus absorbantes qu'elles sont plus platoniques, celles-ci n'eussent pas seulement atteint mais dépassé le niveau où avaient peine à se maintenir les autres.

(*La Prisonnière,* parution posthume)

AMOUREUX

J'espère que je ne vais pas commencer dans mon état de santé à être amoureux, ce qui est aussi fatigant qu'une maladie de cœur.

(Lettre à Mme Straus, 31 août 1912)

ANECDOTE

Il faut avant tout subordonner, ne pas se laisser entraîner par l'amusement d'une anecdote à donner à un détail une ligne de plus qu'il ne doit comporter dans l'équilibre de l'ensemble. Si je n'avais hélas ! cessé depuis tant d'années de voir M. France, c'est lui bien plutôt que moi que je ferais profiter de votre Bassompierre. Il aime ces décamérons que d'ailleurs je ne méprise pas ; mais si vous me faites l'honneur de lire quand il paraîtra le *Côté de Guermantes* vous estimerez vous-même que ce récit parasitaire eût entièrement comme une végétation folle caché la ligne architectonique déjà assez complexe par elle-même.

(Lettre à Louis Martin-Chauffier, vers février 1920)

ANGLAISE (LANGUE)

Voir « Traduction »

ANGLAISE (LITTÉRATURE)

Je viens de lire une très belle chose qui ressemble malheureusement un tout petit peu (en mille fois mieux) à ce que je fais : *La Bien-Aimée* de Thomas Hardy. Il n'y manque même pas la légère part de grotesque qui s'attache aux grandes œuvres. Quand vous causerez avec Lister, demandez-lui s'il connaît Thomas Hardy et Barrie, quels hommes ce sont, mondains, amateurs de femmes, etc. C'est curieux que dans tous les genres les plus différents, de George Eliot à Hardy, de Stevenson à Emerson, il n'y a pas de littérature qui ait sur moi un pouvoir comparable à la littérature anglaise et américaine. L'Allemagne, l'Italie, bien souvent la France me laissent indifférent. Mais deux pages du *Moulin sur la Floss* me font pleurer. Je sais que Ruskin exécrait ce roman-là mais je réconcilie tous ces dieux ennemis dans le Panthéon de mon admiration.

(Lettre à Robert de Billy, mars 1910)

ANGLETERRE

On aime mieux mes livres en Angleterre qu'en France, une traduction y aurait grand succès.

(Lettre à Gaston Gallimard, vers le 3 décembre 1919)

ANTISÉMITISME

Un oncle de Swann, sur la tête duquel la disparition successive de nombreux parents avait accumulé un énorme héritage, mourut, laissant toute cette fortune à Gilberte qui devenait ainsi une des plus riches héritières de France. Mais c'était le moment où des suites de l'affaire Dreyfus était né un mouvement antisémite parallèle à un mouvement plus abondant de pénétration du monde par les Israélites. Les politiciens n'avaient pas eu tort en pensant que la découverte de l'erreur judiciaire porterait un coup à l'antisémitisme. Mais, provisoirement au moins, un antisémitisme mondain s'en trouvait au contraire accru et exaspéré.

(*Albertine disparue,* parution posthume)

Voir à « Daudet (Mme Alphonse) », « Israélites », « Juifs », « Race »

APPARTEMENT

Enfin pour finir un mot relativement à mon appartement. Si tu te places au point de vue vanité, il est parfaitement exact qu'un appartement plus modeste me suffirait parfaitement. En effet même en supposant que je fusse vaniteux, et de ce genre de vanité-là, je n'en pourrais tirer aucune de mon appartement, je vais te dire pourquoi, c'est que je n'y laisse entrer personne. Quand je vois des gens, c'est ailleurs. Plus que toutes les explications tu comprendrais tout si tu voyais ma salle à manger. Du bas jusqu'en haut les chaises, les tables, les bahuts, des choses que je ne peux même pas reconnaître sous la poussière, des armoires à glace, des tables de toilette, y sont jonchées en un véritable garde-meuble où il serait impossible de pénétrer. C'est te dire que depuis que je suis entré dans la maison (environ douze ans je suppose) je n'y ai pas pris *un seul repas,* je dis pas un seul. Ou bien je suis couché et je prends du café au lait dans mon lit, ou bien je suis levé et je mange au restaurant. Malheureusement le point de vue vanité n'est pas le seul au monde. J'ai trouvé là un appartement où j'ai eu moins d'asthme qu'ailleurs.

(Lettre à Lionel Hauser, 26 octobre 1918)

Il y a dans la maison contiguë à la tienne (156) un appartement à louer (au quatrième). Est-ce que tu peux me dire (quoique naturellement n'étant pas personnellement sensible à cela, tu doives moins le savoir, parce que tu y as prêté moins d'attention) si, même à dose infinitésimale, la fumée du chemin de fer peut imprégner l'air qu'on respire dans cette partie du boulevard Malesherbes [...] J'aurais préféré un étage plus haut pour dominer davantage le bruit du tramway et surtout la poussière, et n'avoir personne au-dessus de ma tête. Mais enfin autant rue de Rivoli j'eusse souhaité un sixième pour être très haut au-dessus de l'humidité de la Seine, boulevard Malesherbes cela a moins d'importance […] J'espère que les murs sont épais, que la maison n'est pas humide, qu'il n'y a pas trop de piano au-dessus, et que des travaux ne sont pas à la veille d'être entrepris dans cet immeuble […] En principe une large voie, s'il n'y flotte pas de parfums (le boulevard des Italiens me serait odieux ou la rue de la Paix) m'est meilleure qu'une petite. Et je déteste être sur une cour ou sur un jardin.

(Lettre à Robert Dreyfus, 23 juillet 1919)

Voir à « Bruit », « Péguy (Charles) »

ARCHIVES

Parfois même, dans certains cas un peu exceptionnels, et d'ailleurs, nous le verrons, moins dangereux, la vérité, conçue comme extérieure encore, est lointaine, cachée dans un lieu d'accès difficile. C'est alors quelque document secret, quelque correspondance inédite, des mémoires qui peuvent jeter sur certains caractères un jour inattendu, et dont il est difficile d'avoir communication. Quel bonheur, quel repos pour un esprit fatigué de chercher la vérité en lui-même, de se dire qu'elle est située hors de lui, aux feuillets d'un in-folio jalousement conservé dans un couvent de Hollande, et que si, pour arriver jusqu'à elle, il faut se donner de la peine, cette peine sera toute matérielle, ne sera pour la pensée qu'un délassement plein de charme. Sans doute, il faudra faire un long voyage, traverser en coche d'eau les plaines gémissantes de vent, tandis que sur la rive les roseaux s'inclinent et se relèvent tour à tour dans une ondulation sans fin ; il faudra s'arrêter à Dordrecht, qui mire son église couverte de lierre dans l'entrelacs des canaux dormants et dans la Meuse frémissante et dorée où les vaisseaux en glissant dérangent, le soir, les reflets alignés des toits rouges et du ciel bleu ; et enfin, arrivé au terme du voyage, on ne sera pas encore certain de recevoir communication de la vérité. Il faudra pour cela faire jouer de puissantes influences, se lier avec le vénérable archevêque d'Utrecht, à la belle figure carrée d'ancien janséniste, avec le pieux gardien des archives d'Amersfoort. La conquête de la vérité est conçue dans ces cas-là comme le succès d'une sorte de mission diplomatique où n'ont manqué ni les difficultés du voyage, ni les hasards de la négociation. Mais, qu'importe ? Tous ces membres de la vieille petite église d'Utrecht, de la bonne volonté, de qui il dépend que nous entrions en possession de la vérité, sont des gens charmants dont les visages du XVIIe siècle nous changent des figures accoutumées et avec qui il sera si amusant de rester en relations, au moins par correspondance. L'estime dont ils continueront à nous envoyer de temps à autre le témoignage nous relèvera à nos propres yeux et nous garderons leurs lettres comme un certificat et comme une curiosité. Et nous ne manquerons pas un jour de leur dédier un de nos livres, ce qui est bien le moins que l'on puisse faire pour des gens qui vous ont fait don... de la vérité. Et quant aux quelques recherches, aux courts travaux que nous serons obligés de faire dans la bibliothèque du couvent et qui seront les préliminaires indispensables de l'acte d'entrée en possession de la vérité – de la vérité que pour plus de prudence et pour qu'elle ne risque pas de nous échapper nous prendrons en note – nous aurions mauvaise grâce à nous plaindre des peines qu'ils pourront nous donner : le calme et la fraîcheur du vieux couvent sont si exquises, où les religieuses portent encore le haut hennin aux ailes blanches qu'elles ont dans le Roger Van der Weyden du parloir ; et, pendant que nous travaillons, les carillons du xviiᵉ siècle étourdissent si tendrement l'eau naïve du canal qu'un peu de soleil pâle suffit à éblouir entre la double rangée d'arbres dépouillés dès la fin de l'été qui frôlent les miroirs accrochés aux maisons à pignons des deux rives.

Cette conception d'une vérité sourde aux appels de la réflexion et docile au jeu des influences, d'une vérité qui s'obtient par lettres de recommandations, que nous remet en mains propres celui qui la détenait matériellement sans peut-être seulement la connaître, d'une vérité qui se laisse copier sur un carnet, cette conception de la vérité est pourtant loin d'être la plus dangereuse de toutes. Car bien souvent pour l'historien, même pour l'érudit, cette vérité qu'ils vont chercher au loin dans un livre est moins, à proprement parler, la vérité elle-même que son indice ou sa preuve, laissant par conséquent place à une autre vérité qu'elle annonce ou qu'elle vérifie et qui, elle, est du moins une création individuelle de leur esprit.

(« Sur la lecture », *La Renaissance latine*, 15 juin 1905,
réédité sous le titre « Journées de lecture »
in *Pastiches et mélanges,* 1919)

ARGENT

Je reconnais que vous avez enveloppé de très grandes gentillesses pour moi, dans notre lettre, un sentiment de « révolte » que je ne comprends pas. Je suis sûr que vous auriez agi de même à ma place, et je n'eusse pas été « révolté ». J'ajoute qu'une intention si naturelle est rendue plus simple encore par mon immense insouci de l'argent et qui me fait considérer le vil métal comme la plus insignifiante des choses. Il me semble que c'eût été bien plus si je vous avais offert un œillet pour votre boutonnière. Enfin n'en parlons plus. Une chose m'a troublé. Aussitôt après votre lettre, j'ai reçu une coupure d'une de ces « feuilles de chou » dont je ne saurais vous dire le nom, à moins de rechercher la coupure. C'était à peu près ceci : « M. Proust distribue ses livres à tout le monde et, attention délicate, y joint des billets de banque. » Hélas je ne distribue pas mes livres à tout le monde et au contraire par fatigue ne les envoie à personne. Quant à l'invention du billet de banque, naturellement je n'ai pas pensé une seconde à une indiscrétion de votre part. Le plus probable est, entre une invention stupide de journaliste, et notre correspondance, une coïncidence pure et simple. Mais il serait possible aussi que votre concierge ouvrît vos lettres avant de vous les remettre ou les recollât après que vous les eussiez déchirées.

(Lettre à Jean Binet-Valmer, décembre 1921)

ARISTOCRATIE

[…] une certaine aristocratie, élevée dès l'enfance à considérer son nom comme un avantage intérieur que rien ne peut lui enlever (et dont ses pairs, ou ceux qui sont de naissance plus haute encore, connaissent assez exactement la valeur), sait qu'elle peut s'éviter, car ils ne lui ajouteraient rien, les efforts que sans résultat ultérieur appréciable font tant de bourgeois pour ne professer que des opinions bien portées et ne fréquenter que des gens bien pensants. En revanche, soucieuse de se grandir aux yeux des familles princières ou ducales au-dessous desquelles elle est immédiatement située, cette aristocratie sait qu'elle ne le peut qu'en augmentant son nom de ce qu'il ne contenait pas, de ce qui fait qu'à nom égal, elle prévaudra : une influence politique, une réputation littéraire ou artistique, une grande fortune. Et les frais dont elle se dispense à l'égard de l'inutile hobereau recherché des bourgeois et de la stérile amitié duquel un prince ne lui saurait aucun gré, elle les prodiguera aux hommes politiques, fussent-ils francs-maçons, qui peuvent faire arriver dans les ambassades ou patronner dans les élections, aux artistes ou aux savants dont l'appui aide à « percer » dans la branche où ils priment, à tous ceux enfin qui sont en mesure de conférer une illustration nouvelle ou de faire réussir un riche mariage.

(*Du côté de chez Swann,* 1913)

Voir à « Daudet (Mme Alphonse) », « Mariages aristo-cratiques »

ART

Par l'art seulement, nous pouvons sortir de nous, savoir ce que voit un autre de cet univers qui n'est pas le même que le nôtre et dont les paysages nous seraient restés aussi inconnus que ceux qu'il peut y avoir dans la lune. Grâce à l'art, au lieu de voir un seul monde, le nôtre, nous le voyons se multiplier, et autant qu'il y a d'artistes originaux, autant nous avons de mondes à notre disposition, plus différents les uns des autres que ceux qui roulent dans l'infini, et qui bien des siècles après qu'est éteint le foyer dont ils émanaient, qu'il s'appelât Rembrandt ou Ver Meer, nous envoient leur rayon spécial.

(Le Temps retrouvé, parution posthume)

ASTHME

Rien n'annonce la venue de mes crises, rien leur fin, je fais chaque jour des fumigations qui se prolongent sept, huit heures de suite. Le seul repas que je prends est souvent reporté jusqu'à quatre ou cinq heures du matin. Comment pourrais-je recevoir quelqu'un.

(Lettre à Jean-Louis Vaudoyer, 21 mars 1912)

Ce qui ajoute terriblement aux difficultés de ce rendez-vous est ceci : la maison dans laquelle j'habite vient d'être vendue à un banquier qui va en faire une banque, donc m'expulser. Or un asthmatique ne sait jamais s'il respirera, et peut être à peu près sûr d'étouffer dans un logis nouveau. Or l'état de mon cœur (physique) ne me permet plus de faire les frais des crises, par elles-mêmes sans gravité.

(Lettre à André Gide, vers le 20 février 1919)

Voir « Régime »

Atavis et Armis

Si M. de Charlus, en jetant sur le papier cette lettre, avait paru en proie au démon de l'inspiration qui faisait courir sa plume, dès que Morel eut ouvert le cachet : Atavis et Armis, chargé d'un léopard accompagné de deux roses de gueules, il se mit à lire avec une fièvre aussi grande qu'avait eue M. de Charlus en écrivant, et sur ces pages noircies à la diable ses regards ne couraient pas moins vite que la plume du baron.

(Sodome et Gomorrhe, 1921)

Aubépines

La lumière tombait si implacable du ciel devenu fixe que l'on aurait voulu se soustraire à son attention, et l'eau dormante elle-même, dont des insectes irritaient perpétuellement le sommeil, rêvant sans doute de quelque Maelström imaginaire, augmentait le trouble où m'avait jeté la vue du flotteur de liège en semblant l'entraîner à toute vitesse sur les étendues silencieuses du ciel reflété ; presque vertical il paraissait prêt à plonger et déjà je me demandais si, sans tenir compte du désir et de la crainte que j'avais de la connaître, je n'avais pas le devoir de faire prévenir Mlle Swann que le poisson mordait – quand il me fallut rejoindre en courant mon père et mon grand-père qui m'appelaient, étonnés que je ne les eusse pas suivis dans le petit chemin qui monte vers les champs et où ils s'étaient engagés. Je le trouvai tout bourdonnant de l'odeur des aubépines. La haie formait comme une suite de chapelles qui disparaissaient sous la jonchée de leurs fleurs amoncelées en reposoir ; au-dessous d'elles, le soleil posait à terre un quadrillage de clarté, comme s'il venait de traverser une verrière ; leur parfum s'étendait aussi onctueux, aussi délimité en sa forme que si j'eusse été devant l'autel de la Vierge, et les fleurs, aussi parées, tenaient chacune d'un air distrait son étincelant bouquet d'étamines, fines et rayonnantes nervures de style flamboyant comme celles qui à l'église ajouraient la rampe du jubé ou les meneaux du vitrail et qui s'épanouissaient en blanche chair de fleur de fraisier. Combien naïves et paysannes en comparaison sembleraient les églantines qui, dans quelques semaines, monteraient elles aussi en plein soleil le même chemin rustique, en la soie unie de leur corsage rougissant qu'un souffle défait.

Mais j'avais beau rester devant les aubépines à respirer, à porter devant ma pensée qui ne savait ce qu'elle devait en faire, à perdre, à retrouver leur invisible et fixe odeur, à m'unir au rythme qui jetait leurs fleurs, ici et là, avec une allégresse juvénile et à des intervalles inattendus comme certains intervalles musicaux, elles m'offraient indéfiniment le même charme avec une profusion inépuisable, mais sans me laisser approfondir davantage, comme ces mélodies qu'on rejoue cent fois de suite sans descendre plus avant dans leur secret. Je me détournais d'elles un moment, pour les aborder ensuite avec des forces plus fraîches. [...]

Puis je revenais devant les aubépines comme devant ces chefs-d'œuvre dont on croit qu'on saura mieux les voir quand on a cessé un moment de les regarder, mais j'avais beau me faire un écran de mes mains pour n'avoir qu'elles sous les yeux, le sentiment qu'elles éveillaient en moi restait obscur et vague, cherchant en vain à se dégager, à venir adhérer à leurs fleurs. Elles ne m'aidaient pas à l'éclaircir, et je ne pouvais demander à d'autres fleurs de le satisfaire. Alors me donnant cette joie que nous éprouvons quand nous voyons de notre peintre préféré une œuvre qui diffère de celles que nous connaissions, ou bien si l'on nous mène devant un tableau dont nous n'avions vu jusque-là qu'une esquisse au crayon, si un morceau entendu seulement au piano nous apparaît ensuite revêtu des couleurs de l'orchestre, mon grand-père m'appelant et me désignant la haie de Tansonville, me dit : « Toi qui aimes les aubépines, regarde un peu cette épine rose ; est-elle jolie ! » En effet c'était une épine, mais rose, plus belle encore que les blanches. Elle aussi avait une parure de fête, de ces seules vraies fêtes que sont les fêtes religieuses, puisqu'un caprice contingent ne les applique pas comme les fêtes mondaines à un jour quelconque qui ne leur est pas spécialement destiné, qui n'a rien d'essentiellement férié – mais une parure plus riche encore, car les fleurs attachées sur la branche, les unes au-dessus des autres, de manière à ne laisser aucune place qui ne fût décorée, comme des pompons qui enguirlandent une houlette rococo, étaient « en couleur », par conséquent d'une qualité supérieure selon l'esthétique de Combray, si l'on en jugeait par l'échelle des prix dans le « magasin » de la Place ou chez Camus où étaient plus chers ceux des biscuits qui étaient roses. Moi-même j'appréciais plus le fromage à la crème rose, celui où l'on m'avait permis d'écraser des fraises. Et justement ces fleurs avaient choisi une de ces teintes de chose mangeable, ou de tendre embellissement à une toilette pour une grande fête, qui, parce qu'elles leur présentent la raison de leur supériorité, sont celles qui semblent belles avec le plus d'évidence aux yeux des enfants, et à cause de cela, gardent toujours pour eux quelque chose de plus vif et de plus naturel que les autres teintes, même lorsqu'ils ont compris qu'elles ne promettaient rien à leur gourmandise et n'avaient pas été choisies par la couturière. Et certes, je l'avais tout de suite senti, comme devant les épines blanches mais avec plus d'émerveillement, que ce n'était pas facticement, par un artifice de fabrication humaine, qu'était traduite l'intention de festivité dans les fleurs, mais que c'était la nature qui, spontanément, l'avait exprimée avec la naïveté d'une commerçante de village travaillant pour un reposoir, en surchargeant l'arbuste de ces rosettes d'un ton trop tendre et d'un pompadour provincial. [...]

Cette année-là, quand, un peu plus tôt que d'habitude, mes parents eurent fixé le jour de rentrer à Paris, le matin du départ, comme on m'avait fait friser pour être photographié, coiffer avec précaution un chapeau que je n'avais encore jamais mis et revêtir une douillette de velours, après m'avoir cherché partout, ma mère me trouva en larmes dans le petit raidillon contigu à Tansonville, en train de dire adieu aux aubépines, entourant de mes bras les branches piquantes, et, comme une princesse de tragédie à qui pèseraient ces vains ornements, ingrat envers l'importune main qui en formant tous ces nœuds avait pris soin sur mon front d'assembler mes cheveux, foulant aux pieds mes papillotes arrachées et mon chapeau neuf. Ma mère ne fut pas touchée par mes larmes, mais elle ne put retenir un cri à la vue de la coiffe défoncée et de la douillette perdue. Je ne l'entendis pas : « Ô mes pauvres petites aubépines, disais-je en pleurant, ce n'est pas vous qui voudriez me faire du chagrin, me forcer à partir. Vous, vous ne m'avez jamais fait de peine ! Aussi je vous aimerai toujours. » Et, essuyant mes larmes, je leur promettais, quand je serais grand, de ne pas imiter la vie insensée des autres hommes et, même à Paris, les jours de printemps, au lieu d'aller faire des visites et écouter des niaiseries, de partir dans la campagne voir les premières aubépines.

(Du côté de chez Swann, 1913)

AUTOPORTRAIT

Dans une exposition de Rembrandt à Amsterdam, je vis les portraits tous divers de ruffians, de jeunes femmes, de savants, mais il n'en était pas un qui ne fût aussi un portrait de Rembrandt.

(Lettre à Edmond de Polignac, 18 mai 1901)

Quand plusieurs portraits peints par Rembrandt, d'après des modèles différents, sont réunis dans une salle, nous sommes aussitôt frappés par ce qui est leur commun à tous et qui est les traits mêmes de la figure de Rembrandt.

(« John Ruskin », préface du traducteur
à La Bible d'Amiens de John Ruskin, 1904)

AVOUÉ

Voir « Carrière »

B

Bainville (Jacques)
Balzac (Honoré de)
Balzaciens (titres)
Banque
Banquier
Barrès (Maurice)
Bâtiment (être ou ne pas
   être du)
Baudelaire (Charles)
Beauté
Beethoven (Ludwig van)
Benoit (Pierre)
Bergson (Henri)
Berma (La)
Bernard (Tristan)
Berthelot (Philippe)
Bible
Bible d'Amiens (La)
Bibliothèque
Bifteck aux pommes

Biscotte ramollie (sensation
   de la)
Blanche (Jacques-Émile)
Blum (Léon)
Blumenthal
   (Mme Ferdinand)
Bonheur
Bonhomie
Bonnes feuilles
Bourgeoisie
Bourgeoisie et aristocratie
Bourges (Élémir)
Bourget (Paul)
Bourse (cours de la)
Boylesve (René)
Bretagne
Breton (André)
Bruit
Bunchtnidul

Bainville (Jacques)

Voir à « Action française (l') », « *Action française (L')* »

Balzac (Honoré de)

Le plus divertissant de tout, ce serait de se mettre à lire Balzac (si votre ami ne l'a pas lu) ou au moins tout un cycle de Balzac, car un roman ne peut se lire isolément, on s'en tire difficilement à moins d'une tétralogie et c'est quelquefois une décalogie. Quelques nouvelles, vraiment divines, peuvent se lire isolément, ce grand peintre de fresques ayant été un incomparable miniaturiste. Si vous voulez des conseils balzaciens, je vous écrirai mais ce sera toute une lettre.

(Lettre à la princesse de Caraman-Chimay, mi-juillet 1907)

Il n'y a pas ici à séparer sa correspondance de ses romans. Si l'on a beaucoup dit que les personnages étaient pour lui des êtres réels et qu'il discutait sérieusement si tel parti était meilleur pour Mlle de Grandlieu, pour Eugénie Grandet, on peut dire que sa vie était un roman qu'il construisait abso-lument de la même manière. Il n'y avait pas démarcation entre la vie réelle (celle qui ne l'est pas à notre avis) et la vie de ses romans (la seule vraie pour l'écrivain). Dans les lettres à sa sœur où il parle de ses chances de ce mariage avec Mme Hanska, non seulement tout est construit comme un roman, mais tous les caractères sont posés, analysés, déduits, comme dans ses livres, en tant que facteurs qui rendront l'action claire.

(« Sainte-Beuve et Balzac »
in *Contre Sainte-Beuve,* 1908, publié en 1954)

Le style est tellement la marque de la transformation que la pensée de l'écrivain fait subir à la réalité, que, dans Balzac, il n'y a pas à proprement parler de style […] Dans Balzac au contraire [*de Flaubert*] coexistent, non digérés, non encore transformés, tous les éléments d'un style à venir qui n'existe pas. Ce style ne suggère pas, ne reflète pas : il explique. Il explique d'ailleurs à l'aide des images les plus saisissantes, mais non fondues avec le reste, qui font comprendre ce qu'il veut dire comme on le fait comprendre dans la conversation si on a une conversation géniale, mais sans se préoccuper de l'harmonie du tout et de ne pas intervenir.

(« Sainte-Beuve et Balzac »
in *Contre Sainte-Beuve,* 1908, publié en 1954)

Car les autres romanciers, on les aime en se soumettant à eux, on reçoit d'un Tolstoï la vérité comme de quelqu'un de plus grand et de plus pur que soi. Balzac, on sait toutes ses vulgarités, elles vous ont souvent rebuté au début ; puis on a commencé à l'aimer, alors on sourit à toutes ces naïvetés qui sont si bien lui-même ; on l'aime avec un tout petit peu d'ironie qui se mêle à la tendresse ; on connaît ses travers, ses petitesses, et on les aime parce qu'elles le caractérisent fortement. Balzac, ayant gardé par certains côtés un style inorganisé, on pourrait croire qu'il n'a pas cherché à objectiver le langage de ses personnages, ou, quand il l'a fait objectif, qu'il n'a pu se tenir de faire à toute minute remarquer ce qu'il avait de particulier. Or, c'est tout le contraire. Ce même homme qui étale naïvement des vues historiques, artistiques, etc., cache les plus profonds desseins, et laisse parler d'elle-même la vérité de la peinture du langage de ses personnages, si finement qu'elle peut passer inaperçue, et il ne cherche en rien à la signaler.

(« Sainte-Beuve et Balzac »
in Contre Sainte-Beuve, 1908, publié en 1954)

Voir à « Blumenthal (Mme Ferdinand) », « Devise », « Dictionnaire Balzac », « Dictionnaire Proust », « Homosexualité (la Tristesse d'Olympio de l') », « Idolâtrie », « Pastiche », « Psychologie », « Sainte-Beuve », « Souvenir », « Swann », « Tante », « Tolstoï (Léon) »

Balzaciens (titres)

Tandis que souvent chez les écrivains le titre est plus ou moins un symbole, une image qu'il faut prendre dans un sens plus général, plus poétique que la lecture du livre lui donnera, avec Balzac c'est plutôt le contraire. La lecture de cet admirable livre qui s'appelle *Les Illusions perdues* restreint et matérialise plutôt ce beau titre, « Illusions perdues ». Il signifie que Lucien de Rubempré, venant à Paris, s'est rendu compte que Mme de Bargeton était ridicule et provinciale, que les journalistes étaient fourbes, que la vie était difficile. Illusions toutes particulières, toutes contingentes, dont la perte peut l'acculer au désespoir et qui donnent une puissante marque de réalité au livre, mais qui font rabattre un peu de la poésie philosophique du titre. Chaque titre doit être ainsi pris au pied de la lettre : *Un grand homme de province à Paris, Splendeurs et misères des courtisanes, À combien l'amour revient aux vieillards*, etc.

(« Sainte-Beuve et Balzac »
in *Contre Sainte-Beuve,* 1908, publié en 1954)

BANQUE

Voir « Rothschild (Banque) »

BANQUIER

Actuellement où les taxis-autos sont conduits par des artistes-peintres (le dernier au moment où je l'ai payé m'a demandé la permission de m'offrir une vue de la cathédrale de Palma à l'aquarelle, ou bien, dans le même lieu, la maison où Chopin avait composé ses *Nocturnes*, selon que mon goût pour les arts qu'il avait discerné à mon peu d'aptitude pour lire le compteur, se portait plus spécialement sur l'architecture ou la musique) et où les garçons pharmaciens sont recrutés parmi les mécaniciens (de sorte qu'ayant voulu me mettre de l'eau phéniquée sur une piqûre je me suis enlevé cinquante centimètres d'épiderme), je pense que le Crédit industriel est géré par des personnalités étrangères à la finance, ce qui peut'être ne le change pas beaucoup de « l'Avant-Guerre ». Souhaitons qu'à « l'Après-Guerre » il puisse changer de méthode ou moi de banquier.

(Lettre à Lionel Hauser, 11 juillet 1916)

BARRÈS (MAURICE)

J'ai toujours pensé : celui de nos écrivains qui sentait le plus profondément la nature, d'Aigues-Mortes à Sainte-Odile et de Venise à Bruges, était aussi « trop humain » pour qu'à la nature seule il ne lui parût pas manquer quelque chose. À la nature seule ? Peut'être, par une seule de ces ruses dont l'instinct se sert pour conduire et élever le génie, pensâtes-vous quelquefois que c'était à vous-même. Au moment que vous étiez le plus possédé d'une ivresse que nous n'avons connue que par vous, il vous semblait peut'être que vous ne saviez que tirer de là, comment arranger tout cela […] La *Colline inspirée* m'avait jusqu'ici paru dans votre œuvre la plus puissante réalisation de cette poésie nouvelle où le « spiritus » est en effet celui de ces humbles héros religieux et « les souffles qui flottent » sur la colline. Mais mon contentement a été dépassé par celui que me donne le *Jardin sur l'Oronte*.

(Lettre à Maurice Barrès, vers le 23 mai 1922)

Bâtiment (être ou ne pas être du)

Mais empressons-nous d'ajouter que ceux-là qui peuvent lire à livre ouvert dans la symbolique du Moyen Âge ne sont pas les seuls pour qui la cathédrale vivante, c'est-à-dire la cathédrale sculptée, peinte, chantante soit le plus grand des spectacles. C'est ainsi qu'on peut sentir la musique sans connaître l'harmonie. Je sais bien que Ruskin, montrant quelles raisons spirituelles expliquent la disposition des chapelles dans l'abside des cathédrales, a dit : « Jamais vous ne pourrez vous enchanter des formes de l'architecture si vous n'êtes pas en sympathie avec les pensées d'où elles sortirent. » Il n'en est pas moins vrai que nous connaissons tous le fait d'un ignorant, d'un simple rêveur, entrant dans une cathédrale, sans essayer de comprendre, se laissant aller à ses émotions, et éprouvant une impression plus confuse sans doute, mais peut-être aussi forte.

(« La mort des cathédrales » *Le Figaro*, 16 août 1904,
in *Pastiches et mélanges*, 1919)

Baudelaire (Charles)

Je vous avoue que Baudelaire je ne sais pas pourquoi est, en même temps qu'un des poètes que j'aime le plus et que je connais le mieux, un de ceux sur la vie et la bibliographie desquels je suis le moins renseigné [...] Si c'est l'artiste et si c'est son « satanisme » un peu démodé si l'on veut qu'on a trouvé un peu court, il faut je crois répondre que ce n'est qu'un aspect secondaire de Baudelaire, un de ces aspects qui du vivant de l'écrivain peuvent momentanément dominer et obnubiler tout le reste, mais que nous avons le droit et le devoir de négliger. En réalité ce poète qu'on prétend inhumain, d'un aristocratisme un peu niais, a été le plus tendre, le plus cordial, le plus humain, le plus « peuple » des poètes […] A-t-on dit que c'était un décadent ? Rien n'est plus faux. Baudelaire n'est pas même un romantique. Il écrit comme Racine. Je pourrais vous citer vingt exemples. Du reste c'est un poète chrétien et c'est pour cela que comme Bossuet, comme Massillon il parle sans cesse du péché. Mettons que, comme tous les chrétiens qui sont en même temps hystériques (je ne veux pas dire que les chrétiens sont des hystériques, vous me comprenez bien, je veux dire « ceux des chrétiens qui par hasard sont aussi hystériques ») il a connu le sadisme du blasphème.

(Lettre à Mme Fortoul, avril-mai 1905)

Il semble qu'il éternise par la force extraordinaire, inouïe du verbe (cent fois plus fort, malgré tout ce qu'on dit, que celui d'Hugo), un sentiment qu'il s'efforce de ne pas ressentir au moment où il le nomme, où il le peint plutôt qu'il ne l'exprime. Il trouve pour toutes les douleurs, pour toutes les douceurs, de ces formes inouïes, ravies à son monde spirituel à lui, et qui ne se trouveront jamais dans aucun autre, formes d'une planète où lui seul a habité et qui ne ressemblent à rien de ce que nous connaissons. Sur chaque catégorie de personnes, il pose toute chaude et suave, pleine de liqueur et de parfum, une de ces grandes formes, de ces sacs qui pourraient contenir une bouteille ou un jambon, mais s'il le dit avec des lèvres bruyantes comme le tonnerre, on dirait qu'il s'efforce de ne le dire qu'avec les lèvres, quoiqu'on sente qu'il a tout ressenti, tout compris, qu'il est la plus frémissante sensibilité, la plus profonde intelligence.

(« Sainte-Beuve et Baudelaire »,
in *Contre Sainte-Beuve,* 1908, publié en 1954)

Le style de Baudelaire a souvent quelque chose d'extérieur et de percutant, mais s'il ne s'agit que de force, celle-là a-t-elle été jamais égalée ? [...] D'ailleurs Baudelaire est un grand poète classique et, chose curieuse, ce classicisme de la forme s'accroît en proportion de la licence des peintures.

(« Pour un ami (remarques sur le style) »
La Revue de Paris, 15 novembre 1920)

[...] Je tiens Baudelaire – avec Alfred de Vigny – pour le plus grand poète du XIXe siècle. Je ne veux pas dire par là que s'il fallait choisir le plus beau poème du XIXe siècle, c'est dans Baudelaire qu'on devrait le chercher. Je ne crois pas que dans toutes *Les Fleurs du mal,* dans ce livre sublime mais grimaçant, où la pitié ricane, où la débauche fait le signe de la croix, où le soin d'enseigner la plus profonde théologie est confié à Satan, on puisse trouver une pièce égale à *Booz endormi.*

(« À propos de Baudelaire »,
La Nouvelle Revue Française, 1er juin 1921)

Voir à « Classique », « Madeleine (filiation littéraire de la) », « Montesquiou (Robert de) »

Beauté

Pour notre âge, en effet, de dilettantes et d'esthètes, un adorateur de la Beauté, c'est un homme qui, ne pratiquant pas d'autres cultes et ne reconnaissant pas d'autre dieu, passerait sa vie dans la jouissance que donne la contemplation voluptueuse des œuvres d'art. Or, pour des raisons dont la recherche toute métaphysique dépasserait une simple étude d'art, la Beauté ne peut être aimée d'une manière féconde si on l'aime seulement pour les plaisirs qu'elle donne. Et, de même que la recherche du bonheur pour lui-même n'atteint que l'ennui, et qu'il faut pour le trouver chercher autre chose que lui, de même le plaisir esthétique nous est donné par surcroît si nous aimons la Beauté pour elle-même, comme quelque chose de réel existant en dehors de nous et infiniment plus important que la joie qu'elle nous donne.

(« John Ruskin », *La Gazette des Beaux-Arts*, 1ᵉʳ avril 1900)

Beethoven (Ludwig van)

Ce sont les quatuors de Beethoven (les quatuors XII, XIII, XIV et XV) qui ont mis cinquante ans à faire naître, à grossir le public des quatuors de Beethoven, réalisant ainsi comme tous les chefs-d'œuvre un progrès sinon dans la valeur des artistes, du moins dans la société des esprits, largement composée aujourd'hui de ce qui était introuvable quand le chef-d'œuvre parut, c'est-à-dire d'êtres capables de l'aimer. Ce qu'on appelle la postérité, c'est la postérité de l'œuvre. Il faut que l'œuvre (en ne tenant pas compte, pour simplifier, des génies qui à la même époque peuvent parallèlement préparer pour l'avenir un public meilleur dont d'autres génies que lui bénéficieront) crée elle-même sa postérité. Si donc l'œuvre était tenue en réserve, n'était connue que de la postérité, celle-ci, pour cette œuvre, ne serait pas la postérité mais une assemblée de contemporains ayant simplement vécu cinquante ans plus tard.

(À l'ombre des jeunes filles en fleurs, 1918)

Comment se peut-il que, depuis votre premier et si beau discours, vous n'ayez cessé de grandir. Celui-ci les dépasse tous et chaque phrase contient de telles trouvailles qu'une seule est un discours. C'est même contraire au principe de Beethoven qui ne se déclara arrivé à la maîtrise que le jour où il cessa d'accumuler, dans une seule sonate, les idées qui pouvaient en nourrir dix. Mais si beethovénien que je demeure, malgré la mode, là-dessus je ne suis pas de son avis, je ne l'ai jamais été. Et ce feu nourri, ce crépitement incessant (impôt sur l'éloquence, si l'éloquence pouvait être transformée en énergie, aide-toi, le traité t'aidera, etc.) m'enchantent. C'est plus que vertébré.

(Lettre à Walter Berry, mi-juillet 1920)

Est-ce que si cette semaine je faisais jouer auprès de mon lit pour deux ou trois beethoviens (gens fort en retard car il paraît que c'est le dernier des musiciens) le XIVe Quatuor, vous viendriez ? Si ma santé le rendait possible, je tâcherais en effet, après des années de silence, d'entendre pendant une heure de la musique.

(Lettre à Jean-Louis Vaudoyer, fin décembre 1920)

Voir « Musique »

BENOIT (PIERRE)

Je ne connais pas une seule ligne de Pierre Benoit. Léon Daudet écrit de temps en temps que je suis le premier écrivain français, ce qui me fait un certain plaisir, et qu'après moi c'est Benoit, ce qui détruit le plaisir.

(Lettre à sir Philip Sassoon, été 1922)

BERGSON (HENRI)

[...] maintenant que les journalistes ont adopté le cliché « ignorance de la syntaxe » je pourrais glisser dans un ouvrage une page du *Siècle de Louis XIV** qu'elle révolterait leur purisme. Au moins, ce reproche-là, les fautes d'impression l'expliquent. Tandis que les éloges et les blâmes que je reçois pour avoir « déclaré que je voulais faire passer dans un roman la philosophie de M. Bergson » me laissent aussi stupéfait que quelqu'un chez qui on apporte, à la suite d'une farce, vingt paquets qu'il n'a jamais commandés. Jamais je n'ai eu une idée pareille ! Et comme je vois une annonce du livre (probablement envoyée et rédigée par mon éditeur)

---

* De Voltaire

où ce même noble dessein m'est prêté, je vous demande de croire, si vous l'avez lue aussi, que jamais je n'eus une intention aussi saugrenue. J'ai assez à faire avec ce que j'ai senti, et à tâcher de le convertir – dans la mesure où la lumière et les forces m'ont été données – en idées claires, sans chercher à mettre en roman la philosophie de M. Bergson !

(Lettre à Henri Ghéon, 6 janvier 1914)

Voir à « Dédicaces », « Délicatesse », « Véronal »

BERMA (LA)

En rentrant, Françoise me fit arrêter, au coin de la rue Royale, devant un étalage en plein vent, où elle choisit, pour ses propres étrennes, des photographies de Pie IX et de Raspail et où, pour ma part, j'en achetai une de la Berma. Les innombrables admirations qu'excitait l'artiste donnaient quelque chose d'un peu pauvre à ce visage unique qu'elle avait pour y répondre, immuable et précaire comme ce vêtement des personnes qui n'en ont pas de rechange, et où elle ne pouvait exhiber toujours que le petit pli au-dessus de la lèvre supérieure, le relèvement des sourcils, quelques autres particularités physiques, toujours les mêmes, qui en somme étaient à la merci d'une brûlure ou d'un choc.

(*À l'ombre des jeunes filles en fleurs,* 1918)

Rien dans la figure de la Berma ne rappelait plus celle dont la photographie m'avait, un soir de mi-carême, tant troublé.

La Berma avait, comme dit le peuple, la mort sur le visage. Cette fois, c'est bien d'un marbre de l'Érechthéion qu'elle avait l'air. Ses artères durcies étant déjà à demi pétrifiées, on voyait de longs rubans sculpturaux parcourir les joues, avec une rigidité minérale.

(Le Temps retrouvé, parution posthume)

BERNARD (TRISTAN)

Vous ai-je dit que Tristan Bernard m'avait parlé de vous avec émerveillement (je ne sais même pas comment il savait que je vous connais et précisément j'étais en train de vous écrire). Et pour me parler de vous il clignait des yeux d'éléphant dans une figure qui trouve le moyen d'allier le style des archers de Darius au caractère des bourgeois de Labiche.

(Lettre à Paul Morand, 1er mars 1917)

BERTHELOT (PHILIPPE)

Voir « Pitié »

BIBLE

Ce Post-Scriptum est ce qu'il y a de plus important mon cher Lionel. C'est toujours le dernier testament qui est le bon, sauf peut'être en matière biblique où j'ai certaines préférences ataviques pour l'Ancien malgré la beauté du Nouveau Testament.

(Lettre à Lionel Hauser, 17 novembre 1918)

Bible d'Amiens (La)

Bible est pris ici au sens propre, non au sens figuré. Le porche d'Amiens n'est pas seulement dans le sens vague où l'aurait pris Victor Hugo, un livre de pierre, une Bible de pierre : c'est « la Bible » en pierre [...] Le portail d'une cathédrale gothique, et plus particulièrement d'Amiens, la cathédrale gothique par excellence, c'est la Bible.

(« Ruskin à Notre-Dame d'Amiens », avril 1900,
Le Mercure de France)

Tout ce que je fais n'est pas du vrai travail, mais seulement de la documentation, de la traduction, etc. Cela suffit à réveiller ma soif de réalisations, sans naturellement l'assouvir en rien. Du moment que depuis cette longue torpeur j'ai pour la première fois tourné mon regard à l'intérieur, vers ma pensée, je sens tout le néant de ma vie, cent personnages de romans, mille idées me demandent de leur donner un corps comme ces ombres qui demandent dans *L'Odyssée* à Ulysse de leur faire boire un peu de sang pour les mener à la vie et que le héros écarte de son épée. J'ai réveillé l'abeille endormie et je sens bien plus son cruel aiguillon que ses impuissantes ailes. J'avais asservi mon intelligence à mon repos. En défaisant ses chaînes j'ai cru seulement délivrer un esclave, je me suis donné un maître, que je n'ai pas la force physique de contenter et qui me tuerait si je ne lui résistais pas.

(Lettre à Antoine Bibesco, 20 décembre 1902)

Voir « Traduction »

Bibliothèque

Voir « Cabinet de lecture »

Bifteck aux pommes

Le bifteck aux pommes ! morceau de concours idéal, difficile par sa simplicité même, sorte de « Sonate pathétique » de la cuisine, équivalent gastronomique de ce qu'est dans la vie sociale la visite de la dame qui vient vous demander des renseignements sur un domestique et qui, dans un acte si simple, peut à tel point faire preuve, ou manquer de tact et d'éducation.

> (« Sur la lecture », *La Renaissance latine*, 15 juin 1905,
> réédité sous le titre « Journées de lecture »
> in *Pastiches et mélanges*, 1919)

Biscotte ramollie (sensation de la)

L'autre soir, étant rentré glacé, par la neige, et ne pouvant me réchauffer, comme je m'étais mis à lire dans ma chambre sous la lampe, ma vieille cuisinière me proposa de me faire une tasse de thé, dont je ne prends jamais. Et le hasard fit qu'elle m'apporta quelques tranches de pain grillé. Je fis tremper le pain grillé dans la tasse de thé, et au moment où je mis le pain grillé dans ma bouche et où j'eus la sensation de son amollissement pénétré d'un goût de thé dans mon palais, je ressentis un trouble, des odeurs de géraniums, d'orangers, une sensation d'extraordinaire lumière, de bonheur ; je restai immobile, craignant par un seul mouvement d'arrêter ce qui se passait en moi et que je ne comprenais pas, et m'attachant toujours à ce goût du pain trempé qui semblait produire tant de merveilles, quand soudain les cloisons ébranlées de ma mémoire cédèrent, et ce furent les états que je passais dans la maison de campagne que j'ai dite qui firent irruption dans ma conscience, avec leurs matins, entraînant avec eux le défilé, la charge incessante des heures bienheureuses. Alors je me rappelai : tous les jours, quand j'étais habillé, je descendais dans la chambre de mon grand-père qui venait de s'éveiller et prenait son thé. Il y trempait une biscotte et me la donnait à manger. Et quand ces étés furent passés, la sensation de la biscotte ramollie dans le thé fut un des refuges où les heures mortes – mortes pour l'intelligence – allèrent se blottir, et où je ne les aurais sans doute jamais retrouvées, si ce soir d'hiver, rentré glacé par la neige, ma cuisinière ne m'avait proposé le breuvage auquel la résurrection était liée, en vertu d'un pacte magique que je ne savais pas. Mais aussitôt que j'eus goûté à la biscotte, ce fut tout un jardin, jusque-là vague et terne à mes yeux avec ses allées oubliées, qui se peignit, corbeille par corbeille, avec toutes ses fleurs, dans la petite tasse de thé, comme ces petites fleurs japonaises qui ne reprennent que dans l'eau.

(Projet de préface à *Contre Sainte-Beuve*,
1908, publié en 1954)

Voir « Madeleine »

BLANCHE (JACQUES-ÉMILE)

Ainsi le point de vue auquel se placent trop souvent Sainte-Beuve et quelquefois Jacques Blanche n'est pas le véritable point de vue de l'Art. Mais c'est celui de l'Histoire. Et là est son grand intérêt. Seulement tandis que de ce point de vue-là, Sainte-Beuve s'y tient pour tout de bon, ce qui fait qu'il classe souvent les écrivains de son époque à peu près dans l'ordre où aurait pu le faire Mme de Boigne ou la duchesse de Broglie, Jacques Blanche ne l'adopte qu'un instant, en se jouant, pour multiplier les contrastes, éclairer le tableau, faire revivre la scène. Mais bien au contraire les peintres, comme les écrivains, qu'il a aimés, c'étaient ceux qui devaient être grands un jour, un jour que lui vivait par anticipation, de sorte que ses jugements resteront vrais et que ce livre écrit sur les peintres par un peintre qui les a vus travailler, qui peut nous décrire leur palette et les modifications qu'ont subies leurs toiles (donnant ainsi de leurs chefs-d'œuvre une gravure aussi émouvante que celles qui furent faites jadis de *La Cène* de Léonard, par Morghen, avant sa dégradation) mais par un peintre qui est aussi un étonnant écrivain, est à cause de cette dualité, unique.

(Préface à *Propos de peintre. De David à Degas*
de Jacques-Émile Blanche, 1919)

BLUM (LÉON)

Faut-il que vous soyez tous assez bêtes pour avoir pris Méditation sur le suicide d'un de mes amis, par Monsieur je ne sais plus comment ! [*Léon Blum*]. Le marquis et le vicomte dans les Précieuses ridicules sont deux larbins qui singent ineptement les façons de parler de leurs maîtres. Cet article pourrait être écrit par le larbin de Barrès. Avec cela il respire une indulgence à l'endroit des usuriers, des billets, des emprunts, qui ne peut que déshonorer la rédaction du *Banquet*. Le jeune homme (Maxime) a-t-il réellement existé ? Si oui, je le plains de la chromo fin de siècle, la plus répugnante de toutes, dont il vient d'être le modèle. Mais non, il n'a jamais existé ! Comment un Monsieur, dégoûté de tout, désabusé de tout (attitude pour laquelle l'auteur professe une admiration irritante qu'il croit évidemment tout à fait « distinguée » et « intelligente ») emprunterait-il de l'argent, signerait-il des billets, aurait-il recours aux usuriers ? Maintenant tu me diras peut-être que mes articles sont pires. Soit, mais je suis du *Banquet* ! Il est fait pour publier nos productions. Mais quand on prend un article du dehors, il faudrait qu'il ne soit pas si stupide qu'on l'eût refusé s'il avait été de l'un de nous. Vraiment, cela déshonore une revue parce que cela la caractérise.

(Lettre à Fernand Gregh, vers le 2 juin 1892)

Je n'ai pas voulu vous fâcher pour Léon Blum. J'ai voulu dire que l'intelligence qui était comme une balance infiniment sensible et capable de marquer les plus inappréciables différences de poids, mais incapable de faire une différence entre les choses qui font le poids, faisant la même petite oscillation délicate pour dix milligrammes, que ce soit dix milligrammes de substance nerveuse ou de caca, de rose ou de caillou, de rubis ou d'eau de mer, de microbes ou d'air des Alpes, cette intelligence-là n'est pas celle qui est digne de réjouir mon Bunchnibuls.

(Lettre à Reynaldo Hahn, fin juin 1906)

BLUMENTHAL (MME FERDINAND)

Ce n'est pas une plaisanterie (qui n'aurait rien de drôle) qu'elle a demandé et même commencé, à s'appeler Madame du Val-Fleuri (Blumen-thal). Si elle connaissait Balzac, elle eût peut-être malgré son snobisme, reculé devant « Madame du Val-Noble » à cause de la profession de cette dernière (voir *Splendeur et misère des courtisanes*, comme dirait Balzac lui-même qui aimait renvoyer, aussi cavalièrement que Reinach, à ses œuvres précédentes). Du reste cette famille semble avoir un goût assez bizarre en matière de noms. La pseudo-défunte n'est-elle pas la sœur d'une personne qui a volontairement échangé le nom relativement harmonieux d'Ulman, contre celui singulièrement plus difficile à prononcer, de Vestnitch.

(Lettre à Jacques Truelle, mi-mai 1917)

BONHEUR

Vous trouverez peut-être mon souhait de bonheur un peu vague. Mais c'est le caractère des souhaits prudents. On me fait faire des dissertations pour prouver qu'il y a *un* bonheur. Comme je suis bon élève et bon fils je les fais ; comme je suis mauvais philosophe, je les fais mal. Mais surtout je n'y crois pas. Je crois que chacun a son bonheur à soi – quand il l'a. Et un souhait qui appellerait sur quelqu'un le bon-heur dont il pourrait ne pas vouloir serait un souhait bien imprudent […] Vous avez le bonheur en vous : c'est la plus sûre manière de l'avoir si ce n'est pas la seule. En tout cas quel que soit le bonheur que vous rêvez (le rêver c'est déjà l'avoir, dans le sens le plus idéal du mot qu'en bon idéaliste je crois aussi le seul réel) je suis sûr que c'est un bonheur de toute première qualité. (C'est la seule compensation à l'absence habituelle et prolongée qu'elle permet l'envoi de certaines douceurs aimables, interdites si justement dans la conversation.)

(Lettre à Horace de Landau, vers la fin mai 1894)

Le bonheur m'est une chose que j'ai parfois cessé d'espérer pour moi mais jamais de souhaiter aux autres.

(Lettre à Marie Nordlinger, vers le 9 février 1905)

Le bonheur est en effet à condition qu'on ne le prenne pas pour but, mais une grande cause. Je connais des gens malheureux parce qu'ils calculent qu'ils ont un an de plus, ou des choses de ce genre. Le bonheur pris comme but se détruit à pleins bords. Il coule à pleins bords chez ceux qui ne cherchent pas la satisfaction et vivent en dehors d'eux pour une idée.

(Lettre à Gaston Gallimard, 20 juillet 1922)

Bonhomie

[…] vertu essentielle, saine et recommandée par Joubert.

(Lettre à Antoine Bibesco, août 1912)

Bonnes feuilles

Enfin vous allez me trouver bien insupportable mais les Extraits dont vous me parlez pour le numéro d'août de la *NRF* ne me font pas plaisir. 1° Du moment qu'on les faisait, j'aurais aimé choisir moi-même. 2° Mais pourquoi les faisait-on ? Les lecteurs de la *NRF* sont précisément mes lecteurs. Vous me parlez même gentiment de faire envoyer ces extraits à la Librairie Gallimard. Mais ne voyez-vous pas que c'est simplement mirer notre propre reflet ? Écrire aux lecteurs de la Librairie Gallimard : « *La Revue de Paris* par la plume de M.H. Bidou a fait un grand éloge de M.M. Proust » n'est-ce pas un peu ce petit jeu qu'on faisait enfant et où on se mettait à la poste pour son soi-même des lettres d'amour qu'on avait écrites.

(Lettre à Gaston Gallimard, 20 juillet 1922)

Bourgeoisie

Les trois quarts des hommes du faubourg Saint-Germain passent aux yeux d'une bonne partie de la bourgeoisie pour des décavés crapuleux (qu'ils sont d'ailleurs quelquefois individuellement) et que, par conséquent, personne ne reçoit. La bourgeoisie est trop honnête en cela, car leurs tares ne les empêcheraient nullement d'être reçus avec la plus grande faveur là où elle ne le sera jamais. Et eux s'imaginent tellement que la bourgeoisie le sait qu'ils affectent une simplicité en ce qui les concerne, un dénigrement pour leurs amis particulièrement « à la côte », qui achève le malentendu. Si par hasard un homme du grand monde est en rapports avec la petite bourgeoisie parce qu'il se trouve, étant extrêmement riche, avoir la présidence des plus importantes sociétés financières, la bourgeoisie qui voit enfin un noble digne d'être grand bourgeois jurerait qu'il ne fraye pas avec le marquis joueur et ruiné qu'elle croit d'autant plus dénué de relations qu'il est plus aimable. Et elle n'en revient pas quand le duc, président du conseil d'administration de la colossale Affaire, donne pour femme à son fils la fille du marquis joueur, mais dont le nom est le plus ancien de France, de même qu'un souverain fera plutôt épouser à son fils la fille d'un roi détrôné que d'un président de la République en fonctions. C'est dire que les deux mondes ont l'un de l'autre une vue aussi chimérique que les habitants d'une plage située à une des extrémités de la baie de Balbec ont de la plage située à l'autre extrémité : de Rivebelle on voit un peu Marcouville l'Orgueilleuse ; mais cela même trompe, car on croit qu'on est vu de Marcouville d'où au contraire les splendeurs de Rivebelle sont en grande partie invisibles.

(À l'ombre des jeunes filles en fleurs, 1918)

Cette fois j'avais situé dans un milieu interlope des filles d'une petite bourgeoisie fort riche, du monde de l'industrie et des affaires. C'était celui qui de prime abord m'intéressait le moins, n'ayant pour moi le mystère ni du peuple, ni d'une société comme celle des Guermantes. Et sans doute si un prestige préalable qu'elles ne perdraient plus ne leur avait été conféré, devant mes yeux éblouis, par la vacuité éclatante de la vie de plage, je ne serais peut-être pas arrivé à lutter victorieusement contre l'idée qu'elles étaient les filles de gros négociants. Je ne pus qu'admirer combien la bourgeoisie française était un atelier merveilleux de sculpture la plus généreuse et la plus variée. Que de types imprévus, quelle invention dans le caractère des visages, quelle décision, quelle fraîcheur, quelle naïveté dans les traits ! Les vieux bourgeois avares d'où étaient issues ces Dianes et ces nymphes me semblaient les plus grands des statuaires.

(*À l'ombre des jeunes filles en fleurs*, 1918)

Voir « Daudet (Mme Alphonse) »

BOURGEOISIE ET ARISTOCRATIE

Ce n'était pas seulement elle qui eût été contente de montrer son château, mais sa tante Brancas n'eût pas été moins ravie de me faire les honneurs du sien, à ce que m'assura cette dame qui pensait évidemment que, surtout dans un temps où la terre tend à passer aux mains de financiers qui ne savent pas vivre, il importe que les grands maintiennent les hautes traditions de l'hospitalité seigneuriale, par des paroles qui n'engagent à rien. C'était aussi parce qu'elle cherchait, comme toutes les personnes de son milieu, à dire les choses qui pouvaient faire le plus de plaisir à l'interlocuteur, à lui donner la plus haute idée de lui-même, à ce qu'il crût qu'il flattait ceux à qui il écrivait, qu'il honorait ses hôtes, qu'on brûlait de le connaître. Vouloir donner aux autres cette idée agréable d'eux-mêmes existe à vrai dire quelquefois même dans la bourgeoisie elle-même. On y rencontre cette disposition bienveillante, à titre de qualité individuelle compensatrice d'un défaut, non pas, hélas, chez les amis les plus sûrs, mais du moins chez les plus agréables compagnes. Elle fleurit en tout cas tout isolément. Dans une partie importante de l'aristocratie, au contraire, ce trait de caractère a cessé d'être individuel ; cultivé par l'éducation, entretenu par l'idée d'une grandeur propre qui ne peut craindre de s'humilier, qui ne connaît pas de rivales, sait que par aménité elle peut faire des heureux et se complaît à en faire, il est devenu le caractère générique d'une classe. Et même ceux que des défauts personnels trop opposés empêchent de le garder dans leur cœur en portent la trace inconsciente dans leur vocabulaire ou leur gesticulation.

(Le Côté de Guermantes, 1921)

BOURGES (ÉLÉMIR)

Voir « *NRF* »

BOURGET (PAUL)

Voir à « Monde (gens du) », « Léautaud (Paul) »

Bourse (cours de la)

Je suis toujours à la tête de mes mines, attendant le moment des dividendes pour les lâcher. Il faut même que dans les choses de la Bourse il y ait de la complexité pour que des grands trusts miniers, qui ont devant eux une longue durée d'existence, dont personne ne conteste l'excellence, continuent de baisser à des cours de famine alors qu'ils rapportent dix pour cent.

(Lettre à Robert de Billy, 26 janvier 1912)

De terribles crises cardiaques qui m'ont mis entre la vie et la Mort – et plus près de la seconde – sont cause que je n'ai pas immédiatement avisé mon Directeur de conscience financier (alias Lionel Hauser) d'un avis de la Maison Rothschild à savoir que 20 obligations chinoises venaient par voie de tirage de m'être remboursées au pair = 10 000 francs… le pair étant 500. J'ignore si cet événement minuscule est heureux ou défavorable pour la raison que j'ignore si les cours actuels sont au-dessous ou au-dessus du Pair. Quoi qu'il en soit il convient de conformer son état d'âme au Destin, ne pouvant plier le Destin à son État d'âme, ce qui serait plus agréable.

(Lettre à Lionel Hauser, 6 mars 1917)

Boylesve (René)

Vos livres sont pour moi comme des lettres d'amour : on les range, puis on les classe autrement, on ne perd aucune occasion de les relire, on les a toujours auprès de soi. Ils me sont le monde extérieur, puisque je n'ai même pas un petit bout du Ranelagh, ni l'amorce d'une allée plantée de vieux arbres, encore le parfum des îles Borromées. Mes volets toujours fermés ne me laissent seulement pas voir cette section d'un attelage, aperçue des appartements « modernes » (*Madeleine jeune femme*). Monde extérieur, dis-je de vos livres. Combien davantage monde intérieur !

(Lettre à René Boylesve, vers le 8 mai 1922)

BRETAGNE

Beg-Meil est un clos de pommiers dévalant jusque dans la baie de Concarneau qui est la plus noble et douce et délicieuse chose que je connaisse. Et je pense que la baie du Morbihan doit être bien belle. Vous ne pouvez pas ne pas aller à la pointe du Raz, vous savez ce que c'est, historiquement et géographiquement le Finisterre (la pointe extrême de la terre) la falaise géante de granit autour de laquelle la mer est toujours sauvage dominant la baie des Trépassés, en face l'île de Sein. Ce sont des lieux funèbres et d'une malédiction illustre qu'il faut connaître. Mais j'avoue que je leur préfère infiniment Penn'march que vous ne pouvez éviter, sorte de mélange de la Hollande et des Indes et de la Floride (Harrison *dixit*) d'où une tempête est la plus belle chose qui se puisse voir.

(Lettre à Georges de Lauris, 20 août 1903)

BRETON (ANDRÉ)

Voir « Correcteur »

BRUIT

Quant au Meurice, ce ne serait naturellement que du côté qui donne rue de Rivoli, puisque c'est pour essayer l'effet sur mon asthme, de la Seine. Je ne crains pas du tout le bruit de la rue de Rivoli (qui du reste à cette hauteur doit à peine s'entendre), je recherche les bruits extérieurs et continus parce qu'ils m'assourdissent les bruits des voisins, les bruits intermittents et auxquels on cherche une explication. Malheureusement on doit entendre malgré tout le téléphone.

(Lettre à Mme Edwards, 5 mai 1919)

Je crois du reste que les forts, même de Liège, ont fait leur temps. Et j'ai l'idée qu'il vaudrait mieux transporter les moyens de défense dans l'oreille. Madame Simone m'a parlé de boules d'ivoire (comme j'aimerais avoir des précisions là-dessus !) la duchesse de Guiche d'ouate vaselinée. Mais sans doute ces dames sont moins sensibles au bruit que moi qui suis terriblement malade, mourant.

(Lettre à Mme de Noailles, 27 mai 1919)

En principe le bruit de la rue n'est pas pour moi un inconvénient mais un avantage, continu comme le bruit de la mer, assourdissant les bruits intermittents des voisins, les seuls que je trouve désagréables.

(Lettre à Robert Dreyfus, 23 juillet 1919)

BUNCHTNIDUL

Vous ne vous êtes certainement pas imaginé quand vous avez écrit : « Reynaldo, ce cher pigeon voyageur » combien l'expression que vous inventiez était de celles que lui et moi nous aimons le plus dans les écrivains que nous lisons et que nous nous signalons l'un à l'autre, en les déclarant très « bunchtniduls ». Or figurez-vous que l'an dernier lisant un ouvrage admirable de Dostoïevski, j'y ai lu une phrase d'une mère qui appelait son fils « ce cher pigeon » et j'ai trouvé cela si « guninuls » que j'attendais avec impatience le moment de la montrer à Reynaldo et de le voir rire en la lisant.

(Lettre à Mme Carlos Hahn, 2 janvier 1912)

C

Cabinet de lecture

Les cabinets de lecture ne feront donc que régulariser une situation existante, avec cette étrange innovation que des livres prêtés, il faudra les rendre. D'autre part quelle commodité, quel profit pour les éditeurs qui ne trouvaient pas à vendre leurs livres. La location rapportera davantage (voir les autos). L'éditeur sera à tout jamais débarrassé de cette chose déjà actuellement si difficile : une réimpression. Mais Monsieur j'oublie depuis le commencement de cette lettre que je suis auteur. Et pour les auteurs ce sera désastreux. Car il ne s'agit plus du bon vieux cabinet de lecture où il y avait seulement les livres qu'on ne trouvait plus que là, les romans de Céleste Mogador et de la comtesse d'Asch, quelquefois la préface de Balzac à la *Chartreuse*, des livres qu'on n'osait lire que ganté de suède. Les nouveaux cabinets de lecture seront très « modernes » et permettront que les livres de nos contemporains fassent gagner de l'argent à un éditeur sans qu'il ait à donner des droits à l'auteur. Mais j'ai oublié une seconde chose c'est que je suis l'ami de mes éditeurs, des hommes généreux et charmants. Voyez-vous pas qu'ils veuillent eux aussi fonder leur cabinet de lecture ? Aussitôt je vous donnerai d'excellentes raisons en faveur de ces bibliothèques circulantes (je crois que cela s'appelle ainsi). Où a-t-on vu, vous dirais-je, que l'usage d'un goût ne mène pas plutôt à l'abus qu'à la restriction ? Prendre des leçons d'équitation donne le désir d'avoir un cheval à soi. Louer des livres finira par donner l'envie d'en acheter, sinon d'en lire. Toutes ces raisons sont contradictoires me direz-vous, chacune me paraît pourtant pleine de sens.

(Lettre à *L'Intransigeant*, 28 août 1920)

CACA

Je vais beaucoup – et mal – à la garde robe, et toujours en beaucoup de fois. Si vous pensiez que cela peut me fournir des renseignements utiles je ferais bien une fois analyser mes matières. Mais je ne sais pas comment cela se pratique et d'ailleurs elles présentent selon mes divers états des aspects assez différents. Elles s'accompagnent souvent de mucosités dont l'expulsion autant que je peux croire, me fait plutôt du bien. Une fois par quinzaine, à peu près, je prends à dîner, au milieu du dîner, une pilule de Cascarine Leprince, qui me fait aller sept ou huit fois à la garde robe ou plus, dans les vingt-quatre heures suivantes. Tant que le purgatif n'a pas fait son effet il m'oppresse plutôt, puis me dégage et parfois me rend de nouveau un peu souffrant quand son effet se prolonge trop. Je ne fais jamais de grands lavages parce qu'ils me donnent des transpirations insupportables.

(Lettre à Georges Linossier, vers septembre 1904)

Voir « Pipi »

Cadeau

Vous savez que je désire donner un petit souvenir à Calmette (qui a tout de même été très gentil, mais n'a pas compris que ne rien faire eût été mieux que faire à demi). Avez-vous idée de quelque chose qui pourrait lui être utile au jeu par exemple ? (une bourse ? porte-cigarettes ? mais fume-t-il ? un jeu de bridge ?) Comme je n'ai plus besoin de lui, cela n'a rien d'indélicat de le lui donner maintenant. Comme je suis ruiné je ne voudrais pas mettre plus de mille à 1 500 francs. Mais si cela doit lui faire *grand* plaisir et coûte le double, je le ferai avec joie. Cette demande n'est pas en contradiction avec ce que vous m'avez dit sur les cadeaux du jour de l'an. Je n'en fais à *personne*. (Et le désir de vous montrer des intérieurs de chocolats n'avait rien d'un cadeau de jour de l'an.) Mais c'est un grand désir que j'ai de donner ce souvenir à Calmette.

(Lettre à Mme Straus, 26 décembre 1912)

Vous êtes un monstre, non d'égoïsme mais de générosité. Je me brouillerai cette fois définitivement avec vous si vous ne me jurez pas sur le Christ que jamais plus poulet gloire de vos élevages ou autres, ou comme dirait un exploit « quelle que chose que ce soit » ne m'arrivera. Comme si je ne devais pas être assez honteux vous y avez joint une gravure ancienne. Comptez que je vais vous demander bientôt un aéroplane ou un transatlantique.

(Lettre à Gustave Tronche, vers le début janvier 1922)

Canon

Nous refusons le principe même du « canon », qui signifierait l'indépendance d'un style unique à l'égard d'une pensée multiforme [...] Mais nous ne voulons de « canon » d'aucune sorte.

(Préface à *Tendres Stocks*, de Paul Morand, 1921)

Capitaine Fracasse (Le)

J'en aimais par-dessus tout deux ou trois phrases qui m'apparaissaient comme les plus originales et les plus belles de l'ouvrage. Je n'imaginais pas qu'un autre auteur en eût jamais écrit de comparables. Mais j'avais le sentiment que leur beauté correspondait à une réalité dont Théophile Gautier ne nous laissait entrevoir, une ou deux fois par volume, qu'un petit coin. Et comme je pensais qu'il la connaissait assurément tout entière, j'aurais voulu lire d'autres livres de lui où toutes les phrases seraient aussi belles que celles-là et auraient pour objet les choses sur lesquelles j'aurais désiré avoir son avis. « Le rire n'est point cruel de sa nature ; il distingue l'homme de la bête, et il est, ainsi qu'il appert en *L'Odyssée* d'Homerus, poète grégeois, l'apanage des dieux immortels et bienheureux qui rient olympiennement tout leur saoul durant les loisirs de l'éternité. » Cette phrase me donnait une véritable ivresse. Je croyais apercevoir une Antiquité merveilleuse à travers ce Moyen Âge que seul Gautier pouvait me révéler. Mais j'aurais voulu qu'au lieu de dire cela furtivement, après l'ennuyeuse description d'un château que le trop grand nombre de termes que je ne connaissais pas m'empêchait de me figurer le moins du monde, il écrivît tout le long du volume des phrases de ce genre et me parlât de choses qu'une fois son livre fini je pourrais continuer à connaître et à aimer.

(« Sur la lecture », *La Renaissance latine*, 15 juin 1905, réédité sous le titre « Journées de lecture » in *Pastiches et mélanges*, 1919)

[…] l'œuvre de Gautier que je préfère.
(Lettre à Jean-Louis Vaudoyer, avril-mai 1912)

CARACTÈRE

Je ne crois pas qu'un type est un caractère. Je *crois* que ce que nous croyons deviner d'un caractère n'est qu'un effet des associations d'idées. Je m'explique, tout en te déclarant que ma théorie est peut-être fausse, étant entièrement personnelle. Ainsi je suppose que dans la vie, ou dans une œuvre littéraire, tu vois un Monsieur qui pleure sur le malheur d'un autre. Comme chaque fois que tu as vu un être éprouver de la pitié, c'est un être bon, doux et sensible, tu en déduiras que ce Monsieur est sensible, doux et bon. Car nous ne construisons dans notre esprit un caractère que d'après quelques lignes, par nous vues, qui en supposent d'autres. Mais cette construction est très hypothétique.

(Lettre à Robert Dreyfus, 7 septembre 1888)

Carpaccio

Carpaccio est précisément un peintre que je connais très bien, j'ai passé de longues journées à San Giorgio dei Schiavoni et devant *Sainte Ursule*, j'ai traduit tout ce que Ruskin a écrit sur chacun de ses tableaux etc. Au point de vue de mon roman un autre peintre, vénitien ou surtout padouan, eût été plus commode. Mais il n'y a pas de jour que je ne regarde des reproductions de Carpaccio, je serai donc en terrain familier.

(Lettre à Mme de Madrazo, 17 février 1916)

J'ai tout de suite reconnu le tableau extraordinaire qui s'appelle je crois *Ste Croix* [*Le patriarche de Grado délivre un possédé avec la relique de la sainte croix*] et représente une cérémonie d'exorcisme par le patriarche de Venise, un des Carpaccio où ce peintre divin a le plus librement et le plus réalistement évoqué la Venise de son temps. C'est à ce point de vue, documentaire et du plus ravissant Carpaccio.

(Lettre à Mme de Madrazo, 9 mars 1916)

Carrière

Je suis tout ce qu'il y a de plus embarrassé car il faut, papa le veut, que je décide de ma carrière. La Cour des comptes me tente de plus en plus. Je me fais ce raisonnement. Si je ne veux pas faire ma carrière à l'étranger, je ferai aux affaires étrangères à Paris une carrière aussi assommante que celle de la Cour des comptes. Peut-être la Cour des comptes est-elle

– pour moi – plus difficile à préparer – mais n'est-ce pas très compensé parce qu'il y a en moins ce stage qui absorbera toute l'attention dont je suis capable ? Le reste du temps, j'irai me promener [...] La magistrature n'est-elle pas trop déconsidérée ? Que reste-t-il, décidé que je suis à n'être ni avocat, ni médecin, ni prêtre, ni –

(Lettre à Robert de Billy, vers la mi-septembre 1893)

J'espérais toujours finir par obtenir la continuation des études littéraires et philosophiques pour lesquelles je me crois fait. Mais puisque je vois que chaque année ne fait que m'apporter une discipline de plus en plus pratique, je préfère choisir tout de suite une des carrières pratiques que tu m'offrais. Je me mettrai à préparer sérieusement, à ton choix, le concours des affaires étrangères ou celui de l'École des chartes. – Quant à l'étude d'avoué je préférerais mille fois entrer chez un agent de change. D'ailleurs sois persuadé que je n'y resterais pas trois jours. Ce n'est pas parce que je ne croie toujours que toute autre chose que je ferai autre que les lettres et la philosophie, est pour moi du temps perdu. Mais entre plusieurs maux il y en a de meilleurs et de pires. Je n'en ai jamais conçu de plus atroce, dans mes jours les plus désespérés, que l'étude d'avoué. Les ambassades, en me les faisant éviter, me sembleront non ma vocation, mais un remède.

(Lettre à son père, vers la fin septembre 1893)

Je me vois déjà directeur du musée de Versailles. Mais vous me dites que j'aurai les deux titres, Écoles du Louvre et de Rome. Je ne peux pourtant pas faire licence, doctorat, École du Louvre, École de Rome. Et pourtant, sans licence pas de doctorat, sans doctorat pas d'École de Rome – et d'autre part sans École du Louvre je n'ai pas les deux titres […] Des sales carrières assommantes à choisir vous faites des merveilles et je suis dans une grotte pleine d'enchantements et de prestiges.

(Lettre à Charles Grandjean, 7 novembre 1893)

Vous me donnez contre l'École des chartes des arguments terribles c'est-à-dire excellents. Mais songez que je mettrai certainement deux ans à préparer la Cour des comptes, que j'y échouerai sans doute une fois. Et que si même j'y arrive, ce sera quand j'aurai presque fini l'École des chartes. Du moins je n'aurais plus à faire que la thèse qui est un travail personnel. Pour ce qui est de l'École de Rome, vous m'aviez dit que je pourrais y aller dans tous les cas sans traitement. Mais ce que vous me dites de Rome sans l'École de Rome est en effet plus séduisant. Et maintenant avant de nous arrêter à cette sinistre Cour des comptes, que diriez-vous de ceci ? Que j'aille trouver un directeur au Louvre (je ne crois connaître que M. Heuzey) ou que je me fasse mettre en rapport avec M. Reinach (St-Germain) ou M. Saglio (Cluny) ou M… (Versailles). Que je leur demande de m'attacher à leur musée comme bénévole. Pendant ce temps je pourrais, si je vois que je m'y plais, préparer à votre choix l'École des chartes, la licence ès lettres, l'École du Louvre ou simplement des travaux personnels – de façon à en faire une *carrière* pour l'avenir, et en attendant le cadre noble et discret d'une existence que je tâcherais d'inspirer et d'élever par l'étude des belles choses qui l'entoureront. Versailles et St Germain me sembleraient, au point de vue de la réflexion et de la composition, plus convenables, mais peut-être le Louvre ou Cluny sont-ils plus intéressants et de plus d'avenir (pour les conservateurs) c'est-à-dire je suppose de plus de passé, en eux-mêmes.

(Lettre à Charles Grandjean, vers la mi-novembre 1893)

CASH

Je paie toujours comptant au Ritz, je n'y dois pas un centime, je crois qu'une seule fois sur tant et tant de repas et d'achats il m'est arrivé de signer, il y a longtemps une addition que j'ai d'ailleurs fait payer le lendemain.

(Lettre à Walter Berry, 22 ou 23 janvier 1919)

CATHOLICISME

Quel est l'avenir du catholicisme en France et dans le monde, je veux dire combien de temps et sous quelles formes son influence s'exercera-t-elle encore est une question que nul ne peut même poser, car il grandit en se transformant et depuis le XVIIIe siècle où il paraissait le refuge des Ignorantins il a pris, même sur ceux qui devaient le combattre et le nier, une influence que n'aurait pu prévoir le siècle précédent [...] Mais en tout cas cette question n'a rien à voir avec celle des Écoles chrétiennes. D'abord parce qu'on ne tuera pas l'esprit chrétien en fermant des écoles chrétiennes, et que s'il doit mourir, il mourra même sous une théocratie. Ensuite parce que l'esprit chrétien, et même le dogme catholique n'ont rien à voir avec l'esprit de parti que nous voulons détruire (et que nous copions).

(Lettre à Georges de Lauris, 29 juillet 1903)

Catholique

Je n'ai jamais été à la messe depuis ma première communion qui doit bien remonter à plus de trente ans.

(Lettre à Rosny Aîné, vers le 23 décembre 1919)

J'ai juré sur le Christ de ne plus jamais écrire aux *Œuvres libres*.

(Lettre à Jacques Boulenger, 24 novembre 1921)

Catleya (faire)

Elle tenait à la main un bouquet de catleyas et Swann vit, sous sa fanchon de dentelle, qu'elle avait dans les cheveux des fleurs de cette même orchidée attachées à une aigrette en plumes de cygnes. Elle était habillée sous sa mantille, d'un flot de velours noir qui, par un rattrapé oblique, découvrait en un large triangle le bas d'une jupe de faille blanche et laissait voir un empiècement, également de faille blanche, à l'ouverture du corsage décolleté, où étaient enfoncées d'autres fleurs de catleyas. Elle était à peine remise de la frayeur que Swann lui avait causée quand un obstacle fit faire un écart au cheval. Ils furent vivement déplacés, elle avait jeté un cri et restait toute palpitante, sans respiration.

– Ce n'est rien, lui dit-il, n'ayez pas peur.

Et il la tenait par l'épaule, l'appuyant contre lui pour la maintenir ; puis il lui dit :

– Surtout, ne me parlez pas, ne me répondez que par signes pour ne pas vous essouffler encore davantage. Cela ne vous gêne pas que je remette droites les fleurs de votre corsage qui ont été déplacées par le choc. J'ai peur que vous ne les perdiez, je voudrais les enfoncer un peu.

Elle, qui n'avait pas été habituée à voir les hommes faire tant de façons avec elle, dit en souriant :

– Non, pas du tout, ça ne me gêne pas.

Mais lui, intimidé par sa réponse, peut-être aussi pour avoir l'air d'avoir été sincère quand il avait pris ce prétexte, ou même, commençant déjà à croire qu'il l'avait été, s'écria :

– Oh ! non, surtout, ne parlez pas, vous allez encore vous essouffler, vous pouvez bien me répondre par gestes, je vous comprendrai bien. Sincèrement je ne vous gêne pas ? Voyez, il y a un peu… je pense que c'est du pollen qui s'est répandu sur vous ; vous permettez que je l'essuie avec ma main ? Je ne vais pas trop fort, je ne suis pas trop brutal ? Je vous chatouille peut-être un peu ? mais c'est que je ne voudrais pas toucher le velours de la robe pour ne pas le friper. Mais, voyez-vous, il était vraiment nécessaire de les fixer, ils seraient tombés ; et comme cela, en les enfonçant un peu moi-même… Sérieusement, je ne vous suis pas désagréable ? Et en les respirant pour voir s'ils n'ont vraiment pas d'odeur non plus ? Je n'en ai jamais senti, je peux ? dites la vérité ?

Souriant, elle haussa légèrement les épaules, comme pour dire « vous êtes fou, vous voyez bien que ça me plaît » […]

Mais il était si timide avec elle, qu'ayant fini par la posséder ce soir-là, en commençant par arranger ses catleyas, soit crainte de la froisser, soit peur de paraître rétrospectivement avoir menti, soit manque d'audace pour formuler une exigence plus grande que celle-là (qu'il pouvait renouveler puisqu'elle n'avait pas fâché Odette la première fois), les jours suivants il usa du même prétexte. Si elle avait des catleyas à son corsage, il disait : « C'est malheureux, ce soir, les catleyas n'ont pas besoin d'être arrangés, ils n'ont pas été déplacés comme l'autre soir ; il me semble pourtant que celui-ci n'est pas très droit. Je peux voir s'ils ne sentent pas plus que les autres ? » Ou bien, si elle n'en avait pas : « Oh ! pas de catleyas ce soir, pas moyen de me livrer à mes petits arrangements. » De sorte que, pendant quelque temps, ne fut pas changé l'ordre qu'il avait suivi le premier soir, en débutant par des attouchements de doigts et de lèvres sur la gorge d'Odette, et que ce fut par eux encore que commençaient chaque fois ses caresses ; et, bien plus tard quand l'arrangement (ou le simulacre d'arrangement) des catleyas, fut depuis longtemps tombé en désuétude, la métaphore « faire catleya » devenue un simple vocable qu'ils employaient sans y penser quand ils voulaient signifier l'acte de la possession physique – où d'ailleurs l'on ne possède rien – survécut dans leur langage, où elle le commémorait, à cet usage oublié. Et peut-être cette manière particulière de dire « faire l'amour » ne signifiait-elle pas exactement la même chose que ses synonymes. On a beau être blasé sur les femmes, considérer la possession des plus différentes comme toujours la même et connue d'avance, elle devient au contraire un plaisir nouveau s'il s'agit de femmes assez difficiles – ou crues telles par nous – pour que nous soyons obligés de la faire naître de quelque épisode imprévu de nos relations avec elles, comme avait été la première fois pour Swann l'arrangement des catleyas. Il espérait en tremblant, ce soir-là (mais Odette, se disait-il, si elle était dupe de sa ruse, ne pouvait le deviner), que c'était la possession de cette femme qui allait sortir d'entre leurs larges pétales mauves ; et le plaisir qu'il éprouvait déjà et qu'Odette ne tolérait peut-être, pensait-il, que parce qu'elle ne l'avait pas reconnu, lui semblait, à cause de cela – comme il put paraître au premier homme qui le goûta parmi les fleurs du paradis terrestre – un plaisir qui n'avait pas existé jusque-là, qu'il cherchait à créer, un plaisir – ainsi que le nom spécial qu'il lui donna en garda la trace – entièrement particulier et nouveau.

(*Du côté de chez Swann*, 1913)

CHAMBRE

Les théories de William Morris, qui ont été si constamment appliquées par Maple, et les décorateurs anglais, édictent qu'une chambre n'est belle qu'à la condition de contenir seulement des choses qui nous soient utiles et que toute chose utile, fût-ce un simple clou, soit non pas dissimulée, mais apparente : au-dessus du lit à tringles de cuivre et entièrement découvert, aux murs nus de ces chambres hygiéniques, quelques reproductions de chefs-d'œuvre. À la juger d'après les principes de cette esthétique, ma chambre n'était nullement belle, car elle était pleine de choses qui ne pouvaient servir à rien et qui dissimulaient pudiquement, jusqu'à en rendre l'usage extrêmement difficile, celles qui servaient à quelque chose. Mais c'est justement de ces choses qui n'étaient pas là pour ma commodité, mais semblaient y être venues pour leur plaisir, que ma chambre tirait pour moi sa beauté.

(« Sur la lecture », *La Renaissance latine*, 15 juin 1905, réédité sous le titre « Journées de lecture » in *Pastiches et mélanges*, 1919)

Je laisse les gens de goût orner leur demeure avec la reproduction des chefs-d'œuvre qu'ils admirent et décharger leur mémoire du soin de leur conserver une image précieuse en la confiant à un cadre de bois sculpté. Je laisse les gens de goût faire de leur chambre l'image même de leur goût et la remplir seulement de choses qu'ils puissent approuver. Pour moi, je ne me sens vivre et penser que dans une chambre où tout est la création et le langage de vies profondément différentes de la mienne, d'un goût opposé au mien, où je ne retrouve rien de ma pensée consciente, où mon imagi-nation s'exalte en se sentant plongée au sein du non-moi ; je ne me sens heureux qu'en mettant le pied – avenue de la Gare, sur le port ou place de l'Église – dans un de ces hôtels de province aux longs corridors froids où le vent du dehors lutte avec succès contre les efforts du calorifère, où la carte de géographie détaillée de l'arrondissement est encore le seul ornement des murs, où chaque bruit ne sert qu'à faire apparaître le silence en le déplaçant, où les chambres gardent un parfum de renfermé que le grand air vient laver, mais n'efface pas, et que les narines aspirent cent fois pour l'apporter à l'imagination, qui s'en enchante, qui le fait poser comme un modèle pour essayer de le recréer en elle avec tout ce qu'il contient de pensées et de souvenir ; où le soir, quand on ouvre la porte de sa chambre, on a le sentiment de violer toute la vie qui y est restée éparse, de la prendre hardiment par la main quand, la porte refermée, on entre plus avant, jusqu'à la table ou jusqu'à la fenêtre ; de s'asseoir dans une sorte de libre promiscuité avec elle sur le canapé exécuté par le tapissier du chef-lieu dans ce qu'il croyait le goût de Paris ; de toucher partout la nudité de cette vie dans le dessein de se troubler soi-même par sa propre familiarité, en posant ici et là ses affaires, en jouant le maître dans cette chambre pleine jusqu'aux bords de l'âme des autres et qui garde jusque dans la forme des chenets et le dessin des rideaux l'empreinte de leur rêve, en marchant pieds nus sur son tapis inconnu ; alors, cette vie secrète, on a le sentiment de l'enfermer avec soi quand on va, tout tremblant, tirer le verrou ; de la pousser devant soi dans le lit et de coucher enfin avec elle dans les grands draps blancs qui vous montent par-dessus la figure, tandis que, tout près, l'église sonne pour toute la ville les heures d'insomnie des mourants et des amoureux.

> (« Sur la lecture », *La Renaissance latine*, 15 juin 1905,
> réédité sous le titre « Journées de lecture »
> in *Pastiches et mélanges*, 1919)

CHAMISSO (ADELBERT VON)

Il y a un peu de la faute de la London County si mon Emprunt français n'a pas été vendu, d'abord parce que peut'être de bonne foi ils m'en ont dissimulé une partie, ensuite parce que malgré l'obstination qu'ils ont eue de mettre plus d'un an à apprendre mon adresse, je leur avais

demandé de me rédiger l'ordre de vente me trouvant un peu
« Shlelmil »* pour cela.

> (Lettre à Lionel Hauser, début mars 1921)

CHARDIN (JEAN-BAPTISTE)

Je viens d'écrire une petite étude de philosophie de l'art
si le terme n'est pas trop prétentieux où j'essaye de montrer
comment les grands peintres nous initient à la connaissance
et à l'amour du monde extérieur, comment ils sont ceux
« par qui nos yeux sont déclos » et ouverts en effet sur le
monde. C'est l'œuvre de Chardin que je prends dans cette
étude comme exemple et j'essaye de montrer son influence
sur notre vie, quel charme et quelle sagesse elle répand sur
nos plus humbles journées en nous initiant à la vie de la
nature morte.

> (Lettre à Pierre Mainguet, fin novembre 1895)

CHARLUS (BARON DE)

Un de mes personnages (comme ils se présentent dans
l'ouvrage comme dans la vie, c'est-à-dire fort mal connus
d'abord et souvent découverts longtemps après pour le
contraire de ce qu'on croyait) apparaît à peine dans la première partie comme l'amant supposé d'une de mes héroïnes.
Vers la fin de la première partie […] ce personnage fait sa
connaissance, fait étalage de virilité, de mépris pour les jeunes

---

* « Histoire merveilleuse de Pierre Schlemihl », (1814) d'Adelbert
von Chamisso.

gens efféminés, etc. Or dans la seconde partie, le personnage, un vieux monsieur d'une grande famille, se découvrira être un pédéraste qui sera peint d'une façon comique mais que, sans aucun mot grossier, on verra « levant » un concierge et entretenant un pianiste. Je crois ce caractère – le pédéraste *viril*, en voulant aux jeunes gens efféminés qui le trompent sur la qualité de la marchandise en n'étant que des femmes, ce « misanthrope » d'avoir souffert des hommes comme sont misogynes certains hommes qui ont trop souffert des femmes, je crois ce caractère quelque chose de neuf (surtout à cause de la façon dont il est traité que je ne peux vous détailler ici) – et c'est pour cela que je vous prie de n'en parler à personne.

(Lettre à Eugène Fasquelle, 28 octobre 1912)

J'essayai de peindre l'homosexuel épris de virilité parce que, sans le savoir, il est une Femme. Je ne prétends nullement que ce soit le seul homosexuel. Mais c'en est un qui est très intéressant et qui, je crois, n'a jamais été décrit. Comme tous les homosexuels du reste, il est différent du reste des hommes, en certaines choses pire, en beaucoup d'autres infiniment meilleur. De même qu'on peut dire : « Il y a un certain rapport entre le tempérament arthritique ou nerveux de telle personne et ses dons de sensibilité, etc. », je suis convaincu que c'est à son homosexualité que Monsieur de Charlus doit de comprendre tant de choses qui sont fermées à son frère le duc de Guermantes, d'être tellement plus fin, plus sensible. Je l'ai marqué dès le début. Malheureusement l'effort d'objectivité que je fais là comme partout rendra ce livre particulièrement haïssable. Dans le troisième volume en effet, où Monsieur de Charlus (qui ne fait qu'apparaître en celui-ci) tient une place considérable, les ennemis de l'homosexualité seront révoltés des scènes que je peindrai. Et les autres ne seront pas contents non plus que leur idéal viril soit présenté comme une conséquence d'un tempérament féminin.

(Lettre à André Gide, 10-11 juin 1914)

Mais pourquoi ne voulez-vous pas connaître M. de Charlus ? Quand vous le connaîtrez mieux je crois que vous le trouverez agréable de conversation. J'avoue pourtant que son charlisme a des proportions ignobles. Mais le reste du temps, il est gentil et quelquefois éloquent.

(Lettre à Jacques Truelle, début juillet 1919)

À cette première période on avait donc fini par trouver M. de Charlus intelligent malgré son vice (ou ce que l'on nomme généralement ainsi). Maintenant, c'était, sans s'en rendre compte, à cause de ce vice qu'on le trouvait plus intelligent que les autres. Les maximes les plus simples que, adroitement provoqué par l'universitaire ou le sculpteur, M. de Charlus énonçait sur l'amour, la jalousie, la beauté, à cause de l'expérience singulière, secrète, raffinée et monstrueuse où il les avait puisées, prenaient pour les fidèles ce charme du dépaysagement qu'une psychologie, analogue à celle que nous a offerte de tout temps notre littérature dramatique, revêt dans une pièce russe ou japonaise, jouée par des artistes de là-bas.

(*Sodome et Gomorrhe,* 1921)

Si je ne commençais à me sentir un peu trop fatigué je vous dirais que moi aussi je suis écœuré d'avoir eu à pousser si avant des analyses de passions maladives. Dieu merci c'est à peu près fini. Je dis à peu près. Car dans la suite un peu plus respirable. Charlus reparaîtra encore – le moins souvent que je pourrais – et s'aggravant sans cesse. C'est un fou.

(Lettre à André Chaumeix, début juillet 1922)

Voir à « Atavis et Armis », « Homosexualité », « Salaïsme », « Tante »

CHATEAUBRIAND (FRANÇOIS-RENÉ DE)

J'aime lire Chateaubriand [*Mémoires d'outre-tombe*] parce qu'en faisant entendre toutes les deux ou trois pages (comme après un intervalle de silence dans les nuits d'été on entend les deux notes, toujours les mêmes, qui composent le chant de la chouette) ce qui est son cri à lui, aussi monotone mais aussi inimitable, on sent bien ce que c'est qu'un poète. Il nous dit que rien n'est sur la terre, bientôt il mourra, l'oubli l'emportera ; nous sentons qu'il dit vrai, car il est un homme parmi les hommes ; mais tout d'un coup parmi ces événements, ces idées, par le mystère de sa nature il a découvert cette poésie qu'il cherche uniquement, et voici que cette pensée qui devait nous attrister nous enchante et nous sentons non pas qu'il mourra, mais qu'il vit, qu'il est quelque chose de supérieur aux choses, aux événements, aux années, et nous sourions en pensant que ce quelque chose est le même que nous avons déjà aimé en lui […] On sent bien ce que c'est qu'un poète, quelque chose de très spécial, puisque ce qu'il dit est toujours pareil, et il n'emprunte aucune grandeur, aucune originalité à aucune des choses qu'il raconte, et qui ne le changent pas, mais à ce que, tout d'un coup, qu'il s'agisse du Grand Condé ou d'une petite fleur cueillie à Chantilly, on sent sous sa phrase une autre réalité, transparente sous la phrase, et dont la physionomie se marque, sous les différents membres de la phrase, à leurs traits qui se correspondent.

(« Sur Chateaubriand », sans date,
in Nouveaux Mélanges, 1954)

Voir à « Généalogie », « Grandeur littéraire », « Madeleine (filiation littéraire de la) »

Choisir

On a tort de parler en amour de mauvais choix, puisque dès qu'il y a choix il ne peut être que mauvais.

(Albertine disparue, parution posthume)

Chopin (Frédéric)

Chopin, ce grand artiste maladif, sensible, égoïste et dandy qui déploie pendant un instant doucement dans sa musique les aspects successifs et contrastés d'une disposition intime qui change sans cesse et n'est pendant plus d'un moment doucement progressive sans que vienne l'arrêter, se heurtant à elle et s'y juxtaposant, une toute différente, mais toujours avec un accent intime maladif, et replié sur moi-même dans ses frénésies d'action, avec toujours de la sensibilité et jamais de cœur, souvent de furieux élans, jamais la détente, la douceur, la fusion à quelque chose d'autre que soi, qu'a Schumann.

(« Sainte-Beuve et Balzac »,
in *Contre Sainte-Beuve,* 1908, publié en 1954)

CITATIONS

Je pense, en effet, qu'il existe pour toutes les belles phrases un droit imprescriptible qui les rend inaliénables à tout acquéreur, autre que celui qu'elles attendaient par une destination qui est de leur destinée.

(Lettre à Robert de Montesquiou, mi-avril 1896)

Voir « Schopenhauer (Arthur) »

CLAIR DE LUNE

Et je devrais citer surtout, puisqu'il est la véritable *heure d'art* de la nature, le clair de lune où pour les seuls initiés, malgré qu'il luise si doucement sur tous, la nature, sans un néologisme depuis tant de siècles fait de la lumière avec de l'obscurité et joue de la flûte avec le silence.

(« Contre l'obscurité », *La Revue blanche,* 15 juillet 1896)

Voir « Nature »

Classique

Ceux mêmes qui parurent à leurs contemporains les plus « romantiques » ne lisaient guère que les classiques. Dans la conversation de Victor Hugo, quand il parle de ses lectures, ce sont les noms de Molière, d'Horace, d'Ovide, de Regnard, qui reviennent le plus souvent. Alphonse Daudet, le moins livresque des écrivains, dont l'œuvre toute de modernité et de vie semble avoir rejeté tout héritage classique, lisait, citait, commentait sans cesse Pascal, Montaigne, Diderot, Tacite. On pourrait presque aller jusqu'à dire, renouvelant peut-être, par cette interprétation d'ailleurs toute partielle, la vieille distinction entre classiques et romantiques, que ce sont les publics (les publics intelligents, bien entendu) qui sont romantiques, tandis que les maîtres (même les maîtres dits romantiques, les maîtres préférés des publics romantiques) sont classiques. (Remarque qui pourrait s'étendre à tous les arts. Le public va entendre la musique de M. Vincent d'Indy, M. Vincent d'Indy relit celle de Monsigny. Le public va aux expositions de M. Vuillard et de M. Maurice Denis cependant que ceux-ci vont au Louvre.) Cela tient sans doute à ce que cette pensée contemporaine que les écrivains et les artistes originaux rendent accessible et désirable au public, fait dans une certaine mesure tellement partie d'eux-mêmes qu'une pensée différente les divertit mieux. Elle leur demande, pour qu'ils aillent à elle, plus d'effort, et leur donne aussi plus de plaisir ; on aime toujours un peu à sortir de soi, à voyager, quand on lit.

(« Sur la lecture », *La Renaissance latine*, 15 juin 1905,
réédité sous le titre « Journées de lecture »,
in *Pastiches et mélanges,* 1919)

C

Je crois que tout art véritable est classique, mais les lois de l'esprit permettent rarement qu'il soit, à son apparition, reconnu pour tel. Il en est à ce point de vue de l'art comme de la vie. Le langage de l'amant malheureux, du partisan politique, des parents raisonnables, semble, à ceux qui le tiennent, porter avec soi une irrésistible évidence. On ne voit pas pourtant qu'il persuade ceux auxquels il s'adresse : une vérité ne s'impose pas du dehors à des esprits qu'elle doit préalablement rendre semblables à celui où elle est née. Manet avait beau soutenir que son *Olympia* était classique et dire à ceux qui la regardaient : « Voilà justement ce que vous admirez chez les Maîtres », le public ne voyait là qu'une dérision. Mais aujourd'hui on goûte devant l'*Olympia* le même genre de plaisir que donnent les chefs-d'œuvre plus anciens qui l'entourent – et dans la lecture de Baudelaire le même que dans celle de Racine. Baudelaire ne sait pas, ou ne veut pas, finir une pièce, et d'autre part il n'y en a peut-être pas une seule de lui où se succèdent et se pressent, avec une telle richesse, toutes les vérités accumulées dans la seule déclaration de Phèdre. Mais le style des poèmes condamnés, qui est exactement celui des tragédies, le surpasse peut-être encore en noblesse. Ces grands novateurs sont les seuls vrais classiques et forment une suite presque continue. Les imitateurs des classiques, dans leurs plus beaux moments, ne nous procurent qu'un plaisir d'érudition et de goût qui n'a pas grande valeur. Que les novateurs dignes de devenir un jour classiques obéissent à une sévère discipline intérieure, et soient des constructeurs avant tout, on ne peut en douter. Mais justement parce que leur architecture est nouvelle, il arrive qu'on reste longtemps sans la discerner. Ces classiques non encore reconnus, et les anciens, pratiquent tellement le même art, que les premiers sont encore ceux qui ont fait la meilleure critique des seconds. Sans doute il ne faut pas qu'elle aille à l'encontre des tendances, de la ligne de croissance, d'un artiste. Il n'y a rien de si bête que de dire comme Théophile Gautier, lequel était du reste un poète de troisième ordre, que le plus beau vers de Racine est : *La fille de Minos et de Pasiphaë*. Mais il nous est permis de faire goûter dans les tragédies de Racine, dans ses *Cantiques,* dans les lettres de Mme de Sévigné, dans Boileau, des beautés qui s'y trouvent réellement et que le XVIIe siècle n'a guère aperçues. En résumé, les grands artistes qui furent appelés romantiques, réalistes, décadents, etc. tant qu'ils ne furent pas compris, voilà ceux que j'appellerais classiques, si M. Charles Maurras, dans les magnifiques études qu'il a signées Criton, ne nous avait averti des périls qu'il y a à multiplier ainsi des dénominations plus ou moins arbitraires.

(Réponse à une « Enquête sur le romantisme et le classicisme » publiée dans *La Renaissance politique, littéraire, artistique* du 8 janvier 1921)

Voir « Langue classique »

CLAUDEL (PAUL)

Voir à « Académie française », « Correcteur »

CLOCHERS DE MARTINVILLE (LES)

Voir « Sensation »

COCTEAU (JEAN)

Je lis, je relis *Le Coq et l'Arlequin* avec émerveillement. Il n'y a pas une pensée qui ne soit profonde, ni une expression d'un bonheur incroyable. On croit vous entendre quand on lit la Source désapprouve toujours l'itinéraire du fleuve. Les pensées sous le sous-titre de sens « ce qui est désagréable c'est leur bonne musique » est particulièrement étonnant. J'adhère entièrement à « peu importe leur orifice » car je pense que vous ne le retournez pas contre les œuvres longues. Que nous pensions de même tout le temps sur l'art de l'Epoque, si vous avez vraiment lu *Swann* et rien que ce que vous avez lu de *À l'ombre des jeunes filles en fleurs* le prouve. Mais cela (que vous avez trouvé de votre côté) vous l'exprimez mieux. J'envie vos formules saisissantes.

(Lettre à Jean Cocteau, vers le 19 juin 1919)

CŒUR

Mais il n'y a rien de plus éloigné du cœur, que ce sentiment égoïste, appelé amour, et qui même dans les tragédies de Racine conduit à l'assassinat ou au suicide pour peu que l'objet choisi ne paraisse pas éprouver le même sentiment. Cela ne signifie nullement que je trouve cet amour une chose inintéressante. Elle est importante pour le philosophe, pleine d'enseignements pour celui qui l'analyse, atroce, j'en sais quelque chose pour celui qui l'éprouve. Mais je n'ai jamais prétendu l'assimiler au bon cœur.

(Lettre à Lionel Hauser, 26 octobre 1918)

Voir « Amour »

Coïncidence

Cher Jean, je ne voudrais pas que vous croyiez que je vous ai volé une image. Deux ans avant d'avoir lu *Le Cap de Bonne Espérance*, j'ai écrit dans la préface pour Blanche que les Allemands ne pouvant posséder Reims, l'avaient vitriolée. Des épreuves qui doivent dater d'au moins un an et demi pourront faire foi (si vous aviez l'ombre d'un doute) que je ne connaissais pas un mot du *Cap* quand j'ai écrit cela.

(Lettre à Jean Cocteau, 11 février 1919)

Collection

Je ne suis pas des gens qui font imprimer les lettres qu'on leur a écrites (comme un Monsieur dont j'oublie le nom, qui au-dessous de l'annonce de son livre publie un certificat privé de Maeterlinck), mais s'il s'agissait de moi, la lettre sur « forez dans vos propres profondeurs », celle sur l'oubli sont des choses qu'on ne devrait pas garder pour soi, tant leur part de beauté générale pourrait profiter à l'enseignement de tous. Que dirait-on si un Monsieur gardait pour lui, comme autographes, la correspondance de Voltaire et celle d'Emerson ? La collection privée doit se faire musée, faute de quoi elle frustre la collectivité.

(Lettre à Walter Berry, 10 juillet 1919)

COLLECTIONNER

Je n'ai pas *l'ombre de notions*, ne voudrais pas trop en avoir parce que je crois que c'est mauvais pour un écrivain (que d'ailleurs je ne suis plus) mais j'aimerais tant bibeloter avec vous, et même sans vous, m'instruire, collectionner ! En ce moment je rêve de m'acheter un jour, si j'en découvrais un pour peu de chose, d'une part un primitif vénitien, d'autre part un primitif toscan, siennois ou romain. Je n'appelle pas primitifs les peintres pas le moins du monde primitifs auxquels les gens du monde donnent ce nom, Botticelli, Mantegna etc., que j'adore d'ailleurs. Plus modestement je pense à des peintres bien plus anciens, à Vivarini par exemple de qui posséder quelque chasse serait un motif à rêveries infinies ou à quelque peintre siennois ou romain, à un de ceux dont Ruskin attribue imperturbablement les œuvres à Taddeo Gaddi ou à Simone Memmi dans la chapelle des Espagnols, alors qu'on ne sait d'elles avec certitude qu'une chose c'est qu'elles ne sont ni de l'un ni de l'autre. Si j'étais riche, je ne chercherais pas à acheter des chefs-d'œuvre que je laisserais aux musées mais de ces tableaux qui gardent l'odeur d'une ville ou l'humidité d'une église et qui comme des bibelots contiennent autant de rêve par association d'idées qu'en eux-mêmes.

(Lettre à Mme Catusse, mi-décembre 1906)

COLLECTIONNEUR

Certes, il est plus raisonnable de sacrifier sa vie aux femmes qu'aux timbres-poste, aux vieilles tabatières, même aux tableaux et aux statues. Seulement l'exemple des autres collections devrait nous avertir de changer, de n'avoir pas une seule femme, mais beaucoup [...] Et je dois seulement ici regretter de n'être pas resté assez sage pour avoir eu simplement ma collection de femmes comme on a des lorgnettes anciennes, jamais assez nombreuses derrière une vitrine où toujours une place vide attend une lorgnette nouvelle et plus rare.

(*Le Côté de Guermantes,* 1920)

COLLÈGE DE FRANCE

[*L'État*] subventionne les cours du Collège de France, qui ne s'adressent cependant qu'à un petit nombre de personnes et qui, à côté de cette complète résurrection intégrale qu'est une grand-messe dans une cathédrale, paraissent bien froides.

(« La mort des cathédrales », *Le Figaro*, 16 août 1904, in *Pastiches et mélanges*, 1919)

COMME QUI DIRAIT

Je veux au moins me disculper d'un reproche qui m'est particulièrement sensible étant littéraire. Je veux parler de « comme qui dirait ». Anatole France près duquel je suis pour le moment m'assure et me permet de vous dire que cette locution est irréprochable et nullement vulgaire. Inutile de vous dire que je vous la sacrifie de grand cœur et que j'aimerais mieux me tromper avec vous que d'avoir raison même avec toute l'Académie.

(Lettre à Laure Hayman, vers le début janvier 1893)

COMPOSITION

Voir « Construction »

COMPTABILITÉ (SUBLIME DE LA)

Et je ne lui répondrai pas que « le cœur a des raisons que la raison ne connaît pas » et que la comptabilité connaît encore moins. Car il n'y a aucun mérite à céder aux impulsions d'une passion, il n'y en a aucun à se laisser aller à ce qui à ce moment-là compte seul pour vous tandis qu'il y en a immensément à faire machine en arrière contre son propre cœur. Quel que soit l'aspect que prenne alors le joug qu'on a le courage d'accepter, ce joug prend quelque chose de magnifique à cause de toutes les puissances d'expansion qu'il réfrène et qui ont la force douloureuse de se soumettre à lui.

Que ce joug s'appelle comptabilité, peu importe. Il y a alors un sublime de la comptabilité, une comptabilité cornélienne.

(Lettre à Lionel Hauser, fin octobre 1918)

CONFIDENCE

Je peux porter des jugements plus ou moins sévères sur des indifférents. Mais sur un ami (et depuis trois ans, il me semble que vous en êtes un pour moi), cela me serait impossible. Cher ami, je serais désespéré que pour me montrer que je vous ai persuadé, vous me confiiez quoi que ce soit. J'en serais au contraire malheureux. Et vous, si vous êtes heureux, ayez la force de garder votre bonheur pour vous seul. Il y a déperdition dans la simple confidence. En partageant son bonheur, on ne le multiplie pas, au contraire de ce que Hugo dit si bien pour l'amour maternel. En résumé, je vous supplie de ne rien me dire.

(Lettre à André Gide, 20 janvier 1918)

CONSTRUCTION

Votre intelligence va si profond au cœur des choses que vous ne lisez pas seulement le livre imprimé que j'ai publié, mais le livre inconnu que j'aurais voulu écrire. Et quand vous me parlez de cathédrales, je ne peux pas ne pas être ému d'une intuition qui vous permet de deviner ce que je n'ai jamais dit à personne et que j'écris ici pour la première fois : c'est que j'avais voulu donner à chaque partie de mon livre le titre : *Porche*, *Vitraux de l'abside*, etc. pour répondre d'avance à la critique stupide qu'on me fait du manque de construction dans des livres où je vous montrerai que le seul mérite est dans la solidité des moindres parties. J'ai renoncé tout de suite à ces titres d'architecture parce que je les trouvais trop prétentieux mais je suis touché que vous les retrouviez par une sorte de divination de l'intelligence.

(Lettre au comte Jean de Gaigneron, 1er août 1919)

Si je n'arrive pas à vous convaincre que mon roman (je ne parle pas des *Jeunes filles en fleurs*, mais de l'ensemble) n'a d'autre mérite que la composition, si je ne me disculpe pas d'attirer perfidement mes lecteurs dans les ombres de l'inconscient (alors que tout au contraire mon effort – un de mes efforts, car il s'agit d'un ouvrage complexe – est d'amener ce ténébreux inconscient à la pleine lumière de l'intelligence), du moins je vengerai mon pauvre valet de chambre, mort à la guerre, du propos stupide que vous a rapporté (en l'inventant) quelque « homme d'esprit ».

(Lettre à Jean de Pierrefeu, 4 janvier 1920)

[*Julien Benda*] a parlé de moi dans *Le Figaro* comme d'un ultra-romantique et autant que je me souvienne c'était pour me le reprocher. Mais il me mettait en fort « noble compagnie » comme on chante dans le *Pré-aux-Clercs*. De plus son erreur – très courtoisement exprimée – venait de ce qu'il s'imagine que j'écris sans plan, va-comme-je-te-pousse, alors que je n'ai qu'un souci qui est la composition. Mais comme j'ai eu le malheur de commencer mon livre par « Je » et que je ne pouvais plus changer, je suis « subjectif » *in aeternum*.

J'aurais commencé à la place : « Roger Beauclerc occupant un pavillon, etc. », j'étais classé « objectif ».

(Lettre à Jacques Boulenger, 29 novembre 1921)

On méconnaît trop en effet que mes livres sont une construction, mais à ouverture de compas assez étendue pour que la composition, rigoureuse et à qui j'ai tout sacrifié, soit assez longue à discerner. On ne pourra le nier quand la dernière page du *Temps retrouvé* (écrite avant le reste du livre) se refermera exactement sur la première de *Swann*.

(Lettre à Benjamin Crémieux,
vers le 18 janvier 1922)

Voir « Anecdote »

CONVERSATION

La conversation d'une femme qu'on aime ressemble à un sol qui recouvre une eau souterraine et dangereuse : on sent à tout moment derrière les mots la présence, le froid pénétrant d'une nappe invisible ; on aperçoit çà et là son suintement perfide, mais elle-même resté cachée.

(*Sodome et Gomorrhe*, 1921)

Voir « Sainte-Beuve (méthode de) »

C

COQUILLE

Je veux simplement finir par votre présent de l'indicatif
« regarde », dans *Herodias*. Il n'y a pas de doutes, c'est une
faute d'impression. Quelquefois dans les plus merveilleux
articles de Léon Daudet (comme il n'est pas toujours très
lisible) il y a de ces fautes-là ; je les ramasse précieusement
sur la page ardente du grand prosateur, en me disant : « C'est
une coquille. » Et je ne crois pas pour cela qu'il fasse des
fautes de français ! Hélas des coquilles, moins précieuses !
– combien y en aura-t-il dans une lettre écrite en un quart
d'heure de vague et de flux et que la maladie m'empêche
d'achever. Vous pourrez me condamner avec Flaubert. Je
ne sais pas de plus « noble compagnie ».

(Lettre à Léon Daudet, vers le 7 mars 1920)

Voir « Correcteur »

CORBEAU (LE)

Voir « Poe (Edgar) »

CORRECTEUR

Admettons un instant que toutes les fautes soient de moi,
il y a des correcteurs pour quelque chose.

(Lettre à Gaston Gallimard, vers le 22 mai 1919)

Vous voyez un homme au désespoir. Hier, en rentrant, je me suis mis à lire *Le Côté de Guermantes* ; sauf dans certaines parties, les fautes sont tellement nombreuses et en rendent les phrases si inintelligibles, que devant mon déshonneur j'ai compris Vatel se perçant de son épée [...] Puisque vous jugez les corrections impossibles, l'erratum, s'il ne servira guère à faciliter la lecture, palliera au moins le déshonneur. Je crois que mon tort a été de demander moins d'épreuves que celles auxquelles j'avais droit et de vous dire « Lançons-nous comme cela ! » [...] Monsieur (le charmant dada qui a revu les épreuves et dont le nom m'échappe par une amnésie d'un instant) Breton a cru lire, Jacques Rivière a cru lire. Ils ne se sont pas aperçus que chaque fois que je parle des romans de Bergotte, on a imprimé les romans de Bergson. Erreur sans gravité quoique inexplicable, car les deux *t* de Bergotte devraient prémunir contre toute confusion avec Bergson (mais les protes veulent interpréter, montrer qu'ils sont au courant, que le pragmatisme ne leur est pas inconnu). Mais si ces Bergson pour Bergotte ne sont pas graves, beaucoup d'autres fautes ôtent tout sens à une phrase. Hé bien ces lecteurs avertis ne s'en sont pas aperçus. Comptons sur l'aveuglement des autres. Mais je suis navré. Jamais je n'ai attendu un livre avec autant d'impatience et ne l'ai lu avec tant de désolation.

(Lettre à Gaston Gallimard, 2 septembre 1920)

On me dit que les manuscrits de Claudel sont encore plus difficiles à lire que les miens. Pourtant il n'y a jamais de fautes.

(Lettre à Gaston Gallimard, 2 septembre 1920)

C

CORRECTIONS

Il y a beaucoup de corrections et pas un changement. Je veux dire qu'à cause de sonorités peu euphoniques, j'ai perpétuellement remplacé le mot être, par exister, ou des choses de ce genre mais que je n'ai pas fait de modification. Sauf deux : à l'endroit où je disais que vous donnez sur l'atelier de Fantin-Latour des détails inoubliables et sans prix, j'ai ôté inoubliables parce que je l'avais déjà mis un peu plus haut je ne sais plus à propos de quoi mais en tout cas à propos de vous, et j'ai seulement mis « des détails sans prix ». Mais si vous trouvez que la répétition n'est pas choquante et qu'inoubliables est explicite, vous n'avez qu'à rétablir sans me renvoyer les épreuves pour cela. N'ayant pas de manuscrit j'ai corrigé au petit bonheur. Quand la phrase n'avait aucun sens (par exemple « bien *bleu* campagne ») j'ai mis ce qui me paraît probable « bien *peu* campagne ». Le second changement est que comme j'ai à plusieurs reprises allégué mon manque de compétence, mon absence de tout talent etc., quand à la fin j'ai trouvé « ces extraits maladroitement cités » il m'a semblé que l'humilité, aussi prolongée (et là pour une chose dont le contraire n'implique aucune qualité remarquable) agacerait un peu et j'ai supprimé maladroitement. Vous n'avez qu'à le rétablir si vous le jugez bon.

(Lettre à Jacques-Émile Blanche, 22 janvier 1919)

Vous me dites : « Je ne vous cacherai pas que le Service des corrections de la *NRF*, etc. » Mais misérable vous m'aviez caché qu'un tel service existait ! Son existence m'est révélée au moment où je ne peux m'en servir. Admirable organisme resté païen, il ne connaît pas le nom de Jésus-Christ qu'il s'obstine à écrire Désus, etc. Mais la force de l'étouffement m'empêche de continuer ce que j'aurais à vous dire sur ce Département, sur ses « services compétents ».

(Lettre à Jacques Rivière, 6 janvier 1921)

Dans les pages que vous venez de m'envoyer et que je vous retourne il y a dans le brouillon imprimé : *Entreteneur* et dans le second placard celui que vous me donnez à corriger il y a au lieu d'entreteneur (qui je reconnais n'est pas très joli) *entrepreneur* ce qui cette fois ne veut rien dire du tout.

(Lettre à Jacques Rivière, 15 janvier 1921)

CORRESPONDANCE

Une lettre étant comme une visite, une lettre obscure est comme une visite longue. Les vôtres disent : je ne viens pas pour un instant, je viens passer la journée. Je l'ai passée à la lire et je m'attache à elle à cause de la peine qu'elle m'a donnée.

(Lettre à Constantin de Brancovan, 19 août 1899)

Je n'ai pas encore pu très bien déchiffrer ce que vous dites de l'Affaire. Mais je reprendrai cet examen cryptographique comme dirait M. Cavaignac. Car une lettre est un compagnon d'un jour qu'on ne revoit plus mais un hiéroglyphe est un ami auquel on revient et qu'on garde précieusement.

Ce qui est un peu fort c'est que je dise cela moi qui suis généralement bien plus illisible que vous et que personne ne peut lire. Aujourd'hui je m'efforce de former mes lettres pour donner plus d'autorité à mes reproches affectueux.

(Lettre à Constantin de Brancovan, 19 août 1899)

J'étais agacé du ton littéraire de la dépêche que de Flers m'a fait envoyer à Bailby. Comme j'ai écrit à de Flers il en est des mots comme des objets. Il y en a de précieux qui sont fragiles et à qui il semble que la « grande vitesse » ne convient pas. Ceux-là sont pour les lettres et non pour les dépêches.

(Lettre à sa mère, 16 septembre 1899)

Généralement les grands écrivains qui ne savent pas écrire (comme les grands peintres qui ne savent pas dessiner) n'ont fait en réalité que renoncer leur « virtuosité », leur « facilité » innées, afin de créer, pour une vision nouvelle, des expressions qui tâchent un peu de s'adapter à elle. Or dans la correspondance où l'obéissance absolue à l'idéal intérieur, obscur, ne les soumet plus, ils redeviennent ce que, moins grands, ils n'auraient cessé d'être [...] En effet, c'est un jeu d'enfant de montrer de l'éloquence, du brillant, de l'esprit, de la décision dans le trait, pour qui d'habitude manque de tout cela seulement parce qu'il doit se modeler sur une réalité tyrannique à laquelle il ne lui est pas permis de changer quoi que ce soit [...] Mais tout cela qui n'est pas dans son œuvre, déborde dans sa conversation, dans ses lettres. Celles de Flaubert n'en font rien paraître.

(« À propos du "style" de Flaubert »,
La Nouvelle Revue Française, janvier 1920)

Princesse, c'est à cause de l'extrême fatigue d'aujourd'hui que je m'arrête. Car quoique n'ayant pas encore répondu à une seule lettre urgente depuis des mois, je ne peux pas finir celle-ci, elle continuerait toujours ; en effet je ne l'écris pas, je la *pleure*. Lisez-la larme à larme, s'il vous plaît d'avoir été aimée. Adieu Princesse.

(Lettre à la princesse Soutzo, 17-18 février 1920)

J'ai écrit l'autre jour une lettre infinie à la Princesse (lettre où il était question de vous) et la lettre la plus gentille peut-être, je ne dis pas qu'elle ait jamais reçue, mais que j'aie jamais écrite. Cela ne l'a pas touchée car elle ne m'a pas répondu.

(Lettre à Paul Morand, vers le 22 février 1920)

La poste est merveilleuse. Quelqu'un m'a écrit trois fois à mon adresse et la lettre n'est pas arrivée. La quatrième fois il m'a écrit rue Villebois-Mareuil, où je n'ai jamais habité, qui n'existe même peut-être pas, et alors j'ai reçu la lettre. Hélas les imprimeurs font de même, il faut la difficulté à vaincre pour les émoustiller un peu. Mais si je leur envoie un livre dactylographié ils s'amusent à changer tous les mots.

(Lettre à Colette de Jouvenel, début octobre 1920)

En vous envoyant votre lettre, permettez-moi d'exprimer le désir que vous détruisiez la mienne. Moins à cause de Ruy Blas (on me dit que Mme de La Béraudière s'attribue la paternité de ce mot qui est de Montesquiou), moins à cause des nombreux ducs visés, que pour cette autre raison que je tiens absolument (j'en dirai publiquement le motif en tête de *Swann*) à ce qu'il ne soit conservé, et *a fortiori* publié aucune correspondance de moi. – Ne croyez pas surtout que je désire tenir cachées les louanges que je vous donne. Si cette abolition de correspondance n'était totale, il n'y a pas d'exception que je ne ferais plus volontiers que celle-là.

(Lettre à la duchesse de Clermont-Tonnerre,
début janvier 1921)

COURRIER

Je m'aperçois que les dates de mes lettres sont quelquefois celles de leur confection, mais non de leur départ. Monsieur Delessert administrateur du Nord disait : « Nos trains arrivent rarement mais partent toujours à l'heure fixée sur l'horaire. » Je ne peux même pas en dire autant de mes lettres puisque je retrouve sur ma table celle qui t'était destinée.

(Lettre à Lionel Hauser, vers le 15 mai 1916)

CRIME

On pardonne les crimes individuels, mais non la participation à un crime collectif. Dès qu'elle le sut antidreyfusard, elle mit entre elle et lui des continents et des siècles. Ce qui explique qu'à une pareille distance dans le temps et dans l'espace, son salut ait paru imperceptible à mon père et qu'elle n'eût pas songé à une poignée de main et à des paroles lesquelles n'eussent pu franchir les mondes qui les séparaient.

(*Le Côté de Guermantes,* 1920)

CRITIQUE DE COMPLAISANCE

Quand j'ai fait *La Bible d'Amiens*, j'ai cru que mes amis littéraires allaient se décarcasser. La préface était dédiée à Léon Daudet, qui écrit dans *Le Gaulois, L'Écho* etc., je lui ai fait insinuer qu'un article me serait agréable. *Jamais un mot, pas une allusion*, pas le nom cité dans des articles où il cite tout le monde. Ne le dis pas, mais je ne l'ai pas encore digéré. Je me suis tourné du côté d'Hermant et je lui ai fait dire que cela me ferait plaisir. À chaque article de lui, je voyais le sujet appeler ce mot : *La Bible d'Amiens*. Pas un mot ! Plus fort, il a longuement parlé de Ruskin dans un article du *Gil Blas*, et n'a pas soufflé mot, ni de Marcel Proust, ni de *La Bible d'Amiens*. Qu'en dis-tu ? Ce n'est pas que je n'aie pas eu d'excellents articles. Mais tous de gens que je ne connaissais pas, qui me tombaient du ciel, imprévus, contre toute attente.

(Lettre à Maurice Duplay, fin mai 1905)

Voir « *NRF* »

CRITIQUE LITTÉRAIRE

Les vers d'un critique, c'est le poids à la balance de l'éternité de toute son œuvre.

(*Contre Sainte-Beuve*, 1908, publié en 1954)

Je n'appelle pas ennui le blâme des gens que nous méprisons et qui ne me ferait pas lever de mon lit, comme l'article de je ne sais quel critique médiocre fit, m'a-t-on dit, coucher Suarès dans le sien (c'est bien la peine d'avoir tant d'orgueil ! qui devrait préserver de ces souffrances-là, les seules que, malgré ma modestie, je ne connaisse pas).

(Lettre à André Gide, 28 septembre 1916)

Puisque dans ta modestie exagérée tu supposes qu'on signalera ton livre pour me faire plaisir (ce qui est une supposition absolument erronée), ce serait une singulière façon de faire plaisir au recommandataire que de taper à tour de bras sur le recommandé. D'autre part si vraiment ces journalistes sont matérialistes, je ne puis pas faire que la Critique littéraire leur soit retirée et attribuée à un théosophe. J'ai souhaité toute ma vie d'avoir une « critique littéraire » dans un « grand quotidien » et je n'ai jamais pu y arriver, c'est te dire que je ne puis y installer même d'une façon intérimaire un théosophe.

(Lettre à Lionel Hauser, 3 mai 1918)

Le défaut de Jacques Blanche critique, comme de Sainte-Beuve, c'est de refaire l'inverse du trajet qu'accomplit l'artiste pour se réaliser, c'est d'expliquer le Fantin ou le Manet véritable, celui que l'on ne trouve que dans leur œuvre, à l'aide de l'homme périssable, pareil à ses contemporains, pétri de défauts, auquel une âme originale était enchaînée, et contre lequel elle protestait, dont elle essayait de se séparer, de se délivrer par le travail. C'est notre stupéfaction quand nous rencontrons dans le monde un grand homme que nous ne connaissons que par ses œuvres, d'avoir à superposer, à faire coïncider ceci et cela, à faire entrer l'œuvre immense (pour laquelle au besoin, quand nous pensions à son auteur, nous avions construit un corps imaginaire et approprié) dans la donnée irréductible d'un corps vivant tout différent.

(Préface à *Propos de peintre. De David à Degas* de Jacques-Émile Blanche, 1919)

De l'article lui-même, je suis touché. Vous êtes trop indulgent pour mes portraits. Pourtant, d'autres critiques, surtout étrangers, aimaient davantage mon livre. Le prix Goncourt devrait avoir pour utilité de le faire lire. Un article, et émanant d'une personnalité si considérable où on montre d'abord combien il est rebutant à lire par l'aspect matériel, par la longueur des phrases (je reviens toujours à « phrases à la Patin »), neutralise en quelque sorte l'effet du prix et décourage le lecteur. Mais vous avez mille fois raison de dire ce que vous pensez, et puis le rôle du critique n'est pas tout à fait le même que celui d'un écrivain qui décerne un prix. Il n'a pas qu'à signaler, il a à juger.

(Lettre à Paul Souday, 1er janvier 1920)

C

Vous me ferez un grand plaisir en ne parlant jamais de moi dans l'AF [*L'Action française*] ni ailleurs, pour que l'épanchement de mon souvenir reste pur de tout intérêt.

(Lettre à Charles Maurras, début mai 1921)

Je suis stupéfait de si peu scandaliser ! *Le Gaulois* où je ne connais personne a déjà fait cinq articles sur mon dernier livre, *L'Écho de Paris* demande que j'aie le prix Nobel, la *Revue de Paris*, la *Revue de France* me louent comme si j'avais l'innocence de Madame de Ségur, Léon Daudet qui trouve Hervieu putride et Bataille fétide, célèbre en moi un génie hélas inexistant.

(Lettre à Robert de Flers, 16 juillet 1922)

Je suis stupéfait de voir que les gens avalent *Sodome et Gomorrhe* comme une bondieuserie.

(Lettre à Jean Schlumberger, 16 juillet 1922)

CULTURE

La culture est comme les bonnes manières des esprits. Il y a, entre les esprits cultivés, la franc-maçonnerie du monde élégant. On fait allusion vague à un écrivain et chacun sait de qui il s'agit, il n'y a pas besoin de mettre les gens au courant. On est du même monde. Aussi tout cela a sa faiblesse, rapporte trop à soi, donne trop de réalité au moi phénoménal, et une importance en soi, une importance en tout cas de reliques, à des connaissances qui n'ont jamais été que des instruments sans valeur par eux-mêmes pour atteindre la vérité.

(« Joubert », sans date, in *Nouveaux Mélanges,* 1954)

Certes il est légitime que l'homme qui rédige des rapports, aligne des chiffres, répond à des lettres d'affaires, suit les cours de la Bourse, éprouve, quand il vous dit en ricanant : « C'est bon pour vous qui n'avez rien à faire », un agréable sentiment de sa supériorité. Mais celle-ci s'affirmerait tout aussi dédaigneuse, davantage même (car dîner en ville, l'homme occupé le fait aussi), si votre divertissement était d'écrire Hamlet ou seulement de le lire. En quoi les hommes occupés manquent de réflexion. Car la culture désintéressée, qui leur paraît comique passe-temps d'oisifs quand ils la surprennent au moment qu'on la pratique, ils devraient songer que c'est la même qui, dans leur propre métier, met hors de pair des hommes qui ne sont peut-être pas meilleurs magistrats ou administrateurs qu'eux, mais devant l'avancement rapide desquels ils s'inclinent en disant : « Il paraît que c'est un grand lettré, un individu tout à fait distingué. »

(*Sodome et Gomorrhe,* 1921)

D

Dante
Daudet (Alphonse)
Daudet (Léon)
Daudet (Lucien)
Daudet (Mme Alphonse)
Décadent
Décence
Décoration
Dédicaces
Dédoublement
Défauts
Délicatesse
« Délicats » (les)
Dépression spirituelle
Désir
Détail
Détresse
Deuil

Devise
Dickens (Charles)
Dictionnaire Balzac
Dictionnaire Proust
Dieu
Diffusion
Dilettantisme littéraire
Discipline
Distinction
Dix-septième siècle
Dorgelès (Roland)
Dostoïevski (Fédor)
Douleur
Dreyfus (affaire)
Dreyfus (Robert)
Droits d'auteur
Du côté de chez Swann
Duel

DANTE

Voir « Dépression spirituelle »

DAUDET (ALPHONSE)

Ton sublime père qui, au milieu des plus grandes créations, n'avait pas plus l'air dérangé (quand on entrait dans son cabinet de travail lui demander si tu allais revenir de chez Julian) que s'il avait été seulement en train de tailler un crayon, avait sur le destin de chacun des intuitions prodigieuses. Avec une sagesse divinatoire, il m'a dit : « Vous, mon petit, l'écueil ce sera la santé. »

(Lettre à Lucien Daudet, août 1916)

Voir « Race »

DAUDET (LÉON)

Je t'envoie (pas pour la reproduire !) une *Action française* d'il y a quelques semaines, afin de te montrer qu'un adversaire politique qu'on voit tous les vingt ans prend plus de cœur à me venger et en pleine période électorale, d'attaques idiotes, qu'un ami tendrement aimé comme toi. Cet article de Léon Daudet est à la place où il y a généralement : « Mort aux Juifs. »

(Lettre à Robert de Flers, début février 1920)

Léon Daudet, qui ne cesse pas de me célébrer dans un journal qui n'est pas de mon goût, n'a jamais l'air dans ses articles de me connaître. Au reste, c'est un peu vrai, je l'ai vu trois fois en vingt ans tant ma santé me met dans un isolement à peine croyable.

(Lettre à Camille Vettard, 21 février 1922)

Voir à « Action française (l') », « *Action française (L')* », « Critique de complaisance », « Dédicaces », « Prix Goncourt », « Race », « Reconnaissance »

DAUDET (LUCIEN)

Voir « Dédicaces »

Daudet (Mme Alphonse)

Madame Daudet charmante mais combien bourgeoise. Un malheureux jeune homme arrive, ne connaissant que son fils qui n'était pas là. Elle a tout fait, malgré elle sans doute pour le glacer, au bout de cinq minutes il était « l'intrus » et de temps en temps elle disait : « Je ne connais pas Monsieur, je le vois pour la première fois. » À moi déjà la première fois qu'allant la voir je la remerciais de m'y avoir autorisé elle me répondait : « M. Hahn me l'avait demandé » mot énorme ! L'aristocratie qui a bien ses défauts aussi reprend ici sa vraie supériorité, où la science de la politesse et l'aisance dans l'amabilité peuvent jouer cinq minutes le charme le plus exquis, feindre une heure la sympathie, la fraternité. Et les Juifs aussi (détestés là au nom de quel principe, puisque Celui qu'ils ont crucifié y est également banni, et du mariage du fils etc.) ont aussi cela, par un autre bout, une sorte de charité de l'amour-propre, de cordialité sans fierté qui a son grand prix. Que Madame de Brantes ou Madame Lyon que j'unis ici bien sincèrement font paraître pitoyable l'attitude de Madame Daudet vis-à-vis du pauvre M. Philipe. Au point de vue de l'art d'être si peu maître de soi, savoir si peu jouer est affreux, accru par la vue de cette taille courte. Grâces détestables de Don Juan avec M. Dimanche, grâces niaises de M. de Florian, ou grâces antipathiques du duc de Gramont, on vous regrette presque. Mais toute l'intelligence et la sensibilité (un peu trop agaçante et à faux parfois) sont ici en plus et bien intéressantes. En somme personne charmante.

(Lettre à Reynaldo Hahn, 15 novembre 1895)

DÉCADENT

La génération proprement décadente eut pour décret constitutif ces lignes de Théophile Gautier dans la préface des *Fleurs du mal,* qui non seulement fit prendre conscience aux jeunes gens de leurs pires faiblesses intellectuelles, mais leur persuada qu'elles étaient une supériorité bien digne d'être conservée et accrue [...] Le décadent est généralement ignorant, au moins de ce qui n'est pas les littératures de décadence. Il n'est jamais réfléchi, et son œuvre, s'il n'est pas encore arrivé à la stérilité littéraire, reflète avec les nuances morbides de ses sensations le néant de sa pensée.

(« Robert de Montesquiou. Le souverain des choses transitoires » vers 1894, in *Nouveaux Mélanges,* 1954)

DÉCENCE

Comme je n'y vois plus clair je ne lis jamais les journaux. Par quel hasard suis-je tombé sur cette phrase sans intérêt. « Mme Georges Stoïcesco a donné un thé en l'honneur du Roi d'Espagne un goûter en l'honneur du Shah de Perse. » La différence entre le thé et le goûter m'échappe. Tout de suite après il y avait : « On meurt de faim sur les routes en Autriche », ce qui rendait la note précédente assez pénible. Je n'ai aucun mauvais sentiment pour la dame qui fait une nuance entre un thé et un goûter et que je ne connais pas, d'autant plus que sa mère (jeune fille alors*) a été la

---

* Jeanne Pouquet.

deuxième grande passion de mon adolescence (la première a été Mlle Benardaky). Mais je trouve, au temps où il y a des gens qui meurent de faim qu'on ferait mieux, non pas de mourir de faim soi-même, mais de ne pas « manger dans le journal ».

(Lettre au duc de Guiche, début septembre 1922)

Décoration

Voir « *Sodome et Gomorrhe* »

Dédicaces

à la plus belle vie, à la créatrice qui a accompli dans l'art dramatique une révolution parallèle à celle qui a ramené le roman et la peinture dans le plan de la Vérité – eux Deux Masques – à celle qui nous a inoculé, avec *Germinie* une fièvre récurrente dont les accès nous reprennent souvent, par intermittence, et pour finir par la plus belle de ses créations, à la mère de Jacques, respectueux hommage d'un locataire insupportable.

(Envoi autographe d'un exemplaire
d'*À l'ombre des jeunes filles en fleurs,*
vers le 21 juin 1919)

à Jacques Porel qui ne veut devoir qu'à lui-même « la fierté qu'il inspire. Et en effet, quelque souvenir, stupide-ment mélancolique, qui puisse être associé pour lui à ce vers, il a su se forger *Une plume de fer qui n'est pas sans beauté.*

(Envoi autographe d'un exemplaire
de *Du côté de chez Swann,* vers le 21 juin 1919)

À Léon Daudet, qui n'aime pas mes livres ce qui ne m'empêche pas d'*idolâtrer* les siens et lui-même, Son ami reconnaissant.

(Envoi autographe d'un exemplaire
d'*À l'ombre des jeunes filles en fleurs,*
vers le 21 juin 1919)

à Lucien Daudet, qui montre dans ces pastiches un trop fuyant et rapide profil et à qui j'espère mieux exprimer un jour ma tendresse et mon admiration, Son ami reconnaissant

(Envoi autographe d'un exemplaire
de *Pastiches et mélanges,* vers le 21 juin 1919)

À Madame la marquise de Ludre, qui a su si bienveillamment poser sur Swann l'ébouriffement d'un regard ravissant, attentif et lucide, et faire miroiter sur ce livre mieux que les lumières du face-à-main, les facettes d'une claire intelligence. À Madame de Ludre que j'aimerais tant revoir et avec qui je préférerais beaucoup une causerie de vive voix au coin du feu, à cette promenade « en esprit et en vérité », à l'ombre des jeunes filles en fleurs.

(Envoi autographe d'un exemplaire
d'*À l'ombre des jeunes filles en fleurs,* vers le 21 juin 1919)

À l'un des seuls êtres dans la composition desquels n'entrent que des éléments entièrement purs, décantés d'envie, d'ambition, de méchanceté, à tout le reste (car ceci n'est que négatif et il y a des qualités positives).

(Envoi autographe à Louis Gautier-Vignal
d'un exemplaire de *Du côté de chez Swann*,
vers le 21 juin 1919)

À Robert Dreyfus, En souvenir des jeunes filles des Champs-Élysées et des bals, où nous aimions chacun une jeune fille différente mais dont pour toutes deux le nom finissait en I, Ce *Swann* encore bien complet et dont la courbe n'est peut-être même pas encore perceptible, En attendant que les volumes suivants pas imprimés mais écrits, la décrivent entièrement.

(Envoi autographe à Robert Dreyfus d'un exemplaire
d'*À l'ombre des jeunes filles en fleurs*,
vers le 30 juin 1919)

À Monsieur Walter Berry, qui est peut-être le seul beau produit de la Guerre, Son ami reconnaissant qui l'admire,

(Envoi autographe d'un exemplaire
de *Pastiches et mélanges*, début juillet 1919)

À Valery Larbaud, Un admirateur d'*Enfantines*, qui, après un an, est encore un peu malade du *Couperet*,

(Envoi autographe d'un exemplaire
de *Pastiches et mélanges*, vers le 11 juillet 1919)

À Sa Majesté la Reine des Canaques (à qui les Français, ne sachant retenir son nom, ont donné celui, bien joli et justement glorieux, de Gérard d'Houville) j'envoie avec mes remerciements émus pour sa bonté, une première édition enfin trouvée. J'espère en avoir bientôt une aussi de *Pastiches*. En rappelant à sa majesté Canaque que je ne suis pas un admirateur moins fervent de l'Inconstante ou du Temps d'aimer, que de *Monsieur d'Amercœur* ou du *Bon Plaisir*, je mets aux pieds de la Reine, les hommages d'un Canaque fidèle.

(Envoi autographe d'un exemplaire
d'*À l'ombre des jeunes filles en fleurs*, vers août 1919)

à Léon Daudet, au grand écrivain, chaque jour plus grand, dont je crois pénétrer jusqu'au fond les miracles de pensée et de style, à l'ami incomparable qui sait déjà, qui saura mieux, que je n'oublierai jamais sa bonté pour moi, ma reconnaissance, mon admiration profondes,

(Envoi autographe d'un volume
de *Sodome et Gomorrhe II*, fin avril 1922)

À Madame la Comtesse de Noailles, incarnation miraculeuse, dans un corps féminin, du génie des Hugo, des Vigny, des Lamartine – Respectueux hommage de celui qui put s'appeler son ami, dans des jours bénis, moins difficiles et toujours favorisés.

(Envoi autographe d'un volume
de *Sodome et Gomorrhe II*, fin avril 1922)

À Fernand Vandérem, Hommage admiratif et recon-naissant d'un grand ami qui a été mourant depuis qu'il l'a vu. Mais il me semble que je vais mieux, je vais peut-être renaître, de sorte que cette dédicace est presque une lettre de menaces !

(Envoi autographe d'un volume
de *Sodome et Gomorrhe II*, fin avril 1922)

à Monsieur Ajalbert, au poète, au romancier, à l'Ephraïm Mikhael du sentiment, au Gauguin de la prose, Son admi-rateur

(Envoi autographe d'un volume
de *Sodome et Gomorrhe II*, fin avril 1922)

Cher François [*Mauriac*], Que d'admiration, de reconnais-sance aussi (surtout d'admiration) j'ai à vous écrire. Mais j'ai été *mort*. Et je remonte *de profundis* et encore tout emmail-loté comme Lazare. J'espère bientôt vous voir. Je n'ai pu répondre à aucun des livres de Jammes et pourtant vous savez ce qu'il est pour moi. Je vais tâcher de lui envoyer ce livre. Mais la vie ne revient qu'au compte-gouttes. Votre ami

(Envoi autographe d'un volume
de *Sodome et Gomorrhe II*, fin avril 1922)

À Monsieur Henri Bergson, Au premier grand métaphysicien depuis Leibnitz (et plus grand). Son système créateur évoluera peut'être mais gardera toujours le nom de Bergson. Un admirateur affectueusement attaché qui s'excuse qu'à propos de lui on prononce sans rime ni raison les mots de « romans bergsoniens » etc. Mais l'effigie incontestée et souveraine marque toute monnaie du jour. Mettez, je vous prie aux pieds de Madame Bergson les respectueuses amitiés de son cousin.

(Envoi autographe d'un volume
de *Sodome et Gomorrhe II*, fin avril 1922)

DÉDOUBLEMENT

Quand j'ai commencé, à peu près à quatorze ou quinze ans, à me replier sur moi-même et à étudier ma vie intérieure cela n'a pas été une souffrance, au contraire. Plus tard, vers seize ans, cela est devenu intolérable, surtout physiquement, j'en ressentais une fatigue extrême, une sorte d'obsession. Maintenant, cela n'a plus du tout ce caractère. Ma santé, autrefois très faible, étant devenue presque bonne, j'ai pu réagir contre l'épuisement et le désespoir que cause ce dédoublement constant. Mais ma souffrance pour avoir changé presque entièrement de caractère n'en est pas moins vive. Elle s'est intellectualisée. Je ne peux plus trouver de plaisir complet à ce qui autrefois était ma joie suprême, les œuvres littéraires. Quand je lis par exemple un poème de Leconte de Lisle, tandis que j'y goûte les voluptés infinies d'autrefois, l'autre *moi* me considère, s'amuse à considérer les causes de mon plaisir, les voit dans un certain rapport entre moi et l'œuvre, par là détruit la certitude la beauté *propre* de l'œuvre, surtout imagine des conditions de beauté opposées, tue enfin presque tout mon plaisir. Littérairement je ne peux plus rien juger depuis plus d'un an, je suis dévoré du besoin d'avoir des règles fixes d'après lesquelles je puisse juger avec certitude les œuvres d'art. Mais alors, pour me guérir, je ne puis qu'anéantir ma vie intérieure, ou plutôt ce regard sans cesse ouvert sur ma vie intérieure, et ceci me paraît effroyable. C'est certainement « un cas » qui doit se présenter fréquemment chez les jeunes gens de mon âge, et que des souffrances physiques ont habitué autrefois à vivre beaucoup avec eux-mêmes.

(Lettre à Alphonse Darlu, son professeur
de philosophie, 2 octobre 1888)

Défauts

Malgré cela, rencontrer chez un grand homme un de nos défauts nous incline toujours à nous demander si ce n'était pas au fond une qualité méconnue, et nous n'apprenons pas sans plaisir qu'Hugo savait Quinte-Curce, Tacite et Justin par cœur, qu'il était en mesure, si on contestait devant lui la légitimité d'un terme, d'en établir la filiation, jusqu'à l'origine, par des citations qui prouvaient une véritable érudition.

(« Sur la lecture », *La Renaissance latine*, 15 juin 1905,
réédité sous le titre « Journées de lecture »,
in *Pastiches et mélanges*, 1919)

DÉLICATESSE

Je vous ai dit qu'un devoir de délicatesse m'attachait à mon éditeur [*Bernard Grasset*]. Cependant je crois avoir assez à me plaindre de lui pour que ce devoir ne soit pas ce qu'il serait envers quelqu'un comme vous. Malgré cela je ne voudrais pas le quitter sans son consentement. Mais ce consentement de le quitter (que je ne voudrais même pas lui demander s'il était vous) que, même étant lui, je ne voulais pas lui demander, je le lui demanderai maintenant sans hésiter, si vraiment cela peut vous ennuyer que mon livre ne paraisse pas chez vous. L'idée que vous pourriez supposer que je vous garde l'ombre d'une rancune (!) de l'avoir repoussé, cette idée me fait horreur. Et la simple idée de vous priver d'un plaisir, si vraiment ce peut en être un petit pour vous, par égards exagérés pour quelqu'un qui ne vous vaut pas, cette idée m'attriste aussi. [...] Je suis bien plus heureux que vous m'ayez lu, sans m'avoir publié, que si vous aviez édité mon livre par bonté, mais ne l'aviez pas aimé.

(Lettre à Gaston Gallimard, vers le 30 mai 1916)

Veux-tu faire à nous tous le plaisir de venir dîner ce soir *lundi, à 7 heures précises*, seul avec M. Bergson et surtout pas en habit. Il est aussi en deuil et serait gêné par la présence d'un convive si éclatant.

(Lettre à Fernand Gregh, 7 novembre 1892)

« Délicats » (les)

Voir « Wagner (Richard) »

Dépression spirituelle

Il est cependant certains cas, certains cas pathologiques pour ainsi dire, de dépression spirituelle, où la lecture peut devenir une sorte de discipline curative et être chargée, par des incitations répétées, de réintroduire perpétuellement un esprit paresseux dans la vie de l'esprit. Les livres jouent alors auprès de lui un rôle analogue à celui des psychothérapeutes auprès de certains neurasthéniques.

On sait que, dans certaines affections du système nerveux, le malade, sans qu'aucun de ses organes soit lui-même atteint, est enlisé dans une sorte d'impossibilité de vouloir, comme dans une ornière profonde, d'où il ne peut se tirer seul, et où il finirait par dépérir, si une main puissante et secourable ne lui était tendue. Son cerveau, ses jambes, ses poumons, son estomac, sont intacts. Il n'a aucune capacité réelle de travailler, de marcher, de s'exposer au froid, de manger. Mais ces différents actes, qu'il serait très capable d'accomplir, il est incapable de les vouloir. Et une déchéance organique qui finirait par devenir l'équivalent des maladies qu'il n'a pas serait la conséquence irrémédiable de l'inertie de sa volonté, si l'impulsion qu'il ne peut trouver en lui-même ne lui venait de dehors, d'un médecin qui voudra pour lui, jusqu'au jour où seront peu à peu rééduqués ses divers vouloirs organiques. Or, il existe certains esprits qu'on pourrait comparer à ces malades et qu'une sorte de paresse ou de frivolité empêche de descendre spontanément dans les régions profondes de soi-même où commence la véritable vie de l'esprit. Ce n'est pas qu'une fois qu'on les y a conduits ils ne soient capables d'y découvrir et d'y exploiter de véritables richesses, mais, sans cette intervention étrangère, ils vivent à la surface dans un perpétuel oubli d'eux-mêmes, dans une sorte de passivité qui les rend le jouet de tous les plaisirs, les diminue à la taille de ceux qui les entourent et les agitent, et, pareils à ce gentilhomme qui, partageant depuis son enfance la vie des voleurs de grand chemin, ne se souvenait plus de son nom pour avoir depuis trop longtemps cessé de le porter, ils finiraient par abolir en eux tout sentiment et tout souvenir de leur noblesse spirituelle, si une impulsion extérieure ne venait les réintroduire en quelque sorte de force dans la vie de l'esprit, où ils retrouvent subitement la puissance de penser par eux-mêmes et de créer. Or, cette impulsion que l'esprit paresseux ne peut trouver en lui-même et qui doit lui venir d'autrui, il est clair qu'il doit la recevoir au sein de la solitude hors de laquelle, nous l'avons vu, ne peut se produire cette activité créatrice qu'il s'agit précisément de ressusciter en lui. De la pure solitude l'esprit paresseux ne pourrait rien tirer, puisqu'il est incapable de mettre de lui-même en branle son activité créatrice. Mais la conversation la plus élevée, les conseils les plus pressants ne lui serviraient non plus à rien, puisque cette activité originale ils ne peuvent la produire directement. Ce qu'il faut donc, c'est une intervention qui, tout en venant d'un autre, se produise au fond de nous-mêmes, c'est bien l'impulsion d'un autre esprit, mais reçue au sein de la solitude. Or, nous avons vu que c'était précisément là la définition de la lecture, et qu'à la lecture seule elle convenait. La seule discipline qui puisse exercer une influence favorable sur de tels esprits, c'est donc la lecture : ce qu'il fallait démontrer, comme disent les géomètres. Mais, là encore, la lecture n'agit qu'à la façon d'une incitation qui ne peut en rien se substituer à notre activité personnelle ; elle se contente de nous en rendre l'usage, comme, dans les affections nerveuses auxquelles nous faisions allusion tout à l'heure, le psychothérapeute ne fait que restituer au malade la volonté de se servir de son estomac, de ses jambes, de son cerveau, restés intacts. Soit d'ailleurs que tous les esprits participent plus ou moins à cette paresse, à cette stagnation dans les bas niveaux, soit que, sans lui être nécessaire, l'exaltation qui suit certaines lectures ait une influence propice sur le travail personnel, on cite plus d'un écrivain qui aimait à lire une belle page avant de se mettre au travail. Emerson commençait rarement à écrire sans relire quelques pages de Platon. Et Dante n'est pas le seul poète que Virgile ait conduit jusqu'au seuil du paradis.

(« Sur la lecture », La Renaissance latine, 15 juin 1905,
réédité sous le titre « Journées de lecture »,
in Pastiches et mélanges, 1919)

Désir

Si je ne cesse de désirer, je n'espère jamais. Et peut-être aussi la grande sobriété de ma vie sans voyages, sans promenades, sans société, sans lumière, est-elle une circonstance contingente qui entretient chez moi la pérennité du désir. Et quand on ne pense plus qu'à son propre plaisir, on en trouve même à constater les lois en vertu desquelles ce qu'on croyait pouvoir garder nous est ravi, et les cœurs eux-mêmes. Et l'intérêt des lois en vertu desquelles, par contre, nous sont finalement apportées les choses sur lesquelles nous n'aurions jamais cru pouvoir compter, cet intérêt est capable de compenser pour nous la déception de posséder ce qui nous semblait beau quand nous le désirions.

(Lettre à Marthe Bibesco, 24 avril 1912)

DÉTAIL

Vous me parlez de mon art minutieux du détail, de l'imperceptible, etc. Ce que je fais, je l'ignore, mais je sais ce que je veux faire ; or, j'omets (sauf dans les parties que je n'aime pas) tout détail, tout fait, je ne m'attache qu'à ce qui me semble (d'après un sens analogue à celui des pigeons voyageurs qui se dirigent ; je vous dirai cela mieux un jour où je souffrirai moins) déceler quelque loi générale. Or comme cela ne nous est jamais révélé par l'intelligence, que nous devons le pêcher en quelque sorte dans les profondeurs de notre inconscient, c'est un effet imperceptible, parce que c'est éloigné, c'est difficile à percevoir, mais ce n'est nullement un détail minutieux. Une cime dans les nuages peut cependant, quoique toute petite, être plus haute qu'une usine voisine. Par exemple, c'est une chose imperceptible si vous voulez que cette saveur de thé que je ne reconnais pas d'abord et dans laquelle je retrouve les jardins de Combray. Mais ce n'est nullement un détail minutieusement observé, c'est toute une théorie de la mémoire et de la connaissance (du moins, c'est mon ambition) non promulguée directement en termes logiques (du reste tout cela ressortira dans le troisième volume).

(Lettre à Louis de Robert, début juillet 1913)

DÉTRESSE

Vous ai-je écrit que j'ai trouvé dernièrement un cahier dans lequel Maman avait raconté heure par heure la dernière maladie de son père, de sa mère, de Papa, récits qui, sans qu'ils aient l'ombre d'intentions de suggérer quoi que ce soit, sont d'une telle détresse qu'on a peine à continuer à vivre après les avoir lus.

(Lettre à Anna de Noailles, 3 juin 1912)

DEUIL

Que j'aurais voulu que mes forces me permissent de m'unir à la petite troupe de ceux à qui vous ne pouvez dire les mots de l'Évangile : « J'ai pleuré et vous ne m'avez pas consolé. » Il y a un temps où nos exclusions s'adressent à ceux à qui nous pouvons dire les deux premiers versets : « J'ai chanté et vous n'avez pas dansé », ce qui est, en effet, un signe d'infériorité. Mais il vient un jour où, tenant nos pleurs pour plus précieux que nos chants, nous pardonnons à ceux qui n'ont pas dansé quand nous chantions, si ceux-là nous ont consolé quand l'heure de pleurer est venue.

(Lettre à Robert de Montesquiou,
vers le 18 novembre 1905)

DEVISE

D'ailleurs je n'ai pas besoin d'exactitude puisque mes Guermantes sont inventés et nullement la simple famille de « robe » apparentée aux Pâris. Il serait néanmoins joli que la devise dépendît du nom. J'en ai fait d'assez jolies dans le dernier volume (non paru). Mais les plus belles sont celles que trouvait Balzac. Vous devez connaître ces splendeurs (pour Beaumont *pulchre sedens melius agens* et Mortsauf etc.) C'était un Gramont (qui je crois n'était pas Gramont du tout) qui trouvait cela pour lui.

(Lettre à la duchesse de Clermont-Tonnerre,
début janvier 1921)

DICKENS (CHARLES)

Voir « Eliot (George) »

DICTIONNAIRE BALZAC

Quand je vous verrai je vous parlerai de ce projet de dictionnaire balzacien (je rougis devant cette comparaison écrasante pour moi). Je crois qu'il ne faudrait pas le faire tout à fait sur le modèle de celui des œuvres de Balzac, un peu moins littéral et en laissant une certaine place à l'histoire des impressions.

(Lettre à Jean-Louis Vaudoyer, 14 mai 1921)

DICTIONNAIRE PROUST

Dans un dictionnaire balzacien vous trouverez fatalement des indications du genre de celle-ci : « Duchesse de Maufrigneuse, puis Princesse de Cadignan, avait mis en 1811, sur les conseils de De Marsay, alors son amant, 20 000 francs de rente au Grand Livre. En 1827 grâce aux libéralités de Madame, on élevait la fortune de la Princesse à 37 000 francs de rente etc. » Or même en nous maintenant sur le terrain purement social, j'aimerais mieux que ce genre de choses trop balzaciennes, fussent éliminées et mettre à la place par exemple : « Oriane de Guermantes, Princesse des Laumes, puis Duchesse de H. Guermantes, refuse d'aller chez les Iéna à l'époque où elle est Princesse des Laumes (voir *Du côté de chez Swann*) puis devient leur intime amie et veut même déterminer la Princesse de Parme à se rendre chez eux (voir *le Côté de Guermantes II*). »

(Lettre à Georges de Traz, été 1922)

DIEU

Si beau que soit l'ostensoir, ce n'est qu'au moment où on ferme les yeux qu'on sent passer Dieu.

(*Jean Santeuil*, 1899, publié en 1952)

DIFFUSION

Pouvez-vous faire des volumes ayant environ la longueur de 550 pages de 35 lignes de 45 lettres (excusez ces génitifs).

Si cela vous est *impossible* pouvez-vous faire paraître trois ou quatre fascicules représentant cette longueur et paraissant simultanément, et ne coûtant ensemble que 3 fr 50 (remarquez que c'est moi qui paierai l'édition à la *Revue française*, tandis que c'est le contraire chez mon éditeur) ; mais ma question est parce que je désire être lu, et non exclusivement par des gens riches ou des bibliophiles. Et je ne veux pas que mon ouvrage entier coûte plus cher que sept francs à l'acheteur, dût-il en résulter une plus grande dépense pour moi ; c'est une question de *diffusion*. J'ai eu autrefois un volume de luxe chez Calmann-Lévy qui coûtait 15 francs. C'est trop cher.

(Lettre à Gaston Gallimard, vers le 5 novembre 1912)

DILETTANTISME LITTÉRAIRE

Mais en réalité, il ne peut y avoir d'interprétation des chefs-d'œuvre du passé que si on les considère du point de vue de celui qui les écrivait, et non du dehors, à une distance respectueuse, avec une déférence académique. Que les conditions extérieures de la production littéraire aient changé au cours du dernier siècle, que le métier d'homme de lettres soit devenu chose plus absorbante et exclusive, c'est possible. Mais les lois intérieures, mentales, de cette production n'ont pas pu changer. Un écrivain, qui aurait par moments du génie *pour* pouvoir mener le reste du temps une vie agréable de dilettantisme mondain et lettré, est une conception aussi fausse et naïve que celle d'un saint ayant la vie morale la plus élevée pour pouvoir mener au paradis une vie de plaisirs vulgaires. On est plus près de comprendre les grands hommes de l'Antiquité en les comprenant comme Balzac qu'en les comprenant comme Sainte-Beuve. Le dilettantisme n'a jamais rien créé.

(« Sainte-Beuve et Balzac »,
in *Contre Sainte-Beuve*, 1908, publié en 1954)

DISCIPLINE

Je crois que nous mourons en effet mais faute non pas de liberté mais de discipline. Je ne crois pas que la liberté soit très utile à l'artiste et je crois que surtout pour l'artiste d'aujourd'hui la discipline serait comme au névropathe entièrement bienfaisante. Et la discipline est une chose féconde en soi-même quelle que soit la valeur de ce qu'elle prescrit. Au choix il vaudrait tout de même un peu mieux que ceux qui sont chargés d'enseigner soient effectivement des « maîtres ».

(Lettre à Maurice Le Blond, fin août 1904)

DISTINCTION

La distinction vraie, du reste, feint toujours de ne s'adresser qu'à des personnes distinguées qui connaissent les mêmes usages, elle n'« explique » pas. Un livre d'Anatole France sous-entend une foule de connaissances érudites, renferme de perpétuelles allusions que le vulgaire n'y aperçoit pas et qui en font, en dehors de ses autres beautés, l'incomparable noblesse.

(« Sur la lecture », *La Renaissance latine*, 15 juin 1905,
réédité sous le titre « Journées de lecture »,
in *Pastiches et mélanges*, 1919)

Dix-septième siècle

Je reviens de mon opinion propre : songez à éviter l'écueil des phrases trop longues (si drôles dans le pastiche que vous avez fait de moi) si elles sont abstraites. Évitez la formule dix-septième siècle, ne gardez de cette admirable époque que sa réalité, le fond plein de vie, d'impressions senties et que l'apparente solennité ne doit jamais nous cacher.

(Lettre à Louis Martin-Chauffier, début février 1921)

Dorgelès (Roland)

Voir « Prix Goncourt »

Dostoïevski (Fédor)

Si vous me demandiez quel est le plus beau roman que je connaisse je serais sans doute fort embarrassé pour vous répondre. Peut'être je donnerais la première place à l'*Idiot* de Dostoïevski. Or j'ignore les qualités et les défauts de son style ne l'ayant lu que dans de détestables traductions.

(Lettre à Jean de Pierrefeu, 22 juin 1920)

Voir à « Présences intérieures », « Souvenir »

DOULEUR

Mais je suis vaincu par la douleur, par la maladie, chaque jour quand je crois m'être rendu maître, non par la volonté hélas, mais par l'intelligence, de ma peine, quand je crois la connaître, en avoir fait le tour et que je crois que ce chagrin que je veux pour compagnon de toute ma vie n'a plus de secrets pour moi, alors à ce moment, au hasard d'une impression, une nouvelle douleur surgit, la même mais qui a tellement une autre force que je retombe sous un nouvel inconnu. Et ainsi à chaque heure s'approfondit pour moi le tombeau des Danaïdes de la douleur.

(Lettre à Robert de Montesquiou, novembre 1905)

DREYFUS (AFFAIRE)

Mariéton m'a dit que vous étiez devenu dreyfusard. Cela m'a fait plaisir de bien des manières. D'abord, pour ne pas être égoïste, pour la cause. Si dans le monde il y avait seulement dix personnes qu'on connaît et par conséquent qu'on ne peut pas suspecter à défendre les idées révisionnistes, la vérité ne serait pas seulement en marche, elle ferait un immense chemin. Puis, il me semble que cela sera un lien de plus entre nous et cela me ferait bien plaisir. Enfin parce que selon le beau mot d'Ibsen il n'y a presque rien qui ne soit de notre part objet à la fois de croyance et de doute. Le Christ ayant lui-même douté au mont des Oliviers il est bien permis à un dreyfusard d'avoir des minutes de trouble où il se demande : Suis-je dans la vérité ? Et chaque fois que je vois quelques-uns de ceux que je trouve les plus intelligents, les plus gentils et les meilleurs, et parmi lesquels je vous compte *(littera non erubescit)* être de mon avis, il me semble que cela lui donne plus de force, et je me sens réconforté.

(Lettre à Constantin de Brancovan, fin septembre 1898)

Pourquoi faut-il que par un cas de psychologie des foules que je ne puis m'expliquer et qui doit nous aider à comprendre des époques qui jusque-là nous restaient mystérieuses, on puisse penser autrement sur la religion, sur la morale, sur l'art, sur la politique, sans cesser d'être amis, mais qu'une divergence dans la manière d'apprécier la culpabilité d'un homme – ce qui est une question de fait et non de principe – devienne un obstacle infranchissable entre les cœurs. Cette seule chose a bouleversé la face de la société, c'est à ce seul signe, à ce seul mot d'ordre qu'on se reconnaît, qu'on se groupe, qu'on se divise. Si un général glorieux est dreyfusard, il devient aussitôt un objet de haine pour les amis de l'armée, si le porteur d'un grand nom est dreyfusard l'aristocratie le renie, si un prêtre est dreyfusard les catholiques l'insultent. En revanche, si un civil est antidreyfusard il en tire comme une gloire militaire ; si un radical est antidreyfusard tous les cléricaux votent pour lui ; si un juif est antidreyfusard les antisémites le protègent et le faubourg Saint-Germain l'accueille. Il y a cela et il y a plus que cela. « L'être ou ne pas l'être, voilà la question. » La lecture des journaux donne le sentiment de cette période historique extraordinaire au point de vue de la vie publique. Au point de vue de la vie privée, cela a été plus extraordinaire encore, et il n'y a plus aucun lien, même ceux de la famille, pour y avoir résisté.

(Lettre à Pierre d'Orléans, 30 novembre 1899)

Quoique je trouve que Dreyfus est idiot et indiscret de poursuivre une réhabilitation que l'univers entier (l'univers dreyfusard, l'autre ne se convertira jamais) a contresigné, moi qui avais un peu oublié tout cela, je trouve qu'on est tout de même remué de relire ces choses-là et de penser que cela a pu se passer il y a quelques ans en France, et pas chez les Apaches. Le contraste qu'il y a entre d'une part la culture, la distinction d'intelligence, et jusqu'à l'éclat d'uniformes de ces gens et leur infamie morale est effrayant. Mais je crois qu'il n'y a eu que deux ou trois d'infâmes, et le reste sincères.

(Lettre à Mme Straus, vers le 18 juin 1906)

[...] Barrès a été bien courageux et noble l'autre jour à la Chambre. Dites-le-lui, et que je ne lui écris pas, parce qu'il faudrait que j'ajoute immédiatement que Dreyfus est tout de même innocent et malgré ma grande pitié pour le général Mercier, c'est une fameuse canaille, et que tant de distinctions seraient fatigantes à écrire et à lire. Tout de même quand je pense que j'ai organisé la première liste de *L'Aurore* pour demander la révision et que tant d'hommes politiques, qui étaient alors des antidreyfusards forcenés, insultent à le faire mourir à la tribune ce vieillard de soixante-quinze ans qui avait eu le courage d'y monter, entouré d'une meute ennemie, et n'ayant rien à dire, sachant qu'il n'aurait aucun argument à donner, sinon que la procédure (de la Cour de cassation !) avait été *irrégulière, illégale* et à *huis clos* ! Ce serait d'un comique inouï si le journal ne disait : le général Mercier, très pâle, le général Mercier encore plus pâle ! C'est horrible à lire, car dans l'homme le plus méchant il y a un pauvre cheval innocent qui peine, un cœur, un foie, des artères où il n'y a point de malice et qui souffrent. Et l'heure des plus beaux triomphes est gâtée parce qu'il y a toujours quelqu'un qui souffre.

(Lettre à Mme de Noailles, vers le 16 juillet 1906)

Il est curieux de penser que pour une fois la vie – qui l'est si peu – est romanesque. Hélas depuis ces dix ans nous avons eu tous dans nos vies bien des chagrins, bien des déceptions, bien des tortures. Et pour aucun de nous ne va sonner une heure où nos chagrins seront changés en ivresses, nos déceptions en réalisations inespérées, et nos tortures en triomphes délicieux. Je serai de plus en plus malade, les êtres que j'ai perdus me manqueront de plus en plus, tout ce que j'avais pu rêver de la vie me sera de plus en plus inaccessible. Mais pour Dreyfus et pour Picquart il n'en est pas ainsi. La vie a été pour eux « providentielle » à la façon des contes de fées et des romans-feuilletons. C'est que nos tristesses reposaient sur des vérités, des vérités physiologiques, des vérités humaines et sentimentales. Pour eux les peines reposaient sur des erreurs. Bienheureux ceux qui sont victimes d'erreurs judiciaires ou autres ! Ce sont les seuls humains pour qui il y ait des revanches et des réparations. D'ailleurs je ne sais pas qui dans cette réparation est le metteur en scène des derniers « tableaux ». Mais il est incomparable et même émouvant. Et

il est impossible de lire le « dernier tableau » de ce matin :
« Dans la cour de l'École militaire, avec cinq cents figurants »
sans avoir les larmes aux yeux.

(Lettre à Mme Straus, 21 juillet 1906)

Je crois bien avoir été le premier dreyfusard, puisque
c'est moi qui suis allé demander sa signature à Anatole
France.

(Lettre à Paul Souday, 17 décembre 1919)

Voir à « Crime », « Poétique (la création) », « Prix
Goncourt », « Reconnaissance », « Reinach (Joseph) »

DREYFUS (ROBERT)

Voir « Dédicaces »

DROITS D'AUTEUR

Cher Gaston cette éternelle question de gros sous me
remonte comme une boue dont je voudrais me laver en une
fraternelle poignée de main avec vous (le comique d'une
métaphore aussi incohérente me console un peu de dire des
choses si vulgaires). Et je suis sûr que si vous me donniez de
bons conseils pratiques vous me rendriez plus service qu'en
me payant davantage. On s'enrichit autant en diminuant ses
dépenses qu'en augmentant ses revenus. Ce n'est peut-être

pas d'un très bon homme d'affaires de vous le dire mais c'est l'épanchement d'un ami qui est très à vous.

(Lettre à Gaston Gallimard, 20 juillet 1922)

Il me serait bien difficile d'être précis pour M. Pierre Hamp (puisque vous avez deviné son nom). L'impression qui m'était restée était que M. Hamp avait des droits inférieurs aux miens, mais que se croyant une sorte de Zola actuel, il avait en quelque sorte bluffé et tenu le coup en refusant de continuer à écrire sans des droits supérieurs aux miens qui lui avaient été octroyés. J'ajoute que je le dis sans aucun sentiment malveillant pour lui, car tout auteur peut très sincèrement s'imaginer qu'il est supérieur aux autres. Il en est même au fond très peu qui ne vivent dans cette persuasion. Persuasion illusoire sans doute pour nous tous, mais qui chez M. Hamp a la justification au moins d'un talent réel, et aussi d'une spécialisation qui le rend en quelque sorte incommensurable.

(Lettre à Gaston Gallimard, 22 juillet 1922)

Du côté de chez Swann

Puissiez-vous recevoir bientôt mon livre qui vous prouvera que je n'étais pas le dernier des cons.

(Lettre à René Peter, 26 mars 1911)

L'ouvrage est un roman ; si la liberté du ton l'apparente semble-t-il à des Mémoires, en réalité une composition très stricte (mais à ordre trop complexe pour être d'abord perceptible) le différencie au contraire extrêmement des mémoires : il n'y a dedans de contingent que ce qui est nécessaire pour exprimer la part du contingent dans la vie. Et par conséquent, dans le livre, ce n'est plus contingent. D'ailleurs, rien que dans mes articles, tu peux voir que si personnelles qu'aient pu être mes impressions, je ne les considère que comme la manière d'entrer plus avant dans la connaissance de l'objet.

(Lettre à Antoine Bibesco,
25 octobre 1912)

J'ai travaillé vous le saurez peut'être depuis que je suis si malade à un long ouvrage que j'appelle roman parce qu'il n'a pas la contingence de Mémoires (il n'y a dedans de contingent que ce qui doit représenter la part du contingent dans la vie) et qu'il est d'une composition très sévère quoique peu saisissable parce que complexe ; je serais incapable d'en dire le genre. Car certaines parties se passent à la campagne, et d'autres dans certains mondes, et d'autres dans d'autres mondes, certaines sont familiales, et beaucoup d'une terrible indécence.

(Lettre à Louis de Robert,
28 octobre 1912)

Comment vous envoyer *Swann*, si rebutant par sa longueur, si choquant par son caractère licencieux, si douloureux surtout ?

(Lettre à l'abbé Mugnier, 14 février 1918)

DUEL

J'ai tort de dire faiblesse car je sais bien qu'en pareil cas quand il s'agit de moi-même (pas quand il s'agit de mes amis) mon mouvement véritable et sincère est aussi de ne pas en vouloir aux gens. Je me rappelle combien mes témoins m'ont fait de peine en m'empêchant de serrer la main à Lorrain après notre duel. (Et pourtant ils avaient raison.)

(Lettre à Jacques-Émile Blanche, mi-janvier 1918)

Un instant, dans le tumulte un peu confus de la vie de bar, dont je n'ai pas l'habitude, j'avais pu espérer être mêlé en quelque façon à ce que j'avais pris d'abord pour un jeu et qui était une querelle. Je dis que je l'avais espéré, non pas que j'envisage même la possibilité d'une bataille dans un café, chose incompatible avec mes goûts, mon âge et ma santé, mais parce que j'entrevoyais la chance de ce que j'ai tant aimé et que ma santé ne m'empêche nullement de renouveler : un duel. Mais mes amis m'ont juré que c'était impossible, que je n'étais pour rien dans leur dispute, qu'un envoi de témoins serait risible et sans effet. M'ont-ils trompé par excès de délicatesse et pour me mettre hors de cause ?

(Lettre à Jacques Delgado, 16 juillet 1922)

E

ÉCOLES LITTÉRAIRES

Elles ne sont qu'un symbole matériel du temps qu'il faut à un grand artiste pour être compris et situé entre ses pairs, pour que l'*Olympia* honnie repose auprès des Ingres, pour que Baudelaire, son procès révisé, fraternise avec Racine (auquel il ressemble du reste surtout par la forme). Racine est plus fertile en découvertes psychologiques, Baudelaire plus instructif en ce qui concerne les lois de la réminiscence, que je trouve exposées du reste d'une façon plus vivante chez Chateaubriand ou Nerval. Chez Baudelaire, la réminiscence est à l'état statique, elle existe déjà quand la pièce commence (*Quand les deux yeux fermés*, etc. / *Ô toison moutonnant*, etc. etc.). Dernière et légère différence : Racine est plus immoral. Aussitôt le novateur compris, l'école dont on n'a plus besoin est licenciée. Du reste même tant qu'elle dure, le novateur a le goût beaucoup plus large qu'elle. Hugo brandissait le romantisme pour son école, mais goûtait parfaitement Boileau et Regnard, Wagner n'avait nullement pour la musique italienne la sévérité des wagnériens.

(Lettre à André Lang, fin octobre 1921)

ÉCRIVAIN (GRAND)

Pour revenir au petit volume immense, vous pensez bien que je vous ai remercié, sinon aussitôt, du moins une huitaine après les avoir reçues, ces *Nourritures terrestres* qui ont déjà alimenté une génération et sur lesquelles bien d'autres vivront. Car le grand écrivain et plus particulièrement vous, est comme la graine qui nourrit les autres de ce qui l'a nourrie d'abord elle-même. C'est une des choses qui m'ont toujours le plus touché, dans le règne végétal et dans le cœur humain, que cette distribution des éléments qui ont été tirés de la terre et de la vie, qui ont permis la germination et ensuite, du même albumen sur lequel la plantule a vécu, nourri les peuples. Et cette idée, qui est une de celles que je me fais le plus volontiers de l'écrivain, prend, quand il s'agit de vous, quelque chose de si adéquat que c'est vrai comme à un degré de plus et sans comparaison.

(Lettre à André Gide, fin 1917)

ÉCRIVAIN (RÔLE DE L')

Les écrivains que nous admirons ne peuvent pas nous servir de guides, puisque nous possédons en nous, comme l'aiguille aimantée ou le pigeon voyageur, le sens de notre orientation. Mais tandis que guidés par cet instinct intérieur nous volons de l'avant et suivons notre voie, par moments, quand nous jetons les yeux de droite et de gauche sur l'œuvre nouvelle de Francis Jammes ou de Maeterlinck, sur une page que nous ne connaissions pas de Joubert ou d'Emerson, les réminiscences anticipées que nous y trouvons de la même idée, de la même sensation, du même effort d'art que nous exprimons en ce moment, nous font plaisir comme d'aimables poteaux indicateurs qui nous montrent que nous ne nous sommes pas trompés, ou, tandis que nous reposons un instant dans un bois, nous nous sentons confirmés dans notre route par le passage tout près de nous à tire-d'aile de ramiers fraternels qui ne nous ont pas vus. Superflus si l'on veut. Pas tout à fait inutiles cependant. Ils nous montrent que ce qui a paru précieux et vrai à ce moi tout de même un peu subjectif qu'est notre moi œuvrant, l'est aussi, d'une valeur plus universelle, pour les moi analogues, pour ce moi plus objectif, ce tout-le-monde cultivé que nous sommes quand nous lisons, l'est non seulement pour notre monade particulière mais aussi pour notre monade universelle.

(« Notes sur la littérature et la critique »,
in *Contre Sainte-Beuve*, 1908, publié en 1954)

ÉCRIVAINS (SILHOUETTES D')

C'est un charme de plus quand les écrivains qui firent plus ou moins grande figure dans l'histoire des lettres, ont été, en plus, de séduisantes, amusantes ou poétiques silhouettes. Ceux-là, nous aimons les voir, et eux du reste ils aiment à se montrer dans leurs livres, Chateaubriand les cheveux au vent, Lamartine suivi de ses lévriers, ou patinant comme Goethe, ou sur un de ses chevaux « qu'il a tant aimés ». Il serait long d'expliquer mais il est aisé de sentir, pour ceux qui sentent, que M. de Montesquiou est de la même race, que tout autour de lui est poésie et que ses idées ne sont pas seules poétiques, que l'arrangement des circonstances de sa vie est esthétique, symbolique même.

(« M. de Montesquiou, historien et poète » vers 1899, in *Nouveaux Mélanges,* 1954)

ÉDITEUR

Vous jouez sur les mots quand vous dites que vous êtes éditeur et non imprimeur. Car un éditeur a principalement parmi ses fonctions de faire imprimer ses livres. Vous avez été directeur de théâtre en Amérique et je pense que c'est à cela, bien plus qu'à la distinction que vous faites entre imprimeur et éditeur, que je dois d'avoir de l'*Ombre des jeunes filles en fleurs* l'édition la plus sabotée qui se puisse voir.

(Lettre à Gaston Gallimard, vers le 22 mai 1919)

Voir à « Gallimard (Gaston) », « Mensonge »

ÉDITION À COMPTE D'AUTEUR

J'aimerais (mais non plus comme chez Fasquelle aux frais de l'Éditeur), faire paraître, *à mes frais,* mon livre à la *Revue française** ? Peux-tu le leur demander ? Ils seront persuadés que si je leur ai fait envoyer mes articles, c'était pour « préparer » cela. Mais après tout y a-t-il tant de mal à ce qu'ils le croient ? Si c'est difficile d'être édité chez eux, même à frais d'auteur, ils trouveront une délicatesse (que je n'ai d'ailleurs

---

* *Nouvelle Revue Française.*

pas songé à avoir) de n'avoir pas voulu devoir cette publication à la faveur seule de ton amitié, et d'avoir cherché à être jugé sur moi-même. Et si c'est très facile, c'est une délicatesse aussi de chercher à plaire au vendeur, de croire qu'on n'a pas tout fait quand on a donné son argent. Et puis, que veux-tu, ils penseront ce qu'ils voudront. Je voudrais seulement que ces articles passassent sous des yeux dont il ne me suffirait pas qu'ils me disent comme Eva une chose belle pour que je la trouve ainsi (bien souvent ils me semblent se tromper) mais enfin qui sont parmi les moins aveugles d'aujourd'hui [...] En somme je ne vois pas pourquoi ils refuseraient. Je paierais aussi largement qu'ils voudront mon édition. Au point de vue littéraire (bien que je pense que pour des raisons que je crois fausses, ils ne peuvent pas m'estimer à ma valeur qui n'est pas grande, mais supérieure à ce qu'ils peuvent croire) je ne les déshonorerai pas.

(Lettre à Antoine Bibesco, 25 octobre 1912)

Je ne tiens qu'à une chose c'est que ce soit à mes frais pour rester libre, et avoir *une certitude*.

(Lettre à Louis de Robert, 24 décembre 1912)

ÉDUCATION SENTIMENTALE (L')

À mon avis la chose la plus belle de *L'Éducation sentimentale*, ce n'est pas une phrase, mais un blanc. Flaubert vient de décrire, de rapporter pendant de longues pages, les actions les plus menues de Frédéric Moreau. Frédéric voit un agent marcher avec son épée sur un insurgé qui tombe mort.

« Et Frédéric, béant, reconnut Sénécal ! » Ici un « blanc », un énorme « blanc » et, sans l'ombre d'une transition, soudain la mesure du temps devenant au lieu de quarts d'heure, des années, des décades…

(« À propos du "style" de Flaubert »,
La Nouvelle Revue Française, janvier 1920)

Voir « Flaubert (Gustave) »

EFFÉMINÉ

Une chose m'a fait de la peine où vous n'avez certainement pas mis de méchanceté ! Au moment où je vais publier *Sodome et Gomorrhe*, et où, parce que je parlerai de Sodome, personne n'aura le courage de prendre ma défense, d'avance vous frayez (sans méchanceté, j'en suis sûr) le chemin à tous les méchants, en me traitant de « féminin ». De féminin à efféminé, il n'y a qu'un pas. Ceux qui m'ont servi de témoins en duel vous diront si j'ai la mollesse des efféminés. Encore une fois, je suis certain que vous l'avez dit sans préméditation.

(Lettre à Paul Souday, vers le 6-7 novembre 1920)

ÉGLISE

Personne n'admire plus que moi l'Église, mais prendre le contre-pied d'Homais jusqu'à dire qu'elle a été la tutelle des progrès de l'esprit humain, en tout temps, est un peu fort. Il est vrai qu'il y a des catholiques « incroyants ». Mais ceux-là à la tête desquels est je suppose Maurras, n'ont pas apporté au moment de l'affaire Dreyfus un grand appui à la Justice française.

(Lettre à Daniel Halévy, 19 juillet 1919)

EINSTEIN (ALBERT)

Que j'aimerais vous parler d'Einstein ! On a beau m'écrire que je dérive de lui, ou lui de moi, je ne comprends pas un seul mot de ses théories, ne sachant pas l'algèbre. Et je doute pour sa part qu'il ait lu mes romans. Nous avons paraît-il une manière analogue de déformer le Temps. Mais je ne puis m'en rendre compte pour moi, parce que c'est moi, et qu'on ne se connaît pas, et pas davantage pour lui parce qu'il est un grand savant en sciences que j'ignore et que dès la première ligne je suis arrêté par des « signes » que je ne connais pas.

(Lettre au duc de Guiche, 9 décembre 1921)

Voir à « Inintelligible », « *Sodome et Gomorrhe* »

ÉLÉGANCE

Un jour, je peindrai ces caractères qui ne sauront jamais, même à un point de vue vulgaire, ce que c'est que l'élégance, prêt pour un bal, d'y renoncer pour tenir compagnie à un ami. Ils se croient par là mondains et sont le contraire.

(Lettre à Albert Nahmias fils, 20 août 1912)

ELIOT (GEORGE)

Voulez-vous lui [*Albert Thibaudet*] dire avec quelle joie j'ai vu enfin qu'on reparlait de George Eliot qui a été le culte de mon adolescence. (Tant de références dans *Mélanges* – même volume que ces *Pastiches* si peu aimés à la *NRF*, tant aimés ailleurs, prouvent combien je connais Eliot.) Il demande s'il y a encore des éliotistes ? Il y a en tout cas moi. Et plus encore Hardyste. (Je ne connais ni Dickens, ni Thackeray etc.) J'espère que M. Thibaudet fera un nouvel article sur Eliot pour nous dire qui sont les Tulliver [*personnages du Moulin sur la Floss*] etc. et surtout pour nous parler des romans non traduits d'Eliot. Il y en avait un qui débutait d'une façon charmante par l'éloge des vieilles diligences. Je crois que cela s'appelait *le Radical*. Je ne connais que cette première page. Et tous les Stevenson non traduits.

(Lettre à Jacques Rivière, 18 février 1920)

Voir « Anglaise (littérature) »

EMERSON

Voir à « Anglaise (littérature) », « Dépression spirituelle »

EMPFINDELEI UND EMPFINDUNG

Je pense exactement comme vous sur la sensiblerie. Si j'ose me citer et puisque vous avez lu *Swann,* vous connaissez (et retrouverez dans les volumes suivants) un certain Bloch aussi fâcheusement muni d'*Empfindelei* que dépourvu d'*Empfdelung* (je ne sais pas très bien l'orthographe de ces mots boches, lus je crois dans la correspondance de Mendelssohn qui manquait hélas plus qu'il ne le croyait de la seconde).

(Lettre à Mme Scheikévitch, 27 février 1917)

Ces paroles – une grande partie de ce que nous disons n'étant qu'une récitation –, je les avais toutes entendu prononcer à ma mère, laquelle m'expliquait volontiers qu'il ne fallait pas confondre la véritable sensibilité, ce que, disait-elle, les Allemands, dont elle admirait beaucoup la langue, malgré l'horreur de mon père pour cette nation, appelaient « Empfindung », et la sensiblerie « Empfindelei ».

(*La Prisonnière,* parution posthume)

EN ÊTRE

Le baron était surtout troublé par ces mots « en être ». Après l'avoir d'abord ignoré, il avait enfin, depuis un temps bien long déjà, appris que lui-même « en était ». Or voici que cette notion qu'il avait acquise se trouvait remise en question. Quand il avait découvert qu'il « en était » il avait cru par là apprendre que son goût, comme dit Saint-Simon, n'était pas celui des femmes. Or voici que, pour Morel, cette expression « en être » prenait une extension que M. de Charlus n'avait pas connue, tant et si bien que Morel prouvait, d'après cette lettre, qu'il « en était » en ayant le même goût que des femmes pour des femmes mêmes. Dès lors la jalousie de M. de Charlus n'avait plus de raison de se borner aux hommes que Morel connaissait, mais allait s'étendre aux femmes elles-mêmes. Ainsi les êtres qui « en étaient » n'étaient pas seulement ceux qu'il avait crus, mais toute une immense partie de la planète, composée aussi bien de femmes que d'hommes, aimant non seulement les hommes mais les femmes, et le baron, devant la signification nouvelle d'un mot qui lui était si familier, se sentait torturé par une inquiétude de l'intelligence autant que du cœur, née de ce double mystère, où il y avait à la fois de l'agrandissement de sa jalousie et de l'insuffisance soudaine d'une définition.

(La Prisonnière, parution posthume)

ENFANTS DU SILENCE (LES)

Voir « Livre »

ENTENDRE POUR LA PREMIÈRE FOIS

Ce fut un de ces jours-là qu'il lui arriva de me jouer la partie de la Sonate de Vinteuil où se trouve la petite phrase que Swann avait tant aimée. Mais souvent on n'entend rien, si c'est une musique un peu compliquée qu'on écoute pour la première fois. Et pourtant quand plus tard on m'eut joué deux ou trois fois cette Sonate, je me trouvai la connaître parfaitement. Aussi n'a-t-on pas tort de dire « entendre pour la première fois ». Si l'on n'avait vraiment, comme on l'a cru, rien distingué à la première audition, la deuxième, la troisième seraient autant de premières, et il n'y aurait pas de raison pour qu'on comprît quelque chose de plus à la dixième. Probablement ce qui fait défaut, la première fois, ce n'est pas la compréhension, mais la mémoire. Car la nôtre, relativement à la complexité des impressions auxquelles elle a à faire face pendant que nous écoutons, est infime, aussi brève que la mémoire d'un homme qui en dormant pense mille choses qu'il oublie aussitôt, ou d'un homme tombé à moitié en enfance qui ne se rappelle pas la minute d'après ce qu'on vient de lui dire. Ces impressions multiples, la mémoire n'est pas capable de nous en fournir immédiatement le souvenir. Mais celui-ci se forme en elle peu à peu et, à l'égard des œuvres qu'on a entendues deux ou trois fois, on est comme le collégien qui a relu à plusieurs reprises avant de s'endormir une leçon qu'il croyait ne pas savoir et qui la récite par cœur le lendemain matin. Seulement je n'avais encore, jusqu'à ce jour, rien entendu de cette Sonate, et là où Swann et sa femme voyaient une phrase distincte, celle-ci était aussi loin de ma perception claire qu'un nom qu'on cherche à se rappeler et à la place duquel on ne trouve que du néant, un néant d'où une heure plus tard, sans qu'on y pense, s'élanceront d'elles-mêmes, en un seul bond, les syllabes d'abord vainement sollicitées. Et non seulement on ne retient pas tout de suite les œuvres vraiment rares, mais même au sein de chacune de ces œuvres-là, et cela m'arriva pour la Sonate de Vinteuil, ce sont les parties les moins précieuses qu'on perçoit d'abord. De sorte que je ne me trompais pas seulement en pensant que l'œuvre ne me réservait plus rien (ce qui fit que je restai longtemps sans chercher à l'entendre) du moment que Mme Swann m'en avait joué la phrase la plus fameuse (j'étais aussi stupide en cela que ceux qui n'espèrent plus éprouver de surprise devant Saint-Marc de Venise parce que la photographie leur a appris la forme de ses dômes). Mais bien plus, même quand j'eus écouté la Sonate d'un bout à l'autre, elle me resta presque tout entière invisible, comme un monument dont la distance ou la brume ne laissent apercevoir que de faibles parties.

(*À l'ombre des jeunes filles en fleurs*, 1918)

ÉPISTOLAIRE (ENFER)

La lettre que je suis en train de t'(ou vous) écrire s'est trouvée ici interrompue par suite d'un petit accès assez désagréable que j'ai eu. Et l'accès a duré environ 48 heures (dans l'intervalle je ne sais si Céleste a changé plumes ou encrier mais mon écriture est tout le temps arrêtée). Or comme pendant ces 48 heures, je n'ai reçu aucune lettre de vous (ou toi) il est possible que demain matin quand ma lettre sera partie, un nouveau croisement se produise. C'est une forme de l'enfer épistolaire à laquelle on ne pense pas assez.

(Lettre aux Schiff, vers le 21 juillet 1922)

ÉPÎTRE DÉDICATOIRE

Pastiches et mélanges, a son avantage aussi qui est de pouvoir vous témoigner plus tôt mes sentiments de reconnaissance et d'admiration. Choisissez, si toutefois cela peut vous faire plaisir d'avoir un volume de moi qui vous soit dédié. Or je ne vois que l'un ou l'autre. Car pour *Sodome et Gomorrhe* qui comprendront trois volumes, je compte les laisser tous les trois sans dédicace, le sujet me paraissant exclure toute dédicace.

(Lettre à Walter Berry, 21 janvier 1919)

Erreur perpétuelle

Notre tort est de croire que les choses se présentent habituellement telles qu'elles sont en réalité, les noms tels qu'ils sont écrits, les gens tels que la photographie et la psychologie donnent d'eux une notion immobile. En fait ce n'est pas du tout cela que nous percevons d'habitude. Nous voyons, nous entendons, nous concevons le monde tout de travers. Nous répétons un nom tel que nous l'avons entendu jusqu'à ce que l'expérience ait rectifié notre erreur, ce qui n'arrive pas toujours […] Cette perpétuelle erreur, qui est précisément la « vie », ne donne pas ses mille formes seulement à l'univers visible et à l'univers audible, mais à l'univers social, à l'univers sentimental, à l'univers historique, etc. […] Nous n'avons de l'univers que des visions informes, fragmentées et que nous complétons par des associations d'idées arbitraires, créatrice de dangereuses suggestions.

(*Albertine disparue,* parution posthume)

Esprit

Si le goût des livres croît avec l'intelligence, ses dangers, nous l'avons vu, diminuent avec elle. Un esprit original sait subordonner la lecture à son activité personnelle. Elle n'est plus pour lui que la plus noble des distractions, la plus ennoblissante surtout, car, seuls, la lecture et le savoir donnent les « belles manières » de l'esprit. La puissance de notre sensibilité et de notre intelligence, nous ne pouvons la développer qu'en nous-mêmes, dans les profondeurs de notre vie spirituelle. Mais c'est dans ce contact avec les autres esprits qu'est la lecture, que se fait l'éducation des « façons » de l'esprit. Les lettrés restent, malgré tout, comme les gens de qualité de l'intelligence, et ignorer certain livre, certaine particularité de la science littéraire, restera toujours, même chez un homme de génie, une marque de roture intellectuelle. La distinction et la noblesse consistent dans l'ordre de la pensée aussi, dans une sorte de franc-maçonnerie d'usages, et dans un héritage de traditions.

(« Sur la lecture », *La Renaissance latine*, 15 juin 1905,
réédité sous le tite « Journées de lecture »,
in *Pastiches et mélanges,* 1919)

Esthétique

Ne trouvez-vous pas qu'on exagère un peu pour Moréas ? Je connais trop mal son œuvre pour affirmer. Mais il me semble d'une part qu'écrire purement est moins méritoire quand ce qu'on a à dire est si mince, d'autre part qu'il y a là-dedans bien du pastiche inconscient. Ce qui me désole surtout (ce n'est plus Moréas, mais tout cela se tient) c'est de voir des gens de l'intelligence de Daniel Halévy mettre le goût avant tout, ou du moins ce qu'ils nomment tel, et nier d'avance tout ce que produisent les âges « barbares » (l'adjectif est de lui) qui vont venir. Si Courbet, si Manet, si Renoir avaient été pénétrés d'une telle esthétique, nous n'aurions que du Bouguereau. Ils ont fait classique parce qu'ils ont voulu faire nouveau.

> (Lettre à Paul Morand, 12 avril 1920)

Études

Voir « Carrière »

Eucharistie sociale

Enfin je vous verrai de la manière qui vous plaira le mieux, votre voyage m'a beaucoup ému et vous revoir une seconde fois, puisque dernièrement je vous revoyais après très longtemps sera une grande joie. Mais si cela vous est incommode, cela ne fait rien, j'ai l'habitude de la Présence réelle et d'évoquer dans la solitude. En somme je me passe admirablement des gens que j'aime le mieux. Ne prenez surtout pas la peine de me répondre. Je vous ferai faire un premier téléphonage général pour savoir vos instructions.

> (Lettre à Armand de Guiche, 27 avril 1918)

F

FAS ET NEFAS

Quant au vice de M. de Charlus, il ne l'avait partagé à aucun degré, mais y avait trouvé plutôt un élément de couleur dans le personnage, le « fas et nefas »*, pour un artiste, consistant non dans des exemples moraux, mais dans des souvenirs de Platon ou du Sodoma**.

(La Prisonnière, parution posthume)

FATIGUE

Il y a ainsi dans la vie certaines situations qui ne sont pas toutes créées [...] par la jalousie amoureuse et une santé précaire qui ne permet pas de partager la vie d'un être actif et jeune, mais où tout de même le problème de continuer la vie en commun ou de revenir à la vie séparée d'autrefois se pose d'une façon presque médicale : auquel des deux sortes de repos faut-il se sacrifier (en continuant le surmenage quo-

---

 * Le licite et l'illicite.
 ** Giovanni Bazzi dit le Sodoma (1477-1549), peintre italien.

tidien, ou en revenant aux angoisses de l'absence ?) à celui du cerveau ou à celui du cœur ?

(*La Prisonnière,* parution posthume)

Fauré (Gabriel)

Quant au mélange de litanies et de foutre dont vous me parlez, l'expression la plus délicieuse que j'en connaisse est dans un morceau de piano déjà un peu ancien mais enivrant de Fauré qui s'appelle peut'être *Romance sans paroles.* Je suppose que c'est cela que chanterait un pédéraste qui violerait un enfant de chœur.

(Lettre à Robert de Montesquiou, 26 mars 1912)

Fautes de français

Vous relevez les fautes de français commises par Homais. Mais un personnage doit-il parler comme l'auteur ? Les servantes de Molière s'expriment-elles comme Alceste. Vous me permettrez de croire que « Le tétrarque » vint s'y accouder et « regarde » est une faute d'impression. Jamais Flaubert n'eût fait une faute pareille ; d'autant plus que lorsqu'il fait des fautes de français, c'est pour obtenir un effet de continuité (ici la faute rompait au contraire la continuité). Quand on pense à Flaubert, il faut toujours se rappeler que la phrase qu'il admirait le plus dans la langue française est cette phrase de Montesquieu : « Les vices d'Alexandre étaient extrêmes comme ses vertus ; il était terrible dans la colère ; elle le rendait cruel. » Et je me figure qu'il l'aimait surtout à cause de la façon merveilleuse dont la continuité y est assurée. Certes cette phrase est malgré cela plus légère, plus spontanée, que celles de Flaubert.

(Lettre à Léon Daudet, vers le 7 mars 1920)

Voir « Coquille »

FÊTE

Toute fête, si simple soit-elle, quand elle a lieu longtemps après qu'on a cessé d'aller dans le monde et pour peu qu'elle réunisse quelques-unes des mêmes personnes qu'on a connues autrefois, vous fait l'effet d'une fête travestie, de la plus réussie de toutes, de celles où l'on est le plus sincèrement « intrigué » par les autres, mais où ces têtes, qu'ils se sont faites depuis longtemps sans le vouloir, ne se laissent pas défaire par un débarbouillage, une fois la fête finie. Intrigué par les autres ? Hélas, aussi les intriguant nous-même.

(*Le Temps retrouvé,* parution posthume)

FÉTICHISME LITTÉRAIRE

Le lettré invoque en souriant en l'honneur de tel nom qu'il se trouve dans Villehardouin ou dans Boccace, en faveur de tel usage qu'il est décrit dans Virgile. Son esprit sans activité originale ne sait pas isoler dans les livres la substance qui pourrait le rendre plus fort ; il s'encombre de leur forme intacte, qui, au lieu d'être pour lui un élément assimilable, un principe de vie, n'est qu'un corps étranger, un principe de mort. Est-il besoin de dire que si je qualifie de malsains ce goût, cette sorte de respect fétichiste pour les livres, c'est relativement à ce que seraient les habitudes idéales d'un esprit sans défauts qui n'existe pas, et comme font les physiologistes qui décrivent un fonctionnement d'organes normal tel qu'il ne s'en rencontre guère chez les êtres vivants. Dans la réalité, au contraire, où il n'y a pas plus d'esprits parfaits que de corps entièrement sains, ceux que nous appelons les grands esprits sont atteints comme les autres de cette « maladie littéraire ». Plus que les autres, pourrait-on dire.

> (« Sur la lecture », *La Renaissance latine*, 15 juin 1905,
> réédité sous le titre « Journées de lecture »,
> in *Pastiches et mélanges*, 1919)

FIGARO (LE)

Je suis abonné du *Figaro* depuis plus de trente ans. Toujours quand l'abonnement expirait, on se présentait à domicile pour recevoir le montant du nouveau. Pour la première fois depuis trente ans j'ai appris que mon abonnement était fini par le seul fait que je n'ai pas eu de *Figaro*. Je n'ai pas besoin de te dire que cela ne m'a pas froissé ! et que je pense seulement à vos *intérêts*. Avec votre système, vous vous trouverez perdre – avec un *Figaro* mille fois mieux fait que l'ancien – un grand nombre d'abonnés. Les gens sont négligents, vous n'allez pas à eux, ils n'iront pas à vous. Leur *Figaro* quotidien était une habitude. L'absence de *Figaro* qui dure depuis huit jours (même pour moi qui l'ai fait réclamer) deviendra une habitude aussi, et on verra qu'on peut très bien se passer de *Figaro*.

(Lettre à Robert de Flers, début mars 1922)

Voir « Mort »

FIN (MOT DE LA)

Je ne suis pas encore capable de vous répondre sur *Pauper le Grand* parce que j'ai cassé mes lunettes, il faut qu'on m'en achète et trouve d'autres vous ne savez pas quel drame c'est pour moi. Mais je peux vous dire cette chose insignifiante, ne « détruisez » pas votre livre en le faisant finir par une citation commentée. Je ne suis pas suspect pour la citation elle-même. Dans la préface à Morand (que j'admire cent mille fois moins que Giraudoux tout en étant cent mille fois plus lié avec lui, liaison qui est la raison de ma préface), je dis dans les mêmes termes que vous « cette admirable *Nuit à Châteauroux* ». Mais c'est dans une Préface, une étude critique. Ce serait déjà mauvais dans un roman. C'est impossible pour finir un roman. Si vous désirez exprimer votre admiration pour Giraudoux, dites cela dans la dédicace que vous me faites. Là une phrase de critique littéraire ne sera pas trop déplacée. Mais à la fin du roman personne ne comprendra que vous n'ayez pas fait l'effort suffisant pour trouver le « mot de la fin » au lieu de l'emprunter à Giraudoux. Remarquez qu'à la rigueur vous pourriez mettre ce mot, sans citer Giraudoux, car il est assez quelconque pour que vous puissiez l'avoir tous deux trouvé (et c'est sans doute le cas). Si vous voulez finir ainsi et avez le scrupule de dire que c'est de Giraudoux, alors mettez un petit 1 et en note dites (c'est ainsi d'ailleurs que se termine l'admirable etc.). Mais que votre texte finisse par une chose de vous.

(Lettre à Camille Vettard, vers la fin août 1922)

FIN DU MONDE ANNONCÉE

Je crois que la vie nous paraîtrait brusquement délicieuse, si nous étions menacés de mourir comme vous le dites. Songez, en effet, combien de projets, de voyages, d'amours, d'études, elle – notre vie – tient en dissolution, invisibles à notre paresse qui, sûre de l'avenir, les ajourne sans cesse. Mais que tout cela risque d'être à jamais impossible, comme cela redeviendra beau ! Ah ! si seulement le cataclysme n'a pas lieu cette fois, nous ne manquerons pas de visiter les nouvelles salles du Louvre, de nous jeter aux pieds de Mlle X..., de visiter les Indes. Le cataclysme n'a pas lieu, nous ne faisons rien de tout cela, car nous nous trouvons replacés au sein de la vie normale, où la négligence émousse le désir. Et pourtant nous n'aurions pas dû avoir besoin du cataclysme pour aimer aujourd'hui la vie. Il aurait suffi de penser que nous sommes des humains et que ce soir peut venir la mort.

(Réponse à une enquête, *L'Intransigeant*,
14 août 1922)

FLAUBERT (GUSTAVE)

Dans le style de Flaubert, par exemple, toutes les parties de la réalité sont converties en une même substance, aux vastes surfaces, d'un miroitement monotone. Aucune impureté n'est restée. Les surfaces sont devenues réfléchissantes. Toutes les choses s'y peignent, mais par reflet, sans en altérer la substance homogène Tout ce qui était différent a été converti et absorbé.

(« Sainte-Beuve et Balzac »,
in *Contre Sainte-Beuve,* 1908, publié en 1954)

Comme il a tant peiné sur sa syntaxe, c'est en elle qu'il a logé pour toujours son originalité. C'est un génie grammatical. Et son génie est un dieu à ajouter aux dieux singuliers de *La Tentation de saint Antoine,* il a la forme d'un passé défini, d'un pronom et d'un participe présent. Son originalité immense, durable, presque méconnaissable parce qu'elle s'est tellement incarnée à la langue littéraire de notre temps que nous lisons du Flaubert sous le nom d'autres écrivains sans savoir qu'ils ne font que parler comme lui, est une originalité grammaticale.

(« À ajouter à Flaubert », vers 1910,
in *Contre Sainte-Beuve,* 1908, publié en 1954)

J'ai été stupéfait, je l'avoue, de voir traiter de peu doué pour écrire, un homme qui par l'usage entièrement nouveau et personnel qu'il a fait du passé défini, du passé indéfini, du participe présent, de certains pronoms et de certaines prépositions, a renouvelé presque autant notre vision des choses que Kant, avec ses Catégories, les théories de la Connaissance et de la Réalité du monde extérieur. Ce n'est pas que j'aime entre tous les livres de Flaubert, ni même le style de Flaubert. Pour des raisons qui seraient trop longues à développer ici, je crois que la métaphore seule peut donner une sorte d'éternité au style, et il n'y a pas peut-être pas dans tout Flaubert une seule belle métaphore. Bien plus, ses images sont généralement si faibles qu'elles ne s'élèvent guère au-dessus de celles que pourraient trouver ses personnages les plus insignifiants [...] Mais enfin la métaphore n'est pas tout le style. Et il n'est pas possible à quiconque est un jour monté sur ce grand *Trottoir roulant* que sont les pages de Flaubert, au défilement continu, monotone, morne, indéfini, de méconnaître qu'elles sont sans précédent dans la littérature.

(« À propos du "style" de Flaubert »,
La Nouvelle Revue Française, janvier 1920)

Le subjectivisme de Flaubert s'exprime par un emploi nouveau des temps des verbes, des prépositions, des adverbes, les deux derniers n'ayant presque jamais dans sa phrase qu'une valeur rythmique. Un état qui se prolonge est indiqué par l'imparfait.

(« À propos du "style" de Flaubert »,
La Nouvelle Revue Française, janvier 1920)

Ce qui étonne seulement chez un tel maître, c'est la médiocrité de sa correspondance.

(« À propos du "style" de Flaubert »,
La Nouvelle Revue Française, janvier 1920)

Vraiment ce serait navrant pour Flaubert d'avoir tant travaillé à ses livres et qu'ils ne fussent pas supérieurs à ses lettres.

(Lettre à Jacques Boulenger, 10 janvier 1920)

Flaubert avait une certaine idée, peut'être un peu lourde, de la beauté. Il lui sacrifiait la correction, et bien d'autres choses. Si l'on se place à votre point de vue, la première faute de français de *L'Éducation sentimentale*, c'est le titre. Il est même obscur, puisque vous l'interprétez : L'Éducation du Sentiment. Moi je comprends tout autrement : l'Éducation purement sentimentale, où les maîtres n'ont fait appel chez le jeune homme qu'ils avaient à élever, qu'au sentiment. Si j'ai raison, le roman de Flaubert auquel ce titre conviendrait le mieux, c'est *Madame Bovary*. Pour cette héroïne-là, je n'ai aucun doute, elle est victime d'une éducation sentimentale [...] C'est un peu lourd mais depuis cent ans toute innovation littéraire a été dans un sens un peu vulgaire, aux yeux des contemporains. Et il faut savoir gré à Flaubert, en instaurant une espèce de prose à la Courbet, d'avoir maintenu malgré cela la tradition de Bossuet.

(Lettre à Léon Daudet, vers le 7 mars 1920)

Voir à « Coquille », « Correspondance », « *Éducation sentimentale (L')* », « Faute de français », « Grammaire », « Intelligence », « Métaphore », « Pastiche », « Titre »

FLEURS

Ne me grondez pas pour mes chrysanthèmes et pour mon amitié. Ce sont des choses assez mélancoliques sans cela et d'ailleurs de trop peu de prix pour que vous deviez y prendre garde. D'ailleurs vous me serez une fois pour toutes reconnaissante des rares fleurs, quand vous saurez, Madame, qu'elles vous épargnent toujours une lettre de moi. Et si humbles soient-elles, elles seront toujours plus jolies et mieux nuancées que ma prose.

(Lettre à Mme Straus, 22 novembre 1890)

Voici quinze Chrysanthèmes, douze pour vos douze quand ils seront fanés, trois pour compléter les douze vôtres ; j'espère que les tiges seront excessivement longues comme je l'ai recommandé. Et que ces fleurs fières et tristes comme vous – fières d'être belles, tristes que tout soit si bête – vous plairont.

(Lettre à Laure Hayman, 2 novembre 1892)

Je voudrais savoir vous remercier des instants passés – si présents pour moi ! – d'hier. Mais ces fleurs auront une fraîcheur, des nuances, une grâce cultivée que mes remerciements n'auraient pas. J'espère rester à vos yeux, modeste puisque je ne célèbre mes fleurs qu'au détriment de mon esprit. J'ai confié cette tâche difficile de vous plaire, à des « lys béats » et à des iris de Florence pâles et sans doute greffés sur « une rose ». Du reste pour m'élever à votre estime je me suspends aux ailes de vos *Chauves-souris.*

> (Carte de visite accompagnant des fleurs,
> à Robert de Montesquiou, vers avril 1893)

FORAIN

Voir « *Off the record* »

FORME

M. de La Sizeranne a admirablement traduit une page où Ruskin montre que les lignes maîtresses d'un arbre nous font voir quels arbres néfastes l'ont jeté de côté, quels vents l'ont tourmenté etc. La configuration d'une chose n'est pas seulement l'image de sa nature, c'est le mot de sa destinée et le tracé de son histoire.

> (« John Ruskin », *La Gazette des Beaux-Arts*,
> 1er avril 1900)

FORTUNY

Savez-vous du moins si jamais Fortuny dans des robes de chambre a pris pour motifs de ces oiseaux accouplés, buvant par exemple dans un vase, qui sont si fréquents à St Marc, dans les chapiteaux byzantins. Et savez-vous aussi s'il y a à

Venise des tableaux (je voudrais quelques titres) où il y a des manteaux, des robes, dont Fortuny se serait (ou aurait pu) s'inspirer. Je rechercherais la reproduction du tableau et je verrais s'il peut moi m'inspirer.

(Lettre à Mme de Madrazo, 6 février 1916)

Quant à Fortuny, j'aimerais beaucoup savoir de quels Carpaccio il s'est inspiré ou a pu s'inspirer, et dans ces Carpaccio de quelle robe exactement et dans quelle mesure. Voici pourquoi. En principe dans la suite de mon *Swann*, je ne parle d'aucun artiste puisque c'est une œuvre non de critique mais de vie. Mais il est probable, si du moins je laisse les derniers volumes tels qu'ils sont, qu'il y aura une exception unique et pour des raisons de circonstance et de charpente romanesque, et que cette exception sera Fortuny.

(Lettre à Mme de Madrazo, 17 février 1916)

À moins d'un remaniement (possible d'ailleurs, si je le juge nécessaire) à son sujet, le « leitmotiv » Fortuny, peu développé, mais capital jouera son rôle tour à tour sensuel, poétique, douloureux.

(Lettre à Mme de Madrazo, 17 février 1916)

FOU RIRE

Il faut puisque vous êtes si gentil que vous nous rendiez un service ce soir, dont comprendront seulement l'importance ceux qui connaissent l'horreur *inéluctable* de certaines calamités physiques. Depuis huit jours nous ne pouvons Lucien ni moi nous trouver en présence l'un de l'autre sans être pris et gardés par le plus aveugle, le plus douloureux et le plus irrésistible fou rire. Et si nous ne savions pas maintenant que vous serez chez Delafosse nous n'y serions pas allés à cause de cela. Comme Delafosse ou Gregh pourraient s'en blesser vous serez bien gentil de leur dire de ne pas être plus susceptibles que M. et Mme Daudet qui depuis huit jours supportent avec patience et calment par leurs consolations ce mal d'autant plus hideux qu'il prend une des expressions de *l'âme* et peut tromper par là sur les intentions de celle-ci.

(Lettre à Robert de Montesquiou, décembre 1895)

FRANCE (ANATOLE)

Depuis quatre ans, Monsieur, le samedi est mon jour de fête, où *Le Temps* m'apporte la plus pure des joies. Depuis quatre ans j'ai lu, relu jusqu'à les retenir par cœur, vos livres divins. Et depuis quatre ans je vous ai tant aimé que je crois vous comprendre un peu [...] Vous m'avez appris à trouver dans les choses, dans les livres, dans les idées, et dans les hommes, une beauté dont auparavant je ne savais pas jouir. Vous m'avez embelli l'univers et moi-même je suis si ami avec vous qu'il n'y a pas de jour où je ne pense à vous plusieurs fois, encore que j'aie quelque embarras à me figurer votre personne physique. J'ai fait avec le souvenir des heures d'exquises délices que vous m'avez procurées, une chapelle toute pleine de vous, au fond de mon cœur.

(Lettre à Anatole France, vers le 15 mai 1889)

FRANÇOIS LE CHAMPI

Je sais trop combien ces images laissées par l'esprit sont aisément effacées par l'esprit. Aux anciennes il en substitue de nouvelles qui n'ont plus le même pouvoir de résurrection. Et si j'avais encore *François le Champi* que maman sortit un soir du paquet de livres que ma grand-mère devait me donner pour ma fête, je ne le regarderais jamais ; j'aurais trop peur d'y insérer peu à peu de mes impressions d'aujourd'hui couvrant complètement celles d'autrefois […].

(*Le Temps retrouvé,* parution posthume)

FROMENTIN (EUGÈNE)

Voir « Musset (Alfred de) »

FUMIGATION

Je m'aperçois trop tard que ma fumigation a roussi ma feuille de papier à lettres et qu'un coin est écorné. Mais je suis si fatigué que je ne recommence pas ma lettre et j'espère que tu m'excuseras.

(Lettre à Lionel Hauser, 20 ou 21 octobre 1912)

G

Gallimard (Gaston)

Paraître à la *Nouvelle Revue Française* est encore beaucoup plus tentant pour moi depuis que vous m'avez dit que mon lecteur et mon éditeur serait M. Gallimard. Je l'ai rencontré une fois et j'ai gardé de lui un si bon souvenir, que pour moi qui suis malade et que les rapports avec un éditeur effrayent déjà, tout devient simple et charmant si l'éditeur c'est lui.

(Lettre à Jacques Copeau, 24-25 octobre 1912)

Aujourd'hui où je semble entrer dans une période d'accalmie, je peux écrire un peu. Et pourtant entrer dans la voie des reproches, quelle difficile chose ! J'ai tâché de toujours préserver notre amitié – notre virtualité d'amitié puisque hélas nous n'avons encore jamais eu vous les loisirs, moi la santé, d'en réaliser la puissance. Elle a survécu à tant de petites choses – qui à la longue deviennent grandes – (vous l'avez d'ailleurs vous-même préservée par tant de gentillesse) que j'hésite à mettre entre nous la cristallisation brutale de griefs en suspens. Permettez-moi d'ajourner, peut'être « *sine die* », ce débat.

(Lettre à Gaston Gallimard, vers le 3 décembre 1919)

À ce propos Cher ami comme le personnage de *L'Éducation sentimentale* qui oublie chaque fois de demander à son ami ce que c'est que la fête de la Tête de Veau (ici par discrétion c'est moi qui reprends la plume) j'oublie toujours de vous demander ce que vous avez voulu me dire un soir où vous êtes venu pendant la guerre me voir boulevard Haussmann, et où vous m'avez dit « vous savez que je vous dois de l'argent ». C'est déjà très ancien. Comme nous n'étions pas seuls, j'ai fait un geste évasif et depuis je veux toujours vous demander à quoi cela faisait allusion, et toujours j'oublie. Mais ne vous en préoccupez pas. Je vous le demande par curiosité et c'est tout.

(Lettre à Gaston Gallimard, vers le 26 décembre 1919)

Si j'ai toujours eu le désir de vous voir, vous avez multiplié entre vous et moi les barrières. À l'heure qu'il est, vous ne m'avez encore jamais dit où vous demeurez, et comme vous êtes peu à la *Revue*, j'en suis réduit avec vous aux communications d'utilité pratique et professionnelle.

(Lettre à Gaston Gallimard, 26 juin 1920)

Avant cela je vous accuse réception des 7 500 francs de *Guermantes*, mais tiens à vous dire que si vous êtes gêné en ce moment, je peux très bien dès que je les aurai touchés, vous prêter (sur ces 7 500) 3 000 francs. Je ne suis pas un auteur cherchant à ennuyer un éditeur qu'au contraire j'aime vivement. Loin de chercher à tirer sur la corde, vous avez vu que quand j'ai eu le prix Goncourt, je n'ai nullement demandé à améliorer mes conditions de Grasset, et si je vous parle quelquefois du tort qu'involontairement vous vous faites, c'est uniquement par affection et parce que je sais que ce que j'entends peut vous être utile, et que vous ne le sauriez pas sans cela. Ne pensez pas que j'aie songé une seconde, comme vous semblez le croire à vous parler question « maîtresse » ! Je ne suis pas si idiot ni si indiscret que de me mêler de la vie privée de mes amis ! Si j'ai parlé de la fausse barbe c'est pour vous montrer jusqu'où peut aller l'imbécillité des gens, et au milieu de quelles vipères on vit. J'ajoute que Dieu merci il n'y a pas que des vipères.

(Lettre à Gaston Gallimard, mi-janvier 1921)

À vous mon cher Gaston que j'aime de tout mon cœur (bien que vous pensiez quelquefois le contraire !) et avec qui ce serait si gentil de passer de longues et réconfortantes soirées. Mais vous ne prenez jamais l'initiative. Les miennes échouent toujours devant un téléphone aussi « éloignant » qu'au temps où vous refusiez Swann. Votre bien reconnaissant et bien fidèle et bien tendre ami.

(Envoi autographe d'un exemplaire
de *Du côté de Guermantes II* à Gaston Gallimard,
vers le 11 mai 1921)

À cet égard, je dois vous dire que si gentille que soit votre proposition de mettre *Sodome III* au net avec moi, et si fort qu'elle me touche, je ne puis l'accepter puisque vous refusez des honoraires pour cela. J'ajoute que je le comprends très bien et ne vois pas le directeur de la *Nouvelle Revue Française* transformé en dactylographe ! Mais comprenez vous aussi que les bons comptes faisant les bons amis, ma bonne amitié ne saurait souffrir que vous preniez pour moi une peine qui déjà par elle-même est d'un caractère inférieur à votre situation (mais ce point est secondaire car on a souvent vu dans l'histoire de l'art des personnages importants faire litière pour un artiste leur ami de ces questions contingentes et lui rendre des services qu'ils élevaient par là même jusqu'à leur hauteur au lieu de descendre à eux), sans que vous en retiriez même un avantage matériel. Je crois qu'à tous les points de vue cette combinaison est donc à écarter.

(Lettre à Gaston Gallimard, vers le début janvier 1922)

Un dernier mot en attendant de vous voir mon cher Gaston. Si les proportions un peu vastes qu'a prises la *Recherche du temps perdu* vous donnaient quelque regret d'en avoir entrepris la publication, ne craignez pas de me froisser ni de me nuire. Je l'abriterais dans ce cas ailleurs, et sans rester un de vos auteurs, demeurerais votre ami. Je dis cela à tout hasard et pour ne pas risquer de vous encombrer, mais serai sans cela, ramier fidèle, très heureux de pondre de tous mes œufs à ce « Vieux Colombier » littéraire qu'est votre maison. Sur ce point ne prenez pas la peine de me répondre. Il sera toujours temps si le jour vient où vous en avez assez que j'émigre ailleurs. Et je veux simplement vous mettre à votre aise.

(Lettre à Gaston Gallimard, 18 janvier 1922)

Voir à « Éditeur », « *NRF* »

GAUTIER (THÉOPHILE)

Je croyais apercevoir une antiquité merveilleuse à travers ce Moyen Âge que seul Gautier pouvait me révéler. Mais j'aurais voulu qu'au lieu de dire cela furtivement, après l'ennuyeuse description d'un château que le trop grand nombre de termes que je ne connaissais pas m'empêchait de me figurer le moins du monde, il écrivît tout le long du volume [*Le Capitaine Fracasse*] des phrases de ce genre et me parlât de choses qu'une fois son livre fini je pourrais continuer à connaître et à aimer. J'aurais voulu qu'il me dît, lui, le seul sage détenteur de la vérité, ce que je devais penser au juste de Shakespeare, de Saintine, de Sophocle, d'Euripide, de Silvio Pellico que j'avais lu pendant un mois de mars très froid, marchant, tapant des pieds, courant par les chemins, chaque fois que je venais de fermer le livre dans l'exaltation de la lecture finie, des forces accumulées dans l'immobilité, et du vent salubre qui soufflait dans les rues du village. J'aurais voulu surtout qu'il me dît si j'avais plus de chance d'arriver à la vérité en redoublant ou non ma sixième et en étant plus tard diplomate ou avocat à la Cour de cassation. Mais aussitôt la belle phrase finie il se mettait à décrire une table couverte « d'une telle couche de poussière qu'un doigt aurait pu y tracer des caractères », chose trop insignifiante à mes yeux pour que je pusse même y arrêter mon attention ; et j'en étais réduit à me demander quels autres livres Gautier avait écrits qui contenteraient mieux mon inspiration et me feraient connaître enfin sa pensée tout entière.

(« Sur la lecture », *La Renaissance latine*, 15 juin 1905, réédité sous le titre « Journées de lecture », in *Pastiches et mélanges*, 1919)

Voir à « Classique », « Décadent », « Style »

Généalogie

J'ai cessé de lire Chateaubriand (dont j'ai fait un pastiche) et suis en plein Saint-Simon qui est mon grand divertissement. Tout de même il y a une fameuse différence avec les *Mémoires d'outre-tombe*. Mais je m'occupe surtout de niaiseries, de généalogie, etc. Je vous jure que ce n'est pas par snobisme cela m'amuse énormément.

(Lettre à Georges de Lauris, début janvier 1909)

Généalogique (susceptibilité)

En transmettant toutes mes amitiés à votre mari, dites-lui que par un phénomène bizarre dont il connaît sûrement le nom scientifique, qu'il sera si gentil de m'apprendre, depuis que j'ai écrit que le nom des Murat ne pouvait être égalé à celui de Gramont et que j'ai célébré les grandeurs de la maison d'Aure, la Princesse Murat me dit encore bonjour, mais le Duc de Gramont a entièrement cessé. Mes plus profondes révérences, mes paroles les plus empressées, restent sans résultat. Peut-être pourrait-il déléguer la fonction peu absorbante de me dire bonjour à son fils Louis-René, si un funeste éditeur n'y voit pas d'inconvénients. En tout cas les bonjours sont de peu d'importance à qui se sait à la veille des suprêmes adieux.

(Lettre à la duchesse de Guiche, 27-28 juin 1920)

GÉNÉTIQUE LITTÉRAIRE

[…] l'acquéreur trouvant que mes épreuves corrigées ne contiennent pas assez d'écriture de moi (il est absurde car presque chaque page corrigée, autant qu'il m'en souvient, a, collée au bas, une page supplémentaire manuscrite, car j'ajoute beaucoup en corrigeant) demande à ce que je joigne à ces épreuves corrigées, *mon manuscrit primitif de Sodome II* (peut'être même, je n'ai pas là sa lettre, de *Sodome I*) ! manuscrit primitif qui naturellement est tout entier de mon écriture […] Mais ce qui me fait hésiter c'est que les bibliothèques de ce monsieur doivent à sa mort aller à l'État. Or la pensée ne m'est pas très agréable que n'importe qui (si on se soucie encore de mes livres) sera admis à compulser mes manuscrits, à les comparer au texte définitif, à en induire des suppositions qui seront toujours fausses sur ma manière de travailler, sur l'évolution de ma pensée etc. Tout cela m'embête un peu et je me demande si je ne ferais pas mieux parmi mes dépenses absurdes et inutiles d'en supprimer pour 5 ou 7 mille francs plutôt que de sentir cette indiscrétion posthume. Mais je n'ai pas encore pu me former une idée bien précise à ce sujet.

(Lettre aux Schiff, vers le 21 juillet 1922)

GHÉON (HENRI)

Sur Ghéon je ne suis pas suffisamment averti (ni inverti, ni converti).

(Lettre à Jacques Boulenger, 18 avril 1921)

GIDE (ANDRÉ)

Cher ami, je ne sais pas si je vous ai parlé de ce qu'a été pour moi une visite de vous, quand tout d'un coup, à un certain sourire que vous avez eu, j'ai vu se répandre en nappes sur votre visage (que j'aime d'ailleurs tant sans cela) ce que je croyais un mot vide de sens, au moins au point de vue physique et matériellement perceptible, la Beauté Morale.

(Lettre à André Gide, fin 1917)

Voir « Écrivain (grand) »

GIRAUDOUX (JEAN)

Je viens de lire l'*Adorable Clio*. Est-ce que je croyais avoir lu jusqu'ici du Giraudoux mais ne l'avais pas fait ? Je ne peux pas m'expliquer autrement que l'*Adorable Clio* ait été pour moi une révélation extraordinaire. J'ai une telle admiration pour ce livre que je vais écrire à Giraudoux pour le lui dire [...] Il n'y a pas une ligne dans le livre de Giraudoux où je n'aie à admirer. Il y a des défauts de style insignifiants et un manque apparent de largeur qui tient à cet entrecroisement de continuelles innovations. Mais c'est étonnant. Relue, la *Nuit à Châteauroux* m'a plu encore davantage. Je n'oserai pas dans ma lettre lui demander s'il faisait vraiment faire exprès des fautes à Pavel (ruce au lieu de russe). Je serais désolé que Giraudoux fût méchant. Ce n'est pas incompatible avec le talent. Mais c'est embêtant de ne pas aimer sans réserves [...]

Je reviendrai peut'être sur mon impression. Actuellement c'est celle d'un extraordinaire emballement pour une façon de peindre n'importe quoi. Toute chose est reflétée dans un œil qui n'est presque pas humain tant il est différent. Je dois m'exagérer.

(Lettre à Paul Morand, fin août 1920)

Voir « Fin (mot de la) »

GOBINEAU (ARTHUR DE)

Sa conception historique des traditions orales qui consiste à interroger un « cavalier nomade » sur les mœurs d'un roi fabuleux ! son côté collectionneur de pierres gravées et amateur de perruches, son insolence avec les gens du monde, son irritation d'être appelé toujours bon Gobineau, tout cela me plaît à un point !

(Lettre à Robert Dreyfus, 14 mai 1905)

Goethe (Johann Wolfgang)

Voir à « Écrivains (silhouettes d') », « *Journal* », « Poétique (la création) », « Souvenir »

Golf

Sans cela je vous aurais vu comme autrefois au golf, ou au polo, tous ces jeux stupides et dangereux qui ont jadis rendu Guiche si malade, cassé le bras à l'un, une côte à l'autre. Je trouve stupides tous ces jeux de balles. Faites attention.

(Lettre à Jacques Porel, 15 août 1919)

Gomorrhéennes

« Tenez, regardez, ajouta-t-il en me montrant Albertine et Andrée qui valsaient lentement, serrées l'une contre l'autre, j'ai oublié mon lorgnon et je ne vois pas bien, mais elles sont certainement au comble de la jouissance. On ne sait pas assez que c'est surtout par les seins que les femmes l'éprouvent. Et, voyez, les leurs se touchent complètement. » En effet, le contact n'avait pas cessé entre ceux d'Andrée et ceux d'Albertine. Je ne sais si elles entendirent ou devinèrent la réflexion de Cottard, mais elles se détachèrent légèrement l'une de l'autre tout en continuant à valser. Andrée dit à ce moment un mot à Albertine et celle-ci rit du même rire pénétrant et profond que j'avais entendu tout à l'heure. Mais le trouble qu'il m'apporta cette fois ne me fut plus que cruel ; Albertine avait l'air d'y montrer, de faire constater à Andrée quelque frémissement voluptueux et secret. Il sonnait comme les premiers ou les derniers accords d'une fête inconnue.

(*Sodome et Gomorrhe*, 1921)

GONCOURT (*JOURNAL* DE JULES ET EDMOND DE)

Chez la princesse Mathilde, le méfiant dédain inspiré par la personne de M. de Goncourt était quelque chose d'affligeant. J'ai vu là des femmes, même intelligentes, se livrer à des manèges pour éviter de lui dire leur « jour ». « Il écoute, il répète, il fait ses *Mémoires* sur nous. » Cette subordination de tous les devoirs, mondains, affectueux, familiaux, au devoir d'être le serviteur du vrai, aurait pu faire la grandeur de M. de Goncourt, s'il avait pris le mot de vrai dans un sens plus profond et plus large, s'il avait créé plus d'êtres vivants dans la description desquels le carnet du croquis oublié de la mémoire vous apporte sans qu'on le veuille un trait différent, extensif et complémentaire. Malheureusement, au lieu de cela, il observait, prenait des notes, rédigeait un journal, ce qui n'est pas d'un grand artiste, d'un créateur. Ce journal, malgré tout, si calomnié, reste un livre délicieux et divertissant.

(« Les Goncourt devant leurs cadets : M. Marcel Proust »,
réponse dans *Le Gaulois*, 27 mai 1922)

GRÂCE (ÉTAT DE)

Les personnes médiocres croient généralement que se laisser guider ainsi par les livres qu'on admire, enlève à notre faculté de juger une partie de son indépendance. « Que peut vous importer ce que sent Ruskin : sentez par vous-même. » Une telle opinion repose sur une erreur psychologique dont feront justice tous ceux qui, ayant accepté ainsi une discipline spirituelle, sentent que leur puissance de comprendre et de sentir en est infiniment accrue, et leur sens critique jamais paralysé. Nous sommes simplement alors dans un état de grâce où toutes nos facultés, notre sens critique aussi bien que les autres, sont accrues. Aussi cette servitude volontaire est-elle le commencement de la liberté. Il n'y a pas de meilleure manière d'arriver à prendre conscience de ce qu'on sent soi-même que d'essayer de recréer en soi ce qu'a senti un maître. Dans cet effort profond c'est notre pensée elle-même que nous mettons, avec la sienne, au jour. Nous sommes libres dans la vie, mais en ayant des buts : il y a longtemps qu'on a percé à jour le sophisme de la liberté d'indifférence. C'est à un sophisme tout aussi naïf qu'obéissent sans le savoir les écrivains qui font à tout moment le vide dans leur esprit, croyant le débarrasser de toute influence extérieure, pour être bien sûrs de rester personnels. En réalité les seuls cas où nous disposons vraiment de toute notre puissance d'esprit sont ceux où nous ne croyons pas faire œuvre d'indépendance, où nous ne choisissons pas le but de notre effort. Le sujet du romancier, la vision du poète, la vérité du philosophe s'imposent à eux d'une façon presque nécessaire, extérieure pour ainsi dire à leur pensée. Et c'est en soumettant son esprit à rendre cette vision, à approcher de cette vérité que l'artiste devient vraiment lui-même.

(« John Ruskin », préface du traducteur
à *La Bible d'Amiens* de John Ruskin, 1904)

GRAMMAIRE

Laissons de côté, je ne dis même pas les simples inadvertances, mais la correction grammaticale ; c'est une qualité utile mais négative (un bon élève, chargé de relire les épreuves de Flaubert, eût été capable d'en effacer bien des fautes). En tout cas, il y a une beauté grammaticale (comme il y a une beauté morale, dramatique, etc.) qui n'a rien à voir avec la correction. C'est d'une beauté de ce genre que Flaubert devait accoucher laborieusement. Sans doute cette beauté pouvait tenir parfois à la manière d'appliquer certaines règles de syntaxe.

(« À propos du "style" de Flaubert »,
La Nouvelle Revue Française, janvier 1920)

Voir « Flaubert (Gustave) »

GRANDEUR LITTÉRAIRE

Il n'y a de réel pour un écrivain que ce qui peut refléter individuellement sa pensée, c'est-à-dire ses œuvres. Qu'il soit ambassadeur, prince, célèbre, cela n'est rien. Que sa vanité d'homme le recherche, cela peut être funeste pour l'écrivain, mais peut-être sans cela se laisserait-il anéantir par la paresse ou abrutir par la débauche ou consumer par la maladie. Mais du moins, il devrait savoir que cela n'a pas de réalité littéraire. C'est ce qui me gêne dans Chateaubriand qui a l'air content d'avoir été un grand personnage. Même grand personnage littéraire, qu'est-ce que cela fait ? C'est une vue matérialiste de la grandeur littéraire et par conséquent fausse, puisqu'elle est toute spirituelle. Pourtant, il fait belle figure et dans son charme il y a de la grandeur. Mais ce n'est pas parce qu'il était noble, mais parce qu'il avait l'imagination noble.

(« Notes sur le monde mystérieux de Gustave Moreau »,
sans date, in *Nouveaux Mélanges*, 1954)

Grand homme

Le proverbe – par extraordinaire – est faux qui dit : « Il n'y a pas de grand homme pour son valet de chambre. » Et il devrait être retouché ainsi : « Il n'y pas de grand homme pour ses amphitryons, il n'y a pas de grand homme pour ses invités. »

(Préface à *Propos de peintre. De David à Degas*
de Jacques-Émile Blanche, 1919)

Grec

Voir « Traduction »

Greffulhe (comtesse)

J'ai enfin vu (hier chez Mme de Wagram) la comtesse Greffulhe. Et un même sentiment, qui me décida à vous dire mon émotion à la lecture des *Chauves-souris*, vous impose comme confident de mon émotion d'hier soir. Elle portait une coiffure d'une grâce polynésienne, et des orchidées mauves descendaient jusqu'à sa nuque, comme les « chapeaux de fleurs » dont parle M. Renan. Elle est difficile à juger, sans doute parce que juger c'est comparer, et qu'aucun élément n'entre en elle qu'on ait pu voir chez aucune autre ni même nulle part *ailleurs*. Mais tout le mystère de sa beauté est dans l'éclat, dans l'énigme surtout de ses yeux. Je n'ai jamais vu une femme aussi belle. Je ne me suis pas fait présenter à elle, et je ne demanderai cela pas même à vous, car en dehors de l'indiscrétion qu'il pourrait y avoir à cela, il me semble que j'éprouverais plutôt à lui parler un trouble douloureux. Mais je voudrais bien qu'elle sache la grande impression qu'elle m'a donnée et si, comme je crois, vous la voyez très souvent, voulez-vous la lui dire ? J'espère vous déplaire moins en admirant celle que vous admirez par-dessus toutes choses et je l'admirerai dorénavant d'après vous, selon vous, et comme disait Malebranche « en vous ».

(Lettre à Robert de Montesquiou, vers le 2 juillet 1893)

J'ai commencé de répondre à quelques lettres de félicitation (!) pour ce prix [*Goncourt*]. Puis je suis tombé si malade qu'il en reste 800 devant moi sans que j'aie la force de recommencer. La vôtre m'a fait plaisir et peine. J'étais redescendu du Cher ami, au Cher Monsieur et ami, puis au Cher Monsieur, puis au Monsieur, en y joignant les « sentiments distingués » je croyais n'avoir plus de degré à descendre. Je me trompais. Cette fois-ci c'est à la troisième personne que vous me faites savoir que la Comtesse Greffulhe etc. Si j'ai jamais un autre prix, je pense que vous n'écrirez même plus et qu'une note, dans la chronique de Gabriac, préviendra le lecteur que la Comtesse Greffulhe a appris avec plaisir etc. *Sic transit gloria mundi.*

> (Lettre à la comtesse Greffulhe, 19 janvier 1920)

GUERMANTES (DUCHESSE DE)

La Duchesse de Guermantes est exactement le contraire de la Princesse de Guermantes. Sauf qu'elle est vertueuse, elle (la Duchesse de Guermantes) ressemble un peu à la poule coriace que je pris jadis pour un oiseau de paradis et qui ne savait comme un perroquet que me répondre « Fitz James m'attend » quand je voulais la capturer sous les arbres de l'avenue Gabriel. En faisant d'elle un puissant Vautour, j'empêche au moins qu'on la prenne pour une vieille pie. Ces duretés sont du reste toutes verbales car je reste navré comme au premier jour qu'elle m'ait méconnu autrefois.

> (Lettre au duc de Guiche, 17 juin 1921)

Je ne discute pas en ce moment dans quelle mesure vous êtes la duchesse de Guermantes de mon livre. Mais même si cette mesure est moins grande que vous ne croyez il n'en reste pas moins vrai que tous les journaux d'Angleterre, d'Amérique, de Suisse, etc., ont fait des études sur la duchesse de Guermantes en tant que vous coïncidez, c'est-à-dire en tant que vous êtes célébrée sans une réserve, qu'un cours est professé en Suède et que des conférences ont été faites en Hollande et en Suisse sur vous, indirectement, que j'ai reçu à votre sujet plus de 800 lettres auxquelles je n'ai pas eu la force de répondre et que la seule personne qui n'ait pas eu l'idée de m'écrire est justement vous. C'était à parier et mes débuts du côté de l'avenue de Marigny ne pouvaient pas me laisser grande illusion sur leur continuation, purement littéraire cette fois, du côté de Guermantes. Il arrive pourtant qu'être méconnu à vingt ans de distance, par une même personne, sous des formes aussi incompréhensibles, et sans que les sornettes des rivales trop malignes, puissent être une excuse, est un des seuls grands chagrins que puisse ressentir à la fin de sa vie un homme qui a renoncé à tout.

(Lettre à Mme de Chevigné, vers septembre 1921)

GUERMANTES (ESPRIT DE)

En tout cas, les gens du monde sont si bêtes qu'il m'est arrivé ceci : agacé de voir Saint-Simon parler toujours du langage si particulier aux Mortemart sans jamais nous dire en quoi il consistait, j'ai voulu tenir le coup et essayer de faire un « esprit de Guermantes ». Or, je n'ai pu trouver mon modèle que chez une femme non « née », Mme Straus, la veuve de Bizet. Non seulement les mots cités sont d'elle (elle n'a pas voulu que je dise son nom dans le livre), mais j'ai pastiché sa conversation. Je vous dirai une chose plus curieuse. Dans *Guermantes II*, que vous ne connaissez pas, mon héros reçoit une invitation chez la princesse de Guermantes (cousine de la duchesse). Cela lui paraît si élégant qu'il a peur qu'on lui ait fait une farce. Or, ce trait n'est pas de moi. M. d'Haussonville, le père, raconte, dans ses *Mémoires*, que lui et son ami, M. d'Aramon, avaient si envie d'être invités chez Mme Delessert, que, l'ayant été, ils allèrent s'informer chacun de leur côté si c'était bien vrai, ne pouvant croire à leur bonheur. Ce sont peut-être les deux seules fois dans toute mon œuvre que je n'ai pas « inventé » de toutes pièces.

(Lettre à Paul Souday, vers le 6-7 novembre 1920)

Guermantes (milieu)

D'ailleurs ne croyez-vous pas, bien que ce n'ait pas été pour moi la raison déterminante, qu'un garçon terne a plus de chance de faire florès chez la duchesse de Guermantes qu'un intelligent ? J'ai été très jeune dans ce milieu. Je n'y disais que des niaiseries admirées. Un jour j'ai parlé intelligemment, on m'a rayé des dîners pour six mois, on m'a gardé pour les bals.

(Lettre à Jacques Boulenger, 17 mai 1921)

Guerre

J'ai plus foi que jamais dans notre victoire. Mais je trouve que certains arguments demanderaient à être rajeunis ou perfectionnés. L'argument de la forteresse par exemple est vrai, mais en raison inverse de la grandeur de la forteresse. Comme en multipliant indéfiniment les côtés d'un polygone, on le voit se confondre avec la circonférence, suppose (*horresco referens* – « horresco » très roumain) que les Boches ce qu'à Dieu ne plaise conquièrent toute la terre, ils seraient dans une forteresse, mais y seraient à l'aise. Actuellement je trouve leur forteresse un peu vaste pour mon goût. Je crois que plus tôt on pourra en retrancher la Pologne etc. etc., plus l'argument deviendra topique et mieux ce sera.

(Lettre à Antoine Bibesco, 1er janvier 1916)

Mme de Chevigné et M. Greffulhe m'ont raconté des histoires d'autrefois qui vous eussent intéressé comme des potins de l'Ancien Régime, tant est profond le fossé qui sépare les années d'avant la guerre de cette formidable convulsion géologique.

(Lettre à Charles d'Alton, vers le 14 février 1916)

Et à propos des derniers événements mon regret de ne te voir que si rarement s'avive de ce qu'en somme nous n'avons jamais parlé sérieusement de ce qui au fond est bien naturellement la plus grave de nos pensées – la Guerre. Or je me figure – et cet éloge a si j'ose le dire une assez grande valeur dans ma bouche étant le seul des gens que je connais à ne m'être jamais trompé depuis le début, sans doute parce que je ne suis pas égaré, vivant seul, par les « renseignements » – que tu dois être un des regards les plus clairs et les plus profonds à cet égard. Le fait que quelques mois avant la guerre, toi seul as mentionné la possibilité d'une conflagration européenne, est déjà un signe de haute clairvoyance.

(Lettre à Lionel Hauser, 21 décembre 1916)

Je crois qu'une victoire nous ferait du bien. C'est un remède que nous pouvons tous nous souhaiter.

(Lettre à Mme Straus, 12 janvier 1917)

Le *Gaulois* s'affligerait particulièrement de la mort d'un duc, mais je pleure la mort de tout le monde, même les gens que je n'ai jamais vus. C'est un sens que nous a ajouté la guerre, par l'exercice effroyable de l'angoisse quotidienne, celui qui fait souffrir pour des inconnus.

(Lettre à la princesse Soutzo, fin octobre 1917)

Princesse, je ne vous parle pas de la guerre. Je l'ai hélas assimilée si complètement que je ne peux pas l'isoler, je ne peux pas plus parler des espérances et des craintes qu'elle m'inspire qu'on ne peut parler des sentiments qu'on éprouve si profondément qu'on ne les distingue pas de soi-même. Elle est moins pour moi un objet (au sens philosophique du mot) qu'une substance interposée entre moi-même et les objets. Comme on aimait en Dieu, je vis dans la guerre. (Vous savez ces névralgies qu'on ne cesse pas de sentir pendant qu'on parle d'autre chose, même pendant qu'on dort.) Quant au canon et aux gothas, je vous avouerai que je n'y ai jamais pensé une seconde ; j'ai peur de choses beaucoup moins dangereuses – des souris par exemple – mais enfin n'ayant pas peur des bombardements et ignorant encore le chemin de ma cave (ce que les autres locataires ne me pardonnent pas) il y aurait affectation de ma part de feindre de les redouter.

(Lettre à la princesse Soutzo, 9 avril 1918)

J'aurais été heureux plusieurs fois dans ces jours passés de vous voir, si le mot heureux peut bien s'employer actuellement. Le bonheur est actuellement réduit à la douceur qu'on éprouve à communier ensemble à l'office des Ténèbres. Car c'est vraiment ténèbres. J'ai foi dans la lueur mais ne sais d'où elle viendra.

(Lettre à Jacques Truelle, 5 juin 1918)

Théorème : la France n'arrivait pas à vaincre sans l'Amérique, Walter Berry a décidé l'Amérique, donc Walter Berry est le vainqueur de la plus grande de toutes les guerres. Bien entendu je sais qu'il n'y a pas que vous : j'ai le culte de Mangin, de Foch, de Joffre. Je sais qu'à la Marne il n'y avait ni Amérique, ni Angleterre, ni Italie et qu'on a arrêté les Allemands. Je sais aussi que les Allemands ont des velléités et des ébauches de grandes victoires, mais ratent le « punctum ». Tout de même ils pouvaient rater chaque fois, si nous n'arrivions qu'à ce sublime Verdun, cela ne pourrait pas toujours durer ainsi. Donc nécessité de Walter Berry.

(Lettre à Walter Berry, vers le 20 février 1919)

Le mot de vos deux camarades « puisqu'on n'est pas mort », est, nous sommes d'accord là-dessus, admirable. Mais j'ai peut'être le droit, ayant prouvé bien des fois dans ma vie que j'étais absolument indifférent à la mort, de dire que ce serait une maxime bien pernicieuse, sinon pour une Introduction à la vie Chrétienne, du moins pour une philosophie militaire. Sans doute ce qui absout le soldat de tuer c'est qu'il peut aussi bien être tué. Mais même si le soldat, ayant aussi grande âme que vos deux amis, va jusqu'à souhaiter d'être tué, son devoir est pourtant de chercher à ne pas l'être. La course à la mort n'est pas la marche à la victoire. Généralisée elle empêcherait toute victoire. D'ailleurs nous sommes certainement tous d'accord là-dessus et ce n'est que pour le plaisir de rester un instant de plus avec vous, sans doute, que j'écris ces vérités de La Palice. Vos amis sont des saints, ce qui est déjà sublime, mais plus saints en vérité que ne furent les milices chrétiennes de tous les âges, lesquelles (cela est très sensible à Bouvines) cherchèrent toujours plutôt à vaincre qu'à mourir. Il faut que les soldats comprennent que la mort volontaire, même à la guerre, est un suicide. Encore une fois je ne dis cela pour personne en particulier et n'ai pas la prétention de donner des leçons de virilité à ceux que je considère comme des héros.

(Lettre à Jean Binet-Valmer, 14 décembre 1919)

Voir « Paix »

H

HAAS (CHARLES)

Le prototype de Swann était M. Charles Haas, Haas l'ami des princes, l'israélite du Jockey. Mais ce n'était qu'un point de départ.

(Lettre à Harry Swann, 10-11 décembre 1920)

Voir « Swann »

HAHN (REYNALDO)

Je vous avais apporté des petites choses de moi et le début du roman [*Jean Santeuil*] que Yeatman lui-même près de qui j'écrivais a trouvé très poney. Vous m'aiderez à corriger ce qui le serait trop. Je veux que vous y soyez tout le temps mais comme un dieu déguisé qu'aucun mortel ne reconnaît. Sans cela c'est sur tout le roman que tu serais obligé de mettre « déchire ».

(Lettre à Reynaldo Hahn, mars 1896)

[...] petit Mozart dont vous me semblez si souvent la réincarnation que cela fait croire à la transmigration des âmes [...] Est-ce que tu ne conviens pas que nous achetions un hôtel historique où tu représenterais dans un étage et moi l'autre. Il me semble que dans l'ancien hôtel des Archevêques de Sens ou des Bénédictins anglais ta prélature et ma vermine feraient un contraste assez sanctifiant.

(Lettre à Reynaldo Hahn, 29 avril 1912)

Halévy (Daniel)

Voir « Esthétique »

Hardy (Thomas)

Voir à « Anglaise (littérature) », « Eliot (George) », « Souvenir »

Hayman (Laure)

Qu'une femme simplement désirable, simple objet de convoitise, ne puisse que diviser ses adorateurs, les exaspérer les uns contre les autres, c'est bien naturel. Mais quand une femme comme une œuvre d'art nous révèle ce qu'il y a de plus raffiné dans le charme, de plus subtil dans la grâce, de plus divin dans la beauté, de plus voluptueux dans l'intelligence, une commune admiration pour elle réunit, fraternise. On est coreligionnaire en Laure Hayman. Et comme cette divinité est très particulière, que son charme n'est pas accessible à tout le monde, qu'il faut pour le saisir des goûts assez raffinés, comme une initiation du sentiment de l'esprit, il est bien juste qu'on s'aime entre fidèles qu'on se comprenne entre initiés. Aussi votre étagère de Saxes (presque un autel !) me paraît-elle une des choses les plus charmantes qu'on puisse voir – et qui ont dû le plus rarement exister depuis Cléopâtre et Aspasie. Aussi je propose d'appeler ce siècle-ci le siècle de Laure Hayman, dynastie régnante : celle des Saxes.

(Lettre à Laure Hayman, 2 novembre 1892)

HOMO DUPLEX

Je me souviens de ce que tu m'a jadis écrit du néo-bouddhisme, et d'autre part des insuffisances que tu trouves à la philosophie de Bergson par défaut de doctrine dogmatique de croyance. Je ne m'étonne donc pas que le « sujet » des œuvres d'art t'intéresse autant qu'il intéressait Dostoïevski (point de vue qui n'est pas le mien mais que je juge avec impartialité et déférence et sympathie) et que cet intérêt soit décuplé quand ce sujet est précisément l'œuvre où Ruskin déclarait contenus les principes suffisants de toute morale individuelle et de toute sagesse politique. C'est te dire combien je comprends que le Décalogue michelangelesque t'intéresse plus que les variations du Change, et combien je t'estime plus encore d'être ainsi l'*homo duplex* qui n'est pas confiné dans son seul travail et qui garde ce que Montaigne appelait trop modestement l'arrière-boutique puisqu'elle donne sur l'infini.

(Lettre à Lionel Hauser, mi-mai 1917)

Homosexualité

Vous savez que j'ai fâché beaucoup d'homosexuels par mon dernier chapitre. J'en ai beaucoup de peine. Mais ce n'est pas ma faute si M. de Charlus est un vieux monsieur, je ne pouvais pas brusquement lui donner l'aspect d'un pâtre sicilien comme dans les gravures de Taormine. En tout cas vous voyez que, si je pense jusqu'à la dernière goutte quand il s'agit de définir et de reproduire l'esprit des Guermantes, les autres sujets ne sont pas caressés ni effleurés.

(Lettre à Jacques Boulenger, 16 mai 1921)

Que l'homosexualité ne soit pas, à notre époque du moins (au temps de Platon c'était se conformer à la coutume et un « féministe » de ce temps-là avait un « ami » par snobisme philosophique comme un homosex aujourd'hui entretient une danseuse, « un dévot est un homme qui sous un prince athée serait athée ») une perversion, tel n'est pas mon avis. Une perversion avec supériorités compensatrices. Tout au plus peut-on dire que dans ces volumes la question de moralité ne me semble pas engagée par cette perversion toute nerveuse. Mais dans les volumes suivants la moralité elle-même ne semblera plus séparée par une cloison [...] Pour ce qui est de l'inversion, ma formule serait : « L'homosexualité est l'aspect illusoire, esthétique, théorique, sous lequel s'apparaît à elle-même, se plaît à considérer, l'inversion. »

(Lettre à Roger Allard, vers le 8 mai 1922)

J'ai été surpris de voir combien les Guermantes qui lisent mes livres se rendent peu compte combien c'est scandaleux. Les Guermantes femmes, fort vertueuses, font cercle autour de moi. Ou elles ne comprennent pas ce qu'elles lisent ; ou peut-être elles ont regardé autour d'elles et se disent que la proportion des gens atteints de « vices honteux » est un tout petit peu plus forte dans le monde que dans mes livres où du moins les Cottard, les Elstir, les Bergotte, les Norpois, etc. etc. gardent la tradition de ce qui était autrefois « normal ».

(Lettre à Jacques Boulenger, vers le 15 juin 1922)

Voir à « Charlus (baron de) », « Ghéon (Henri) », « Homosexualité » (la *Tristesse d'Olympio* de l') « Salaïsme », « Sodomistes », « Tante »

Homosexualité (la *Tristesse d'Olympio* de l')

Dans cette dernière scène [*de* Splendeurs *et* misères des courtisanes] de cette première partie de la *Tétralogie* de Balzac (car dans Balzac, c'est rarement le roman qui est l'unité ; le roman est constitué par un cycle, dont un roman n'est qu'une partie) chaque mot, chaque geste, a ainsi des dessous dont Balzac n'avertit pas le lecteur et qui sont d'une profondeur admirable. Ils relèvent d'une psychologie si spéciale et qui, sauf par Balzac, n'a jamais été faite par personne, qu'il est assez délicat de les indiquer. Mais tout, depuis la manière dont Vautrin arrête sur la route Lucien qu'il ne connaît pas et dont le physique seul a donc pu l'intéresser, jusqu'à ces gestes involontaires par lesquels il lui prend le bras, etc., dont le faux chanoine colore aux yeux de Lucien, et peut-être aux siens mêmes, une pensée inavouée. La parenthèse à propos de l'homme qui a la passion de manger du papier n'est-elle pas aussi un trait de caractère admirable de Vautrin et de tous ses pareils, une de leurs théories favorites, le peu qu'ils laissent échapper de leur secret ? Mais le plus beau sans conteste est le merveilleux passage où les deux voyageurs passent devant les ruines du château de Rastignac. J'appelle cela la *Tristesse d'Olympio* de l'Homosexualité : *Il voulut tout revoir, l'étang près de la source.*

(« Sainte-Beuve et Balzac »,
in *Contre Sainte-Beuve*, 1908, publié en 1954)

HÔTEL

J'ai l'intention, sans être encore pourtant décidé, de rejoindre dans quelques jours ou un peu plus tard mes parents au lac de Genève. Mes parents seront à Évian mais comme je demande aux hôtels des qualités de solitude et de silence dont les hôtels d'Évian bondés de monde me paraissent dépourvus, je voudrais habiter un coin moins fréquenté. J'ai prié un de mes amis de se renseigner sur les hôtels de Thonon car il habite de ce côté. Mais on me parle aussi d'un hôtel d'Amphion où dit-on il n'y a jamais personne [...] S'il est propre je ne tiens nullement à ce qu'il soit somptueux. Mais ce que je voudrais savoir, c'est pour moi le point important, c'est si il est assez vide pour qu'on puisse y avoir une chambre isolée, où l'on puisse dormir aussi tard qu'on veut, *sans entendre marcher au-dessus de sa tête et dans les chambres contiguës.* Si vraiment il y a très peu de monde c'est peut'être possible [...]

P.S. Et ce serait très intéressant pour moi de savoir si dans cet hôtel il y a des volets et des vrais rideaux aux fenêtres qui font la *nuit* dans la chambre – Et si les gens de l'hôtel sont aimables et sympathiques.

(Lettre à Constantin de Brancovan, 15 août 1899)

Malheureusement, je crains que la vie d'hôtel ne soit mal-gré tout trop bruyante. Le Ritz, qui m'est si familier, me serait insupportable à habiter, on entend les téléphonages, les bains, les coliques, à des distances incroyables. J'ai eu l'impression qu'on pouvait davantage insérer une cloche pneumatique dans le Meurice. De plus comme je me suis relativement bien porté à Cabourg quand j'ai eu un étage très élevé au-dessus de la mer, j'ai toujours voulu essayer la même chose au-dessus de la Seine [...] Ma femme de chambre a oublié de vous demander (mais je le demanderai au Ritz et c'est évidemment la même chose au Meurice), si à l'hôtel on est exempté d'impôts. Car sans cela comme un appartement d'hôtel doit être cher, cela s'élèverait, s'il y avait des impôts proportionnels à payer comme dans un appartement, à des prix bien élevés pour moi.

(Lettre à Mme Edwards, 5 mai 1919)

Voir « Ritz (hôtel) »

Humanités

Les révoltes d'une jeunesse troublée par les tendances actuelles sont très naturelles ; elles existent en littérature, en poésie, au théâtre. Elles sont latentes dans l'air qu'on respire, dans l'éducation qu'on reçoit. Et il faut une grande force de caractère pour résister au courant. Pourtant, en littérature on reconnaîtra immédiatement celui dont les études classiques sont restreintes, qui dans sa jeunesse aura négligé ce que nos pères appelaient les « humanités » ; de même en peinture on reconnaît ceux qui, n'ayant pas suffisamment étudié, n'ont pour toute ressource dans l'art que leur improvisation. Tel maître de l'école moderne a beau vouloir l'oublier, sa main, son dessin d'une sûreté merveilleuse, son œil infaillible, se souviennent qu'il a été prix de Rome.

(« Galerie Georges Petit. Exposition internationale de peinture », *Le Mensuel*, n° 3, décembre 1890)

I

Identification
Idolâtrie
Image
Image de soi
Imagination
Imitation
Imparfait de l'indicatif
Impôts
Impudicité
Inconscient
Inexprimable (l')
Ingénuité

Inintelligible
Injure
Inquiétude
Insomnie
Intellectuel
Intelligence
Intermittences du cœur (Les)
Invertis
Invitation (carton d')
Israélites

IDENTIFICATION

En effet, « reconnaître » quelqu'un, et plus encore, après n'avoir pas pu le reconnaître, l'identifier, c'est penser sous une seule dénomination deux choses contradictoires, c'est admettre que ce qui était ici l'être qu'on se rappelle n'est plus, et que ce qui y est, c'est un être qu'on ne connaissait pas, c'est avoir à percer un mystère presque aussi troublant que celui de la mort dont il est, du reste, comme la préface et l'annonciateur.

(*Le Temps retrouvé,* parution posthume)

IDOLÂTRIE

Si, parce qu'une fleur (la passiflore) porte sur elle les instruments de la Passion, il est sacrilège d'en faire présent à une personne d'une autre religion, et si le fait qu'une maison ait été habitée par Balzac (s'il n'y reste d'ailleurs rien qui puisse nous renseigner sur lui) la rend plus belle. Devons-nous vraiment, autrement que pour lui faire un compliment esthétique, préférer une personne parce qu'elle s'appellera Bathilde comme l'héroïne de Lucien Leuwen ?

La toilette de Mme de Cadignan est une ravissante invention de Balzac parce qu'elle donne une idée de l'art de Mme de Cadignan, qu'elle nous fait connaître l'impression que celle-ci veut produire sur d'Arthez et quelques-uns de ses « secrets ». Mais une fois dépouillée de l'esprit qui est en elle, elle n'est plus qu'un signe dépouillé de sa signification, c'est-à-dire rien ; et continuer à l'adorer, jusqu'à s'extasier de la retrouver dans la vie sur un corps de femme, c'est là proprement de l'idolâtrie. C'est le péché intellectuel favori des artistes et auquel il en est bien peu qui n'aient succombé. *Felix culpa* ! est-on tenté de dire en voyant combien il a été fécond pour eux en inventions charmantes.

(« John Ruskin », préface du traducteur
à La Bible d'Amiens de John Ruskin, 1904)

IMAGE

Le temps qui change les êtres ne modifie pas l'image que nous avons gardée d'eux.

(Le Temps retrouvé, parution posthume)

Nous avons beau savoir que les années passent, que la jeunesse fait place à la vieillesse, que les fortunes et les trônes les plus solides s'écroulent, que la célébrité est passagère, notre manière de prendre connaissance et, pour ainsi dire, de prendre le cliché de cet univers mouvant, entraîné par le temps, l'immobilise au contraire.

> (*Le Temps retrouvé,* parution posthume)

Voir « Photographie »

IMAGE DE SOI

Il me semble que si vous vous souvenez de moi, vous ne me trouveriez guère changé. Il est vrai que je ne me suis jamais de ma vie regardé dans une glace, mais il paraît que je n'ai pas un cheveu gris et que j'ai plutôt engraissé.

> (Lettre à Louis de Robert, vers le 21 mai 1919)

IMAGINATION

Comment, sachant probablement que j'ai toute ma vie connu des duchesses de Guermantes, n'avez-vous pas compris l'effort qu'il m'avait fallu faire pour me mettre à la place de quelqu'un qui n'en connaîtrait pas et souhaiterait d'en connaître ? Là comme pour le rêve, etc., etc., j'ai tâché de voir les choses par le dedans, d'étudier l'imagination. Les romanciers snobs, ce sont ceux qui, du dehors, peignent ironiquement le snobisme qu'ils pratiquent. Puisque vous êtes ami de la princesse Lucien Murat, elle peut vous dire à quel âge les Guermantes de tout genre m'étaient familiers.

> (Lettre à Paul Souday, 6-7 novembre 1920)

IMITATION

J'ai toujours tâché, pensant que l'admiration doit éviter l'imitation – sauf dans le « pastiche » avoué, de m'évader le plus possible de vos merveilleux livres, quand j'écrivais. Il n'en est pas moins vrai (et la comparaison ne vous flattera pas, je le crains) que la composition de *Du côté de chez Swann* a reflété malgré moi l'ordonnance de mon roman préféré, *La Double Maîtresse*. Certes je n'y ai pas songé ! Mais je me rends compte maintenant que la première partie consacrée au jeune homme, la deuxième (*Un amour de Swann*) revenant sur un passé lointain que le jeune homme n'a appris que par récit, la troisième retournant au jeune homme, témoigne (fort maladroitement et fort inconsciemment) de l'ineffaçable impression que m'a laissée cette vie de M. de Galandot entre le premier et le troisième épisode de *La Double Maîtresse**. Des impressions telles que celles de la petite « Madeleine » mais ce *Du côté de chez Swann* vous ne devez plus vous en souvenir du tout n'a-t-il pas quelque chose des raisins et de la « péripétie » de mon livre n'est-elle pas suspendue comme celle du vôtre à la brusque réminiscence d'une sensation ? Enfin les traits symétriques d'autres traits se trouvent dans mon ouvrage (et je ne parle plus ici de *Du côté de chez Swann* mais de la *Recherche du temps perdu* tout entière) placés généralement dans un autre volume, parce que le plan est très vaste.

(Lettre à Henri de Régnier, 28 novembre 1920)

---

* Roman d'Henri de Régnier publié en 1900.

Imparfait de l'indicatif

J'avoue que certain emploi de l'imparfait de l'indicatif – de ce temps cruel qui nous présente la vie comme quelque chose d'éphémère à la fois et de passif, qui au moment même où il retrace nos actions les frappe d'illusion, les anéantit dans le passé sans nous laisser comme le « parfait », la consolation de l'activité – est resté pour moi une source inépuisable de mystérieuses tristesses.

(« Sur la lecture », *La Renaissance latine*, 15 juin 1905, réédité sous le titre « Journées de lecture » in *Pastiches et mélanges*, 1919)

Impôts

Le fisc me demande ce que j'ai touché comme droits d'auteur en 1921. Je ne vous aurais jamais transmis cette demande, étant excédé de ces niaiseries de l'État si des hasards physiologiques combinés ne m'avaient permis d'être assez tonifié pour vous écrire ces choses vaines. Mais du moment que je vous l'écris je vous serais obligé par retour du courrier de me répondre, afin que nous marchions toujours bien ensemble et que l'un de nous deux à son grand regret – je suppose que ce serait un regret pour vous comme pour moi – risque de démentir l'autre.

(Lettre à Gaston Gallimard, vers le 3 octobre 1922)

Je ne sais que répondre au contrôleur qui m'interroge sévèrement sur mes bénéfices littéraires de 1921. J'ai si peur de faire une « fausse déclaration » que j'ai envie de dire que Gallimard me donnait un million par jour. C'est inextricable.

(Lettre à Paul Morand, vers le début novembre 1922)

IMPUDICITÉ

Je trouve l'impudicité une chose horrible. Elle me paraît bien pire que la débauche.

(Lettre à Daniel Halévy, aux environs de l'automne 1888)

INCONSCIENT

Je me rappelle qu'une fois, comme je sortais de chez Blanche, je montai chez un de ces jeunes gens qui, probablement, « recevait » ce jour-là sans que je le susse.

(Préface à *Propos de peintre. De David à Degas* de Jacques-Émile Blanche, 1919)

En effet, vous avez mille fois raison, cher Walt Whitman de notre temps et de notre pays, et nous n'avons plus qu'à subir sans frein ce que nous dicte notre inconscient. Et c'est toute mon esthétique. Mais est-ce bien laisser parler l'inconscient que de noter avec les yeux seulement, sans *impression* véritable, les boutons à pression des dames etc., des dames enchantées qui doivent trouver cela infiniment original, mais cher ami vous êtes trop l'intelligence même pour ne pas savoir que cela est de la simple notation. Vous devez dire cela avec votre belle voix qui se fait alors farouche et cela doit être ainsi très beau. Mais c'est écrit, il n'y a plus votre voix.

(Lettre à Paul Morand, vers le 10 octobre 1919)

Voir à « Construction », « Intelligence »

INEXPRIMABLE (L')

Mais tout compte fait, il n'y a que l'inexprimable, que ce qu'on croyait ne pas réussir à faire entrer dans un livre qui y reste. C'est quelque chose de vague et d'obsédant comme le souvenir. C'est une atmosphère. L'atmosphère bleuâtre et pourprée de *Sylvie*. Cet inexprimable-là, quand nous ne l'avons pas ressenti nous nous flattons que notre œuvre vaudra celle de ceux qui l'ont ressenti, puisque en somme les mots sont les mêmes. Seulement ce n'est pas dans les mots, ce n'est pas exprimé, c'est tout mêlé entre les mots, comme la brume d'un matin de Chantilly.

(« Gérard de Nerval »,
in Contre Sainte-Beuve, 1908, publié en 1954)

INGÉNUITÉ

Ingénuité ? On nous parle bien de celle de la chanteuse et, en nous en parlant, on nous amuse, sans nous persuader : nous respectons trop les ingénues pour vouloir leur donner Mlle Yvette Guilbert pour compagne, et nous avons trop souvent goûté, au Concert Parisien et au Nouveau Cirque, les piquantes délices de cette personne pour appeler cela de l'ingénuité ? Ingénuité ? Faudrait-il donc parler de celle du critique qui fait cinq conférences sur Yvette Guilbert, cinq de plus que M. Ganderax sur Molière ? Mais ce n'est pas non plus précisément de l'ingénuité. C'est quelque chose – si j'ose employer un mot que M. Prudhomme nous envierait et dont il décorerait certes ses propos aujourd'hui – de très « fin de siècle », et, ce qui n'est pas difficile, de bien plus fin de siècle que Mlle Yvette Guilbert.

(« Pendant le carême », *Le Mensuel*, n° 7, février 1891)

INTELLIGIBLE

Votre bel article m'a fait grand plaisir et je vous suis bien reconnaissant d'attacher ainsi de l'importance à un livre de moi, même « moins substantiel ». Voilà hélas plusieurs fois (déjà au temps lointain de *Du côté de chez Swann*) que vous m'accablez avec la phrase de « chapeau ». Celle que vous citez de moi (en conformité absolue avec le texte de *Guermantes II*) est absolument inintelligible […] Je ne cherche pas à m'absoudre ainsi du reproche fort justifié de faire souvent des phrases trop longues, trop sinueusement attachées aux méandres de ma pensée. J'ai ri de bon cœur à votre : « C'est limpide. » Mais je vous ai trouvé trop bienveillant de prétendre qu'à la troisième lecture cela devient clair, car pour ma part je n'y comprends rien. Vous pensez si j'ai été honoré de lire à côté de mon nom ceux de Bergson et d'Einstein.

[…] Mais littérairement, vous semblez féliciter Saint-Simon d'être resté plus « sommaire ». Je n'ai naturellement pas l'idée folle de croire que je suis au niveau de l'homme de génie qui a écrit les *Mémoires*. Je sais trop les milliers de mètres qui me séparent de son Altitude. Mais dans les choses où Saint-Simon est sommaire, je crois qu'un autre écrivain remplit son devoir en tâchant d'approfondir [...] Hé bien pour M. de Charlus j'ai fait comme pour la duchesse de Guermantes, je n'ai pas cru devoir être « sommaire ».

(Lettre à Paul Souday, 11 mai 1921)

Injure

Ce n'est pas mon prochain livre qui est inconvenant, c'est le suivant (qui l'est atrocement) et je vous supplie de ne pas croire qu'il est « spirituel », je ne connais pas de plus grande injure pour un livre.

(Lettre à Mme de Maugny, fin octobre 1920)

Inquiétude

On ne peut comprendre à quel point cette inquiétude agitait, et par là même avait momentanément enrichi, l'esprit de M. de Charlus. L'amour cause ainsi de véritables soulèvements géologiques de la pensée. Dans celui de M. de Charlus qui, il y a quelques jours, ressemblait à une plaine si uniforme qu'au plus loin il n'aurait pu apercevoir une idée au ras du sol, s'étaient brusquement dressées, dures comme la pierre, un massif de montagnes, mais de montagnes aussi sculptées que si quelque statuaire, au lieu d'emporter le marbre, l'avait ciselé sur place et où se tordaient, en groupes géants et titaniques, la Fureur, la Jalousie, la Curiosité, l'Envie, la Haine, la Souffrance, l'Orgueil, l'Épouvante et l'Amour.

(*Sodome et Gomorrhe*, 1921)

Ce qui m'occupait l'esprit n'était pas ce qu'elle avait pu dire d'intelligent, mais tel mot qui éveillait chez moi un doute sur ses actes ; j'essayais de me rappeler si elle avait dit ceci ou cela, de quel air, à quel moment, en réponse à quelle parole, de reconstituer toute la scène de son dialogue avec moi, à quel moment elle avait voulu aller chez les Verdurin, quel mot de moi avait donné à son visage l'air fâché. Il se fût agi de l'événement le plus important que je ne me fusse pas donné tant de peine pour en rétablir la vérité, en restituer l'atmosphère et la couleur juste. Sans doute ces inquiétudes, après avoir atteint un degré où elles nous sont insupportables, on arrive parfois à les calmer entièrement pour un soir. La fête où l'amie qu'on aime doit se rendre, et sur la vraie nature de laquelle notre esprit travaillait depuis des jours, nous y sommes conviés aussi, notre amie n'y a de regards et de paroles que pour nous, nous la ramenons, et nous connaissons alors, nos inquiétudes dissipées, un repos aussi complet, aussi réparateur que celui qu'on goûte parfois dans ce sommeil profond qui suit les longues marches. Et, sans doute, un tel repos vaut que nous le payions à un prix élevé. Mais n'aurait-il pas été plus simple de ne pas acheter nous-même, volontairement, l'anxiété, et plus cher encore ? D'ailleurs, nous savons bien que, si profondes que puissent être ces détentes momentanées, l'inquiétude sera tout de même la plus forte. Parfois, même, elle est renouvelée par la phrase dont le but était de nous apporter le repos. Mais, le plus souvent, nous ne faisons que changer d'inquiétude. Un des mots de la phrase qui devait nous calmer met nos soupçons sur une autre piste. Les exigences de notre jalousie et l'aveuglement de notre crédulité sont plus grands que ne pouvait supposer la femme que nous aimons.

(*La Prisonnière,* parution posthume)

INSOMNIE

Voir « Véronal »

INTELLECTUEL

Je me crois assez intellectuel pour pouvoir me plaire avec des êtres excellents et charmants mais inintellectuels et quand les dames « littéraires » comme Mme de Clermont-Tonnerre ou Mme Lucien Murat se scandalisent qu'un être qu'elles jugent devoir être « éthéré » puisse avoir une amitié fraternelle pour d'Albufera qu'elles s'imaginent une brute, je pense sans oser le leur dire (et d'ailleurs elles sont loin d'être les seules à penser ainsi) que je crois que les raisons de mon cœur valent bien celles que leur Raison connaît (sans ingratitude d'ailleurs pour des femmes charmantes à qui je dois infiniment, que je reverrais demain si je guérissais, mais qui ont le tort de mépriser comme inintelligents des gens qui n'ont pas l'étiquette d'intellectuel).

(Lettre à Lionel Hauser, 29 mai 1916)

INTELLIGENCE

Chaque jour j'attache moins de prix à l'intelligence. Chaque jour je me rends mieux compte que ce n'est qu'en dehors d'elle que l'écrivain peut ressaisir quelque chose de nos impressions passées, c'est-à-dire atteindre quelque chose de lui-même et la seule matière de l'art. Ce que l'intelligence nous rend sous le nom de passé n'est pas lui.

(Projet de préface à *Contre Sainte-Beuve*, 1908, publié en 1954)

Vous dirais-je que je ne crois même pas à l'intelligence *première* en nous [...] je pose avant elle l'inconscient qu'elle est destinée à clarifier – mais qui fait la réalité, l'originalité d'une œuvre. Et sans doute qu'elle puisse le clarifier, en donner des équivalents, signifie qu'ils ne sont pas choses irréductibles (comme par exemple le monde physique est en somme intellectuel puisque les lois de l'esprit s'appliquent à lui, qu'on peut en faire la Science). Mais tout cela n'a aucun sens dit si incomplètement dans une lettre, je suis trop fatigué pour insister, et vous pour me lire.

(Lettre à Jacques Rivière, début septembre 1919)

INTERMITTENCES DU CŒUR (LES)

Comme je crois que vous ne permettriez pas de mettre « I » sur le premier volume, je donne au premier volume le titre *Le Temps perdu*. Si je peux faire tenir tout le reste en un seul volume je l'appellerai *Le Temps retrouvé*. Et au-dessus de ces titres particuliers, j'inscrirai le titre général qui fait allusion dans le monde moral à une maladie du corps : *Les Intermittences du cœur.*

(Lettre à Eugène Fasquelle, 28 octobre 1912)

Chez Flaubert, par exemple, l'intelligence, qui n'était peut-être pas des plus grandes, cherche à se faire trépidation d'un bateau à vapeur, couleur des mousses, îlot dans une baie. Alors arrive un moment où on ne trouve plus l'intelligence (même l'intelligence moyenne de Flaubert), on a devant soi le bateau qui file « rencontrant des trains de bois qui se mettaient à onduler sous le remous des vagues ». Cette ondulation-là, c'est de l'intelligence transformée, qui s'est incorporée à la matière. Elle arrive aussi à pénétrer les bruyères, les hêtres, le silence et la lumière des sous-bois. Cette transformation de l'énergie où le penseur a disparu et qui traîne devant nous les choses, ne serait-ce pas le premier effort de l'écrivain vers le style ?

(Préface à *Tendres Stocks*, de Paul Morand, 1921)

INVERTIS

Voir « Je »

INVITATION (CARTON D')

Je vous remercie beaucoup de l'invitation, prestigieuse et si simple, que j'ai reçue pour le 24. Quand le moindre

bourgeois (pris ici en opposition avec artiste) fait grima-
cer, sur une invitation à un bal sordide, un arlequin, un
couple enlacé, un masque, ou une levrette, j'aime à regarder,
promesse de tant de joies rares, cette assurance si simple
d'événements si extraordinaires. C'est le correct et glorieux
pendant de la cravate noire le jour de la conférence.

(Lettre à Robert de Montesquiou, début mai 1894)

ISRAÉLITES

J'ai toujours remarqué (ceci dit à propos du canon sur
l'église Saint-Gervais) que les israélites avaient toujours eu
un goût particulier pour les choses et les noms de la religion
catholique. Les noms m'échappent un peu en ce moment
mais enfin les Halphen habitent le « Monastère », Mme Henri
de Rothschild l'*Abbaye* des Vaux de Cernay, Mme Singer
Neufmoustiers ce qui veut dire aussi Monastère, Mme Porgès
une autre Abbaye, une autre une « Commanderie », etc. etc.
Pareillement, quand Mme Jules Porgès maria sa fille, je me
souviens qu'au contrat il y avait tellement de crucifix, de
missels etc. qu'un ami avec qui j'étais et qui était fort mal
élevé, demanda à la maîtresse de maison si elle n'avait pas,
étant encore un peu novice mêlé les Sacrements et confondu
le mariage avec la première Communion. Ceci pour en revenir à l'église Saint-Gervais où il y avait un Général mais qui
s'appelait le général Frankfort (et est je crois le cousin de ma
tante propriétaire), un nombre considérable de Mendelsohn,
nom qui s'accompagne parfois de celui de Mayer, quand il
ne signe pas les Berlinoises « Romances sans paroles ». Et
tutti quanti. Dans ces conditions la visite du Grand Rabbin

ne m'a pas paru avoir le caractère exclusivement d'Union Sacrée qui a touché les Journaux et le Pape semble avoir peu lu les listes quand il déplore d'autant plus ce malheur qu'il s'agissait « de catholiques particulièrement fervents ». Ou alors « l'Enchantement du Vendredi Saint » les avait touché de sa grâce subite. Enfin catholiques ou juifs, je ne suis pas moins navré de cette hécatombe.

(Lettre à Lionel Hauser, 3 avril 1918)

Souvent nous rencontrions les sœurs de Bloch que j'étais obligé de saluer depuis que j'avais dîné chez leur père. Mes amies ne les connaissaient pas. « On ne me permet pas de jouer avec des Israélites », disait Albertine. La façon dont elle prononçait « issraêlite » au lieu d'« izraëlite » aurait suffi à indiquer, même si on n'avait pas entendu le commencement de la phrase, que ce n'était pas de sentiments de sympathie envers le peuple élu qu'étaient animées ces jeunes bourgeoises, de familles dévotes, et qui devaient croire aisément que les Juifs égorgeaient les enfants chrétiens. « Du reste, elles ont un sale genre, vos amies », me disait Andrée avec un sourire qui signifiait qu'elle savait bien que ce n'était pas mes amies. « Comme tout ce qui touche à la tribu », répondait Albertine sur le ton sentencieux d'une personne d'expérience.

(*À l'ombre des jeunes filles en fleurs,* 1918)

J

Jalousie

C'était comme si la jalousie, pareille un peu en cela à
ces maladies qui semblent avoir leur siège, leur source de
contagionnement, moins dans certaines personnes que
dans certains lieux, dans certaines maisons, n'avait pas eu
tant pour objet Odette elle-même que ce jour, cette heure
du passé perdu où Swann avait frappé à toutes les entrées
de l'hôtel d'Odette. On aurait dit que ce jour, cette heure
avaient seuls fixé quelques dernières parcelles de la personnalité amoureuse que Swann avait eue autrefois et qu'il ne
les retrouvait plus que là. Il était depuis longtemps insou-
cieux qu'Odette l'eût trompé et le trompât encore. Et pourtant il avait continué pendant quelques années à rechercher
d'anciens domestiques d'Odette, tant avait persisté chez lui
la douloureuse curiosité de savoir si ce jour-là, tellement
ancien, à six heures, Odette était couchée avec Forcheville.
Puis cette curiosité elle-même avait disparu, sans pourtant
que ses investigations cessassent. Il continuait à tâcher d'apprendre ce qui ne l'intéressait plus, parce que son moi ancien,
parvenu à l'extrême décrépitude, agissait encore machinalement, selon des préoccupations abolies au point que Swann

ne réussissait même plus à se représenter cette angoisse, si forte pourtant autrefois qu'il ne pouvait se figurer alors qu'il s'en délivrât jamais et que seule la mort de celle qu'il aimait (la mort qui, comme le montrera plus loin, dans ce livre, une cruelle contre-épreuve, ne diminue en rien les souffrances de la jalousie) lui semblait capable d'aplanir pour lui la route, entièrement barrée, de sa vie.

(À l'ombre des jeunes filles en fleurs, 1918)

La jalousie est aussi un démon qui ne peut être exorcisé, et revient toujours incarner une nouvelle forme. Puissions-nous arriver à les exterminer toutes, à garder perpétuellement celle que nous aimons, l'Esprit du Mal prendrait alors une autre forme, plus pathétique encore, le désespoir de n'avoir obtenu la fidélité que par force, le désespoir de n'être pas aimé.

(La Prisonnière, parution posthume)

D'ailleurs, la jalousie est de ces maladies intermittentes, dont la cause est capricieuse, impérative, toujours identique chez le même malade, parfois entièrement différente chez un autre. Il y a des asthmatiques qui ne calment leur crise qu'en ouvrant les fenêtres, en respirant le grand vent, un air pur sur les hauteurs ; d'autres en se réfugiant au centre de la ville, dans une chambre enfumée. Il n'est guère de jaloux dont la jalousie n'admette certaines dérogations. Tel consent à être trompé pourvu qu'on le lui dise, tel autre pourvu qu'on le lui cache, en quoi l'un n'est guère moins absurde que l'autre, puisque, si le second est plus véritablement trompé en ce qu'on lui dissimule la vérité, le premier réclame, en

J

cette vérité, l'aliment, l'extension, le renouvellement de ses souffrances.

Bien plus, ces deux manies inverses de la jalousie vont souvent au-delà des paroles qu'elles implorent ou qu'elles refusent des confidences. On voit des jaloux qui ne le sont que des femmes avec qui leur maîtresse a des relations loin d'eux, mais qui permettent qu'elle se donne à un autre homme qu'eux, si c'est avec leur autorisation, près d'eux, et, sinon même à leur vue, du moins sous leur toit. Ce cas est assez fréquent chez les hommes âgés amoureux d'une jeune femme. Ils sentent la difficulté de lui plaire, parfois l'impuissance de la contenter, et, plutôt que d'être trompés, préfèrent laisser venir chez eux, dans une chambre voisine, quelqu'un qu'ils jugent incapable de lui donner de mauvais conseils, mais non du plaisir. Pour d'autres, c'est tout le contraire ; ne laissant pas leur maîtresse sortir seule une minute dans une ville qu'ils connaissent, ils la tiennent dans un véritable esclavage, mais ils lui accordent de partir un mois dans un pays qu'ils ne connaissent pas, où ils ne peuvent se représenter ce qu'elle fera.

(*La Prisonnière,* parution posthume)

Dès que la jalousie est découverte, elle est considérée par celle qui en est l'objet comme une défiance qui autorise la tromperie. D'ailleurs, pour tâcher d'apprendre quelque chose, c'est nous qui avons pris l'initiative de mentir, de tromper.

(*La Prisonnière,* parution posthume)

C'est que la jalousie est généralement partielle, à localisations intermittentes, soit parce qu'elle est le prolongement douloureux d'une anxiété qui est provoquée tantôt par une personne, tantôt par une autre que notre amie pourrait aimer, soit par l'exiguïté de notre pensée, qui ne peut réaliser que ce qu'elle se représente et laisse le reste dans un vague dont on ne peut relativement souffrir.

(*La Prisonnière,* parution posthume)

Or si, au cours de cet ouvrage, j'ai eu et j'aurai bien des occasions de montrer comment la jalousie redouble l'amour, c'est au point de vue de l'amant que je me suis placé. Mais pour peu que celui-ci ait un peu de fierté, et dût-il mourir d'une séparation, il ne répondra pas à une trahison supposée par une gentillesse, il s'écartera ou, sans s'éloigner, s'ordonnera de feindre la froideur. Aussi est-ce en pure perte pour elle que sa maîtresse le fait tant souffrir. Dissipe-t-elle, au contraire, d'un mot adroit, de tendres caresses, les soupçons qui le torturaient bien qu'il s'y prétendît indifférent, sans doute l'amant n'éprouve pas cet accroissement désespéré de l'amour où le hausse la jalousie, mais cessant brusquement de souffrir, heureux, attendri, détendu comme on l'est après un orage quand la pluie est tombée et qu'à peine sent-on encore sous les grands marronniers s'égoutter à longs intervalles les gouttes suspendues que déjà le soleil reparu colore, il ne sait comment exprimer sa reconnaissance à celle qui l'a guéri.

(*La Prisonnière,* parution posthume)

La jalousie a beau être habilement dissimulée par celui qui l'éprouve, elle est assez vite découverte par celle qui l'inspire, et qui use à son tour d'habileté. Elle cherche à nous donner le change sur ce qui pourrait nous rendre malheureux, et elle nous le donne, car à celui qui n'est pas averti, pourquoi une phrase insignifiante révélerait-elle les mensonges qu'elle cache ? nous ne la distinguons pas des autres ; dite avec frayeur, elle est écoutée sans attention. Plus tard, quand nous serons seuls, nous reviendrons sur cette phrase, elle ne nous semblera pas tout à fait adéquate à la réalité. Mais, cette phrase, nous la rappelons-nous bien ? Il semble que naisse spontanément en nous, à son égard et quant à l'exactitude de notre souvenir, un doute du genre de ceux qui font qu'au cours de certains états nerveux on ne peut jamais se rappeler si on a tiré le verrou, et pas plus à la cinquantième fois qu'à la première ; on dirait qu'on peut recommencer indéfiniment l'acte sans qu'il s'accompagne jamais d'un souvenir précis et libérateur. Au moins pouvons-nous refermer une cinquante et unième fois la porte. Tandis que la phrase inquiétante est au passé, dans une audition incertaine qu'il ne dépend pas de nous de renouveler. Alors nous exerçons notre attention sur d'autres qui ne cachent rien, et le seul remède, dont nous ne voulons pas, serait de tout ignorer pour n'avoir pas le désir de mieux savoir.

(*La Prisonnière,* parution posthume)

La jalousie est un bon recruteur qui, quand il y a un creux dans notre tableau, va nous chercher dans la rue la belle fille qu'il fallait. Elle n'était plus belle, elle l'est redevenue, car nous sommes jaloux d'elle, elle remplira ce vide. Une fois que nous serons morts, nous n'aurons pas de joie que ce tableau ait été ainsi complété. Mais cette pensée n'est nullement décourageante. Car nous sentons que la vie est un peu plus compliquée qu'on ne dit, et même les circonstances. Et il y a une nécessité pressante à montrer cette complexité.

(*Le Temps retrouvé*, parution posthume)

Voir à « Inquiétude », « Mémoire », « Souffrance amoureuse »

JALOUSIE DE L'ESCALIER

Combien de personnes, de villes, de chemins, la jalousie nous rend ainsi avide de connaître ? Elle est une soif de savoir grâce à laquelle, sur des points isolés les uns des autres, nous finissons par avoir successivement toutes les notions possibles, sauf celle que nous voudrions. On ne sait jamais si un soupçon ne naîtra pas, car, tout à coup, on se rappelle une phrase qui n'était pas claire, un alibi qui n'avait pas été donné sans intention. Pourtant, on n'a pas revu la personne, mais il y a une jalousie après coup, qui ne naît qu'après l'avoir quittée, une jalousie de l'escalier.

(*La Prisonnière*, parution posthume)

JALOUSIE (FIN DE LA)

Et pourtant, je ne me rendais pas compte qu'il y avait longtemps que j'aurais dû cesser de voir Albertine, car elle était entrée pour moi dans cette période lamentable où un être, disséminé dans l'espace et dans le temps, n'est plus pour vous une femme, mais une suite d'événements sur lesquels nous ne pouvons faire la lumière, une suite de problèmes insolubles, une mer que nous essayons ridiculement, comme Xercès, de battre pour la punir de ce qu'elle a englouti. Une fois cette période commencée, on est forcément vaincu. Heureux ceux qui le comprennent assez tôt pour ne pas trop prolonger une lutte inutile, épuisante, enserrée de toutes parts par les limites de l'imagination, et où la jalousie se débat si honteusement que le même homme qui jadis, si seulement les regards de celle qui était toujours à côté de lui se portaient un instant sur un autre, imaginait une intrigue, éprouvait combien de tourments, se résigne plus tard à la laisser sortir seule, quelquefois avec celui qu'il sait son amant, préférant à l'inconnaissable cette torture du moins connue ! C'est une question de rythme à adopter et qu'on suit après par habitude. Des nerveux ne pourraient pas manquer un dîner, qui font ensuite des cures de repos jamais assez longues ; des femmes récemment encore légères vivent de la pénitence. Des jaloux qui, pour épier celle qu'ils aimaient, retranchaient sur leur sommeil, sur leur repos, sentant que ses désirs à elle, le monde si vaste et si secret, le temps sont plus forts qu'eux, la laissent sortir sans eux, puis voyager, puis se séparent. La jalousie finit ainsi faute d'aliments et n'a tant duré qu'à cause d'en avoir réclamé sans cesse.

(*La Prisonnière*, parution posthume)

JALOUSIE HOMOSEXUELLE

C'était, d'ailleurs, des hommes seulement que M. de Charlus était capable d'éprouver de la jalousie en ce qui concernait Morel. Les femmes ne lui en inspiraient aucune.

C'est d'ailleurs la règle presque générale pour les Charlus. L'amour de l'homme qu'ils aiment pour une femme est quelque chose d'autre, qui se passe dans une autre espèce animale (le lion laisse les tigres tranquilles), ne les gêne pas et les rassure plutôt. Quelquefois, il est vrai, chez ceux qui font de l'inversion un sacerdoce, cet amour les dégoûte. Ils en veulent alors à leur ami de s'y être livré, non comme d'une trahison, mais comme d'une déchéance. Un Charlus, autre que n'était le baron, eût été indigné de voir Morel avoir des relations avec une femme, comme il l'eût été de lire sur une affiche que lui, l'interprète de Bach et de Haendel, allait jouer du Puccini. C'est, d'ailleurs, pour cela que les jeunes gens qui, par intérêt, condescendent à l'amour des Charlus leur affirment que les femmes ne leur inspirent que du dégoût, comme ils diraient au médecin qu'ils ne prennent jamais d'alcool et n'aiment que l'eau de source. Mais M. de Charlus, sur ce point, s'écartait un peu de la règle habituelle. Admirant tout chez Morel, ses succès féminins ne lui portaient pas ombrage, lui causaient une même joie que ses succès au concert ou à l'écarté.

(*La Prisonnière,* parution posthume)

Jalousie (renaissance de la)

Tant que ma jalousie ne s'était pas réincarnée en des êtres nouveaux, j'avais eu après mes souffrances passées un inter-valle de calme. Mais à une maladie chronique le moindre prétexte sert pour renaître, comme, d'ailleurs, au vice de l'être qui est cause de cette jalousie, la moindre occasion peut servir pour s'exercer à nouveau (après une trêve de chasteté) avec des êtres différents.

(*La Prisonnière,* parution posthume)

Jalousie spécifique

Moi, avec mon tempérament particulier, ma jalousie spécifique, ce qui m'aurait rendu jaloux tout de suite c'est : « Ne soyons plus qu'amis », que j'aurais interprété comme un aveu de satiété, comme un commencement d'indifférence, comme un indice de dégoût. Je n'oublierai jamais le jour où ces mots-là m'ont été dits par la maîtresse que j'ai le plus aimée. Si j'ai consenti, après quelques révoltes, c'est par fierté. Mais j'ai considéré que de ce jour-là le désir de mon corps avait été remplacé chez elle par le désir d'un autre. C'était le commencement de la rupture. Pendant des années ensuite, années de tendresse, de baisers chastes, jamais une fois nous n'avons fait allusion à cela, mes caresses, tout ce qui eût approché la place défendue, la cicatrice douloureuse de mon cœur.

(Lettre à Gabriel de La Rochefoucauld, vers la fin 1904)

Jaloux (Edmond)

[…] que j'admire sans le connaître […] un des rares écrivains que j'admire vraiment […]

(Lettre à Jean-Louis Vaudoyer, 9 ou 10 mars 1912)

JAMMES (FRANCIS)

Pour moi ce qui m'est le plus précieux ce ne sont pas ses meilleurs ouvrages. On appelle ainsi ceux où se sentent le moins ses défauts. Mais beaucoup de gens sans génie sont doués de ces qualités qui lui manquent et pourraient améliorer ses livres. L'absence de qualités que tant de gens possèdent ne saurait être bien grave. Ne sut-il pas mettre ses sensations en ordre, faire un livre, même un conte, même un paragraphe, même une phrase, il lui resterait que la cellule même, l'atome, c'est-à-dire l'épithète et l'image sont d'une profondeur et d'une justesse que personne n'atteint. Au fond de nous, nous sentons bien que les choses sont ainsi, mais nous n'avons pas la force d'aller jusqu'à ce fond extrême où gît la vérité, l'univers réel, notre impression authentique. Et nous ordonnons magnifiquement des à peu-près d'expressions. Jammes, lui, laisse dans un grand désordre des expressions dont chacune est une révélation. Voilà pourquoi quand on dit qu'il est balbutiant, moi je trouve qu'il n'y a que lui qui parle net. Sans doute j'aimerais encore mieux que toutes ces parcelles de vérité entrassent dans un ensemble admirable qui serait la révélation du monde réel. Mais j'aime mieux les justes indices que les grandes constructions où dix mille ratages fardés par l'intelligence et la rhétorique donnent l'impression (pas à moi) d'une réussite.

(Lettre à Louis de Robert, 11 janvier 1913)

Je vous ai connu – vous le plus grand poète qui m'ait jamais été révélé – en un temps où ma maladie, après une courbe brusque, commençait à descendre une pente qui a toujours été de plus en plus dure et de plus en plus rapide. Et bien que les très rares soirs où je puisse laisser un ami venir jusqu'auprès du lit où je suis toujours couché, je les charge toujours (car ce sont d'habitude des amis à vous aussi) de fervents messages de mon admiration toujours grandissante pour vous, j'ai voulu qu'après n'avoir pas été capable de corriger une épreuve, d'écrire une lettre, de dire un mot, ces premières paroles soient pour vous.

(Lettre à Francis Jammes, vers le 15 mai 1922)

Voir « Dédicaces »

JARDINS

Connaissez-vous dans Paris ou hors Paris un vieux jardin démodé et où il y ait beaucoup de fleurs ? Voulez-vous y aller un jour ensemble. J'ai la grande nostalgie de ces choses.

(Lettre à Armand de Guiche, 22 juin 1912)

JE

Malgré tant d'éloges je ne trouve pas entièrement juste l'article de Jacques Rivière qui donne trop l'impression que ma psychologie (puisque psychologie il y a, n'était pas mon but, mais la vie) a quelque chose d'immobile (bien qu'il ne le dise pas, et ne le trouve pas). Mais je ne vois pas dans ses pages magnifiques le mouvement de vie qui fait qu'on ne connaît dans mes livres les personnages que comme on le fait dans la vie, c'est-à-dire qu'on se trompe d'abord sur eux, mouvement au cours duquel une autre révolution s'accomplit, celle du personnage autour de lui-même. Le personnage qui dit « je » (et qui n'est pas toujours moi) se trompe du tout au tout pendant deux volumes sur M. de Charlus, sur Albertine, sur Mme de Villeparisis […] Mais les personnages eux-mêmes vont en s'aggravant, en déviant parfois tout à fait.

(Lettre à Jean de Pierrefeu, mi-janvier 1920)

Je crois qu'une de mes excuses d'avoir projeté avec peu d'évidence le personnage qui dit « je » dans mon livre est que dans toute ma vie j'ai toujours fort peu pensé à moi. S'il n'y avait à cela trop d'orgueil je dirais que j'use beaucoup plus, dans mon désir de connaître les mondes lointains et leurs lois, du télescope, que du microscope. Il est vrai qu'ayant écrit certaines parties de mon livre dans un état de fatigue à ne pas pouvoir remuer un membre, j'ai quelquefois eu la paresse d'inventer des faits purement matériels et les ai pris dans ma propre vie. Mais c'est du subjectivisme apparent beaucoup plus que réel.

(Lettre à Albert Thibaudet, 3 juillet 1920)

Le secrétaire de la Rédaction des *Œuvres libres* m'avait annoncé des « deuxièmes épreuves » qui ne sont pas venues. S'il n'est pas trop tard (j'ignore quand vous paraissez) il y a un seul mot que je voudrais changer. Je me souviens de cet erratum et ai oublié de le rectifier. On a mis à propos des invertis que j'avais ce jour-là même été « initié » dans l'après-midi. Or ce n'est pas du tout cela. Dans l'après-midi j'ai vu M. de Charlus lever quelqu'un. Cela peut se dire une découverte, ou comme vous voudrez. Mais « initié » semblerait dire que « le personnage qui dit je » est inverti. Or c'est tout le contraire. S'il en est temps encore, pouvez-vous faire mettre à la place d'« initié » un mot quelconque.

(Lettre à Henri Duvernois, 3 octobre 1921)

Pour ma part mon instrument préféré de travail est plutôt le télescope que le microscope. Mais j'ai eu le malheur de commencer un livre par le mot « je » et aussitôt on a cru qu'au lieu de chercher à découvrir des lois générales, je « m'analysais » au sens individuel et détestable du mot.

(Lettre à André Lang, fin octobre 1921)

Voir « Construction »

JEAN SANTEUIL

Puis-je appeler ce livre un roman ? C'est moins peut-être et bien plus, l'essence même de ma vie recueillie sans y rien mêler, dans ces heures de déchirure où elle découle. Ce livre n'a jamais été fait, il a été récolté.

(Épigraphe de Jean Santeuil, 1899, publié en 1952)

Voir « Hahn (Reynaldo) »

JÉSUITES

On nous dit toujours que les monarchies absolues n'ont pu tolérer les Jésuites. Mais est-ce bien là quelque chose de très grave contre les Jésuites ? Tout de même je crois qu'en fin de compte je serais contre eux mais je voudrais au moins que les anticléricaux fassent un peu plus de nuances et visitent au moins avant d'y mettre la pioche les grandes constructions sociales qu'ils veulent démolir. Je n'aime pas l'esprit jésuite. Mais enfin il y a une philosophie jésuite, un art jésuite, une pédagogie jésuite. Y aura-t-il un art anticlérical ? Tout cela est beaucoup moins simple que cela ne paraît.

(Lettre à Georges de Lauris, 29 juillet 1903)

JOCONDE (LA)

Voir « *Vierge dorée (La)* »

JOURNAL

En m'éveillant je me disposais à répondre à Henri van Blarenberghe. Mais avant de le faire, je voulus jeter un regard sur *Le Figaro*, procéder à cet acte abominable et voluptueux qui s'appelle *lire le journal* et grâce auquel tous les malheurs et les cataclysmes de l'univers pendant les dernières vingt-quatre heures, les batailles qui ont coûté la vie à cinquante mille hommes, les crimes, les grèves, les banqueroutes, les incendies, les empoisonnements, les suicides, les divorces, les cruelles émotions de l'homme d'État et de l'acteur, transmués

pour notre usage personnel à nous qui n'y sommes pas intéressés, en un régal matinal, s'associent excellemment d'une
façon particulièrement excitante et tonique, à l'ingestion
recommandée de quelques gorgées de café au lait. Aussitôt
rompue d'un geste indolent, la fragile bande du *Figaro* qui
seule nous séparait encore de toute la misère du globe et dès
les premières nouvelles sensationnelles où la douleur de tant
d'êtres « entre comme élément », ces nouvelles sensationnelles que nous aurons tant de plaisir à communiquer tout
à l'heure à ceux qui n'ont pas encore lu le journal, on se sent
soudain allègrement rattaché à l'existence qui, au premier
instant du réveil, nous paraissait bien inutile à ressaisir.

(« Sentiments filiaux d'un parricide », 1907
in *Pastiches et mélanges*, 1919)

Voir « Presse »

JOURNAL

Ainsi les livres de Goethe ne peuvent pas nous reconstituer son existence, mais porter, comme un journal écrit pour
soi-même, la marque forte des pensées où il se complaisait.
Car ce n'est pas notre journal, ce sont nos livres que nous
écrivons pour nous-même, pour notre véritable nous-même.

(« Sur Goethe », sans date,
in *Nouveaux Mélanges*, 1954)

JOURS

[…] dans notre vie les jours ne sont pas égaux. Pour parcourir les jours, les natures un peu nerveuses, comme était la mienne, disposent, comme les voitures automobiles, de « vitesses » différentes. Il y a des jours montueux et malaisés qu'on met un temps infini à gravir et des jours en pente qui se laissent descendre à fond de train en chantant.

(*Du côté de chez Swann*, 1913)

JOURS ANCIENS

Les jours anciens recouvrent peu à peu ceux qui les ont précédés, sont eux-mêmes ensevelis sous ceux qui les suivent. Mais chaque jour ancien est resté déposé en nous comme, dans une bibliothèque immense où il y a de plus vieux livres, un exemplaire que sans doute personne n'ira jamais demander. Pourtant que ce jour ancien, traversant la translucidité des époques suivantes, remonte à la surface et s'étende en nous qu'il couvre tout entier, alors, pendant un moment, les noms reprennent leur ancienne signification, les êtres leur ancien visage, nous notre âme d'alors, et nous sentons, avec une souffrance vague mais devenue supportable et qui ne durera pas, les problèmes devenus depuis longtemps insolubles et qui nous angoissaient tant alors. Notre « moi » est fait de la superposition de nos états successifs. Mais cette superposition n'est pas immuable comme la stratification d'une montagne. Perpétuellement des soulèvements font affleurer à la surface des couches anciennes.

(*Albertine disparue*, parution posthume)

JUDAÏSME

Je reçois à l'instant votre petit mot. Merci de ce que vous me dites de mon oncle [*Louis Weil*]. Dans sa religion, il n'y a pas de service.

(Lettre à Laure Hayman, 12 mai 1896)

Malheureusement j'ai perdu cette semaine un oncle (dimanche dernier). J'espère pouvoir bientôt recommencer à sortir. Mais cette semaine c'est vraiment impossible. Il n'y aurait même pas huit jours. Je suis sûr que cela ferait de la peine à Maman.

(Lettre à Gabriel de Yturri, mi-mai 1896)

JUIFS

Je n'ai pas répondu hier à ce que vous m'avez demandé des Juifs. C'est pour cette raison très simple : si je suis catholique comme mon père et mon frère, par contre ma mère est juive. Vous comprenez que c'est une raison assez forte pour que je m'abstienne de ce genre de discussions [...] Mais je suis bien heureux de cette occasion qui me permet de vous dire ceci que je n'aurais peut-être jamais songé à vous dire. Car si nos idées diffèrent, ou plutôt si je n'ai pas indépendance pour avoir là-dessus celle que j'aurais peut-être, vous auriez pu me blesser involontairement dans une discussion.

(Lettre à Robert de Montesquiou, 1896)

Les Roumains, les Égyptiens et les Turcs peuvent détester les Juifs. Mais dans un salon français les différences entre ces peuples ne sont pas si perceptibles, et un Israélite faisant son entrée comme s'il sortait du fond du désert, le corps penché comme une hyène, la nuque obliquement inclinée et se répandant en grands « salams », contente parfaitement un goût d'orientalisme. Seulement il faut pour cela que le Juif n'appartienne pas au « monde », sans quoi il prend facilement l'aspect d'un lord, et ses façons sont tellement francisées que chez lui un nez rebelle, poussant, comme les capucines, dans des directions imprévues, fait penser au nez de Mascarille plutôt qu'à celui de Salomon. Mais Bloch n'ayant pas été assoupli par la gymnastique du « Faubourg », ni ennobli par un croisement avec l'Angleterre ou l'Espagne, restait, pour un amateur d'exotisme, aussi étrange et savoureux à regarder, malgré son costume européen, qu'un Juif de Decamps. Admirable puissance de la race qui du fond des siècles pousse en avant jusque dans le Paris moderne, dans les couloirs de nos théâtres, derrière les guichets de nos bureaux, à un enterrement, dans la rue, une phalange intacte stylisant la coiffure moderne, absorbant, faisant oublier, disciplinant la redingote, demeurant, en somme, toute pareille à celle des scribes assyriens peints en costume de cérémonie à la frise d'un monument de Suse qui défend les portes du palais de Darius [...] Mais, au reste, parler de permanence de races rend inexactement l'impression que nous recevons des Juifs, des Grecs, des Persans, de tous ces peuples auxquels il vaut mieux laisser leur variété. Nous connaissons, par les peintures antiques, le visage des anciens Grecs, nous avons vu des Assyriens au fronton d'un palais de Suse. Or il nous semble, quand nous rencontrons dans le monde des

Orientaux appartenant à tel ou tel groupe, être en présence de créatures que la puissance du spiritisme aurait fait apparaître. Nous ne connaissions qu'une image superficielle ; voici qu'elle a pris de la profondeur, qu'elle s'étend dans les trois dimensions, qu'elle bouge. La jeune dame grecque, fille d'un riche banquier, et à la mode en ce moment, a l'air d'une de ces figurantes qui, dans un ballet historique et esthétique à la fois, symbolisent, en chair et en os, l'art hellénique ; encore, au théâtre, la mise en scène banalise-t-elle ces images ; au contraire, le spectacle auquel l'entrée dans un salon d'une Turque, d'un Juif, nous fait assister, en animant les figures, les rend plus étranges, comme s'il s'agissait en effet d'être évoqués par un effort médiumnique. C'est l'âme (ou plutôt le peu de chose auquel se réduit, jusqu'ici du moins, l'âme, dans ces sortes de matérialisations), c'est l'âme entrevue auparavant par nous dans les seuls musées, l'âme des Grecs anciens, des anciens Juifs, arrachée à une vie tout à la fois insignifiante et transcendantale, qui semble exécuter devant nous cette mimique déconcertante.

(*Le Côté de Guermantes,* 1920)

J'ai reçu tantôt deux pneumatiques charmants de Léon Daudet (tout ceci confidentiel). Mais comme de ces pneus il ressort que pour des raisons que je vous donnerai verbalement *L'Action française* va proposer à la *NRF* un nouveau texte d'écho, mais que dans cet écho ni le nom : de Vandérem ni le titre *Sodome et Gomorrhe* ne figureront mon avis est celui-ci

1° Comme avant tout je suis désireux de ne pas fâcher Léon Daudet, je serais d'avis d'accepter l'écho qu'ils proposeront (je crois que l'antisémitisme n'était pour rien dans la chose mais que sale juif est une épithète homérique dans la maison) si l'écho est suffisamment élogieux pour compenser le manque de précision ;

2° Mais si l'écho se trouve insultant pour Vandérem (et je trouverais tel qu'on citât textuellement des phrases de lui sans le nommer) il vaut mieux répondre que vous ne pouvez accepter ce texte et que désormais la *NRF* s'adressera pour la publicité à des journaux où c'est moins compliqué.

(Lettre à Gustave Tronche, le 18 juin 1921)

J'eus enfin le plaisir que Swann entrât dans cette pièce, qui était fort grande, si bien qu'il ne m'aperçut pas d'abord. Plaisir mêlé de tristesse, d'une tristesse que n'éprouvaient peut-être pas les autres invités, mais qui chez eux consistait dans cette espèce de fascination qu'exercent les formes inattendues et singulières d'une mort prochaine, d'une mort qu'on a déjà, comme dit le peuple, sur le visage. Et c'est avec une stupéfaction presque désobligeante, où il entrait de la curiosité indiscrète, de la cruauté, un retour à la fois quiet et soucieux (mélange à la fois de suave mari magno et de memento quia pulvis, eût dit Robert), que tous les regards s'attachèrent à ce visage duquel la maladie avait si bien rongé les joues, comme une lune décroissante, que, sauf sous un certain angle, celui sans doute sous lequel Swann se regardait, elles tournaient court comme un décor inconsistant auquel une illusion d'optique peut seule ajouter l'apparence de l'épaisseur. Soit à cause de l'absence de ces joues qui n'étaient plus là pour le diminuer, soit que l'artériosclérose, qui est une intoxication aussi, le rougît comme eût fait l'ivrognerie, ou le déformât comme eût fait la morphine, le nez de polichinelle de Swann, longtemps résorbé dans un visage agréable, semblait maintenant énorme, tuméfié, cramoisi, plutôt celui d'un vieil Hébreu que d'un curieux Valois. D'ailleurs peut-être chez lui, en ces derniers jours, la race faisait-elle apparaître plus accusé le type physique qui la caractérise, en même temps que le sentiment d'une solidarité morale avec les autres Juifs, solidarité que Swann semblait avoir oubliée toute sa vie, et que, greffées les unes sur les autres, la maladie mortelle, l'affaire Dreyfus, la propagande antisémite, avaient réveillée. Il y a certains Israélites, très fins pourtant et mondains délicats, chez lesquels restent en réserve et dans la coulisse, afin de faire leur entrée à une heure donnée de leur vie, comme dans une pièce, un mufle et un prophète. Swann était arrivé à l'âge du prophète. Certes, avec sa figure d'où, sous l'action de la maladie des segments entiers avaient disparu, comme dans un bloc de glace qui fond et dont des pans entiers sont tombés, il avait bien changé.

(*Sodome et Gomorrhe,* 1921)

Voir à « Antisémitisme », « Blumenthal (Mme Ferdinand) » « Israélites », « Tantes (race des) »

L

La Fontaine (Jean de)

Voir « Vernis des maîtres (le) »

Langue

Les beaux livres sont écrits dans une sorte de langue étrangère. Sous chaque mot chacun de nous met son sens ou du moins son image qui est souvent un contresens. Mais dans les beaux livres, tous les contresens qu'on fait sont beaux.

(« Notes sur la littérature et la critique »,
in *Contre Sainte-Beuve*, 1908, publié en 1954)

Langue classique

Mais il est une autre cause à laquelle je préfère, pour finir, attribuer cette prédilection des grands esprits pour les ouvrages anciens. C'est qu'ils n'ont pas seulement pour nous, comme les ouvrages contemporains, la beauté qu'y sut mettre l'esprit qui les créa. Ils en reçoivent une autre plus émouvante encore, de ce que leur manière même, j'entends la langue où ils furent écrits, est comme un miroir de la vie. Un peu de bonheur qu'on éprouve à se promener dans une ville comme Beaune qui garde intact son hôpital du xvᵉ siècle avec son puits, son lavoir, sa voûte de charpente lambrissée et peinte, son toit à hauts pignons percé de lucarnes que couronnent de légers épis en plomb martelé (toutes ces choses qu'une époque en disparaissant a comme oubliées là, toutes ces choses qui n'étaient qu'à elle, puisque aucune des époques qui l'ont suivie n'en a vu naître de pareilles), on ressent encore un peu de ce bonheur à errer au milieu d'une tragédie de Racine ou d'un volume de Saint-Simon. Car ils contiennent toutes les belles formes de langage abolies qui gardent le souvenir d'usages, ou de façons de sentir qui n'existent plus, traces persistantes du passé à quoi rien du présent ne ressemble et dont le temps, en passant sur elles, a pu seul embellir encore la couleur.

Une tragédie de Racine, un volume des *Mémoires* de Saint-Simon ressemblent à de belles choses qui ne se font plus. Le langage dans lequel ils ont été sculptés par de grands artistes avec une liberté qui en fait briller la douceur et saillir la force native nous émeut comme la vue de certains marbres aujourd'hui inusités, qu'employaient les ouvriers d'autrefois. Sans doute dans tel de ces vieux édifices la pierre a fidèlement gardé la pensée du sculpteur, mais aussi, grâce au sculpteur, la pierre d'une espèce aujourd'hui inconnue nous a été conservée, revêtue de toutes les couleurs qu'il a su tirer d'elle, faire apparaître, harmoniser. C'est bien la syntaxe vivante en France au xviiᵉ siècle – et en elle des coutumes et un tour de pensée disparus – que nous aimons à trouver dans les vers de Racine. Ce sont les formes mêmes de cette syntaxe, mises à nu, respectées, embellies par son ciseau si franc et si délicat, qui nous émeuvent dans ces tours de langage familiers jusqu'à la singularité et jusqu'à l'audace et dont nous voyons, dans les morceaux les plus doux et les plus tendres, passer comme un trait rapide ou revenir en arrière en belles lignes brisées, le brusque dessin. Ce sont ces formes révolues prises à même la vie du passé que nous allons visiter dans l'œuvre de Racine comme dans une cité ancienne et demeurée intacte. Nous éprouvons devant elles la même émotion que devant ces formes abolies, elles aussi, de l'architecture, que nous ne pouvons plus admirer que dans les rares et magnifiques exemplaires que nous en a légués le passé qui les façonna : telles que les vieilles enceintes des villes, les donjons et les tours, les baptistères des églises ; telles qu'auprès du cloître, ou sous le charnier de l'Aitre, le petit cimetière qui oublie au soleil, sous ses papillons et ses fleurs, la Fontaine funéraire et la Lanterne des Morts.

(« Sur la lecture », *La Renaissance latine*, 15 juin 1905,
réédité sous le titre « Journées de lecture »,
in *Pastiches et mélanges*, 1919)

LANGUE FRANÇAISE

Mes croyances morales me permettent de croire que les plaisirs des sens sont très bons. Elles me recommandent aussi de respecter certains sentiments, certaines délicatesses d'amitié, et particulièrement la langue française, dame aimable et infiniment gracieuse, dont la tristesse et la volupté sont également exquises, mais à qui il ne faut jamais imposer de poses sales. C'est déshonorer sa beauté.

(Lettre à Daniel Halévy,
aux environs de l'automne 1888)

Les seules personnes qui défendent la langue française (comme l'Armée pendant l'affaire Dreyfus) ce sont celles qui « l'attaquent ». Cette idée qu'il y a une langue française, existant au-dehors des écrivains, et qu'on protège, est inouïe. Chaque écrivain est obligé de se faire sa langue, comme chaque violoniste est obligé de se faire son « son ». Et entre le son de tel violoniste médiocre, et le son (pour la même note) de Thibaut, il y a un infiniment petit, qui est un monde ! Je ne veux pas dire que j'aime les écrivains originaux qui écrivent mal. Je préfère – et c'est peut'être une faiblesse – ceux qui écrivent bien. Mais ils ne commencent à écrire bien qu'à condition d'être originaux, de faire eux-mêmes leur langue. La correction, la perfection du style existe, mais au-delà de l'originalité, après avoir traversé les fautes, non en deçà. La correction en deçà, « émotion discrète » « bonhomie souriante » « année abominable entre toutes » cela n'existe pas. La seule manière de défendre la langue, c'est de l'attaquer, mais oui Madame Straus ! Parce que son unité n'est faite que de contraires neutralisés, d'une immobilité apparente qui cache une vie vertigineuse et perpétuelle. Car on ne « tient », on ne fait bonne figure, auprès des écrivains d'autrefois qu'à condition d'avoir cherché à écrire tout autrement. Et quand on veut défendre la langue française, en réalité on écrit tout le contraire du français classique.

(Lettre à Mme Straus, 6 novembre 1908)

Langue secrète

M. Verdurin ajouta un mot qui signifiait évidemment ce genre de scènes touchantes et de phrases qu'ils désiraient éviter. Mais il n'a pu m'être dit exactement, car ce n'était pas un mot français, mais un de ces termes comme on en a dans certaines familles pour désigner certaines choses, surtout des choses agaçantes, probablement parce qu'on veut pouvoir les signaler devant les intéressés sans être compris ! Ce genre d'expressions est généralement un reliquat contemporain d'un état antérieur de la famille. Dans une famille juive, par exemple, ce sera un terme rituel détourné de son sens, et peut-être le seul mot hébreu que la famille, maintenant francisée, connaisse encore. Dans une famille très fortement provinciale, ce sera un terme du patois de la province, bien que la famille ne parle plus et ne comprenne même plus le patois. Dans une famille venue de l'Amérique du Sud et ne parlant plus que le français, ce sera un mot espagnol. Et, à la génération suivante, le mot n'existera plus qu'à titre de souvenir d'enfance. On se rappellera bien que les parents, à table, faisaient allusion aux domestiques qui servaient sans être compris d'eux, en disant tel mot, mais les enfants ignorent ce que voulait dire au juste ce mot, si c'était de l'espagnol, de l'hébreu, de l'allemand, du patois, si même cela avait jamais appartenu à une langue quelconque et n'était pas un nom propre, ou un mot entièrement forgé. Le doute ne peut être éclairci que si on a un grand-oncle, un vieux cousin encore vivant, et qui a dû user du même terme. Comme je n'ai connu aucun parent des Verdurin, je n'ai pu restituer exactement le mot. Toujours est-il qu'il fit certainement sourire

Mme Verdurin, car l'emploi de cette langue moins générale, plus personnelle, plus secrète, que la langue habituelle donne à ceux qui en usent entre eux un sentiment égoïste qui ne va jamais sans une certaine satisfaction.

(*La Prisonnière,* parution posthume)

LANTERNE MAGIQUE

À Combray, tous les jours dès la fin de l'après-midi, longtemps avant le moment où il faudrait me mettre au lit et rester, sans dormir, loin de ma mère et de ma grand'mère, ma chambre à coucher redevenait le point fixe et douloureux de mes préoccupations. On avait bien inventé, pour me distraire les soirs où on me trouvait l'air trop malheureux, de me donner une lanterne magique, dont, en attendant l'heure du dîner, on coiffait ma lampe ; et, à l'instar des premiers architectes et maîtres verriers de l'âge gothique, elle substituait à l'opacité des murs d'impalpables irisations, de surnaturelles apparitions multicolores, où des légendes étaient dépeintes comme dans un vitrail vacillant et momentané. Mais ma tristesse n'en était qu'accrue, parce que rien que le changement d'éclairage détruisait l'habitude que j'avais de ma chambre et grâce à quoi, sauf le supplice du coucher, elle m'était devenue supportable. Maintenant je ne la reconnaissais plus et j'y étais inquiet, comme dans une chambre d'hôtel ou de « chalet », où je fusse arrivé pour la première fois en descendant de chemin de fer.

(*Du côté de chez Swann,* 1913)

LÉAUTAUD (PAUL)

Quelle n'a pas été ma tristesse d'apprendre que vous avilissiez la petite magistrature spirituelle dont votre goût et votre élévation et justesse d'esprit vous investissent, en couvrant de votre approbation l'être le plus immonde, le plus dénué d'intelligence, de style, de grammaire, de sensibilité, d'originalité (ose-t-on dire après cela de talent ?) qui existe, le premier publiciste qui me fasse comprendre le sens du mot innommable, car j'ai quelque dégoût à le nommer, M. Léautaud. Personnellement je ne le connais pas, j'ignore tout de lui. Mais j'ai lu un livre de lui qui s'appelle *Amours* et si vous ne trouvez pas que c'est la chose la plus atroce, la plus imbécile qui existe, l'un de nous deux est devenu fou. Malheureusement vous vivez au milieu d'amis qui emploient si souvent le mot imbécile pour parler de gens très intelligents et le mot immonde pour désigner des œuvres parfaitement honorables et remarquables, que je sens bien qu'en déclarant ce livre immonde et imbécile je ne dis rien. Je dis ce que vous avez cent fois entendu dire de livres de Bazin, de Bourget, d'hommes du plus grand talent entre ceux qui ne sont pas vraiment les élus. Mais *Amours* de M. Léautaud ! Je ne parle pas de la bassesse morale du livre, parce que je ne pourrais pas en parler. Je ne connais pas de mots qui puissent exprimer la douleur que j'ai eue en voyant un être humain feindre des sentiments à côté desquels ceux du plus cruel assassin sont estimables. Mais au point de vue *talent* ? Disons franchement qu'à côté de cela il n'y a pas actuellement dans un seul des journaux de Paris un roman-feuilleton qui ne soit une œuvre de génie, où il n'y ait quelque chose de plus [...] Cher ami, j'espère que nous nous reverrons un jour. Ce jour-là, avant de nous serrer les mains, nous procéderons à une cérémonie expiatoire. Je vous lirai, si j'en ai la force, quelques pages d'*Amours*. Après chaque phrase, après chaque mot, vous crierez votre dégoût, comme on disait encore quand je commençais à lire. Et après nous nous embrasserons, en nous réjouissant d'être des hommes et non la créature sans nom qui a pu écrire de telles choses. Ne donnez pas sous cette forme trop de publicité (parlée bien entendu) à cette lettre car M. Léautaud est une des seules personnes avec qui cela me ferait très peur d'avoir un duel. Il me semble que j'aurais à me battre avec l'ange des ténèbres. Et je ne suis pas assez pur pour espérer triompher.

(Lettre à Léo Larguier, fin 1906-début 1907)

LECTURE

Il n'y a peut-être pas de jours de notre enfance que nous ayons si pleinement vécus que ceux que nous avons cru laisser sans les vivre, ceux que nous avons passés avec un livre préféré. Tout ce qui, semblait-il, les remplissait pour les autres et que nous écartions comme un obstacle vulgaire à un plaisir divin : le jeu pour lequel un ami venait nous chercher au passage le plus intéressant, l'abeille ou le rayon de soleil gênants qui nous forçaient à lever les yeux de sur la page ou à changer de place, les provisions de goûter qu'on nous avait fait emporter et que nous laissions à côté de nous sur le banc, sans y toucher, tandis qu'au-dessus de notre tête le soleil diminuait de force dans le ciel bleu, le dîner pour lequel il avait fallu rentrer et pendant lequel nous ne pensions qu'à monter tout de suite après finir le chapitre interrompu, tout cela, dont la lecture aurait dû nous empêcher de percevoir autre chose que l'importunité, elle en gravait au contraire en nous un souvenir tellement doux, tellement plus précieux – à notre jugement actuel – que ce que nous lisions alors avec tant d'amour que, s'il nous arrive encore aujourd'hui de feuilleter ces livres d'autrefois, ce n'est plus que comme les seuls calendriers que nous ayons gardés des jours enfuis, et avec l'espoir de voir reflétés sur leurs pages les demeures et les étangs qui n'existent plus.

(« Sur la lecture », La Renaissance latine, 15 juin 1905,
réédité sous le titre « Journées de lecture »,
in Pastiches et mélanges, 1919)

J'ai essayé de montrer dans les notes dont j'ai accompagné ce volume que la lecture ne saurait être ainsi assimilée à une conversation, fût-ce avec le plus sage des hommes ; que ce qui diffère essentiellement entre un livre et un ami, ce n'est pas leur plus ou moins grande sagesse, mais la manière dont on communique avec eux, la lecture, au rebours de la conversation, consistant pour chacun de nous à recevoir communication d'une autre pensée, mais tout en restant seul, c'est-à-dire en continuant à jouir de la puissance intellectuelle qu'on a dans la solitude et que la conversation dissipe immédiatement, en continuant à pouvoir être inspiré, à rester en plein travail fécond de l'esprit sur lui-même.

(« Sur la lecture », La Renaissance latine, 15 juin 1905,
réédité sous le titre « Journées de lecture »,
in Pastiches et mélanges, 1919)

Et c'est là, en effet, un des grands et merveilleux caractères des beaux livres (et qui nous fera comprendre le rôle à la fois essentiel et limité que la lecture peut jouer dans notre vie spirituelle) que pour l'auteur ils pourraient s'appeler « Conclusions » et pour le lecteur « Incitations ». Nous sentons très bien que notre sagesse commence où celle de l'auteur finit, et nous voudrions qu'il nous donnât des réponses, quand tout ce qu'il peut faire est de nous donner des désirs. Et ces désirs, il ne peut les éveiller en nous qu'en nous faisant contempler la beauté suprême à laquelle le dernier effort de son art lui a permis d'atteindre. Mais par une loi singulière et d'ailleurs providentielle de l'optique des esprits (loi qui signifie peut-être que nous ne pouvons recevoir la vérité de personne, et que nous devons la créer nous-même), ce qui est le terme de leur sagesse ne nous apparaît que comme le commencement de la nôtre, de sorte que c'est au moment où ils nous ont dit tout ce qu'ils pouvaient nous dire qu'ils font naître en nous le sentiment qu'ils ne nous ont encore rien dit. D'ailleurs, si nous leur posons des questions auxquelles ils ne peuvent pas répondre, nous leur demandons aussi des réponses qui ne nous instruiraient pas. Car c'est un effet de l'amour que les poètes éveillent en nous de nous faire attacher une importance littérale à des choses qui ne sont pour eux que significatives d'émotions personnelles.

(« Sur la lecture », La Renaissance latine, 15 juin 1905,
réédité sous le titre « Journées de lecture »,
in Pastiches et mélanges, 1919)

C'est donner un trop grand rôle à ce qui n'est qu'une initiation d'en faire une discipline. La lecture est au seuil de la vie spirituelle ; elle peut nous y introduire : elle ne la constitue pas.

(« Sur la lecture », *La Renaissance latine,* 15 juin 1905,
réédité sous le titre « Journées de lecture »,
in *Pastiches et mélanges*, 1919)

Sans doute, l'amitié qui a égard aux individus est une chose frivole, et la lecture est une amitié. Mais du moins c'est une amitié sincère, et le fait qu'elle s'adresse à un mort, à un absent, lui donne quelque chose de désintéressé, de presque touchant. C'est de plus une amitié débarrassée de tout ce qui fait la laideur des autres.

(« Sur la lecture », *La Renaissance latine,* 15 juin 1905,
réédité sous le titre « Journées de lecture »,
in *Pastiches et mélanges*, 1919)

Ne regrettez pas (si vous ne le dites pas par plaisanterie) de n'avoir pas assez lu. On a toujours trop lu. Moi j'ai très peu lu. Et comme j'ai perdu la mémoire (du nom même constamment de ma rue, du numéro de ma maison) c'est comme si je n'avais rien lu.

(Lettre à Jacques Rivière, 16 août 1920)

Voir à « Dépression spirituelle », « Silence »

LÉGION D'HONNEUR

La jolie rosette ! Ne répondant qu'à un souci d'inutile Beauté, c'est presque une Rose. Je me figure que pour vous l'offrir on l'a cueillie, et je ne puis presque croire qu'elle soit sans parfum. Bien des gens en seront heureux tant on vous admire et tant on vous aime (et cela encore la différenciera de tant de croix qui commencent par être celle de ceux qui ne l'ont pas).

(Lettre à Francis Chevassu, 27 janvier 1912)

LÉONARDESQUE

Je te disais que j'avais voulu signifier par là la multiplicité des dons (Hugo a dit les *Quatre Vents de l'esprit*, Mme de Noailles le *Cœur innombrable*), je ne voulais pas, suivant la trace des esthéticiens qui attribuent à Duccio ce que nous avions toujours cru de Giotto etc., retirer à Léonard la paternité du *Saint Jean Baptiste*.

(Lettre à Lionel Hauser, 3 avril 1918)

LETTRES AUX IMAGINAIRES DE RACINE

Rien de si sec, de si pauvre, de si court. Une forme où l'on enferme si peu de pensée, il n'est pas difficile qu'elle soit légère et gracieuse. Or celle des *Lettres aux imaginaires* ne l'est pas.

(Préface à *Tendres Stocks*, de Paul Morand, 1921)

LITTÉRAIRE (TRAVAIL)

Voir « Souffrance »

LITTÉRATURE

[...] la vraie vie, la vie enfin découverte et éclaircie, la seule vie, par conséquent, réellement vécue, cette vie qui, en un sens, habite à chaque instant chez tous les hommes aussi bien que chez l'artiste. Mais ils ne la voient pas, parce qu'ils ne cherchent pas à l'éclaircir.

(*Le Temps retrouvé*, parution posthume)

LITTÉRATURE DE NOTATIONS

Comment la littérature de notations aurait-elle une valeur quelconque, puisque c'est sous de petites choses comme celles qu'elle note que la réalité est contenue (la grandeur dans le bruit lointain d'un aéroplane, dans la ligne du clocher de Saint-Hilaire, le passé dans la saveur d'une madeleine, etc.) et qu'elles sont sans signification par elles-mêmes si on ne l'en dégage pas ? Peu à peu conservée par la mémoire, c'est la chaîne de toutes les impressions inexactes, où ne reste rien de ce que nous avons réellement éprouvé, qui constitue pour nous notre pensée, notre vie, la réalité, et c'est ce mensonge-là que ne ferait que reproduire un art soi-disant « vécu », simple comme la vie, sans beauté, double emploi si ennuyeux et si vain de ce que nos yeux voient et de ce que notre intelligence constate, qu'on se demande où celui qui s'y livre trouve l'étincelle joyeuse et motrice, capable de le mettre en train et de le faire avancer dans sa besogne.

(*Le Temps retrouvé,* parution posthume)

LIVRE

Quel ennui que vous ne soyez pas à Paris et quel ennui quand vous y étiez que nous nous soyons si mal connus, et que j'en ai si mal profité ! Car des lettres comme celle que vous m'avez fait l'honneur de m'écrire l'autre jour excitent autre chose que de la reconnaissance, je veux dire de la véritable sympathie. Et la sympathie veut la fréquentation des personnes et ne se contente pas des idées. Elle n'est pas si philosophe que vous quand vous dites : « Je ne sais si j'ai des amis vivants. » Les livres ne lui suffisent pas comme amis.

(Lettre à Marie Nordlinger, 5 décembre 1899)

Ne pas oublier : les livres sont l'œuvre de la solitude et les *enfants du silence.* Les enfants du silence ne doivent rien avoir de commun avec les enfants de la parole, les pensées nées du désir de dire quelque chose, d'un blâme, d'une opinion, c'est-à-dire d'une idée obscure. Ne pas oublier : la matière de nos livres, la substance de nos phrases doit être immatérielle, non pas prise telle quelle dans la réalité, mais nos phrases elles-mêmes et les épisodes aussi doivent être faits de la substance transparente de nos minutes les meilleures, où nous sommes hors de la réalité et du présent.

C'est de ces gouttes de lumière que sont faits le style et la fable d'un livre.

(« Notes sur la littérature et la critique »,
in *Contre Sainte-Beuve*, 1908, publié en 1954)

Ce serait un crime pour moi de le garder, car la fumée de mes inhalations antiasthmatiques noircissent, puis détruisent, les plus beaux livres. Ceux que j'ai se trouvent ainsi sacrifiés. Je crois que je dois, pour les livres qui ne sont pas matériellement précieux, accepter le sacrifice, car un livre est fait pour être lu, et l'auteur consentirait à son flétrissement, puis à sa destruction, pourvu qu'on le possède en esprit et en vérité.

(Lettre à Mme Daudet, début janvier 1921)

LIVRE D'OR

J'ai appris le mariage de Guiche un soir où j'étais allé dîner à Vallière. Quand je fus arrivé le duc de Gramont m'a demandé de signer sur le registre où il avait fait signer les autres invités de ce soir-là et j'allais apposer ma signature au-dessous d'un tout petit Gutmann suivi d'un énorme Fitz-James et d'un immense Cholet suivi d'un tout petit Chevreau et d'un Mailly-Nesle-La Rochefoucauld d'égale grandeur, quand le duc de Gramont, que mon attitude humble et confuse (jointe à ce qu'il savait que j'écrivais) remplissait d'inquiétude, m'adressa d'un ton à la fois suppliant et énergique ces paroles lapidaires : « Votre nom, Monsieur Proust, mais... *pas de pensée* ! » Le désir d'avoir le nom et la crainte d'avoir la « pensée » eussent été plus justifiés si c'était moi qui l'avais eu à dîner et lui avais demandé de signer : « Votre nom, Monsieur le Duc, mais pas de pensée. »

(Lettre à Bertrand de Fénelon, vers le 17 juillet 1904)

LIVRE ILLUSTRÉ

Je n'ai fait qu'une fois un volume illustré chez Calmann-Lévy qui n'en a jamais fait d'autres (les illustrations de Mme Lemaire l'avaient attiré). Or il m'a fait savoir des tas de fois qu'il avait perdu un argent énorme avec ce livre, et qu'il le vendrait à vil prix si je refusais de le racheter. J'ai refusé naturellement de racheter des milliers de volumes que je ne saurais où mettre, et suis d'ailleurs tout à fait indifférent à ce qu'il fera d'une œuvre qui diffère du tout au tout de ce que je fais aujourd'hui […] Mais en dehors de cette fâcheuse expérience et que je ne te conseillerai pas chez eux, je ne connais pas d'éditeurs du genre que tu dis.

(Lettre à Clément de Maugny, vers le 18 janvier 1919)

LIVRES (GOÛT DES)

Il semble que le goût des livres croisse avec l'intelligence, un peu au-dessous d'elle, mais sur la même tige, comme toute passion s'accompagne d'une prédilection pour ce qui entoure son objet, a du rapport avec lui, dans l'absence lui en parle encore. Aussi, les plus grands écrivains, dans les heures où ils ne sont pas en communication directe avec la pensée, se plaisent dans la société des livres. N'est-ce pas surtout pour eux, du reste, qu'ils ont été écrits ; ne leur dévoilent-ils pas mille beautés qui restent cachées au vulgaire ? À vrai dire, le fait que des esprits supérieurs soient ce que l'on appelle livresques ne prouve nullement que cela ne soit pas un défaut de l'être.

(« Sur la lecture », *La Renaissance latine,* 15 juin 1905,
réédité sous le titre « Journées de lecture »,
in *Pastiches et mélanges,* 1919)

LUDRE (MARQUISE DE)

Voir « Dédicaces »

M

Madeleine
Madeleine (filiation
    littéraire de la)
Madeleine (petite)
Madeleine trempée
Maeterlinck (Maurice)
Malade
Malheureux
Mallarmé (Stéphane)
Maman
Manet (Édouard)
Manifeste
Marche funèbre
Mariages aristocratiques
Maurras (Charles)
Méchanceté
Médecine
Mémoire
Mensonge
Messe
Métaphore
Métaphore énigmatique
Meyer (Arthur)

Michelet (Jules)
Mirbeau (Octave)
Modestie
Molière
Mondanité
Monde (gens du)
Monet (Claude)
Monocle à clefs
Monsieur
Montesquiou (Robert de)
Montre
Morand (Paul)
Moréas (Jean)
Mort
Mourant
Mourir à soi-même
Muflerie
Multidimensionnelle
    (écriture)
Musée
Musique
Musset (Alfred de)

Madeleine

En réalité, comme il arrive pour les âmes des trépassés dans certaines légendes populaires, chaque heure de notre vie, aussitôt morte, s'incarne et se cache en quelque objet matériel. Elle y reste captive, à jamais captive, à moins que nous ne rencontrions jamais l'objet. À travers lui nous la reconnaissons, nous l'appelons, et elle est délivrée. L'objet où elle se cache – ou la sensation, puisque tout objet par rapport à nous est sensation – nous pouvons très bien ne le rencontrer jamais. Et c'est ainsi qu'il y a des heures de notre vie qui ne ressusciteront jamais. C'est que cet objet est si petit, si perdu dans le monde, il y a si peu de chances pour qu'il se trouve sur notre chemin ! Il y a une maison de campagne où j'ai passé plusieurs étés de ma vie. Parfois je pensais à ces étés, mais ce n'étaient pas eux. Il y avait grandes chances pour qu'ils restent à jamais morts pour moi. Leur résurrection a tenu, comme toutes les résurrections, à un simple hasard.

(Projet de préface à *Contre Sainte-Beuve*, 1908, publié en 1954)

Non seulement l'intelligence ne peut rien pour ces résurrections, mais encore ces heures du passé ne vont se blottir que dans des objets où l'intelligence n'a pas cherché à les incarner. Les objets en qui vous avez cherché à établir consciemment des rapports avec l'heure que vous viviez, dans ceux-là elle ne pourra pas trouver asile. Et bien plus, si une autre chose peut les ressusciter, eux, quand ils ressusciteront avec elle, seront dépouillés de poésie.

(Projet de préface à *Contre Sainte-Beuve*,
1908, publié en 1954)

Ainsi une partie du livre [*Du côté de chez Swann*] est une partie de ma vie que j'avais oubliée et que tout d'un coup je retrouve en mangeant un peu de madeleine que j'ai fait tremper dans du thé, saveur qui me ravit avant que je l'aie reconnue et identifiée pour en avoir pris jadis tous les matins ; aussitôt toute ma vie d'alors ressuscite et comme je le dis dans le livre, comme dans le jeu japonais où des petits morceaux de papier trempés dans un bol d'eau deviennent personnages, fleurs, etc., tous les gens et jardins de cette époque de ma vie sont sortis d'une tasse de thé.

(Lettre à René Blum, début novembre 1913)

Dans *Du côté de chez Swann,* certaines personnes, même très lettrées, méconnaissant la composition rigoureuse bien que voilée (et peut-être plus difficilement discernable parce qu'elle était à large ouverture de compas et que le morceau symétrique d'un premier morceau, la cause et l'effet, se trouvaient à un grand intervalle l'un de l'autre) crurent que mon roman était une sorte de recueil de souvenirs, s'enchaînant selon les lois fortuites de l'association des idées. Elles citèrent à l'appui de cette contre-vérité, des pages où quelques miettes de « madeleine », trempées dans une infusion, me rappellent (ou du moins rappellent au narrateur qui dit « je » et qui n'est pas toujours moi) tout un temps de ma vie, oublié dans la première partie de l'ouvrage. Or, sans parler en ce moment de la valeur que je trouve à ces ressouvenirs inconscients sur lesquels j'assois, dans le dernier volume – non encore publié – de mon œuvre, toute ma théorie de l'art, et pour m'en tenir au point de vue de la composition, j'avais simplement pour passer d'un plan à un autre plan, usé non d'un fait, mais de ce que j'avais trouvé plus pur, plus précieux comme jointure, un phénomène de mémoire.

(« À propos du "style" de Flaubert »,
La Nouvelle Revue Française, janvier 1920)

Voir « Pavés »

MADELEINE (FILIATION LITTÉRAIRE DE LA)

N'est-ce pas à mes sensations du genre de celle de la madeleine qu'est suspendue la plus belle partie des *Mémoires d'outre-tombe* : « Hier au soir je me promenais seul… je fus tiré de mes réflexions par le gazouillement d'une grive perchée sur la plus haute branche d'un bouleau. À l'instant, ce son magique fit reparaître à mes yeux le domaine paternel ; j'oubliai les catastrophes dont je venais d'être le témoin et, transporté subitement dans le passé, je revis ces campagnes où j'entendis si souvent siffler la grive. » Et une des deux ou trois plus belles phrases de ces *Mémoires* n'est-elle pas celle-ci : « Une odeur fine et suave d'héliotrope s'exhalait d'un petit carré de fèves en fleur ; elle ne nous était point apportée par une brise de la patrie, mais par un vent sauvage de Terre-Neuve, sans relation avec la plante exilée, sans sympathie de réminiscence et de volupté. Dans ce parfum, non respiré de la beauté, non épuré dans son sein, non répandu sur ses traces, dans ce parfum chargé d'aurore, de culture et de monde, il y avait toutes les mélancolies des regrets, de l'absence et de la jeunesse. » Un des chefs-d'œuvre de la littérature française, *Sylvie*, de Gérard de Nerval, a tout comme le livre des *Mémoires d'outre-tombe* relatif à Combourg, une sensation du même genre que le goût de la madeleine et « le gazouillement de la grive ». Chez Baudelaire enfin, ces réminiscences, plus nombreuses encore, sont évidemment moins fortuites et par conséquent, à mon avis, décisives. C'est le poète lui-même qui, avec plus de choix et de paresse, recherche volontairement, dans l'odeur d'une femme par exemple, de sa chevelure et de son sein, les analogies inspiratrices qui lui évoqueront « l'azur du ciel immense et rond » et « un port rempli de voiles et de mâts ». J'allais chercher à me rappeler les pièces de Baudelaire à la base desquelles se trouve ainsi une sensation transposée, pour achever de me replacer dans une filiation aussi noble et me donner par là l'assurance que l'œuvre que je n'avais plus aucune hésitation à entreprendre méritait l'effort que j'allais lui consacrer, quand, étant arrivé au bas de l'escalier qui descendait de la bibliothèque, je me trouvai tout à coup dans le grand salon et au milieu d'une fête qui allait me sembler bien différente de celles auxquelles j'avais assisté autrefois et allait revêtir pour moi un aspect particulier et prendre un sens nouveau.

(*Le Temps retrouvé,* parution posthume)

MADELEINE (PETITE)

Il y avait déjà bien des années que, de Combray, tout ce qui n'était pas le théâtre et le drame de mon coucher n'existait plus pour moi, quand un jour d'hiver, comme je rentrais à la maison, ma mère, voyant que j'avais froid, me proposa de me faire prendre, contre mon habitude, un peu de thé. Je refusai d'abord et, je ne sais pourquoi, me ravisai. Elle envoya chercher un de ces gâteaux courts et dodus appelés Petites Madeleines qui semblent avoir été moulés dans la valve rainurée d'une coquille de Saint-Jacques. Et bientôt, machinalement, accablé par la morne journée et la perspective d'un triste lendemain, je portai à mes lèvres une cuillerée du thé où j'avais laissé s'amollir un morceau de madeleine. Mais à l'instant même où la gorgée mêlée des miettes du gâteau toucha mon palais, je tressaillis, attentif à ce qui se passait d'extraordinaire en moi. Un plaisir délicieux m'avait envahi, isolé, sans la notion de sa cause. Il m'avait aussitôt rendu les vicissitudes de la vie indifférentes, ses désastres inoffensifs, sa brièveté illusoire, de la même façon qu'opère l'amour, en me remplissant d'une essence précieuse : ou plutôt cette essence n'était pas en moi, elle était moi. J'avais cessé de me sentir médiocre, contingent, mortel. D'où avait pu me venir cette puissante joie ? Je sentais qu'elle était liée au goût du thé et du gâteau, mais qu'elle le dépassait infiniment, ne devait pas être de même nature. D'où venait-elle ? Que signifiait-elle ? Où l'appréhender ? Je bois une seconde gorgée où je ne trouve rien de plus que dans la première, une troisième qui m'apporte un peu moins que la seconde. Il est temps que je m'arrête, la vertu du breuvage semble diminuer. Il est clair que la vérité que je cherche n'est pas en lui, mais en moi. Il l'y a éveillée, mais ne la connaît pas, et ne peut que répéter indéfiniment, avec de moins en moins de force, ce même témoignage que je ne sais pas interpréter et que je veux au moins pouvoir lui redemander et retrouver intact, à ma disposition, tout à l'heure, pour un éclaircissement décisif. Je pose la tasse et me tourne vers mon esprit. C'est à lui de trouver la vérité. Mais comment ? Grave incertitude, toutes les fois que l'esprit se sent dépassé par lui-même ; quand lui, le chercheur, est tout ensemble le pays obscur où il doit chercher et où tout son bagage ne lui sera de rien. Chercher ? pas seulement : créer. Il est en face de quelque chose qui n'est pas encore et que seul il peut réaliser, puis faire entrer dans sa lumière.

(Du côté de chez Swann, 1913)

MADELEINE TREMPÉE

Et tout d'un coup le souvenir m'est apparu. Ce goût, c'était celui du petit morceau de madeleine que le dimanche matin à Combray (parce que ce jour-là je ne sortais pas avant l'heure de la messe), quand j'allais lui dire bonjour dans sa chambre, ma tante Léonie m'offrait après l'avoir trempé dans son infusion de thé ou de tilleul. La vue de la petite madeleine ne m'avait rien rappelé avant que je n'y eusse goûté ; peut-être parce que, en ayant souvent aperçu depuis, sans en manger, sur les tablettes des pâtissiers, leur image avait quitté ces jours de Combray pour se lier à d'autres plus récents ; peut-être parce que, de ces souvenirs abandonnés si longtemps hors de la mémoire, rien ne survivait, tout s'était désagrégé ; les formes – et celle aussi du petit coquillage de pâtisserie, si grassement sensuel sous son plissage sévère et dévot – s'étaient abolies, ou, ensommeillées, avaient perdu la force d'expansion qui leur eût permis de rejoindre la conscience. Mais, quand d'un passé ancien rien ne subsiste, après la mort des êtres, après la destruction des choses, seules, plus frêles mais plus vivaces, plus immatérielles, plus persistantes, plus fidèles, l'odeur et la saveur restent encore longtemps, comme des âmes, à se rappeler, à attendre, à espérer, sur la ruine de tout le reste, à porter sans fléchir, sur leur gouttelette presque impalpable, l'édifice immense du souvenir.

(*Du côté de chez Swann*, 1913)

Et dès que j'eus reconnu le goût du morceau de madeleine trempé dans le tilleul que me donnait ma tante (quoique je ne susse pas encore et dusse remettre à bien plus tard de découvrir pourquoi ce souvenir me rendait si heureux), aussitôt la vieille maison grise sur la rue, où était sa chambre, vint comme un décor de théâtre s'appliquer au petit pavillon donnant sur le jardin, qu'on avait construit pour mes parents sur ses derrières (ce pan tronqué que seul j'avais revu jusque-là) ; et avec la maison, la ville, la Place où on m'envoyait avant déjeuner, les rues où j'allais faire des courses depuis le matin jusqu'au soir et par tous les temps, les chemins qu'on prenait si le temps était beau. Et comme dans ce jeu où les Japonais s'amusent à tremper dans un bol de porcelaine rempli d'eau de petits morceaux de papier jusque-là indistincts qui, à peine y sont-ils plongés s'étirent, se contournent, se colorent, se différencient, deviennent des fleurs, des maisons, des personnages consistants et reconnaissables, de même maintenant toutes les fleurs de notre jardin et celles du parc de M. Swann, et les nymphéas de la Vivonne, et les bonnes gens du village et leurs petits logis et l'église et tout Combray et ses environs, tout cela qui prend forme et solidité, est sorti, ville et jardins, de ma tasse de thé.

(Du côté de chez Swann, 1913)

Voir à « Biscotte ramollie (sensation de la) », « Imitation »

Maeterlinck (Maurice)

Maeterlinck, qui est pour nous le contraire du lettré, dont l'esprit est perpétuellement ouvert aux mille émotions anonymes communiquées par la ruche, le parterre ou l'herbage, nous rassure grandement, sur les dangers de l'érudition, presque de la bibliophilie, quand il nous décrit en amateur les gravures qui ornent une vieille édition de Jacob Cats ou de l'abbé Sandrus.

(« Sur la lecture », La Renaissance latine, 15 juin 1905,
réédité sous le titre « Journées de lecture »,
in Pastiches et mélanges, 1919)

MALADE

Les mots « j'ai été si malade, je suis encore si malade » ont été si souvent prononcés par moi – avec signification d'un état presque habituel, douloureux mais n'excluant pas la possibilité de temps à autre de relations épistolaires – que j'ai bien peur qu'ils n'arrivent décolorés et sans force excusatrice et absolvante à vos oreilles trop accoutumées (je ne veux certes pas dire incrédules). Et pourtant c'est cela, j'ai été terriblement souffrant, presque constamment alité, et sans force d'entretenir avec mes amis d'autres relations qu'immatérielles, d'amitié et de souvenir.

(Lettre à Marie Nordlinger, 9-10 février 1905)

MALHEUREUX

J'appelle malheureux tout ce qui marque la diminution d'un sentiment encore assez fort pour qu'on prenne la peine d'en noter à son confident les amoindrissements.

(Lettre à Antoine Bibesco, 8 septembre 1902)

MALLARMÉ (STÉPHANE)

Voir « Poétique (la création) »

Maman

Je me souviens de la mort de sa mère comme de quelque chose de plus affreux peut'être que sa propre mort, parce que à la mort de ma grand'mère c'était Maman qui souffrait, à la mort de Maman ce n'était que moi. On est plus courageux pour ses propres peines.

(Lettre à Mme Catusse, 2 octobre 1918)

Manet (Édouard)

Voir « Classique »

Manifeste

Je n'ai pas besoin de te dire que si je connaissais le manifeste « bolcheviste » je le trouverais certainement mille fois pire que le vôtre. Mais le premier tort de ce dernier est d'être un manifeste. Il ne peut y en avoir aucun qui honore autant la France et la serve aussi bien que tes œuvres.

(Lettre à Daniel Halévy, 19 juillet 1919)

Marche funèbre

Vous me disiez notamment que j'avais parlé de rythme de Danse pour ce qui vous paraissait plutôt une *Marche funèbre*. J'avouerai, sans subtiliser que dans ma pensée c'était précisément la même chose. J'avais pensé non à ces danses qui interrompent la *Marche funèbre* de Chopin [*sonate n° 2, opus 35, 3ᵉ mouvement*], mais à celles qui sont dans la *Symphonie* de Beethoven le rythme même de la marche funèbre. Je ne croyais donc pas rabaisser le « Genre » de la pièce mais l'exalter. Sully Prudhomme n'est pas seul à penser qu'Harmonie et Agonie voisinent bien. Et ce que je connais de plus beau en musique l'enivrant final du *XVᵉ quatuor* [*opus 132 de Beethoven*] est le délire d'un convalescent qui mourut d'ailleurs peu après.

(Lettre à Robert de Montesquiou, vers la mi février 1918)

MARIAGES ARISTOCRATIQUES

Tu as poussé le paradoxe un peu loin l'autre jour quand tu m'as dit que l'aristocratie préférait la poésie à la finance. Je crois pourtant discerner que les ducs épousent souvent des filles de financiers et jamais des filles de poètes. Je ne veux pas dire que certains littérateurs comme Charles d'Orléans, comme le Prince de Ligne, comme l'auteur des *Maximes*, et même, pour remonter plus haut, comme le Roi David qui écrivit de beaux psaumes, ne firent pas dans leur temps de beaux mariages ou n'auraient pu en faire. Mais ce n'est ni à cause des vers de Charles d'Orléans ni à cause des *Maximes* de La Rochefoucauld, et leurs cousins moins lettrés n'étaient pas de moins beaux partis.

(Lettre à Lionel Hauser, 13 septembre 1916)

Maurras (Charles)

Je suis d'autant plus à l'aise pour vous dire mon admiration profonde, que je ne peux plus rien attendre de *L'Action française*, qui m'a comblé. Je n'oublie pas qu'un des premiers, jadis, vous avez parlé d'une façon délicieuse des *Plaisirs et les Jours*. Je vous ai toujours gardé de cet article une reconnaissance infinie. Vous ne l'avez pas sue, par la faute de commissionnaires infidèles. Et je l'ai appris trop tard, quand vous étiez devenu si « grand homme » que l'expression trop vive de ma gratitude aurait pu ne pas paraître aussi purement sentimentale qu'elle l'était. Votre admirateur reconnaissant.

(Lettre à Charles Maurras, vers le 26 décembre 1919)

Nous vivons hélas comme dans deux siècles différents, je ne vois pas plus votre visage, je ne serre pas plus votre main, que si vous étiez Virgile ou Dante. Et pourtant une sorte de parallélisme (qui ne m'empêche pas de mesurer la distance) nous conduit côte à côte [...] Ainsi j'ai pu en bien inégal échange, vous envoyer mon livre au moment même où je venais de recevoir le vôtre [...] Je ne pense pas que vous aurez jamais le temps de lire mes livres, d'une composition si préméditée et complexe du reste, qu'elle ne se laisse apercevoir que si on a des loisirs dont vous pouvez tellement mieux user. Ce n'est pas sur eux (sur mes livres) que je compte pour que vous me donniez quelquefois une pensée (vous entendez bien que j'entends quelque chose de mental, qui ne s'exprime pas, rien ne me contrarierait plus que si vous lisiez là le désir inavoué de me voir citer par vous, cela ôterait toute la pureté de cette lettre) mais sur ceci que j'appartiens à un autre plan de votre vie que celui où vous dominez actuellement. Les êtres qui sont situés à ce recul, prennent, même sans valeur propre, ou en tout cas pour ne pas faire de fausse modestie, en dehors de la valeur qu'ils peuvent avoir, une autre valeur bien plus grande celle de nous faire revivre un « moi » qu'on croyait disparu. C'est à ce titre de témoin et d'évocateur que j'ai quelquefois l'illusion d'exister dans votre souvenir.

(Lettre à Charles Maurras, début mai 1921)

Voir à « Action française (l') », « *Action française (L')* », « Classique », « Critique littéraire »

Méchanceté

C'est le plus grand mal, le seul vrai mal que nous fassent les méchants c'est de nous empêcher de répondre à leur méchanceté par de la bonté, de nous rendre un peu méchants aussi.

(Lettre à Jacques-Émile Blanche, mi-janvier 1918)

Médecine

Et quelquefois l'expérience du malade est renseignée sur mille riens que ne connaît pas le savoir du médecin (ou du moins qu'il ne connaît pas jusqu'à ce que le malade le lui ait appris. Je me rappelle que dans des temps préhistoriques où on en était encore au trional et où je n'avais pas encore fait mon service militaire, j'ai fait remarquer à des médecins, par exemple, qu'on pouvait obtenir le même résultat, si on le prenait dans une infusion bouillante ; ils se sont empressés de donner ce conseil à leurs malades).

(Lettre à Mme Lemarié, 9 janvier 1918)

MÉMOIRE

C'est dans cet atelier plein de souvenirs que nous ravit d'abord tel charme dont le temps a peu à peu dissipé, en la découvrant, la mensongère illusion et l'irréalité. C'est là, au cours de telle de ces fêtes, que se formèrent peut-être les premiers liens d'une affection qui ne devait nous apporter dans la suite que trahisons répétées, pour une inimitié finale. En nous souvenant maintenant, nous pouvons d'une saison à l'autre compter nos blessures et enterrer nos morts. Aussi chaque fois que, afin de l'évoquer, je regarde au fond tremblant et terni de ma mémoire une de ces fêtes, aujourd'hui mélancolique d'avoir été délicieuse de possibilités depuis irréalisées, il me semble l'entendre qui me dit avec le poète : « Prends mon visage, essaye si tu le peux de le regarder en face ; je m'appelle ce qui aurait pu être, ce qui *aurait pu* être et qui n'a pas été. »

(« La cour aux lilas et l'atelier des Roses.
Le salon de Mme Madeleine Lemaire »,
Le Figaro, 11 mai 1903)

C'est un livre [Du côté de chez Swann] extrêmement réel mais supporté en quelque sorte, pour imiter la mémoire involontaire (qui, selon moi, bien que Bergson ne fasse pas cette distinction, est la seule vraie, la mémoire volontaire, la mémoire de l'intelligence et des yeux ne nous rendant du passé que des fac-similés inexacts qui ne lui ressemblent pas plus que les tableaux des mauvais peintres ne ressemblent au printemps etc. De sorte que nous ne croyons pas la vie belle parce que nous ne nous la *rappelons* pas, mais que nous sentions une odeur ancienne soudain nous sommes enivrés ! et de même nous croyons ne plus aimer les morts, mais c'est parce que nous ne nous les rappelons pas ; revoyons-nous tout d'un coup un vieux gant et nous fondons en larmes) par une grâce, un pédoncule de réminiscences.

(Lettre à René Blum, début novembre 1913)

Voyez-vous, je crois que ce n'est guère qu'aux souvenirs involontaires que l'artiste devrait demander la matière première de son œuvre. D'abord, précisément parce qu'ils sont involontaires, qu'ils se forment d'eux-mêmes, attirés par la ressemblance d'une minute identique, ils ont seuls une griffe d'authenticité. Puis ils nous rapportent les choses dans un exact dosage de mémoire et d'oubli. Et enfin, comme ils nous font goûter la même sensation dans une circonstance tout autre, ils la libèrent de toute contingence, ils nous en donnent l'essence extra-temporelle, celle qui est justement le contenu du beau style, cette vérité générale et nécessaire que la beauté du style seule traduit.

(Interview de Marcel Proust par Elie-Joseph Bois,
Le Temps, 13 novembre 1913)

Les souvenirs d'amour ne font pas exception aux lois générales de la mémoire, elles-mêmes régies par les lois plus générales de l'habitude. Comme celle-ci affaiblit tout, ce qui nous rappelle le mieux un être, c'est justement ce que nous avions oublié (parce que c'était insignifiant et que nous lui avions ainsi laissé toute sa force). C'est pourquoi la meilleure part de notre mémoire est hors de nous, dans un souffle pluvieux, dans l'odeur de renfermé d'une chambre ou dans l'odeur d'une première flambée, partout où nous retrouvons de nous-même ce que notre intelligence, n'en ayant pas l'emploi, avait dédaigné, la dernière réserve du passé, la meilleure, celle qui quand toutes nos larmes semblent taries, sait nous faire pleurer encore. Hors de nous ? En nous pour mieux dire, mais dérobée à nos propres regards, dans un oubli plus ou moins prolongé. C'est grâce à cet oubli seul que nous pouvons de temps à autre retrouver l'être que nous fûmes, nous placer vis-à-vis des choses comme cet être l'était, souffrir à nouveau, parce que nous ne sommes plus nous, mais lui, et qu'il aimait ce qui nous est maintenant indifférent.

(*À l'ombre des jeunes filles en fleurs*, 1918)

Ces douleurs, si cruelles qu'elles fussent, je m'y attachais de toutes mes forces, car je sentais bien qu'elles étaient l'effet du souvenir de ma grand-mère, la preuve que ce souvenir que j'avais était bien présent en moi. Je sentais que je ne me la rappelais vraiment que par la douleur, et j'aurais voulu que s'enfonçassent plus solidement encore en moi ces clous qui y rivaient sa mémoire.

(*Sodome et Gomorrhe II*, 1922)

La mémoire, au lieu d'un exemplaire en double, toujours présent à nos yeux, des divers faits de notre vie, est plutôt un néant d'où par instants une similitude actuelle nous permet de tirer, ressuscités, des souvenirs morts ; mais encore il y a mille petits faits qui ne sont pas tombés dans cette virtualité de la mémoire, et qui resteront à jamais incontrôlables pour nous. Tout ce que nous ignorons se rapporter à la vie réelle de la personne que nous aimons, nous n'y faisons aucune attention, nous oublions aussitôt ce qu'elle nous a dit à propos de tel fait ou de telles gens que nous ne connaissons pas, et l'air qu'elle avait en nous le disant. Aussi, quand ensuite notre jalousie est excitée par ces mêmes gens, pour savoir si elle ne se trompe pas, si c'est bien à eux qu'elle doit rapporter telle hâte que notre maîtresse a de sortir, tel mécontentement que nous l'en ayons privée en rentrant trop tôt, notre jalousie, fouillant le passé pour en tirer des indications, n'y trouve rien ; toujours rétrospective, elle est comme un historien qui aurait à faire une histoire pour laquelle il n'est aucun document ; toujours en retard, elle se précipite comme un taureau furieux là où ne se trouve pas l'être fier et brillant qui l'irrite de ses piqûres et dont la foule cruelle admire la magnificence et la ruse.

(*La Prisonnière,* parution posthume)

Voir à « Regret », « Souvenir », « Souvenirs d'amour »

Mensonge

La petite bande avait la solidité impénétrable de certaines maisons de commerce, de librairie ou de presse par exemple, où le malheureux auteur n'arrivera jamais, malgré la diversité des personnalités composantes, à savoir s'il est ou non floué. Le directeur du journal ou de la revue ment avec une attitude de sincérité d'autant plus solennelle qu'il a besoin de dissimuler, en mainte occasion, qu'il fait exactement la même chose et se livre aux mêmes pratiques mercantiles que celles qu'il a flétries chez les autres directeurs de journaux ou de théâtres, chez les autres éditeurs, quand il a pris pour bannière, levé contre eux l'étendard de la Sincérité. Avoir proclamé (comme chef d'un parti politique, comme n'importe quoi) qu'il est atroce de mentir, oblige le plus souvent à mentir plus que les autres, sans quitter pour cela le masque solennel, sans déposer la tiare auguste de la sincérité. L'associé de « l'homme sincère » ment autrement et de façon plus ingénue. Il trompe son auteur comme il trompe sa femme, avec des trucs de vaudeville. Le secrétaire de la rédaction, homme honnête et grossier, ment tout simplement, comme un architecte qui vous promet que votre maison sera prête à une époque où elle ne sera pas commencée. Le rédacteur en chef, âme angélique, voltige au milieu des trois autres, et sans savoir de quoi il s'agit, leur porte, par scrupule fraternel et tendre solidarité, le secours précieux d'une parole insoupçonnable. Ces quatre personnes vivent dans une perpétuelle dissension, que l'arrivée de l'auteur fait cesser. Par-dessus les querelles particulières, chacun se rappelle le grand devoir militaire de venir en aide au « corps » menacé.

(*La Prisonnière*, parution posthume)

Voir « Souffrance amoureuse »

MESSE

Voir à « Collège de France », « Musique »

MÉTAPHORE

Par exemple (avec cette dureté baudelairienne qui, pour mon goût, accuse trop une métaphore, ne la fond pas assez dans le style), que « la chiourme de pesanteur » me paraît une expression trop insistante, après celles si justes de « Minerve en cuirasse de cuir ».

(Lettre à Jean Cocteau, 11 février 1919)

Pour des raisons qui seraient trop longues à développer ici, je crois que la métaphore seule peut donner une sorte d'éternité au style, et il n'y a peut-être pas dans tout Flaubert une seule belle métaphore. Bien plus, ses images sont généralement si faibles qu'elles ne s'élèvent guère au-dessus de celles que pourraient trouver ses personnages les plus insignifiants.

(« À propos du "style" de Flaubert »,
La Nouvelle Revue Française, janvier 1920)

[…] je n'ai pas lu l'article sauf quelques phrases. J'y ai pourtant appris que Pierrefeu « dressait un portrait en pied » du Maréchal Pétain. Mais ce sont là de ces choses qui ne veulent rien dire. Toutes les métaphores « portraits en pied », « enlevée à l'eau-forte » « longuement burinés » etc. sont généralement le fait de gens qui ne savent pas ce qu'est une eau-forte etc. (J'en dirais autant des métaphores militaires, cynégétiques etc., « faire de la critique en tirailleur » etc.)

(Lettre à Jacques Rivière, 23-24 juillet 1920)

Le seul reproche que je serais tenté d'adresser à Morand, c'est qu'il a quelquefois des images autres que des images inévitables. Or, tous les à-peu-près d'images ne comptent pas. L'eau (dans des conditions données) bout à 100 degrés. À 98, à 99, le phénomène ne se produit pas. Alors mieux vaut pas d'images.

(Préface à *Tendres Stocks*, de Paul Morand, 1921)

Voir « Flaubert (Gustave) »

MÉTAPHORE ÉNIGMATIQUE

Je n'étais pas avec ma tante depuis cinq minutes, qu'elle me renvoyait par peur que je la fatigue. Elle tendait à mes lèvres son triste front pâle et fade sur lequel, à cette heure matinale, elle n'avait pas encore arrangé ses faux cheveux, et où les vertèbres transparaissaient comme les pointes d'une couronne d'épines ou les grains d'un rosaire...

(*Du côté de chez Swann,* 1913)

MEYER (ARTHUR)

On m'a raconté à ce sujet une conversation de votre ami M. Arthur Meyer, conversation qui m'a consterné par l'imbécillité oubliée de bien des gens du monde. J'ai cru voir le directeur du *Gaulois* avec son crâne en pain de sucre rose de grand pontife de la *Belle Hélène*, avec, sur la nuque comme auraient dit les Goncourt, les frisures d'un chien bichon et proclamant ses augures d'une voix nasillarde. Ce temps où parut la charmante *Belle Hélène* doit rappeler à l'enfant Arthur sa lointaine vieillesse. Au reste je ne sais pas pourquoi je me moque de lui. J'ai Guermantisé l'autre soir et mes hôtes, plus aimables, m'ont paru aussi bêtes.

(Lettre à François Mauriac, vers le 25 juin 1921)

Voir « Amitié »

MICHELET (JULES)

Mais malgré la richesse de ces œuvres où la contemplation de la nature a sa place à côté de l'action, à côté d'individus qui ne sont pas que des noms de personnages, je songeais combien tout de même ces œuvres participent à ce caractère d'être – bien que merveilleusement – toujours incomplètes, qui est le caractère de toutes les grandes œuvres du xixᵉ siècle, du xixᵉ siècle dont les plus grands écrivains ont manqué leurs livres, mais, se regardant travailler comme s'ils étaient à la fois l'ouvrier et le juge, ont tiré de cette autocontemplation une beauté nouvelle extérieure et supérieure à l'œuvre, lui imposant rétroactivement une unité, une grandeur qu'elle n'a pas. Sans s'arrêter à celui qui a vu après coup dans ses romans une *Comédie humaine*, ni à ceux qui appelèrent des poèmes ou des essais disparates *La Légende des siècles* et *La Bible de l'humanité*, ne peut-on pas dire, pourtant, de ce dernier qu'il incarne si bien le xixᵉ siècle que, les plus grandes beautés de Michelet, il ne faut pas tant les chercher dans son œuvre même que dans les attitudes qu'il prend en face de son œuvre, non pas dans son *Histoire de France* ou dans son *Histoire de la Révolution,* mais dans ses préfaces à ses livres. Préfaces, c'est-à-dire pages écrites après eux, où il les considère, et auxquelles il faut joindre çà et là quelques phrases, commençant d'habitude par un « Le dirai-je » qui n'est pas une précaution de savant, mais une cadence de musicien.

(*La Prisonnière,* parution posthume)

Mirbeau (Octave)

Encore un bon écrivain de seconde main qui passe pour un génie inégal.

(Lettre à Daniel Halévy, vers janvier 1908)

MODESTIE

J'ai ri de la formule « ce savant si modeste » qu'emploie toujours *Le Figaro* à votre égard. Et j'en ai ri, je vous le jure sans amère pensée ni malice. Car je sais que vous êtes modeste. Mais ce qui m'amuse c'est cet aspect nouveau de la modestie – jusqu'à ce jour miteuse et enténébrée – qui consiste pour un savant, pour plus d'humilité à être duc, millionnaire et peintre, alibis en effet où se cache le mérite du physicien. Enfin, vous comprenez que mon sourire s'adresse non à vous mais au vocabulaire journalistique.

(Lettre à Armand de Guiche, 7 août 1912)

MOLIÈRE

Voir « Vernis des maîtres (le) »

MONDANITÉ

Combien de grands écrivains méconnus de leur vivant n'ont dû ainsi qu'à leurs qualités de cœur, à leur charme social, des amitiés précieuses que, rétrospectivement, nous croyons que leur valait leur génie !

(« Un salon historique », *Le Figaro*, 25 février 1903)

Je trouve que cette vie de lutte incessante contre le mal, ressemble aussi peu que possible à la vie mondaine. Puisque je prononce le mot mondain, en quoi le fait que j'aie pris parfois des mondains pour personnages, implique-t-il que je les recherche comme lecteurs ? Mais si mon œuvre est raffinée (?), les mondains sont en littérature les moins raffinés des hommes. Et je compterais beaucoup plus sur le suffrage des ouvriers électriciens, d'autant plus qu'un sujet mondain plus différent de leur vie, les amuserait plus. En tout cas il y a erreur matérielle à parler des « Mémoires » d'un mondain.

(Lettre à Rachilde, 10 janvier 1920)

J'ai le grand chagrin de savoir que Madame et Mlle Lemaire, qui n'ont jamais voulu malgré tant d'évidences, croire à mon mal, se figurent que je les ai « lâchées » ! Je ne vous le dis pas pour que vous les persuadiez du contraire, cela me peinerait au contraire beaucoup que vous leur en parliez. Leur idée préconçue est trop forte et j'ai trop longtemps souffert d'avoir à supporter avec la plus terrible vie de malade, la réprobation qu'on réserve à un simulateur. Il est « convenu » pour elles que je suis un « auteur arrivé » (!), que je suis tous les soirs dans le faubourg Saint-Germain. Je n'y peux rien et je ne cherche plus à les convaincre. Le duc de Luynes m'écrivait gentiment l'autre jour (et c'est justement quelqu'un que je connais à peine quoique depuis très longtemps) me demandant si je continuerais toute ma vie à épaissir la forteresse où je me mure, si je ne consentirais jamais à abaisser pour lui le pont-levis. J'aurais pu envoyer sa lettre comme certificat de non-snobisme à Madame Lemaire. Cela n'aurait servi à rien. Je n'aime d'ailleurs pas beaucoup les certificats. J'ai à peine l'occasion d'en faire, ne changeant pour ainsi dire jamais de domestiques.

(Lettre à Mme de Saint-Marceaux,
vers la mi-mai 1922)

Si vous lisez mon livre vous y verriez les engouements et les mauvaises humeurs de cette vie mondaine dont je me suis détaché à l'âge de vingt ans ce qui n'a pas empêché vingt ans plus tard à la *NRF* de refuser *Swann* comme l'œuvre d'un mondain. Mais vous ne lisez pas mon livre parce que comme tous les mondains qui ne l'aiment pas, à Paris vous êtes trop nerveux, à Londres vous êtes trop occupé, à la campagne vous avez trop d'invités [...] Je néglige l'opinion, purement mondaine que vous préférez l'homme à son œuvre. Je réfuterais ce sophisme en deux minutes mais je suis trop fatigué.

(Lettre à Sydney Schiff, 5 juillet 1922)

MONDE (GENS DU)

Talent est beaucoup. Je voulais dire que ce n'est pas aussi stupide que disent les gens du monde. Mais les gens du monde sont si pénétrés de leur propre stupidité qu'ils ne peuvent jamais croire qu'un des leurs a du talent. Ils n'apprécient que les gens de lettres qui ne sont pas du monde. Seulement (c'est encore un effet de leur stupidité) ils n'apprécient les gens de lettres que s'ils expriment leur mentalité à eux gens du monde. Ils trouvent les livres de Mme de Noailles stupides et ceux de Bourget sublimes.

(Lettre à Mme Straus, début février 1908)

C'est un des torts des gens du monde de ne pas comprendre que s'ils veulent que nous croyions en eux il faudrait d'abord qu'ils y crussent eux-mêmes, ou au moins qu'ils respectassent les éléments essentiels de notre croyance. Au temps où je croyais, même si je savais le contraire, que les Guermantes habitaient tel palais en vertu d'un droit héréditaire, pénétrer dans le palais du sorcier ou de la fée, faire s'ouvrir devant moi les portes qui ne cèdent pas tant qu'on n'a pas prononcé la formule magique, me semblait aussi malaisé que d'obtenir un entretien du sorcier ou de la fée eux-mêmes. Rien ne m'était plus facile que de me faire croire à moi-même que le vieux domestique engagé de la veille ou fourni par Potel et Chabot était fils, petit-fils, descendant de ceux qui servaient la famille bien avant la Révolution, et j'avais une bonne volonté infinie à appeler portrait d'ancêtre le portrait qui avait été acheté le mois précédent chez Bernheim jeune. Mais un charme ne se transvase pas, les souvenirs ne peuvent se diviser, et du prince de Guermantes, maintenant qu'il avait percé lui-même à jour les illusions de ma croyance en étant allé habiter avenue du Bois, il ne restait plus grand-chose.

(*Le Temps retrouvé,* parution posthume)

Voir « Peuple (gens du) »

MONET (CLAUDE)

Je suis allé Mardi voir les Monet, seul. Je n'en ai plus reçu, soit inanition, soit habitude prise de cet art, la commotion que d'autres m'ont donnée. Cependant je les ai trouvés admirables et peut-être encore plus près de ce qu'il cherche que les précédents. Mais souvent j'ai trouvé la couleur désagréable, certains fonds avec la Tour de Londres au fond bien convenus, et ceux avec le soleil rouge d'une couleur écœurante et banale. Des brouillards admirables et le pont lui-même.

(Lettre à Lucien Daudet, 14 juin 1904)

MONOCLE À CLEFS

Je puis vous dire que (Soirée Sainte-Euverte) j'ai pensé pour le monocle de M. de Saint-Candé à celui de M. de Bethmann (pas l'Allemand, bien qu'il le soit peut'être d'origine, le parent des Hottinguer), pour le monocle de M. de Forestelle à celui d'un officier frère d'un musicien qui s'appelait M. d'Ollone, pour celui du général de Froberville au monocle d'un prétendu homme de lettres une vraie brute que je rencontrais chez la Princesse de Wagram et sa sœur et qui s'appelait Mr. de Tinseau. Le monocle de M. de Palancy est celui du pauvre et cher Louis de Turenne qui ne s'attendait guère à être un jour apparenté à Arthur Meyer si j'en juge par la manière dont il le traita un jour chez moi. Le même monocle de Turenne passe dans le *Côté de Guermantes* à M. de Bréauté je crois.

(Lettre à Jacques de Lacretelle, 20 avril 1918)

Monsieur

Je suis si malade ces jours-ci que je crains de mal vous traduire ce que m'a fait éprouver votre lettre. D'abord le terrible « Monsieur » du début, sorte de rature initiale destinée à biffer tout ce qui pourra suivre de bienveillant. Si je prends aisément mon parti des intermittences, en revanche le *retrait* de ce qui semblait acquis d'amabilité m'étonne toujours, et quand c'est par vous, me désole. J'ai plus que personne souri des déclinaisons où semblaient progresser des femmes d'ailleurs pleines de mérite et de bonté (genre Madame Aimery de la Rochefoucauld ou Mme de Brantes) en partant de Monsieur et n'arrivant au prénom qu'après avoir passé par « cher Monsieur », « cher ami » etc. Mais au moins aucun terrain acquis avec elles, pour reprendre les métaphores militaires, n'était ensuite reperdu, et on ignorait les vertigineuses Roches Tarpéiennes où vous vous complaisez, et dont votre foudroyant : « Monsieur » est l'exemple bien fait pour terrifier. « Monsieur », la marge est tracée, le fossé creusé, la distance comptée comme pour un duel, et votre éblouissante plaisanterie : « La rencontre est maintenant inévitable » prend un sens plus hostile quand l'adversaire est d'avance accablé sous ce Pélion précipité.

(Lettre à Mme Greffulhe, octobre 1916)

Montesquiou (Robert de)

M. de Montesquiou ne se contente pas d'être le plus raffiné des sensitifs, c'est aussi un des seuls poètes penseurs du xixᵉ siècle. C'est un intellectuel avant tout. Aussi, comme il est arrivé pour Baudelaire, les vers-maximes abondent dans ses vers, et ses vers sont aussi souvent cornéliens que ceux de Baudelaire sont souvent raciniens.

(« Robert de Montesquiou. Le souverain des choses transitoires » vers 1894, in *Nouveaux Mélanges,* 1954)

Tout ce qui domine ce temps, de Leconte de Lisle à Verlaine, l'a aimé et distingué. Et cet artiste infatigable et merveilleux est un des plus hauts penseurs, un des plus étonnants « originaux » (dans le beau sens du mot) qui soit. À chaque nouveau volume il convient de saluer et de s'incliner.

(« M. de Montesquiou, historien et poète » vers 1899, in *Nouveaux Mélanges,* 1954)

Voir « Écrivains (silhouettes d') »

MONTRE

Devise faite par le père Maugny sur les Pateck épateurs de Thonon, enrichis dans l'horlogerie et comtes depuis peu : une montre, avec au-dessous « Pour et par la montre ». Ai-je besoin de te faire remarquer que montrer est pris dans deux sens différents.

(Lettre à sa mère, 14 septembre 1899)

Morand (Paul)

Je suis très heureux de votre nomination [*secrétaire à l'ambassade de France près le Quirinal*], autant qu'on peut être heureux de quelque chose qui fait beaucoup de peine. Je suis sensible à l'estime qu'on montre de vos mérites, ravi de vous savoir promu au poste qui précisément vous tentait, où vous rendrez tant de services et où vos yeux auront tant à apporter à vos rêves. Mais je ne peux être assez stoïque pour ne pas compter que Paul Morand était entré dans ma vie, et qu'il en sort avant qu'elle soit finie. Ce n'est pas « partir », qui est « mourir un peu ». Mais aussi pourquoi choisir un ami qui est diplomate ? C'est jouer la difficulté dans un jeu qui, même dans sa simplicité, reste difficile et cruel. Je suis bien touché que vous ayez pris la peine de m'apprendre votre nomination et ma disgrâce. Cela accroît encore le plaisir que me fait la première et diminue un peu la tristesse de la seconde.

(Lettre à Paul Morand, fin octobre 1917)

J'ai un chagrin infini du départ de Morand, et peut'être plus encore de savoir que ce chagrin ne durera pas. Bien que la souffrance physique intolérable qui est maintenant, surtout depuis quelques mois, l'accompagnement inévitable du chagrin, me rende odieux d'en avoir, je tiens à mes peines et l'idée qu'elles ne dureront pas m'est odieuse. C'est de l'égoïsme, c'est qu'on n'aime pas mourir à soi-même, être remplacé par un Proust inconnu de soi qui pourra fort bien se passer de Morand. Le Proust actuel n'est pas du tout comme cela. Je n'ai jamais tant aimé Morand que ce soir. Il y a eu entre nous deux malentendus stupides qui ont paralysé un an d'amitié. Et maintenant, sans explications, son départ, son absurde départ, éclaircit tout. Dites-lui je vous prie ma tendresse. Il l'agréera mieux, exprimée par vous. Mais l'idée qu'il partira dans dix jours, que demain il faudra se dire il n'y en a plus que neuf, et après-demain que huit, cela donne envie de se tourner contre le mur, de prendre une telle dose de véronal qu'on ne se réveille qu'une fois qu'il sera à Rome.

(Lettre à la princesse Soutzo, 1ᵉʳ décembre 1917)

J'ai vu chez la Princesse des photographies qui ont l'air d'être de marbres antiques et qui font regretter de ne pas voyager dans ces pays du passé. Mais d'un modelé aussi puissant et aussi noble, ces antiques ont une expression autrement profonde et sournoisement méditée. À cet abaissement tortueux du visage qui chez lui seul signifie le signe d'entente, la connivence que tous, hors d'une seule personne, ne doivent pas comprendre, on reconnaît Morand. Ah ! ce n'est pas Nijinsky c'est vous qui auriez dû jouer *L'Après-midi d'un faune*. On devine d'ailleurs la malice à la gravité, et la sensualité à l'onction, sacerdotales. Car vous êtes beaucoup plus complexe que le Faune. Marbre de Phidias, jeune successeur de Mosca, à l'occasion Enfant de Marie, cher ami je pourrais poursuivre longtemps cette énumération sans vous épuiser, vous êtes innombrable.

(Lettre à Paul Morand, mi-mars 1918)

Vous ne m'avez pas dit si vous aviez aimé comme moi sa merveilleuse lettre. On ne peut rien imaginer qui ait autant de saveur que ses fureurs jacobines bondissant de sa nappe d'autel. Il est doux comme un enfant de chœur, raffiné à la fois comme un Stendhal et comme un Mosca, et en même temps âpre et implacable comme un Rastignac qui serait terroriste. Et sous une sécheresse qui semble accouplée merveilleusement à la vôtre, une bonté, une noblesse d'âme, que vous avez aussi. Comment peuvent être contemporains en lui Mosca et Fabrice ? Mais j'espère qu'il ne finira pas chartreux, même à Parme.

(Lettre à la princesse Soutzo, 28 ou 29 mars 1919)

Vous vous êtes infiniment gentil, mais vous n'êtes pas *bon*.
(Lettre à Paul Morand, fin août 1920)

[…] Votre ami très affectueux mais qui restera célibataire par crainte s'il épousait une « jolie femme » que vous ne le fissiez instantanément cocu, quitte à enrichir en manière de compensation les *Tendres Stocks*. Tout à vous, Marcel Proust.

(Lettre à Paul Morand, début mars 1921)

Morand, en dehors de tous ses prestiges, a la finesse physique particulière à certains jeunes un peu gros. Il diminue à volonté son volume. Tout en dansant d'un air chaste et galant, ses yeux amincissent son nez, son nez rend fluette sa taille et cette fantasmagorie chorégraphique doit avoir bien du charme, puisqu'elle ajoute pour moi à un homme que je croyais en posséder le maximum.

(Lettre à la princesse Soutzo, 28 février 1922)

Voir à « Fin (mot de la) », « Métaphore »

Moréas (Jean)

Le nom de Moréas, même sans intention de comparaison, prononcé non loin du vôtre, me choque et me peine infiniment. À quoi bon monter jusqu'à ces sommets si l'on en aperçoit encore de tels pygmées ?

(Lettre à Robert de Montesquiou,
vers le 7 juillet 1893)

Mort

Ta direction a eu un premier effet (médiocre je l'avoue) c'est que je me suis instantanément réabonné. *Le Figaro* était vraiment devenu quelque chose d'innommable. À propos de quoi, comme de ton élection à l'Académie, je te ferai dans longtemps quelques petites révélations, si tant est que j'aie le courage de continuer cette existence odieuse. Il y a d'ailleurs à cet égard une personne assez gentille qui se charge de simplifier les hésitations (ce n'est pas de la reine de Roumanie que je parle) elle s'appelle la mort.

(Lettre à Robert de Flers, 26 février 1922)

Mourant

Si je ne venais d'être à nouveau mourant (dans le cas où vous verriez votre grande amie la duchesse de Rohan, dites-lui pourquoi je n'ai pu la remercier, non plus que personne, de sa délicieuse invitation à dîner, et que je comprends bien que si, pour le malade, c'est ennuyeux, comme dit Lamartine dans *Novissima Verba*, qu'il faille ici-bas mourir plus d'une fois, c'est ennuyeux aussi pour les autres qui entendent tout le temps annoncer sa mort à quelqu'un qui continue à vivre, si cela peut s'appeler vivre que cette mort au lit « car de quel autre nom peut s'appeler sur terre » cette nécessité de changer de misère), je vous aurais écrit […]

(Lettre à Paul Souday, vers le 9 mars 1921)

Je viens d'être mourant, ce qui est ma seule excuse à ne pas vous avoir répondu plus tôt. Et peut-être cette excuse-là vous l'avais-je déjà fait valoir, car ce n'est pas la première fois que la vie me quitte, puis revient. Et Lamartine a raison de dire quelle souffrance c'est

Qu'il faille ici-bas mourir plus d'une fois.

Mais cette souffrance est doublée par l'ennui qu'on sent qu'on cause aux autres qui vous souhaiteraient tellement mort une fois pour toutes et grondent : « Mourant ? encore une fois ? Mais mourez une fois pour toutes et qu'il n'en soit plus question. »

(Lettre à Charles Bugnet, 26 mars 1921)

Mourir à soi-même

Voir « Morand (Paul) »

Muflerie

Il y a des gens qui quand on leur dit : « Merci de l'honneur que vous m'avez fait en venant me voir », se disent : « Tiens je lui ai fait de l'honneur » se haussent aussitôt sur les échasses qu'on leur a soi-même fournies, et vous traitent de haut en bas. Ce sont les mufles.

(Lettre à Lionel Hauser, 14 juin 1916)

Et avec cette muflerie intermittente qui reparaissait chez lui dès qu'il n'était plus malheureux et qui baissait du même coup le niveau de sa moralité, il [*Swann*] s'écria en lui-même : « Dire que j'ai gâché des années de ma vie, que j'ai voulu mourir, que j'ai eu mon plus grand amour, pour une femme qui ne me plaisait pas, qui n'était pas mon genre ! »

(*Du côté de chez Swann*, 1913)

Multidimensionnelle (écriture)

Une des choses que je cherche en écrivant (et non à vrai dire la plus importante), c'est de travailler sur plusieurs plans, de manière à éviter la psychologie plane. Les Cottard etc. ne sont donc pas rappelés ici pour insérer de la variété dans l'étendue, mais pour donner (bien imparfaitement dans un tel fragment) un aperçu des substructions et des étagements divers.

(Lettre à Jacques Rivière, 28 ou 29 avril 1919)

MUSÉE

Les musées sont des maisons qui abritent seulement des pensées. Ceux qui sont le moins capables de pénétrer ces pensées savent que ce sont des pensées qu'ils regardent dans ces tableaux placés les uns après les autres, que ces tableaux sont précieux, et que la toile, les couleurs qui s'y sont séchées et le bois doré lui-même qui l'encadre ne le sont pas.

(« Rembrandt », sans date,
in *Nouveaux Mélanges,* 1954)

MUSIQUE

Le point sur lequel nous sommes en désaccord [*avec Reynaldo Hahn*] c'est que je crois que l'essence de la musique est de réveiller en nous ce fond mystérieux (et inexprimable à la littérature et en général à tous les modes d'expression finis, qui se servent ou de mots et par conséquent d'idées, choses déterminées, ou d'objets déterminés – peinture, sculpture) de notre âme qui commence là où le fini et tous les arts qui ont pour objet le fini s'arrêtent, là où la science s'arrête aussi, et qu'on peut appeler pour cela religieux [...] Reynaldo au contraire, en considérant la musique comme dans une dépendance perpétuelle de la parole, la conçoit comme le mode d'expression de sentiments particuliers au besoin de nuances de la *conversation*. Vous savez qu'une symphonie de Beethoven (ce qui pour moi est non seulement ce qu'il y a de plus beau en musique, mais encore ce qui remplit la plus haute *fonction* de la musique, puisqu'elle se meut en dehors du particulier, du concret – est aussi profonde et aussi vague que notre sentiment ou notre volonté dans son essence, c'est-à-dire abstraction faite des objets particuliers et extérieurs auxquels elle peut s'attacher) l'ennuie beaucoup. Il est bien trop artiste pour ne pas l'admirer profondément, mais ce n'est pas cela qu'est pour lui la musique, et cela au fond, ne l'intéresse pas. Je ne lui ai jamais caché ma divergence d'avec lui sur ce point capital.

(Lettre à Suzette Lemaire, vers la mi-mai 1895)

On peut dire qu'une représentation de Wagner à Bayreuth (à plus forte raison d'Émile Augier ou de Dumas sur une scène de théâtre subventionné) est peu de chose auprès de la célébration de la grand-messe dans la cathédrale de Chartres.

(« La mort des cathédrales », *Le Figaro*, 16 août 1904
in *Pastiches et mélanges,* 1919)

Je pense que vous avez entendu *les sublimes valses de Reynaldo*, le point le plus haut selon moi où son art ait jamais atteint et qui m'ont causé avec certains quatuors de Beethoven, les impressions les plus extraordinaires que j'ai ressenties en musique.

(Lettre à Mme de Madrazo, 6 février 1916)

Depuis quelques années que les derniers quatuors de Beethoven et la musique de Franck sont mon principal aliment spirituel, chaque fois que je me les redis sachant la grande musicienne que vous êtes et probablement aussi beethovénienne, je me rappelle tout ce que Maman disait de vous.

(Lettre à Mme Albert Hecht, vers le 7 mars 1916)

Quand je vous ai entendu, il y avait quelques jours que MM. Poulet, Ruyssen, Gentil et Massis étaient venus jouer, devant moi tout seul, le 13e quatuor de Beethoven et le Quatuor de Franck. Je compte leur demander de venir un soir assez prochain dès que je ne me sentirai pas trop fatigué, me rejouer le quatuor de Franck et me jouer le quatuor de Fauré […] Peut'être au dernier moment demanderai-je à une ou deux personnes aimant particulièrement la musique, comme la princesse de Polignac et Mme de Noailles, de venir aussi. Mais c'est fort douteux ; je serai plus probablement tout seul ; autant j'aimais recevoir avant la guerre, autant depuis je n'écoute de musique que tout seul et pour réfléchir.

(Lettre à Raymond Pétain, vers le 14 avril 1916)

La même drogue me permettra d'ici peu de vous « faire signe » comme disent les gens, pour que nous dînions ensemble. J'espère que vous le pourrez aussi. Il me semble, tant j'ai vécu auprès de vous par l'admiration et la sympathie, que nous n'aurons tout au plus qu'à compter « une mesure pour rien », comme en musique, et à « enchaîner » *da capo*, sans rien reprendre au commencement.

(Lettre à Edmond Jaloux, février 1920)

La musique, bien différente en cela de la société d'Albertine, m'aidait à descendre en moi-même, à y découvrir du nouveau : la variété que j'avais en vain cherchée dans la vie, dans le voyage, dont pourtant la nostalgie m'était donnée par ce flot sonore qui faisait mourir à côté de moi ses vagues ensoleillées. Diversité double. Comme le spectre extériorise pour nous la composition de la lumière, l'harmonie d'un Wagner, la couleur d'un Elstir nous permettent de connaître cette essence qualitative des sensations d'un autre où l'amour pour un autre être ne nous fait pas pénétrer. Puis diversité au sein de l'œuvre même, par le seul moyen qu'il y a d'être effectivement divers : réunir diverses individualités.

(*La Prisonnière,* parution posthume)

L'andante venait de finir sur une phrase remplie d'une tendresse à laquelle je m'étais donné tout entier ; alors il y eut, avant le mouvement suivant, un instant de repos où les exécutants posèrent leurs instruments et les auditeurs échangèrent quelques impressions. Un duc, pour montrer qu'il s'y connaissait, déclara : « C'est très difficile à bien jouer. » Des personnes plus agréables causèrent un moment avec moi. Mais qu'étaient leurs paroles, qui, comme toute parole humaine extérieure, me laissaient si indifférent, à côté de la céleste phrase musicale avec laquelle je venais de m'entretenir ? J'étais vraiment comme un ange qui, déchu des ivresses du Paradis, tombe dans la plus insignifiante réalité. Et de même que certains êtres sont les derniers témoins d'une forme de vie que la nature a abandonnée, je me demandais si la musique n'était pas l'exemple unique de ce qu'aurait pu être – s'il n'y avait pas eu l'invention du langage, la formation des mots, l'analyse des idées – la communication des âmes. Elle est comme une possibilité qui n'a pas eu de suites ; l'humanité s'est engagée en d'autres voies, celle du langage parlé et écrit. Mais ce retour à l'inanalysé était si enivrant, qu'au sortir de ce paradis, le contact des êtres plus ou moins intelligents me semblait d'une insignifiance extraordinaire.

(*La Prisonnière*, parution posthume)

Voir à « Entendre pour la première fois », « Marche funèbre », « Sonate de Vinteuil »

MUSSET (ALFRED DE)

Fromentin, Musset, malgré tous leurs dons, parce qu'ils ont voulu laisser leur portrait à la postérité, l'ont peint fort médiocre ; encore nous intéressent-ils infiniment même par là, car leur échec est instructif. De sorte que quand un livre n'est pas le miroir d'une individualité puissante, il est encore le miroir de défauts curieux de l'esprit. Penchés sur un livre de Fromentin ou sur un livre de Musset, nous apercevons au fond du premier ce qu'il y a de court et de niais, dans une certaine « distinction », au fond du second, ce qu'il y a de vide dans l'éloquence.

(« Sur la lecture », *La Renaissance latine*, 15 juin 1905, réédité sous le titre « Journées de lecture » in *Pastiches et mélanges*, 1919)

N

Nature
Négritude
Nerval (Gérard de)
Nervosisme
Noailles (Anna de)
Noblesse
Noblesse d'Empire

Noms
Normandes (maisons)
Normandie
Notoriété
NRF (Nouvelle Revue Française)

Nature

Que les poètes s'inspirent plus de la nature, où, si le fond de tout est un et obscur, la forme de tout est individuelle et claire. Avec le secret de la vie, elle leur apprendra le dédain de l'obscurité. Est-ce que la nature nous cache le soleil, où les milliers d'étoiles qui brillent sans voiles, éclatantes et indé-chiffrables aux yeux de presque tous ? Est-ce que la nature ne nous fait pas toucher, rudement et à nu, la puissance de la mer ou du vent d'ouest ? À chaque homme elle donne d'exprimer clairement, pendant son passage sur la terre, les mystères les plus profonds de la vie et de la mort. Sont-ils pour cela pénétrés du vulgaire, malgré le vigoureux et expres-sif langage des désirs et des muscles, de la souffrance, de la chair pourrissante ou fleurie ?

(« Contre l'obscurité », *La Revue blanche,* 15 juillet 1896)

Négritude

Puisque vous êtes très liée avec le *Temps,* dites-lui que vous acceptez de faire chaque jour un article purement commercial, des chiens écrasés en mieux. Ce sera vous qui serez censée le faire, mais pour que vous n'en ayez pas l'écœurant ennui, ce sera moi, de la première ligne à la dernière, qui le ferai avec une joie que vous ne soupçonnez pas. Et je n'ai pas besoin de vous dire que nous ne partagerons pas le prix des articles, et que tout sera pour vous, puisque le seul but sera de vous faire gagner de l'argent sans vous donner de souci. Pendant que j'écrirai l'article, vous recevrez vos visites, vous rêverez devant vos fleurs, et je serai si heureux en pensant que je travaille pour vous. Et chaque soir Céleste ira vous porter ma copie. J'ai l'air de contredire ce que je disais au début. Mais là c'est grâce à la *quantité*, à l'article quotidien, que cela pourra arriver à une rémunération convenable.

(Lettre à Mme Scheikévitch, vers le 21 janvier 1918)

NERVAL (GÉRARD DE)

[...] ce grand génie dont presque toutes les œuvres pourraient avoir pour titre celui que j'avais donné d'abord à une des miennes : *Les Intermittences du cœur.* Elles avaient un autre caractère chez lui, dira-t-on, dû surtout au fait qu'il était fou. Mais, du point de vue de la critique littéraire, on ne peut proprement appeler folie un état qui laisse subsister la perception juste (bien plus qui aiguise et aiguille le sens de la découverte) des rapports les plus importants entre les images, entre les idées. Cette folie n'est presque que le moment où les habituelles rêveries de Gérard de Nerval deviennent ineffables. Sa folie est alors comme un prolongement de son œuvre ; il s'en évade bientôt pour recommencer à écrire. Et la folie, aboutissant de l'œuvre précédente, devient point de départ et matière même de l'œuvre qui suit. Le poète n'a pas plus honte de l'accès terminé que nous ne rougissons chaque jour d'avoir dormi, que peut-être, un jour, nous ne serons confus d'avoir passé un instant par la mort. Et il s'essaye à classer et à décrire des rêves alternés.

(« À propos du "style" de Flaubert »,
La Nouvelle Revue Française, janvier 1920)

Voir à « Inexprimable (l') », « Madeleine (filiation littéraire de la) »

NERVOSISME

Supportez d'être appelée une nerveuse. Vous appartenez à cette famille magnifique et lamentable qui est le sel de la terre. Tout ce que nous connaissons de grand nous vient des nerveux. Ce sont eux et non pas d'autres qui ont fondé les religions et composé les chefs-d'œuvre. Jamais le monde ne saura tout ce qu'il leur doit et surtout ce qu'eux ont souffert pour le lui donner. Nous goûtons les fines musiques, les beaux tableaux, mille délicatesses, mais nous ne savons pas ce qu'elles ont coûté, à ceux qui les inventèrent, d'insomnies, de pleurs, de rires spasmodiques, d'urticaires, d'asthmes, d'épilepsies, d'une angoisse de mourir qui est pire que tout cela, et que vous connaissez peut-être, Madame, ajouta-t-il en souriant à ma grand'mère, car, avouez-le, quand je suis venu, vous n'étiez pas très rassurée. Vous vous croyiez malade, dangereusement malade peut-être. Dieu sait de quelle affection vous croyiez découvrir en vous les symptômes. Et vous ne vous trompiez pas, vous les aviez. Le nervosisme est un pasticheur de génie. Il n'y a pas de maladie qu'il ne contrefasse à merveille. Il imite à s'y méprendre la dilatation des dyspeptiques, les nausées de la grossesse, l'arythmie du cardiaque, la fébricité du tuberculeux. Capable de tromper le médecin, comment ne tromperait-il pas le malade ?

(Le Côté de Guermantes, 1921)

NOAILLES (ANNA DE)

Je vous remercie infiniment de votre lettre. Cela me paraît trop beau que vous vous prêtiez fût-ce un instant à obscurcir votre vision des choses en consentant à regarder par mes yeux [...] Mais je sais que les plus grands sont les plus simples et condescendants par bonté. Pour moi vous comprenez qu'être lu par vous, c'est le meilleur destin où puisse se hausser ma pensée. Elle se réalise déjà un peu par l'écriture ; mais l'accueil dans votre intelligence est l'achèvement suprême, auquel elle tendait, la consommation, l'estuaire.

(Lettre à Anna de Noailles, 3 septembre 1912)

Il n'y a pas une chose que j'aie écrite sur laquelle je n'aie des lettres d'elle tellement supérieures à la prose qui en a été l'occasion.

(Lettre à Louis de Robert, 28 octobre 1912)

Voir « Monde (gens du) »

NOBLESSE

Malgré mon extrême désir d'équité, d'impersonnalisme, le hasard des choses fait que dans le *Temps perdu,* la classe calomniée, toujours dans le faux, qui ne dit que des bêtises, la classe vulgaire et haïssable, c'est la « noblesse », c'est le « monde ». Je crois que pour en avoir l'irrésistible impression, il faut attendre le *Côté de Guermantes,* mais il me semble que déjà dans les *Jeunes filles en fleurs,* M. de Cambremer est la vulgarité même, Saint-Loup « intellectuel », mais bien nigaud, les gens de la soirée Saint-Euverte médiocres, le marquis de Norpois ridicule, Mme de Villeparisis lettrée mais au fond jugeant tout à faux, et bien moins gentille que ma grand-mère d'une origine si modeste. Et le snob Legrandin peu sympathique. Et M. de Forcheville (cela, c'est paru, j'en suis sûr, c'est dans un dîner Verdurin, dans *Swann*) grotesque. Le duc de Guermantes également grotesque dans la *NRF* de 1914 (parties à paraître en volume). Reste le seul Charlus. Mais d'abord c'est un isolé, comme il y en a dans tous les milieux…

(Lettre à Marcel Boulenger, vers le 24 janvier 1920)

NOBLESSE D'EMPIRE

Si tu as lu mon pastiche de Saint-Simon, tu as dû voir que j'étrillais vigoureusement la princesse Murat. Elle est demi-sœur de Mme d'Albufera mais se détestaient, il a fallu ce pastiche pour les réconcilier sur mon dos, je pense surtout par colère de voir attaquée la noblesse d'empire. D'Albufera n'a pas même répondu à l'envoi de mes livres. Pour comble dans la phrase sur lui, là où j'ai mis estime infinie, l'imprimeur a écrit estime infime. Fâcher à ce point les Murat (ce que je ne croyais pas) (manque de psychologie diras-tu) m'est tout à fait égal. Mais perdre une amitié comme celle de d'Albufera, ancienne, *éprouvée*, me peine infiniment.

(Lettre à Lionel Hauser, 1er janvier 1920)

NOMS

Voir « Blumenthal (Mme Ferdinand) »

NORMANDES (MAISONS)

Enfin il y a quelques habitations tout à fait désirables, les unes assaillies par la mer et protégées contre elle, d'autres perchées sur la falaise, au milieu des bois, ou s'étendant largement sur des plateaux herbeux. Je ne parle point des maisons « orientales » ou « persanes » qui plairaient mieux à Téhéran, mais surtout des maisons normandes, en réalité moitié normandes moitié anglaises, où l'abondance des épis de faîtage multiplie les points de vue et complique la silhouette, où les fenêtres tout en largeur ont tant de douceur et d'intimité, où, des jardinières faites dans le mur, sous chaque fenêtre, des fleurs pleuvent inépuisablement sur les escaliers extérieurs et sur les halles vitrés.

(« Choses normandes », *Le Mensuel,* n° 12, décembre 1891)

NORMANDIE

J'envie celui qui peut passer l'automne en Normandie, pour peu qu'il sache penser et sentir. Ses terres, jamais bien froides, même en hiver, sont les plus vertes qu'il y ait, naturellement gazonnées sans la plus mince lacune, et, même au revers des coteaux, en l'aimable disposition appelée fonds boisés […] Ainsi cette campagne, la plus riche de France, qui, avec son abondance intarissable de fermes, de vaches, de crème, de pommiers à cidre, de gazons épais, n'invite qu'à manger et à dormir, se pare, la nuit venue, de quelque mystère et rivalise de mélancolie avec la grande plaine de la mer.

(« Choses normandes », *Le Mensuel,* n° 12, décembre 1891)

NOTORIÉTÉ

Votre lettre, adressée au 201 au lieu du 102, me parvient à l'instant, avec un long retard qui me prouve que je ne possède aucune notoriété, ce qui n'est pas pour m'étonner car une fois une lettre adressée à la maison voisine de la mienne m'était arrivée avec « Inconnu ». Comme cette fois-ci le numéro indiqué était beaucoup plus éloigné, le voyage a

duré plus longtemps. Mais je vois que je ne suis pas plus
« connu » qu'avant. Et cela ne changera certainement plus.

(Lettre à Charles d'Alton, vers le 14 février 1916)

NRF (NOUVELLE REVUE FRANÇAISE)

Je ne trouve pas leur Revue sans défauts. Le dernier
numéro contient bien des absurdités. Mais enfin c'est tout de
même la seule Revue. S'ils m'éditent, ils me liront peut-être.
En somme je ne vois pas pourquoi ils refuseraient. Je paierais
aussi largement qu'ils voudront mon édition. Au point de
vue littéraire (bien que je pense que pour des raisons que je
crois fausses, ils ne peuvent pas m'estimer à ma valeur qui
n'est pas grande, mais supérieure à ce qu'ils peuvent croire)
je ne les déshonorerai pas.

(Lettre à Antoine Bibesco, fin octobre 1912)

Quelle n'a pas été ma stupéfaction en lisant (dans votre si
beau numéro de la NRF) sous la plume si sévère de M. Allard,
un éloge de M. de Pierrefeu où celui-ci était comparé à
Vélasquez (?) à Tallemant des Réaux, à Bussy-Rabutin. Quant
à Saint-Simon, M. Allard reconnaît que M. de Pierreffeu ne
l'a pas été, mais parce qu'il n'a pas voulu, à cause du sujet
et pour des raisons de convenance. Ah ! si la Garonne avait
voulu ! Je place trop haute la reconnaissance, l'amitié (j'ignore
absolument si elles ont joué un rôle quelconque dans le jugement de M. Allard) pour ne pas reconnaître qu'on peut être
obligé à des articles de complaisance. Pour ma part, si j'avais
été moins souffrant, sachant que des membres de l'Académie

Goncourt que je ne connais pas, comme M. Élémir Bourges, se sont donné une peine touchante et folle pour me faire avoir le prix Goncourt, y ont pris des grippes etc., je ne me serais pas cru déshonoré pour leur octroyer du génie. Mais si j'avais fait cela, je l'aurais fait au *Figaro*, ou à *Comœdia*, ou au *Gaulois*, et non dans les colonnes de la scrupuleuse *NRF* où on ne doit parler que de ce qui le mérite absolument (l'exemple de M. Élémir Bourges est à ce propos très mal choisi puisque c'est un grand écrivain). Vous savez pour ma part le scrupule que j'y mets.

(Lettre à Jacques Rivière, 2 juillet 1920)

Car quoi que vous en pensiez, on me croit très *NRF*.

(Lettre à Jacques Rivière, 16 août 1920)

Rivière m'a parlé d'une lettre de Gide qu'il va publier. Je n'ai pas lu cette lettre. Mais autant que j'en puis juger, je trouve son insertion déplorable. J'aime beaucoup Gide, j'ai une grande admiration pour lui ; de vous tous, c'est lui que je connais le plus (trop peu hélas) et le plus anciennement. Mais véritablement, qu'au moment où Rivière se tue littéralement à sa Revue, au moment aussi où des revues nouvelles, comme la *Revue universelle* etc., font à la *NRF* une concurrence d'ailleurs fort loyale, qu'à ce moment-là on publie en pleine *NRF* une déclaration que la *NRF* est ennuyeuse à lire, l'est depuis que Rivière la dirige, et que cette déclaration s'aggrave du prestige même et de l'autorité du nom de Gide, cela me peine extrêmement. Pense-t-on rendre la Revue plus attrayante en proclamant qu'elle est ennuyeuse ? [...] Mais puisque Rivière me défend d'écrire à Gide et ne veut pas que j'aie l'air vis-à-vis de Gide même de rien savoir, il me semble que vous, directeur de toute l'affaire, avez le droit de demander à Gide la suppression de ce désaveu. Ne croyez pas qu'il y ait là-dedans de ma part l'ombre d'un sentiment hostile à l'égard de Gide ! J'irai même entre nous jusqu'à vous dire (comme je le dirais à Rivière) que je ne suis pas un *NRF*iste fanatique. Mais c'est trop bête de se manger les uns les autres. Je ne suis suspect d'aucun intérêt en vous disant cela, je n'écris jamais à la *NRF* ; je pense à vous trois et à votre intérêt commun.

(Lettre à Gaston Gallimard, mi-janvier 1921)

Je suis très dans les idées noires parce que je me demande (pas du tout à cause de cette parution imminente, cela n'a pas de rapport) si je n'ai pas été depuis quelques années le « cocu » de la *NRF*. Heureusement – ou malheureusement – ce sont des cornes qu'on peut ne pas porter. Comme c'est si pénible de discuter ces choses-là entre nous, ne croyez-vous pas qu'il serait mieux d'y mettre un « neutre désintéressé » mais opérant, comme dit la diplomatie du Dr Simons.

(Lettre à Gaston Gallimard, 21 avril 1921)

La *NRF* est une maison très agréable mais où, au moins en ce qui me concerne, on a la maladie de l'exclusivité. Non seulement je me suis vu refuser le droit que j'avais d'écrire ici ou là, mais quand je donne un article à une revue !

(Lettre à Georges de Traz, début juin 1921)

Votre lettre me contrarie aussi (mais ceci est secondaire) parce que je vois qu'il faut renoncer à l'espoir de publier d'autres extraits d'autres volumes, aux *Œuvres libres*. Puisque vous me dites, trop tard, que vous n'approuvez pas que j'aie donné un premier article aux *Œuvres libres*, cela me ferme la voie pour toujours. Car maintenant je suis averti, cela vous contrarie, donc je ne pourrai jamais récidiver, désirant avant tout ne pas vous contrarier. Sur la question d'argent, il m'est difficile de vous répondre car je comprends mal votre raisonnement. En deux mots, si j'ai saisi, cette collaboration fait gagner de l'argent à M. Proust, mais elle en fait gagner infiniment plus à M. Fayard. Mais songez qu'en m'interdisant pour l'avenir de recevoir de l'argent de M. Fayard (je me soumets naturellement et ne vous reparlerai pas des *Œuvres libres*), vous me mettez dans une position d'autant plus délicate que je n'en recevrai pas non plus de la *NRF*. Elle me doit en ce moment (si je compte bien et je peux me tromper) environ soixante mille francs. Comment pourra-t-elle jamais me les payer (au fond j'espère bien que si et qu'elle me les paiera). C'est bien loin d'être un reproche et vous savez que j'ai accepté moi-même votre mode de paiement à 2 500 francs par mois. Mais il ne fonctionne pas tous les mois. Et ce que je touche un mois est « imputable » à des mois antérieurs. D'autre part, au fur et à mesure que la *NRF* ne pourra pas me payer, je lui livrerai de nouveaux livres qui accroîtront encore sa dette. C'est le tonneau des Danaïdes. Croyez bien que je vous dis tout cela dans un esprit tout affectueux, et avec une affection que je ne mettrais même pas si je me parlais à moi-même. Ce n'est ni une critique, ni une demande, tout simplement le regret que vous ne laissiez pas d'autres compenser un peu cela. Vous savez que pour la question de *voisinages* je n'ai jamais cru qu'ils nuisaient autant que vous le croyez à un auteur tant soit peu classé. Sans cela il n'y avait pas de raison pour que je ne refuse pas le prix Goncourt parce que Claude Farrère et tant d'autres l'ont eu. Et la *NRF* elle-même ne publie pas que des chefs-d'œuvre, à commencer par les œuvres de votre serviteur et ami.

(Lettre à Gaston Gallimard, 10 septembre 1921)

Au revoir mon cher Gaston la fatigue seule arrête un bavardage qui vous montre comment nous aurions des choses à nous dire si nous pouvions nous voir souvent. Que j'aimerais la vie *NRF*, un petit couvent lettré où je pourrais chaque jour demander à Frère Jacques (Jacques Rivière) non pas dormez-vous mais avez-vous bien dormi. Il sonnerait les matines et moi plutôt l'angélus du soir. Quel regret de se connaître quand on ne peut plus se voir ?

(Lettre à Gaston Gallimard, vers le 17 mai 1922)

Il [*Gaston Gallimard*] m'a opposé des arguments si nombreux que je crois que le droit d'autoriser à se marier, à déjeuner, à vivre, à mourir, est réservé à la *Nouvelle Revue Française*, plus puissante qu'aucun parlement [...] Le fait que j'ai traité avec M. Gallimard *directeur* de la *Nouvelle Revue Française*, et que les permissions me sont refusées par M. Gallimard, *administrateur délégué* de la *Nouvelle Revue*

Française, tous deux incarnés en la même personne, le cher Gaston Gallimard que nous aimons, est charmant.

(Lettre à Henri Duvernois, vers septembre 1922)

Voir « Péguy (Charles) »

O

Obscurité poétique

Œuvre

Off the record

Ombre

Opéra

Orgueil

Obscurité poétique

Ne voulant pas sans doute faire allusion aux écoles précieuses, vous [*les jeunes poètes*] avez joué sur le mot « obscurité » en faisant remonter si haut la noblesse de la vôtre. C'est autre chose que l'étonnement et, si vous voulez, le malaise que purent causer les premières tragédies de Racine et les premières odes de Victor Hugo. Or le sentiment de la même nécessité, de la même constance des lois de l'univers et de la pensée, qui m'interdit d'imaginer, à la façon des enfants, que le monde va changer au gré de mes désirs, m'empêche de croire que les conditions de l'art étant subitement modifiées, les chefs-d'œuvre seront maintenant ce qu'ils n'ont jamais été au cours des siècles : à peu près inintelligibles […] Ne s'adressant pas à nos facultés logiques, le poète ne peut bénéficier du droit qu'a tout philosophe profond de paraître d'abord obscur. S'y adresse-t-il au contraire ? Sans arriver à faire de la métaphysique qui veut une langue autrement rigoureuse et définie, il cesse de faire de la poésie […] Le poète renonce à ce pouvoir irrésistible de réveiller tant de Belles au bois dormant en nous, s'il parle une langue que nous ne connaissons pas, où des adjectifs, sinon incompré-

443

hensibles, au moins trop récents pour ne pas être muets pour nous, succèdent dans des propositions qui semblent traduites, à des adverbes intraduisibles. À l'aide de vos gloses, j'arriverai peut-être à comprendre votre poème comme un théorème ou comme un rébus. Mais la poésie demande un peu plus de mystère et l'impression poétique, qui est tout instinctive et spontanée, ne sera pas produite.

(« Contre l'obscurité », *La Revue blanche*, 5 juillet 1896)

Voire à « Nature », « Poésie », « Vulgaire »

ŒUVRE

C'est par la juxtaposition des œuvres d'un même maître que, en musique en peinture ou en littérature, j'arrive à saisir sa personnalité. Si objectives que soient les œuvres et si différents que soient les sujets elles ont en elles quelque chose de différent qui est leur objectivité et quelque chose de commun qui est l'essence du génie de leur auteur.

(Lettre à Edmond de Polignac, 18 mai 1901)

Ne lire qu'un livre d'un auteur, c'est voir cet auteur une fois. Or, en causant une fois avec une personne, on peut discerner en elle des traits singuliers. Mais c'est seulement par leur répétition, dans des circonstances variées, qu'on peut les reconnaître pour caractéristiques et essentiels. Pour un écrivain, pour un musicien ou pour un peintre, cette variation des circonstances qui permet de discerner, par une sorte d'expérimentation, les traits permanents du caractère, c'est la variété des œuvres. Nous retrouvons, dans un second livre, dans un autre tableau, les particularités dont la première fois nous aurions pu croire qu'elles appartenaient au sujet traité autant qu'à l'écrivain ou au peintre. Et du rapprochement des œuvres différentes nous dégageons des traits communs dont l'assemblage compose la physionomie morale de l'artiste.

(« Ruskin à Notre-Dame d'Amiens », avril 1900,
Le Mercure de France)

OFF THE RECORD

Ce qu'on vous a écrit dans le privé (et même hélas ce qu'on ne vous a pas écrit), ce que tacitement le destinataire garde pour lui, vous l'imprimez carrément sans même demander aucune autorisation. Il est très vrai qu'à mon avis, étant donné les défauts qu'on vous a longtemps prêtés et contre lesquels (de vive voix, et aussi dans la préface même que j'ai écrite à *De David à Degas*), je me suis toujours inscrit en faux, j'avais blâmé l'intention que vous manifestiez de répondre aux insultes de Forain par un redoublement de politesse. Ce blâme je ne l'avais exprimé qu'à vous seul, à titre d'amical conseil longuement motivé. Ma stupéfaction de voir que vous imprimez cela n'est pas de l'ennui. Car je prends toute la responsabilité de mon opinion. Mais enfin depuis que j'existe je n'ai jamais vu, fût-ce un petit journaliste échotier, donner ainsi de la publicité à une opinion privée, à plus forte raison celle-ci devant avoir inévitablement pour conséquence de me brouiller à mort avec le même Forain auquel je reparlais depuis deux ans.

(Lettre à Jacques-Émile Blanche, 16 janvier 1921)

OMBRE

Savez-vous si les plombs d'un vitrail ont une influence sur l'ombre qu'il projette, dessinent-ils de l'ombre par terre ?

(Lettre à Albert Henraux, début janvier 1912)

OPÉRA

On donne à l'Opéra la charmante *Gwendoline*. Vous la connaissez sans doute et les idées ne sont pas toujours choisies avec un goût très difficile, comme il arrive généralement dans Chabrier. Mais le charme un peu vulgaire de mélodies d'ailleurs enchanteresses est racheté par de telles délicatesses, des raffinements nouveaux alors, et restés nouveaux, d'orchestration. Je ne sais pas si vous êtes comme moi mais j'adore cela.

(Lettre à Mme Straus, 10 novembre 1912)

ORGUEIL

Mais Madame, si la grande qualité c'est l'orgueil, la grande vertu cela ne devrait-il pas être le courage ? Et pourquoi sont-ce toujours les humbles qui sont courageux et les orgueilleux qui sont lâches ?

(Lettre à Anna de Noailles, 12-13 juin 1904)

P

Paix

Papa

Paperoles

Paradis perdu

Pardon

Paresse

Particulier

Pastiche

Pavés

Pédéraste

Pédérastie

Péguy (Charles)

Peinture

Pèlerinage

Personnages de roman

Petit pan de mur jaune (le)

Peuple (gens du)

Peuple (parler)

Photographie

Phrase à rallonge

Phrase type (théorie de la)

Picasso (Pablo)

Piété

Pipi

Pitié

Plagiat (détecteur de)

Plagiat humain

Plaisir

Plaisirs et les Jours (Les)

Plan

Poe (Edgar)

Poésie

Poète (l'esprit du)

Poétique (la création)

Polignac (prince Edmond de)

Politesse

Politesse aristocratique

Polo

Ponctuation

Pontarmé

Porel (Jacques)

Portrait

Potocka (comtesse, née Pignatelli)

Préciosité

Précocité

Précurseur

Préfaces

Prescription

Présences intérieures

Presse

Prince Eugène

Privé

Prix Goncourt

Prix Nobel

Proust (professeur Adrien)

Prousterie

Province (chambres de)

Psychologie

Paix

Il ne faut pas récriminer contre le Destin, surtout quand il nous donne par un mouvement d'horlogerie à retardement qui semblait immobile depuis quatre ans cette cascade finale de triomphes. Pourtant, moi qui suis si ami de la Paix parce que je ressens trop la souffrance des hommes, je crois tout de même que puisqu'on a voulu une victoire totale et une Paix dure, il eût été mieux qu'elle fût un peu plus dure encore. Je préfère à toutes les paix celles qui ne laissent de rancune au cœur de personne. Mais puisqu'il ne s'agit pas d'une de ces paix-là, du moment qu'elle lègue le désir de vengeance, il eût peut'être été bon de la rendre impossible à exercer. Peut'être est-ce le cas.

(Lettre à Mme Straus, 12 novembre 1918)

Papa

Papa avait une nature tellement plus noble que la mienne. Moi je me plains toujours. Papa quand il était malade n'avait qu'une pensée qui était que nous ne le sachions pas. Du reste, ce sont des choses auxquelles je ne peux pas encore penser. Cela me fait trop de peine. La vie est recommencée. Si j'y avais un but, une ambition quelconque, cela m'aiderait peut-être à la supporter. Mais ce n'est pas le cas. Mon vague bonheur n'était qu'un reflet de celui que je voyais auprès de moi entre Papa et Maman, non sans voir le remords – combien plus douloureux maintenant de sentir que j'étais son seul nuage. Maintenant toutes les petites choses de la vie, en lesquelles je faisais consister sa douceur, sont douloureuses.

(Lettre à Mme de Noailles, 3 décembre 1903)

PAPEROLES

Voir « Ajoutages »

PARADIS PERDU

Voir « Souvenir »

PARDON

Penser que vous vous intéressez curieusement aux diverses formes de l'être et n'avez pas plus de mépris pour le fourbe que pour le brave, l'un et l'autre dessinant inévitablement devant vos yeux une figure originale, qui cela consolerait-il ? Puisque pour ce déterminisme amoral ou pour ce dilettantisme toujours intéressé par la variété de la vie, le scélérat et le barbare sont du même coup pardonnés. C'est un pardon qui n'est pas bien enviable, s'adressant à tous.

(Lettre à Robert de Montesquiou, 9 mars 1895)

PARESSE

De ce que les hommes médiocres sont souvent travailleurs et les intelligents souvent paresseux, on ne peut pas conclure que le travail n'est pas pour l'esprit une meilleure discipline que la paresse.

(« Sur la lecture », La Renaissance latine, 15 juin 1905,
réédité sur le titre « Journées de lecture »,
in Pastiches et mélanges, 1919)

PARTICULIER

Voir « Universel »

PASTICHE

Tant de gens en font toute leur vie d'involontaires, que je suis excusable d'en avoir, par divertissement, par la volupté qu'il y a, aussi, à prolonger avec la pédale la musique des autres qu'on voudrait écouter toujours, assemblé quelques-uns.

(Lettre à l'abbé Mugnier, 14 février 1918)

En principe je ne suis pas pour mettre dans un pastiche du XVIIIe siècle des noms qui évoquent aussi puissamment que le vôtre toutes les grâces du XXe. Cela fait dissonance, c'est-à-dire le contraire du pastiche. Mais d'un autre côté mon cœur et ma pensée l'emportent sur cette raison technique.

(Lettre à Mme Straus, 8 octobre 1918)

Vous m'avez deviné par votre « Critiques en actes » car j'avais d'abord voulu faire paraître ces pastiches avec des études critiques parallèles sur les mêmes écrivains, les études énonçant d'une façon analytique ce que les pastiches figuraient instinctivement (et *vice versa*), sans donner la priorité ni à l'intelligence qui explique ni à l'instinct qui reproduit. Le tout était surtout pour moi affaire d'hygiène ; il faut se purger du vice si naturel d'idolâtrie et d'imitation. Et au lieu de faire du Michelet ou du Goncourt en signant (ici les noms de tels ou tels de nos contemporains les plus aimables), d'en faire ouvertement sous forme de pastiches, pour redescendre à ne plus être que Marcel Proust quand j'écris mes romans.

(Lettre à Ramon Fernandez, août 1919)

Aussi, pour ce qui concerne l'intoxication flaubertienne, je ne saurais trop recommander aux écrivains la vertu purgative, exorcisante, du pastiche. Quand on vient de finir un livre, non seulement on voudrait continuer à vivre avec ses personnages, avec Mme de Beauséant, avec Frédéric Moreau, mais encore notre voix intérieure qui a été disciplinée pendant toute la durée de la lecture à suivre le rythme d'un Balzac, d'un Flaubert, voudrait continuer à parler comme eux. Il faut la laisser faire un moment, laisser la pédale prolonger le son, c'est-à-dire faire un pastiche volontaire, pour pouvoir après cela, redevenir original, ne pas faire toute sa vie du pastiche involontaire. Le pastiche volontaire c'est de façon toute spontanée qu'on le fait : on pense bien que quand j'ai écrit jadis un pastiche, détestable d'ailleurs, de Flaubert, je ne m'étais pas demandé si le chant que j'entendais en moi tenait à la répétition des imparfaits ou des participes présents. Sans cela je n'aurais jamais pu le transcrire.

> (« À propos du "style" de Flaubert »,
> *La Nouvelle Revue Française*, janvier 1920)

Le pastiche fait sourire. Même avec le plus tendre respect, il ne faut pas sourire de ce qu'on aime.

> (Lettre à Francis Jammes, vers le 15 mai 1922)

Voir « Imitation »

PAVÉS

De même bien des journées de Venise que l'intelligence n'avait pu me rendre étaient mortes pour moi quand, l'an dernier, en traversant une cour, je m'arrêtai net au milieu des pavés inégaux et brillants. Les amis avec qui j'étais craignaient que je n'eusse glissé, mais je leur fis signe de continuer leur route, que j'allais les rejoindre : un objet plus important m'attachait, je ne savais pas encore lequel, mais je sentais au fond de moi-même tressaillir un passé que je ne reconnaissais pas ; c'était en posant le pied sur un pavé que je ne reconnaissais pas ; c'était en posant le pied sur le pavé que j'avais éprouvé ce trouble. Je sentais un bonheur qui m'envahissait, et que j'allais être enrichi d'un peu de cette pure substance de nous-même qu'est une impression passée, de la vie pure conservée pure (et que nous ne pouvons connaître que conservée, car au moment où nous la vivons, elle ne se présente pas à notre mémoire, mais au milieu des sensations qui la suppriment) et ne demandait qu'à être délivrée, qu'à venir accroître mes trésors de poésie et de vie. Mais je ne me sentais pas la puissance de la délivrer. J'avais peur que ce passé m'échappât. Ah ! l'intelligence ne m'eût servi à rien en un pareil moment. Je refis quelque pas en arrière pour revenir à nouveau sur ce pavé inégal et brillant, pour tâcher de me remettre dans le même état. Tout à coup, un flot de lumière m'inonda. C'était une même sensation du pied que j'avais éprouvée sur le pavage un peu inégal et lisse du baptistère de Saint-Marc. L'ombre qu'il y avait ce jour-là sur le canal où m'attendait ma gondole, tout le bonheur, tout le trésor de ces heures se précipita à la suite de cette sensation reconnue, et, dès ce jour, lui-même revécut pour moi.

(Projet de préface à *Contre Sainte-Beuve*,
1908, publié en 1954)

En roulant les tristes pensées que je disais il y a un instant j'étais entré dans la cour de l'hôtel de Guermantes, et dans ma distraction je n'avais pas vu une voiture qui s'avançait ; au cri du wattman je n'eus que le temps de me ranger vivement de côté, et je reculai assez pour buter malgré moi contre des pavés assez mal équarris derrière lesquels était une remise. Mais au moment où, me remettant d'aplomb, je posai mon pied sur un pavé qui était un peu moins élevé que le précédent, tout mon découragement s'évanouit devant la même félicité qu'à diverses époques de ma vie m'avaient donnée la vue d'arbres que j'avais cru reconnaître dans une promenade en voiture autour de Balbec, la vue des clochers de Martinville, la saveur d'une madeleine trempée dans une infusion, tant d'autres sensations dont j'ai parlé et que les dernières œuvres de Vinteuil m'avaient paru synthétiser [...] La différence, purement matérielle, était dans les images évoquées. Un azur profond enivrait mes yeux, des impressions de fraîcheur, d'éblouissante lumière tournoyaient près de moi et, dans mon désir de les saisir, sans oser plus bouger que quand je goûtais la saveur de la madeleine en tâchant de faire parvenir jusqu'à moi ce qu'elle me rappelait, je restais, quitte à faire rire la foule innombrable des wattmen, à tituber comme j'avais fait tout à l'heure, un pied sur le pavé plus élevé, l'autre pied sur le pavé le plus bas. Chaque fois que je refaisais, rien que matériellement, ce même pas, il me restait inutile ; mais si je réussissais, oubliant la matinée Guermantes, à retrouver ce que j'avais senti en posant ainsi mes pieds, de nouveau la vision éblouissante et indistincte me frôlait comme si elle m'avait dit : « Saisis-moi au passage si tu en as la force et tâche à résoudre l'énigme du bonheur que je te propose. » Et presque tout de suite, je le reconnus, c'était Venise, dont mes efforts pour la décrire et les prétendus instantanés pris par ma mémoire ne m'avaient jamais rien dit et que la sensation que j'avais ressentie jadis sur deux dalles inégales du baptistère de Saint-Marc m'avait rendue avec toutes les autres sensations jointes ce jour-là à cette sensation-là, et qui étaient restées dans l'attente, à leur rang, d'où un brusque hasard les avait impérieusement fait sortir, dans la série des jours oubliés.

(*Le Temps retrouvé,* parution posthume)

Voir « Madeleine »

Pédéraste

Ne me traite pas de pédéraste, cela me fait de la peine. Moralement je tâche, ne fût-ce que par élégance, de rester pur. Tu peux demander à M. Straus quelle influence j'ai eue sur Jacques. Et c'est à l'influence de quelqu'un qu'on juge sa moralité.

(Lettre à Daniel Halévy, aux environs de l'automne 1888)

Pédérastie

Quant à ton pédéraste virtuel, tu peux très bien te tromper. Je sais… qu'il y a des jeunes gens (et si ça t'intéresse et que tu me promettes un *secret absolu*, même pour Bizet, je te donnerai des pièces d'un intérêt très grand à ce point de vue, à moi appartenant, à moi adressées) des jeunes gens et surtout des types de huit à dix-sept ans qui *aiment* d'autres types, veulent toujours les voir (comme moi, Bizet) pleurent et souffrent loin d'eux, et ne désirent qu'une chose les embrasser et se mettre sur leurs genoux, qui les aiment pour leur *chair*, qui les couvent des yeux, qui les appellent chéri, mon ange, très sérieusement, qui leur écrivent des lettres passionnées et qui pour rien au monde ne feraient de pédérastie. Pourtant généralement l'amour l'emporte et ils se masturbent ensemble. Mais ne te moque pas d'eux et de celui dont tu parles, s'il est ainsi. Ce sont en somme des amoureux. Et je ne sais pas pourquoi leur amour est plus malpropre que l'amour habituel.

(Lettre à Daniel Halévy, vers la fin mai 1888)

Si, sans parler de pédérastie le moins du monde, je peignais des adolescents vigoureux, si je peignais des amitiés tendres, graves, sans jamais laisser entendre que cela va plus loin, alors j'aurais pour moi tous les pédérastes, parce que je leur présenterais justement ce qu'ils aiment. Très précisément parce que je dissèque leur vice (j'emploie ce mot de vice sans nulle intention de blâme) je montre leur maladie, je dis précisément ce qui leur fait le plus horreur, à savoir que ce rêve de beauté masculine est l'effet d'une tare nerveuse. La meilleure preuve c'est qu'un pédéraste adore les hommes mais déteste les pédérastes. De plus, comme mes pédérastes sont des hommes âgés, il se mêle à leur cas quelque chose de ridicule (du moins pour le lecteur, car au fond c'est plutôt touchant) qui les exaspérera encore plus.

(Lettre à Louis de Robert, début juillet 1913)

Voir « Homosexualité »

PÉGUY (CHARLES)

Le naturalisme extérieur (tout décrire, ne rien choisir) n'est pas si odieux que ce naturalisme psychologique d'un

homme qui ne nous fait pas grâce de la plus sotte association d'idées, qui lui passe par l'esprit, du calembour
le plus idiot. Et quelle banalité, de fond, de forme [...]
P.S. Voilà que j'ai changé *un tout petit peu* sur l'affreux
Péguy. J'ai en commun avec lui (à être ennuyé d'y trouver
ce que je n'oserai plus publier de peur d'avoir l'air de
l'avoir pris là, quoique très différent) un certain sentiment
de la géométrie de la terre, des villages. Mais mon idée
est au fond très différente. C'est très joli ce qu'il dit sur
les villages. Sur les *noms* j'ai écrit également des choses
presque pareilles.

(Lettre à Daniel Halévy, vers janvier 1908)

Car justement je nie (et peux naturellement me tromper)
qu'il soit une comète etc. Je ne juge jamais un écrivain sur
ses défauts mais sur ce qu'il a de meilleur, fût-ce sur une
ligne. Or le meilleur de Péguy me semble banal et d'une
fausse originalité voulue (fût-ce inconsciemment voulue).

(Lettre à Daniel Halévy, vers janvier 1908)

Quant à certaines proses comme celles de M. Péguy par
exemple où l'état d'esprit qui est exactement le contraire de
l'inspiration et de la solidification artistique, où une espèce
d'indolence au cours de laquelle un mot vous en fait imaginer un autre et où on n'a pas le courage de sacrifier ses
tâtonnements, je ne peux pas exprimer assez ma stupéfaction de voir que dans des milieux intelligents comme à la
Nouvelle Revue Française par exemple, on trouve cela admirable. Et de gens qu'ils admirent encore plus et que j'aime

mieux ne pas nommer ne sachant pas si je ne froisserais pas en vous de chères amitiés, l'œuvre me déconcerte tout autant.

(Lettre à Louis de Robert, 11 janvier 1913)

J'exècre la littérature du pauvre Péguy et n'ai jamais varié. Il y a je ne sais combien d'années, Daniel Halévy m'a écrit : « Veux-tu (parce que nous avons été au lycée ensemble, nous nous écrivons "tu") souscrire aux cahiers d'un de mes amis, Péguy, mais seulement si tu aimes cela. Lis ce cahier. » J'ai lu, j'ai répondu : « Je trouve ton ami sans talent pour telle et telle raison, mais puisqu'il est malheureux, je souscrirai quand même. » Et dès lors mon appartement, qui était à peu près dix fois aussi grand que celui d'aujourd'hui (qui, il est vrai, est un trou à rats), a été encombré par le plus insipide fatras des plus inutiles proses que je sache.

(Lettre à Jacques Boulenger, 18 avril 1921)

Peinture

Carlyle dit qu'il était inévitable que Boccace et Pétrarque fussent de bons diplomates, puisqu'ils étaient de bons poètes. Ruskin commet la même erreur quand il dit qu'une peinture est belle dans la mesure où les idées qu'elle traduit en images sont indépendantes de la langue des images ». Il me semble que, si le système de Ruskin pèche par quelque côté, c'est par celui-là. Car la peinture ne peut atteindre la réalité une des choses et rivaliser par là avec la littérature, qu'à condition de ne pas être littéraire.

(« John Ruskin », préface du traducteur
à *La Bible d'Amiens* de John Ruskin, 1904)

Voir « Chardin (Jean-Baptiste) »

PÈLERINAGE

Les indications que les écrivains nous donnent dans leurs œuvres sur les lieux qu'ils ont aimés sont souvent si vagues que les pèlerinages que nous y essayons gardent quelque chose d'incertain et d'hésitant et comme la peur d'avoir été illusoires.

(*Ruskin à Notre-Dame d'Amiens*, 1900)

PERSONNAGES DE ROMAN

Alors, quoi ? ce livre, ce n'était que cela ? Ces êtres à qui on avait donné plus de son attention et de sa tendresse qu'aux gens de la vie, n'osant pas toujours avouer à quel point on les aimait, et même quand nos parents nous trouvaient en train de lire et avaient l'air de sourire de notre émotion, fermant le livre, avec une indifférence affectée ou un ennui feint ; ces gens pour qui on avait haleté et sangloté, on ne les verrait plus jamais, on ne saurait plus rien d'eux. Déjà, depuis quelques pages, l'auteur, dans le cruel « Épilogue », avait eu soin de les « espacer » avec une indifférence incroyable pour qui savait l'intérêt avec lequel il les avait suivis jusque-là pas à pas. L'emploi de chaque heure de leur vie nous avait été narré. Puis subitement : « Vingt ans après ces événements on pouvait rencontrer dans les rues de Fougères un vieillard encore droit, etc. » Et le mariage dont deux volumes avaient été employés à nous faire entrevoir la possibilité délicieuse, nous effrayant puis nous réjouissant de chaque obstacle dressé puis aplani, c'est par une phase incidente d'un personnage secondaire que nous apprenions qu'il avait été célébré, nous ne savions pas au juste quand, dans cet étonnant épilogue écrit, semblait-il, du haut du ciel, par une personne indifférente à nos passions d'un jour, qui s'était substituée à l'auteur. On aurait tant voulu que le livre continuât, et, si c'était impossible, avoir d'autres renseignements sur tous ces personnages, apprendre maintenant quelque chose de leur vie, employer la nôtre à des choses qui ne fussent pas tout à fait étrangères à l'amour qu'ils nous avaient inspiré et dont l'objet nous faisait tout à coup défaut, ne pas avoir aimé en vain, pour une heure, des êtres qui demain ne seraient plus qu'un nom sur une page oubliée, dans un livre sans rapport avec la vie, et sur la valeur duquel nous nous étions bien mépris puisque son lot ici bas, nous le comprenions maintenant et nos parents nous l'apprenaient au besoin d'une phrase dédaigneuse, n'était nullement, comme nous l'avions cru, de contenir l'univers et la destinée, mais d'occuper une place fort étroite dans la bibliothèque du notaire, entre les fastes sans prestige du *Journal des modes illustré* et la *Géographie d'Eure-et-Loir*.

(« Sur la lecture », *La Renaissance latine*, 15 juin 1905,
réédité sous le titre « Journées de lecture »,
in *Pastiches et mélanges,* 1919)

Petit pan de mur jaune (le)

Il [*Bergotte*] mourut dans les circonstances suivantes : Une crise d'urémie assez légère était cause qu'on lui avait prescrit le repos. Mais un critique ayant écrit que dans la *Vue de Delft* de Ver Meer (prêté par le musée de La Haye pour une exposition hollandaise), tableau qu'il adorait et croyait connaître très bien, un petit pan de mur jaune (qu'il ne se rappelait pas) était si bien peint, qu'il était, si on le regardait seul, comme une précieuse œuvre d'art chinoise, d'une beauté qui se suffirait à elle-même, Bergotte mangea quelques pommes de terre, sortit et entra à l'exposition. Dès les premières marches qu'il eut à gravir, il fut pris d'étourdissements. Il passa devant plusieurs tableaux et eut l'impression de la sécheresse et de l'inutilité d'un art si factice, et qui ne valait pas les courants d'air et de soleil d'un palazzo de Venise, ou d'une simple maison au bord de la mer. Enfin il fut devant le Ver Meer, qu'il se rappelait plus éclatant, plus différent de tout ce qu'il connaissait, mais où, grâce à l'article du critique, il remarqua pour la première fois des petits personnages en bleu, que le sable était rose, et enfin la précieuse matière du tout petit pan de mur jaune. Ses étourdissements augmentaient ; il attachait son regard, comme un enfant à un papillon jaune qu'il veut saisir, au précieux petit pan de mur. « C'est ainsi que j'aurais dû écrire, disait-il. Mes derniers livres sont trop secs, il aurait fallu passer plusieurs couches de couleur, rendre ma phrase en elle-même précieuse, comme ce petit pan de mur jaune. » Cependant la gravité de ses étourdissements ne lui échappait pas. Dans une céleste balance lui apparaissait, chargeant l'un des plateaux, sa propre vie, tandis que l'autre contenait le petit pan de mur si bien peint en jaune. Il sentait qu'il avait imprudemment donné le premier pour le second. « Je ne voudrais pourtant pas, se disait-il, être pour les journaux du soir le fait divers de cette exposition. »

Il se répétait : « Petit pan de mur jaune avec un auvent, petit pan de mur jaune. » Cependant il s'abattit sur un canapé circulaire ; aussi brusquement il cessa de penser que sa vie était en jeu et, revenant à l'optimisme, se dit : « C'est une simple indigestion que m'ont donnée ces pommes de terre pas assez cuites, ce n'est rien. » Un nouveau coup l'abattit, il roula du canapé par terre, où accoururent tous les visiteurs et gardiens. Il était mort. Mort à jamais ? Qui peut le dire ? Certes, les expériences spirites, pas plus que les dogmes religieux, n'apportent la preuve que l'âme subsiste. Ce qu'on peut dire, c'est que tout se passe dans notre vie comme si nous y entrions avec le faix d'obligations contractées dans une vie antérieure ; il n'y a aucune raison, dans nos conditions de vie sur cette terre, pour que nous nous croyions obligés à faire le bien, à être délicats, même à être polis, ni pour l'artiste cultivé à ce qu'il se croie obligé de recommencer vingt fois un morceau dont l'admiration qu'il excitera importera peu à son corps mangé par les vers, comme le pan de mur jaune que peignit avec tant de science et de raffinement un artiste à jamais inconnu, à peine identifié sous le nom de Ver Meer. Toutes ces obligations, qui n'ont pas leur sanction dans la vie présente, semblent appartenir à un monde différent, fondé sur la bonté, le scrupule, le sacrifice, un monde entièrement différent de celui-ci, et dont nous sortons pour naître à cette terre, avant peut-être d'y retourner revivre sous l'empire de ces lois inconnues auxquelles nous avons obéi parce que nous en portions l'enseignement en nous, sans savoir qui les y avait tracées – ces lois dont tout travail profond de l'intelligence nous rapproche et qui sont invisibles seulement – et encore ! – pour les sots. De sorte que l'idée que Bergotte n'était pas mort à jamais est sans invraisemblance.

On l'enterra, mais toute la nuit funèbre, aux vitrines éclairées, ses livres, disposés trois par trois, veillaient comme des anges aux ailes éployées et semblaient, pour celui qui n'était plus, le symbole de sa résurrection.

(*La Prisonnière,* parution posthume)

Voir « Vermeer (Johannes) »

PEUPLE (GENS DU)

Mes seuls amis ou à peu près sont des gens du peuple et je trouve que la grâce et le raffinement de leur politesse passe celle des gens du monde infiniment.

(Lettre à Daniel Halévy, vers la mi-décembre 1907)

PEUPLE (PARLER)

Mais dans trois ans, ne mangerai-je pas (comme dit le peuple pour parler des morts) les pissenlits par la racine ?

(Lettre à Walter Berry, le 16 juin 1919)

PHOTOGRAPHIE

La photographie acquiert un peu de la dignité qui lui manque quand elle cesse d'être une reproduction du réel et nous montre des choses qui n'existent plus.

(À l'ombre des jeunes filles en fleurs, 1918)

Ces photographies d'un être devant lesquelles on se le rappelle moins bien qu'en se contentant de penser à lui.

(Le Temps retrouvé, parution posthume)

J'essayais maintenant de tirer de ma mémoire d'autres « instantanés », notamment des instantanés qu'elle avait pris à Venise, mais rien que ce mot me la rendait ennuyeuse comme une exposition de photographies.

(Le Temps retrouvé, parution posthume)

Voir « Image »

PHRASE À RALLONGE

Canapé surgi du rêve entre les fauteuils nouveaux et bien réels, petites chaises revêtues de soie rose, tapis broché de table à jeu élevé à la dignité de personne depuis que, comme une personne, il avait un passé, une mémoire, gardant dans l'ombre froide du quai Conti le hâle de l'ensoleillement par les fenêtres de la rue Montalivet (dont il connaissait l'heure aussi bien que Mme Verdurin elle-même) et par les baies des portes vitrées de Doville, où on l'avait emmené et où il regardait tout le jour, au-delà du jardin fleuri, la profonde vallée, en attendant l'heure où Cottard et le flûtiste feraient ensemble leur partie ; bouquet de violettes et de pensées au pastel, présent d'un grand artiste ami, mort depuis, seul fragment survivant d'une vie disparue sans laisser de traces, résumant un grand talent et une longue amitié, rappelant son regard attentif et doux, sa belle main grasse et triste pendant qu'il peignait ; incohérent et joli désordre des cadeaux de fidèles, qui ont suivi partout la maîtresse de la maison et ont fini par prendre l'empreinte et la fixité d'un trait de caractère, d'une ligne de la destinée ; profusion des bouquets de fleurs, des boîtes de chocolat, qui systématisait, ici comme là-bas, son épanouissement suivant un mode de floraison identique ; interpolation curieuse des objets singuliers et superflus qui ont encore l'air de sortir de la boîte où ils ont été offerts et qui restent toute la vie ce qu'ils ont été d'abord, des cadeaux du Premier Janvier ; tous ces objets enfin qu'on ne saurait isoler des autres, mais qui pour Brichot, vieil habitué des fêtes des Verdurin, avaient cette patine, ce velouté des choses aux-quelles, leur donnant une sorte de profondeur, vient s'ajou-ter leur double spirituel ; tout cela éparpillait, faisait chanter devant lui comme autant de touches sonores qui éveillaient dans son cœur des ressemblances aimées, des réminiscences confuses et qui, à même le salon tout actuel, qu'elles mar-quetaient çà et là, découpaient, délimitaient, comme fait par un beau jour un cadre de soleil sectionnant l'atmosphère, les meubles et les tapis, et la poursuivant d'un coussin à un porte-bouquets, d'un tabouret au relent d'un parfum, d'un mode d'éclairage à une prédominance de couleurs, sculptaient, évoquaient, spiritualisaient, faisaient vivre une forme qui était comme la figure idéale, immanente à leurs logis successifs, du salon des Verdurin.

(*La Prisonnière,* parution posthume)

Phrase type (théorie de la)

Et repensant à la monotonie des œuvres de Vinteuil, j'expliquais à Albertine que les grands littérateurs n'ont jamais fait qu'une seule œuvre, ou plutôt n'ont jamais que réfracté à travers des milieux divers une même beauté qu'ils apportent au monde. « S'il n'était pas si tard, ma petite, lui disais-je, je vous montrerais cela chez tous les écrivains que vous lisez pendant que je dors, je vous montrerais la même identité que chez Vinteuil. Ces phrases-types, que vous commencez à reconnaître comme moi, ma petite Albertine, les mêmes dans la sonate, dans le septuor, dans les autres œuvres, ce serait, par exemple, si vous voulez, chez Barbey d'Aurevilly, une réalité cachée, révélée par une trace matérielle [...] »

(*La Prisonnière,* parution posthume)

Picasso (Pablo)

Si je n'avais une telle crise aujourd'hui je voudrais vous dire – et pour Monsieur Picasso – les éternuements et le spleen que provoque inlassablement en moi le bleu dominical aux astragales blanches de l'acrobate incompris [*dans* Parade], dansant

Comme s'il adressait des reproches à Dieu.

Je vis avec cette nostalgie [...] Comme Picasso est *beau*.
(Lettre à Jean Cocteau, vers le 21 mai 1917)

PIÉTÉ

À propos de votre Bruges je pense que Huysmans a dit (et je l'ai senti moi-même) dans la cathédrale, qu'à Chartres il y a dans les rues un vent tel que l'on est bousculé jusqu'à l'église (ne craignez rien, ce qu'il dit n'a aucun rapport avec ce que vous dites). C'est alors à se demander s'il n'y aurait de piété que dans les villes où la circulation dans les rues est impossible, et où on est engouffré de force dans les nefs où l'air est mou et chaud, sans brise, où on peut respirer, remettre son chapeau droit, reprendre haleine à genoux. Je n'ai pas besoin de vous dire que je n'en crois rien et que vous qui avez senti ce qu'il y a d'âpre mais aussi d'*efficace* dans les cathédrales dont vous avez mieux parlé que n'importe qui (comme de *tout au monde* vous avez parlé comme jamais personne) vous savez que la piété a sa source plus haut comme ses « mystiques rigueurs » et qu'il faut au moins regarder jusqu'au « clair de lune des rosaces ».
(Lettre à Anna de Noailles, 18 juin 1905)

PIPI

Mes urines présentent un grand excès d'urée, d'acide urique, une diminution des chlorures. L'analyse ajoutait des traces impondérables d'albumine et de sucre, mais je crois que c'était tout à fait passager. J'urine extrêmement peu depuis des années. Après douze jours de régime lacté, je n'atteignais pas un demi-litre par vingt-quatre heures. Il est vrai que je prenais le lait sous forme de café au lait bouillant qui augmentait encore beaucoup mes transpirations habituelles et que je ne pouvais guère arriver à dépasser un litre et demi à deux litres de lait par vingt-quatre heures.

(Lettre à Georges Linossier, vers septembre 1904)

Voir « Caca »

PITIÉ

J'ai au temps de sa grandeur été invité plus de vingt fois avec M. Philippe Berthelot et ai toujours refusé. Enfin je l'ai vu une seule fois, chez Madame votre mère (le soir où vous dîniez), il ne m'a pas adressé la parole. Mais j'ai la maladie, dès que quelqu'un est « dégommé », de vouloir lui exprimer ma sympathie (et inversement le silence quand les honneurs, ceci poussé à un point fort exagéré). Il est vrai que les quelques paroles qu'a proférées ce soir-là M. Philippe Berthelot m'ont paru étrangement dénuées de toute pitié. Mais la question est de savoir si seuls les gens qui éprouvent de la pitié sont dignes de pitié et si on ne doit pas être tendre envers les durs, quand ils sont malheureux.

(Lettre à Léon Daudet, 22 mars 1922)

Plagiat (détecteur de)

J'ai trouvé presque textuellement dans *Lucienne* des phrases de moi, ce qui prouve, chose bien naturelle, que vous ne m'avez jamais lu. Car vous êtes de ces esprits autonomes qui ne peuvent rien emprunter aux autres [...] Quand par hasard je vois que vous avez pensé comme moi (et cela m'arrive aussi en lisant les maîtres du Passé), je reçois comme un certificat d'authenticité et il me semble que j'entre dans la communion des Sages.

(Lettre à Jules Romains, début août 1922)

Plagiat humain

Ce qu'on appelle expérience n'est que la révélation à nos propres yeux d'un trait de notre caractère qui naturellement reparaît, et reparaît d'autant plus fortement que nous l'avons déjà mis en lumière pour nous-même une fois, de sorte que le mouvement spontané qui nous avait guidé la première fois se trouve renforcé par toutes les suggestions du souvenir. Le plagiat humain auquel il est le plus difficile d'échapper, pour les individus (et même pour les peuples qui persévèrent dans leurs fautes et vont les aggravant), c'est le plagiat de soi-même.

(*Albertine disparue*, parution posthume)

Plaisir

Voir « Souvenir »

PLAISIRS ET LES JOURS (LES)

Les Plaisirs et les Jours valent par la Préface de France, mais ce sont des pages écrites au collège, à quinze ans, et qui le montrent trop.

> (Lettre à l'abbé Mugnier, 14 février 1918)

Surtout ne parlez jamais dans vos articles des *Plaisirs et les Jours*. Je les renie. Ils n'eussent jamais fait un volume, si dans les loisirs des vacances dans un château la triple amitié de M. Anatole France, de Mme Lemaire, de Reynaldo Hahn, ne m'avait fait rejoindre tout cela. M. France fit une préface, Mme Lemaire des illustrations, Reynaldo de la musique. À cette époque mes phrases n'étaient pas ce que vous appelez enchevêtrées.

> (Lettre à Paul Souday, 5 janvier 1921)

PLAN

Voir « Construction »

POE (EDGAR)

Je veux vous dire combien cette traduction me semble belle ! Le rythme du *Corbeau* est si fort, si fort qu'il dépasse tous mes souvenirs. Et je l'ai relu au moins vingt fois. Je n'aime pas beaucoup les célèbres *Cloches* mais c'est admirablement traduit ainsi que les belles stances que vous vantez si justement sur les *Barques* nicéennes et qui servit pour les deux Hélène. Baudelaire a bien puisé là. Sur le morceau où Poe explique comment il a fait le *Corbeau*, j'ai toute une théorie, j'en ai même trois dont je vous fais grâce. Mettons pour en hasarder une quatrième que ce morceau de prose est lui-même un morceau fort concerté, dont la fin a été faite d'abord, qui me semble écrit, bien plutôt que le *Corbeau*, selon la théorie qu'il expose. En tout cas c'est délicieux d'intelligence et traduit à merveille.

(Lettre à Gabriel Mourey, 30 avril 1910)

Hélas aussi, tout en ayant espéré jusqu'à la dernière minute me lever hier, cela n'a pas été possible. De sorte que je ne vous ai pas vue (et tant de charmantes personnes que vous me disiez) et n'ai pu voir et entendre Madame Delarue Mardrus. Je comprends votre admiration pour Poe (qu'eût doublée mon admiration pour elle), même ses livres de simple aventure comme *Arthur Gordon Pym* restent dans la désolation de ma vie, une des bénédictions du souvenir.

(Lettre à Natalie Clifford Barney,
29 janvier 1921)

POÉSIE

Les mots ne sont pas de purs signes pour le poète. Les symbolistes seront sans doute les premiers à nous accorder que ce que chaque mot garde, dans sa figure ou dans son harmonie, du charme de son origine ou de la grandeur de son passé, a sur notre imagination et sur notre sensibilité une puissance d'évocation au moins aussi grande que sa puissance de stricte signification. Ce sont ces affinités anciennes et mystérieuses entre notre langue maternelle et notre sensibilité qui, au lieu d'un langage conventionnel comme sont les langues étrangères, en font une sorte de musique latente que le poète peut faire résonner en nous avec une douceur incomparable. Il rajeunit un mot en le prenant dans une vieille acception, il réveille entre deux images disjointes des harmonies oubliées, à tout moment il nous fait respirer avec délices le parfum de la terre natale.

(« Contre l'obscurité », *La Revue blanche,* 15 juillet 1896)

POÈTE (L'ESPRIT DU)

L'esprit du poète est plein de manifestations des lois mystérieuses et quand ces manifestations apparaissent, se fortifient, se détachent fortement sur le fond de son esprit, elles aspirent à sortir de lui, car tout ce qui doit durer aspire à sortir de tout ce qui est fragile, caduc et qui peut ce soir périr ou ne plus être capable de leur donner le jour [...] Chaque fois que le poète n'est pas placé sur le fil des lois mystérieuses d'où il sent aller de lui à toutes choses une même vie, il n'est pas heureux. Et pourtant, c'est ce qui arrive bien souvent, car chaque fois qu'il recherche quelque chose d'une manière sèche et dans un but où sa personne se trouve transportée du dedans au dehors, il cesse de se trouver dans cette partie de lui-même où il peut être en communication, comme dans une cabine téléphonique ou télégraphique, avec la beauté du monde entier [...] Ce qui nous rend le corps des poètes translucide et nous laisse voir leur âme, ce ne sont pas leurs yeux, ni les événements de leur vie, mais leurs livres où précisément ce qui de leur âme, dans un désir instinctif, voulait se perpétuer, s'est détaché pour survivre à leur caducité.

(« La poésie ou les lois mystérieuses »,
sans date in *Nouveaux Mélanges,* 1954)

Voir à « Nature », « Obscurité poétique », « Symbolisme »

Poétique (la création)

L'état d'esprit où il [*le poète*] trouve ainsi facilement, dans une sorte d'enchantement, en toute chose la chose précieuse qui y est cachée, est rare. De là les raisonnements, les efforts pour se remettre en selle sur le génie, en se faisant aider par la lecture, par le vin, par l'amour, par le voyage, par le retour aux lieux connus. De là les ouvrages interrompus, repris, sans cesse recommencés, quelquefois achevés au bout de soixante ans comme le *Faust* de Goethe, quelquefois laissés inachevés et sans que le génie y ait passé, si bien qu'à la dernière heure, voyant clair au moment de mourir comme Don Quichotte, un Mallarmé qui s'acharnait depuis dix ans à une œuvre immense dit à sa fille de brûler ses manuscrits. De là les insomnies, les doutes, l'appel à l'exemple des maîtres, les mauvais ouvrages, le refuge dans toutes choses qui ne demandent pas de génie, les excuses trouvées dans l'affaire Dreyfus, les affaires de famille, une passion qui a troublé sans inspirer, la critique littéraire, la notation des choses justes qui apparaissent telles à l'intelligence mais dépourvues de cet enivrement qui est le seul signe des choses remarquables par quoi nous puissions les distinguer au moment où elles nous viennent. De là l'effort perpétuel qui finit par faire pénétrer notre préoccupation esthétique jusque dans le domaine inconscient de la pensée, de sorte que nous cherchons encore la beauté des paysages que nous voyons en dormant, que nous tâchons d'embellir les phrases que nous prononçons en rêve, et qu'au moment de mourir Goethe dans le délire parle du coloris de son hallucination.

(« La création poétique », vers 1898,
in *Nouveaux Mélanges,* 1954)

Polignac (prince Edmond de)

La nature, qui continue les races et ne prévoit pas les individus, lui avait donné un corps élancé, un visage énergique et fin d'homme de guerre et d'homme de cour. Peu à peu le feu spirituel qui habitait le prince Edmond de Polignac sculpta sa figure à la ressemblance de sa pensée. Mais son masque était resté celui de son lignage, antérieur à son âme individuelle. Son corps et sa face ressemblaient à un donjon désaffecté qu'on aurait aménagé en bibliothèque. Je me souviens qu'au jour désolé de son enterrement dans l'église où les grands draps noirs portaient haut en écarlate la couronne fermée, la seule lettre était un P. Son individualité s'était effacée, il était rentré dans sa famille. Il n'était plus qu'un Polignac.

(« Le salon de la princesse Edmond de Polignac »,
Le Figaro, 6 septembre 1903)

POLITESSE

Comme nous ne sommes tous, nous les vivants, que des morts qui ne sont pas encore entrés en fonctions, toutes ces politesses, toutes ces salutations dans le vestibule que nous appelons déférence, gratitude, dévouement et où nous mêlons tant de mensonges, sont stériles et fatigantes. De plus – dès les premières relations de sympathie, d'admiration, de reconnaissance –, les premières paroles que nous prononçons, les premières lettres que nous écrivons, tissent autour de nous les premiers fils d'une toile d'habitudes, d'une véritable manière d'être, dont nous ne pouvons plus nous débarrasser dans les amitiés suivantes ; sans compter que pendant ce temps-là les paroles excessives que nous avons prononcées restent comme des lettres de change que nous devons payer, ou que nous paierons plus cher encore toute notre vie des remords de les avoir laissé protester.

(« Sur la lecture », *La Renaissance latine*, 15 juin 1905,
réédité sous le titre « Journées de lecture »,
in *Pastiches et mélanges*, 1919)

Elle peut être l'émanation d'une nature bienveillante qui peut-être ne passera pas toujours à l'acte, mais la rude franchise ne sera pas plus serviable et le bourru bienfaisant est un mythe. Je sais que pour ma part je suis plutôt dans la catégorie des gens polis et, sans vouloir me vanter, tu serais stupéfait si je te disais les sacrifices constants que j'ai consentis pour des bourrus qui ne feront jamais rien pour moi.

D'autre part la phrase de Pascal : « Allez à l'église, prenez de l'eau bénite, abêtissez-vous, le reste viendra ensuite » peut s'appliquer à la politesse. Il est possible qu'en pliant le corps et les manières à une certaine douceur, elle y incline l'âme ; nous ne voyons pas que les anarchistes soient moins trompeurs que les grands seigneurs […] Il peut y avoir d'aimables formes de langage qui s'étendent à tout le reste de l'*habitus corporis* sans être pour cela hypocrites.

(Lettre à Lionel Hauser, 28 avril 1918)

Quant à la politesse et à l'impolitesse, il est bien certain que si la première est un masque et la seconde un effet de la franchise, la seconde est mille fois préférable à la première. Mais il y a des cas où la politesse peut avoir une source bonne et l'impolitesse une source mauvaise. Dans ce cas il y a renversement des valeurs […] On s'imagine trop facilement que sincérité et rudesse vont ensemble. Les journaux les plus injurieux et les plus calomniateurs sont souvent les moins sincères et les moins convaincus.

(Lettre à Lionel Hauser, mi-avril 1920)

Politesse aristocratique

Mais de même qu'un fonctionnaire ou qu'un prêtre voient leur médiocre talent multiplié à l'infini (comme une vague par toute la mer qui se presse derrière elle) par ces forces auxquelles ils s'appuient, l'administration française et l'Église catholique, de même M. de Guermantes était porté par cette autre force, la politesse aristocratique la plus vraie. Cette politesse exclut bien des gens. Mme de Guermantes n'eût pas reçu Mme de Cambremer ou M. de Forcheville. Mais du moment que quelqu'un, comme c'était mon cas, paraissait susceptible d'être agrégé au milieu Guermantes, cette politesse découvrait des trésors de simplicité hospitalière plus magnifiques encore s'il est possible que ces vieux salons, ces merveilleux meubles restés là. Quand il voulait faire plaisir à quelqu'un, M. de Guermantes avait ainsi pour faire de lui, ce jour-là, le personnage principal, un art qui savait mettre à profit la circonstance et le lieu. Sans doute à Guermantes ses « distinctions » et ses « grâces » eussent pris une autre forme. Il eût fait atteler pour m'emmener faire seul avec lui une promenade avant dîner. Telles qu'elles étaient, on se sentait touché par ses façons comme on l'est, en lisant des Mémoires du temps, par celles de Louis XIV quand il répond avec bonté, d'un air riant et avec une demi-révérence, à quelqu'un qui vient le solliciter. Encore faut-il, dans les deux cas, comprendre que cette politesse n'allait pas au-delà de ce que ce mot signifie.

(Le Côté de Guermantes, 1920)

POLO

Voir « Golf »

PONCTUATION

Vous mettriez aussi, comme j'ai horreur des points de suspension : « Les points de suspension ne sont pas de l'au-

teur mais de la Rédaction de la Revue qui remplace par
eux les passages que la brièveté du numéro l'oblige de supprimer. »

(Lettre à Jacques Rivière, 25 ou 26 avril 1919)

PONTARMÉ

On frissonne quand on a lu dans un indicateur de chemin
de fer le nom de Pontarmé. Il y a en lui quelque chose d'in-
définissable, qui se communique, qu'on voudrait par calcul
avoir brut, mais qui est un élément original qui entre dans
la composition de ces génies et n'existe pas dans la composition des autres, et qui est quelque chose de plus que dans
l'admiration esthétique et de goût.

(« Gérard de Nerval »,
in *Contre Sainte-Beuve*, 1908, publié en 1954)

POREL (JACQUES)

Voir « Dédicaces »

PORTRAIT

Si je ne répugnais pas à laisser entrer âme qui vive – même
un photographe – dans ma prison sans lumière, je ferais faire
une photographie du portrait que Jacques Blanche avait peint
de moi à cette époque, afin de vous l'envoyer.

(Lettre à Louis de Robert, début novembre 1912)

POTOCKA (COMTESSE, NÉE PIGNATELLI)

On comprend qu'elle puisse être bien séduisante avec sa beauté antique, sa majesté romaine, sa grâce florentine, son espièglerie napolitaine, sa politesse française et son esprit parisien. Quant à la Pologne qui fut aussi sa patrie (puisqu'elle a épousé l'homme charmant et bon qu'est le comte Potocki), elle a dit elle-même ce qui lui en reste dans un de ces mots de gavroche qui contrastent avec sa majesté de statue, avec sa voix gazouillante (le plus doux des instruments dont sache jouer cette grande musicienne) et qu'on nous permettra de citer pour finir. Un jour qu'elle avait froid et qu'elle se chauffait, ne répondant pas aux fidèles qui lui disaient bonjour et qui, un peu intimidés de cette absence d'accueil, monologuaient d'une voix pressante et gênée et baisaient respectueusement la main qu'elle leur abandonnait sans avoir l'air de s'en apercevoir (Je suis belle, ô mortels ! comme un rêve de pierre), elle montra à une personne plus favorisée le poêle près duquel elle était venue se chauffer et par un retour, mélancolique ou joyeux, je ne sais, elle s'écria : « Mon Choubersky* ! C'est tout ce qui me reste de la Pologne ! »

(« Le salon de la comtesse Potocka », Le Figaro,
13 mai 1904)

---

* Modèle de poêle de chauffage.

PRÉCIOSITÉ

Ne tenez pas trop aux mots. Il n'y a pas qu'une sorte de préciosité. Il y a un précieux tranchant, péremptoire, qui croit mépriser les mots et dérive pourtant d'un certain fétichisme pour eux.

(Lettre à Jacques Rivière, 20 avril 1919)

PRÉCOCITÉ

Vous avez grand tort de croire mon évolution intellectuelle avancée. Depuis la classe de philosophie, elle est non seulement suspendue mais déviée et reculée. C'est pour cela, je pense, que je n'ai écrit que des choses d'imagination et de sensibilité, les deux Muses ignorantes qu'on ne cultive pas. Il me reste l'illusion que j'aurais pu être autre chose, qui est consolante et triste et presque sûrement une illusion.

(Lettre à Charles Grandjean, vers la mi-novembre 1893)

PRÉCURSEUR

Or, en art, il n'y a pas (au moins dans le sens scientifique) d'initiateur, de précurseur. Tout [est] dans l'individu, chaque individu recommence, pour son compte, la tentative artistique ou littéraire ; et les œuvres de ses prédécesseurs ne constituent pas, comme dans la science, une vérité acquise dont profite celui qui suit. Un écrivain de génie aujourd'hui a tout à faire. Il n'est pas beaucoup plus avancé qu'Homère.

(*Contre Sainte-Beuve*, 1908, publié en 1954)

Préfaces

Voir « Michelet (Jules) »

Prescription

Dites à M. Paléologue d'essayer l'aspirine en prenant des comprimés Vicario qu'il fera désagréger dans très peu d'eau. Qu'il prenne à jeun et se repose bien après, ou un peu avant les repas s'il la supporte bien ainsi. En prenant pendant trois ou quatre jours trois ou quatre comprimés par jour (pas en une fois), il est probable que ses rhumatismes etc. s'en iront comme par enchantement.

(Lettre à Robert de Billy, printemps 1907)

Présences intérieures

Dostoïevski cite, parmi les malheurs les plus effroyables de sa vie de détenu, de ne pouvoir être jamais seul, pendant quatre ans. Or, il semble que, même au milieu de présences constantes, on puisse s'isoler, s'abstraire. Cela est possible à chacun, et il semble que cela aurait dû l'être plus qu'à personne à Dostoïevski, lui qui, par la puissance hallucinante de l'imagination, devait savoir si bien supprimer ce qui était autour de lui. En tout cas, il y a des présences plus gênantes à écarter que celles des hommes qui au moins vous sont extérieurs, peuvent gêner, non empêcher le travail de la pensée. Ce sont les présences intérieures. Un homme qui a en lui une maladie, qui pendant ces mêmes quatre années (et souvent beaucoup plus) a des souffrances affreuses, ne cesse d'avoir le malaise abrutissant que donne une fièvre constante, et qui fait que pour lui-même se soulever dans son lit est un effort, cet homme-là, toujours troublé par son mal, est beaucoup moins seul que Dostoïevski au milieu des autres détenus, dont, du reste, il ne s'occupait pas et qui ne s'occupaient pas de lui. Mais la fièvre et le mal, eux, vous forcent à vous occuper d'eux.

(« Dostoïevski », vers 1922, in *Nouveaux Mélanges,* 1954)

PRESSE

Ne trouvez-vous pas que les petits journaux abusent un peu du mensonge. Je ne rectifie jamais et cette fois encore je préfère pour cent raisons ne pas rectifier ; mais n'est-il pas inouï que le journal *aux Écoutes,* publiant presque chaque semaine un écho toujours insensé sur moi (pas forcément malveillant mais toujours le contraire de la vérité), ayant par exemple parlé de ma présence hebdomadaire aux soirées de M. René Boylesve chez lequel je n'ai jamais mis les pieds, en arrive cette fois-ci à dire que tout un théâtre de Montmartre est décoré par moi. Or je ne sais même pas dessiner et ne connais pas le Théâtre en question. Mais bien que ce soit une invention pure et folle, je préfère ne pas rectifier ni me plaindre (à moins que vous ne jugiez qu'une plainte en justice fût utile ce qui nous débarrasserait peut'être de celles qu'ils rendraient peut'être nécessaires quand paraîtront *Sodome et Gomorrhe* ?)

(Lettre à Gaston Gallimard, 11 janvier 1921)

Voir à « Journal », « Mensonge »

PRINCE EUGÈNE

Quant à la photographie par Brown du *Printemps* de Botticelli ou au moulage de la *Femme inconnue* du musée de Lille, qui, aux murs et sur la cheminée des chambres de Maple, sont la part concédée par William Morris à l'inutile beauté, je dois avouer qu'ils étaient remplacés dans ma chambre par une sorte de gravure représentant le prince Eugène, terrible et beau dans son dolman, et que je fus très étonné d'apercevoir une nuit, dans un grand fracas de locomotives et de grêle, toujours terrible et beau, à la porte d'un buffet de gare, où il servait de réclame à une spécialité de biscuits. Je soupçonne aujourd'hui mon grand-père de l'avoir autrefois reçu, comme prime, de la munificence d'un fabricant, avant de l'installer à jamais dans ma chambre. Mais alors que je ne me souciais pas de son origine, qui me paraissait historique et mystérieuse et je ne m'imaginais pas qu'il pût y avoir plusieurs exemplaires de ce que je considérais comme une personne, comme un habitant permanent de la chambre que je ne faisais que partager avec lui et où je le retrouvais tous les ans, toujours pareil à lui-même. Il y a maintenant bien longtemps que je ne l'ai vu, et je suppose que je ne le reverrai jamais. Mais si une telle fortune m'advenait, je crois qu'il aurait bien plus de choses à me dire que le *Printemps* de Botticelli.

(« Sur la lecture », *La Renaissance latine*, 15 juin 1905,
réédité sous le titre « Journées de lecture »
in *Pastiches et mélanges*, 1919)

Privé

Voir « *Off the record* »

Prix Goncourt

La mélancolie dont vous me parlez gentiment m'a touché d'autant plus qu'elle m'a envahi moi-même aussitôt que j'ai appris que j'avais le prix Goncourt (j'ignorais même quand on le donnait, Léon Daudet est venu m'annoncer que je l'avais) nos pensées ont été les mêmes, encore plus que vous ne le croyez.

(Lettre à Bernard Grasset, 14 décembre 1919)

Qu'un prix me rabaisse un peu, s'il me fait lire, et je le préfère aussitôt à tous les honneurs. La vérité est que, comme le devine P.S., je n'avais pas songé à ce prix. Mais quand j'ai su que Léon Daudet, M. Rosny aîné, etc., voteraient de toute façon pour moi, je me suis empressé d'envoyer mon livre aux autres académiciens. C'était, comme disait M. de Goncourt, « au petit bonheur ». Je ne savais pas quand le prix devait être décerné. Et j'ai été bien étonné quand on est venu me réveiller pour me dire que j'en étais le titulaire […]

(Lettre à Paul Souday, 17 décembre 1919)

Je n'aimerais pas choisir le moment où Léon Daudet vient d'être tellement bon à mon égard, pour déclarer que le seul parti où j'aie à un moment figuré est justement le parti adverse. Mais enfin Léon Daudet sait mieux que personne que j'ai signé la première de toutes les listes en faveur de Dreyfus, que j'ai été un dreyfusard ardent, envoyant mon premier livre à Picquart dans sa prison du Cherche-Midi. Inutile de vous dire que je me suis bien gardé de répondre cela aux journaux qui me disent « arrivé par le bénitier et la réaction » !

(Lettre à Rosny Aîné, fin décembre 1919)

À propos du prix Goncourt, *vous rendez-vous bien compte cher ami,* que le seul plaisir qu'il me donne est de penser qu'il est un peu agréable à la *NRF*, à vous avant tous, dont il ratifie le choix (en appel), à qui il peut laisser espérer d'avoir pris un pas trop mauvais ouvrage et qui durera assez, puisque en somme ceux qui ont voulu ce prix et que je ne connais pas (Élémir Bourges, etc.) sont ceux qui ont le plus de talent à l'Académie G. D'ailleurs ceux qui ont été contre moi l'ont été surtout à cause de l'âge et de la prétendue fortune et m'ont écrit (?) qu'ils auraient voté si j'avais été candidat comme membre. Du reste une vingtaine de membres de l'Académie française m'ont écrit quel dommage que vous ayez eu le prix Goncourt, nous voulions vous donner le Grand Prix de littérature (tout ceci entre nous). Tout le monde ajoute que pour la vente, le prix Goncourt vaut mieux, que c'est 30 éditions d'un coup. Je crois qu'on exagère beaucoup (pourtant ce sont des spécialistes). En tout cas nos fausses manœuvres nous forceront à beaucoup rabattre d'un tel chiffre. Mais le cumul des deux prix est impossible. Je crois bien que c'est Tronche ou vous qui m'aviez dit que non. En tout cas un académicien (Française) m'a dit que si et pour plusieurs années.

(Lettre à Gaston Gallimard, vers le 26 décembre 1919)

Quant au prix Goncourt, je ne l'ai pas recherché, deux académiciens m'ont écrit si je voulais de leur voix. C'est la première chose qu'on m'offrait, de ma vie (j'ai fait éditer *Swann* à mes frais, après le refus de nombreux éditeurs parmi lesquels le Mercure*), je me suis gardé de le refuser. Le jour où on est venu m'annoncer que j'avais le Prix je croyais qu'on ne le décernait que deux mois plus tard. Je doute même de l'avoir obtenu car on m'a envoyé des bandes de libraire avec « Prix Goncourt, Roland Dorgelès ». En tout cas je ne comprends pas pourquoi vous dites que cette aventure finira mal pour moi. Tout finira mal pour moi et a déjà commencé depuis longtemps mais le prix Goncourt n'y est pour rien et n'a pas tant d'importance !

(Lettre à Rachilde [Mme Vallette], 10 janvier 1920)

Je ne sais pas pourquoi on m'en veut tant d'avoir eu le prix Goncourt, je ne l'ai jamais demandé ; les amis de M. Dorgelès ne me pardonnent pas, mais je ne savais pas qu'il était candidat. En tout cas ils devraient être contents car il a eu le deuxième prix et a bénéficié du premier beaucoup plus que moi. Mais leur antipathie s'exerce d'une façon qui me chagrine. Ainsi par le plus grand des hasards j'ai vu d'avance dans

1. Dont Alfred Vallette était le directeur.

une Revue, le sommaire du *Crapouillot* du 1er janvier. On annonçait un article sur moi de M. Marx. On l'a supprimé.

(Lettre à Jacques Boulenger, 10 janvier 1920)

Si tu y avais songé un peu, tu te serais dit qu'un prix destiné à encourager les débutants n'était pas très glorieux à recevoir à 48 ans. Il m'a fait plaisir tout de même, précisément parce que je n'ai pas d'amour-propre.

(Lettre à Lionel Hauser, début avril 1920)

Voir à « Critique littéraire », « *Sodome et Gomorrhe* »

PRIX NOBEL

Je trouve que seul, *L'Écho de Paris* exagère un peu la bienveillance en disant qu'on parle de moi pour le prix Nobel. *Ne quid nimis.*

(Lettre à Gaston Gallimard, vers le 21 juin 1922)

PROUST (PROFESSEUR ADRIEN)

Voir « Papa »

PROUSTERIE

À propos de Proust, un parent des Lejeune a le « Château de la Prousterie ». N'est-ce pas assez gentil et affreux.

(Lettre à Lucien Daudet, vers la mi-mai 1915)

PROVINCE (CHAMBRES DE)

Ces chambres de province qui – de même qu'en certains pays des parties entières de l'air ou de la mer sont illuminées ou parfumées par des myriades de protozoaires que nous ne voyons pas – nous enchantent des mille odeurs qu'y dégagent les vertus, la sagesse, les habitudes, toute une vie secrète, invisible, surabondante et morale que l'atmosphère y tient en suspens ; odeurs naturelles encore, certes, et couleur du temps comme celles de la campagne voisine, mais déjà casanières, humaines et renfermées, gelée exquise, industrieuse et limpide de tous les fruits de l'année qui ont quitté le verger pour l'armoire ; saisonnières, mais mobilières et domestiques, corrigeant le piquant de la gelée blanche par la douceur du pain chaud, oisives et ponctuelles comme une horloge de village, flâneuses et rangées, insoucieuses et prévoyantes, lingères, matinales, dévotes, heureuses d'une paix qui n'apporte qu'un surcroît d'anxiété et d'un prosaïsme qui sert de grand réservoir de poésie à celui qui la traverse sans y avoir vécu. L'air y était saturé de la fine fleur d'un silence si nourricier, si succulent que je ne m'y avançais qu'avec une sorte de gourmandise, surtout par ces premiers matins encore froids de la semaine de

Pâques où je le goûtais mieux parce que je venais seulement d'arriver à Combray.

(*Du côté de chez Swann,* 1913)

PSYCHOLOGIE

Il y a dans ta lettre une chose qui m'a fait rire (tu verras par là combien je me froisse peu et suis dépourvu d'amour-propre) tu m'as dit : « avec ton manque habituel de psychologie. » Je me suis dit est-ce vraiment la peine que Henry James ait passé la dernière année de sa vie à annoter *Swann* que ce plus grand des psychologues considérait comme (ici rougeur et silence du correspondant) que les autres psychologues etc. etc. Il est vrai que depuis la guerre on a donné au mot psychologie un sens particulier. « Les Allemands manquent de psychologie. »

(Lettre à Lionel Hauser, 1er janvier 1920)

C'est ainsi qu'en effet les hommes du monde et les lettrés parlent de la psychologie du prêtre, du Normand, du Jacobin, etc. Mais la psychologie dont je parlais est une autre psychologie nullement fondée sur l'observation, mais sur l'intuition, et ayant pour objet des couches profondes où ces différences ne sont pas sensibles [...] En tout cas même dans le sens où tu crois que j'ai pris le mot de psychologie, je ne dirai qu'il est très rare que les grands psychologues du genre que tu dis, aient fait l'ombre d'enquête sur les milieux différents, pour la raison que c'est au contraire sur leurs ouvrages que se calque la société. C'est ainsi que Balzac qui passe pour un grand peintre de la société la peignit de sa chambre, mais la génération suivante éprise de ses livres se peupla brusquement de Rastignac, de Rubempré qu'il avait inventés mais qui existèrent. Il ne faut pas pousser cette observation trop loin naturellement mais elle est corroborée par des vérités parallèles. C'est ainsi que les écrivains et les artistes qui vécurent en pleine Révolution française ne nous ont laissé d'elle aucune image. On la retrouve davantage (bien qu'on ait exagéré cela) dans les écrits extérieurs à elle des encyclopédistes.

(Lettre à Lionel Hauser, 20 avril 1920)

Mademoiselle Albertine est partie ! Comme la souffrance va plus loin en psychologie que la psychologie ! Il y a un instant, en train de m'analyser, j'avais cru que cette séparation sans s'être revus était justement ce que je désirais, et comparant la médiocrité des plaisirs que me donnait Albertine à la richesse des désirs qu'elle me privait de réaliser, je m'étais trouvé subtil, j'avais conclu que je ne voulais plus la voir, que je ne l'aimais plus. Mais ces mots : « Mademoiselle Albertine est partie » venaient de produire dans mon cœur une souffrance telle que je ne pourrais pas y résister plus longtemps. Ainsi ce que j'avais cru n'être rien pour moi, c'était tout simplement toute ma vie. Comme on s'ignore !

(*Albertine disparue,* parution posthume)

Voir à « Je », « Noblesse d'Empire »

R

Race

Dîné hier chez les Daudet avec mon petit genstil, M. de Goncourt, Coppée, M. Philipe, M. Vacquès. Constaté avec tristesse 1° l'affreux matérialisme, si extraordinaire chez les gens « d'esprit ». On rend compte du caractère, du génie par les habitudes physiques ou la race. Différences entre Musset, Baudelaire, Verlaine expliquées par la qualité des alcools qu'ils buvaient, caractère de telle personne par sa race (antisémitisme). Plus étonnant encore chez Daudet, pur esprit brillant encore à travers les ténèbres et les houles de ses nerfs, petite étoile sur la mer. Tout cela est bien peu intelligent. C'est la conception la plus bornée de l'esprit (car tout est conception de l'esprit) que celle où il n'a pas encore assez conscience de lui et se croit dérivé du corps.

(Lettre à Reynaldo Hahn, 15 novembre 1895)

Que la France doive veiller sur les littératures du monde entier, c'est un mandat qu'on pleurerait de joie d'apprendre qu'on nous a confié, mais qu'il est un peu choquant de nous voir assumer de nous-même. Cette « hégémonie », née de la

« Victoire » fait involontairement penser à « Deutschland über alles » et à cause de cela est légèrement désagréable. Le caractère de « notre race » (est-il d'un bien bon français, de parler de « race » « française » ?) était de savoir allier à autant de fierté plus de modestie.

(Lettre à Daniel Halévy, 19 juillet 1919)

RACINE

Et sans doute une hystérique de génie se débattait-elle en Racine, sous le contrôle d'une intelligence supérieure, et simula-t-elle pour lui dans ses tragédies, avec une perfection qui n'a jamais été égalée, les flux et les reflux, le tangage multiple, et malgré cela totalement saisi, de la passion.

(Préface à *Tendres Stocks*, de Paul Morand, 1921)

Voir à « Classique », « *Lettres aux imaginaires* de Racine »

RADZIWILL (PRINCESSE, NÉE BENARDAKY)

Enfin j'ai pensé pour l'arrivé de Gilberte aux Champs-Élysées par la neige, à une personne qui a été le grand amour de ma vie sans qu'elle l'ait jamais su (ou l'autre grand amour de ma vie car il y en a au moins deux) Mlle Benardaky, aujourd'hui (mais je ne l'ai pas vue depuis combien d'années) princesse Radziwill. Mais bien entendu les passages plus libres relatifs à Gilberte au début d'*À l'ombre des jeunes filles en fleurs* ne s'appliquent nullement à cette personne car

je n'ai jamais eu avec elle que les rapports les plus convenables.

(Lettre à Jacques de Lacretelle, 20 avril 1918)

RECONNAISSANCE

Le mot reconnaissance revient très souvent depuis quelque
temps dans les lettres que je t'écris. Or c'est un mot qui n'a de
sens que s'il correspond à un sentiment réellement éprouvé,
quelle que soit d'ailleurs, petite ou grande, pure ou mêlée, la
reconnaissance qu'on éprouve. Et quand on éprouve réellement ce sentiment, c'est un extrêmement vif déplaisir de ne
pouvoir le témoigner. Voici justement le point que je voulais
aborder. Je reconnais parfaitement que, au moins dans les
circonstances actuelles, je n'ai aucun pouvoir particulier me
permettant de manifester d'une façon tangible ma reconnaissance aux personnes qui ont pu m'en inspirer. Mais enfin
le fait qu'on n'est ni ministre, ni rien, et qu'on ne peut pas
faire le plus, n'est pas une raison pour se refuser la satisfaction de faire le moins. Je t'avouerai donc très franchement
que si pour commencer, dans une très modeste mesure, tu
voyais dans ce que tu peux me supposer pouvoir, quelque
chose qui pût t'être agréable, tu me rendrais un réel service.

(Lettre à Lionel Hauser, 10 juin 1916)

C'est en recevant un livre de Léon Daudet qui m'est
dédié, en pensant à la persévérance de sa propagande pour
moi que m'est revenue l'idée déjà ancienne de cet article.
Je sais que Léon Daudet est détesté et qu'en le célébrant

je me mettrai à dos les quelques personnes qui me sont fidèles. Mais l'admiration et la reconnaissance sont deux sentiments très forts et qui aiment à s'exprimer [...] Sans doute ses idées ne sont pas les miennes. Mais puisqu'il n'a pas tenu compte du dreyfusisme dont je l'ai jadis tarabusté sans relâche, je peux imiter son impartialité et n'être que littérateur.

(Lettre à Jacques Boulenger, 24 novembre 1921)

Il est beaucoup moins désagréable de compromettre une ambition que de manquer à la reconnaissance. La seule chose qui a pu me faire hésiter un peu, était non l'ambition, mais la crainte de manquer de cœur envers d'autres – même envers des hommes inconnus de moi – sentiment qui est assez de la même famille que la reconnaissance quoique tout différent, pour pouvoir lui faire échec.

(Lettre à Jacques Boulenger, 12 mars 1922)

RECUL

Oui, j'en suis certain, pour la découverte esthétique des réalités, il faut se mettre en dehors d'elles, et par exemple savoir ne pas être Parisien quand on parle de Paris, comme ton père a su délicieusement et terriblement ne pas être du Midi quand il parlait du Midi. Si tu me permets de comparer un instant un ver de terre à l'Himalaya, j'ai toujours eu soin, quand je parlais des Guermantes, de ne pas les considérer en homme du monde, ou du moins qui va ou a été dans le monde, mais avec ce qu'il peut y *avoir de poésie dans le snobisme.*

(Lettre à Lucien Daudet, mai ou juin 1916)

Régime

Je suis (au point de vue médical), il paraît, beaucoup de choses différentes, bien qu'à vrai dire on n'ait jamais su très exactement quoi. Mais je suis surtout et indiscutablement très asthmatique. Asthme de foins d'abord, mon asthme est devenu assez vite un asthme d'été, puis un asthme de presque toute l'année. Et à la suite de repas trop copieux, il s'est compliqué d'un état d'apparence asthmatique mais d'origine, m'a-t-on dit, intestinale et gastrique qui est aujourd'hui depuis longtemps enrayé, bien qu'il soit prêt à reparaître à la moindre imprudence. Je fais un repas par 24 heures (et entre parenthèses je me permets de vous demander si au point de vue ration d'entretien vous trouvez ce repas suffisant pour vingt-quatre heures : deux œufs à la crème, une aile entière de poulet rôti, trois croissants, un plat de pommes de terre de frites, du raisin, du café, une bouteille de bière) et pendant l'intervalle des vingt-quatre heures la seule chose que je prends est en me couchant un quart de verre d'eau de Vichy (neuf ou dix heures après mon repas). Si je prends un verre entier je suis réveillé par l'oppression ; à plus forte raison si au lieu de l'eau de Vichy c'est un aliment. J'ajoute qu'au point de vue de l'estomac, à condition d'avoir le ventre suffisamment maintenu par un caleçon, je n'ai jamais mal à l'estomac ni malaise d'estomac. L'oppression, l'asthme est ma seule forme de troubles. C'est l'avantage pour moi de ce régime singulier. Car autrefois, quand je prenais plusieurs repas, et buvais entre les repas, j'avais constamment de la dilatation, des renvois, des malaises de tous genres qui n'existent plus.

(Lettre à Georges Linossier, vers septembre 1904)

Je n'ai aucune espèce de régime, je mange de tout, je bois de tout, je crois que je n'aime pas le vin rouge mais j'aime tous les vins blancs du monde, la bière, le cidre. Mon seul régime serait que vous me permettiez d'amener une bouteille de Contrexéville ou d'Évian, dont je boirai un peu dans un autre verre.

(Lettre à Mme Hennessy, mars 1919)

Voir « Pipi »

REGRET

Le regret est bien un mal physique, mais entre les maux physiques, il faut distinguer ceux qui n'agissent sur le corps que par l'intermédiaire de la mémoire. Dans ce premier cas, le pronostic est généralement favorable. Au bout de quelque temps, un malade atteint de cancer sera mort. Il est bien rare qu'un veuf inconsolable, au bout du même temps, ne soit pas guéri.

(« Révélations de Proust sur la suite de son roman, vers la fin de 1915 », in *Les Cahiers Marcel Proust*, I, 1927)

REINACH (JOSEPH)

Un homme qui doit être profondément heureux et qui le mérite, l'homme le plus enviable que je connaisse pour le bien qu'il a voulu et réalisé, c'est Reinach. Je regrette qu'on ait dans les journaux et à la Chambre le triomphe si modeste pour lui. Il a bien plus fait que Zola.

(Lettre à Mme Straus, 21 juillet 1906)

Voir « Dreyfus (affaire) »

RÉJANE (MME)

J'ai un culte pour Réjane, cette grande femme qui a porté tour à tour les deux masques, qui a mis toute son intelligence et tout son cœur dans d'innombrables « créations » magnifiques, parmi lesquelles il ne faut pas omettre son fils et sa fille. J'ai contracté jadis, en entendant Réjane jouer Sapho et Germinie Lacerteux, une tristesse récurrente dont les accès intermittents, après tant d'années, me reprennent encore.

(« Sur Réjane » propos recueillis
par Louis Handler, *Comœdia*, 10 décembre 1919)

Voir « Dédicaces »

REMBRANDT

Voir « Autoportrait »

RENAN (ERNEST)

Si pour la juste expression des vérités morales nous conservions M. Renan, ce serait pourtant en confessant qu'il écrit parfois fort mal. Sans parler de ses derniers ouvrages où la couleur détonne d'une façon si constante qu'un effet de comique semble être recherché par l'auteur, ni des tout premiers, semés de points d'exclamation, d'une perpétuelle effusion d'enfant de chœur, les belles *Origines du christianisme* sont la plupart du temps mal écrites. Rarement chez un prosateur de haut mérite vit-on pareille impuissance à peindre. La description de Jérusalem, la première fois qu'y arrive Jésus, est rédigée dans un style de Baedeker.

(Préface à *Tendres Stocks*, de Paul Morand, 1921)

RENARD (JULES)

Il est admirable parce qu'il ne cherche pas d'échappatoires, au contraire de presque tous, ne pouvant approfondir leur sensation, au lieu d'insister, de chercher ce qu'il y a dedans, ne s'obstinent pas, glissent ailleurs, ne peuvent y pénétrer davantage et, de ratages en ratages, finissent par couvrir une immense circonférence, croient que cela finit par être plus beau que, d'un point quelconque, avoir su descendre au centre. Lui approfondit, saisit la vérité cachée dans la sensation. La vérité tout entière ? Non. Il a aussi, mais enfin à une certaine profondeur et après être déjà descendu, ses petites échappatoires, ou plutôt deux métaux différents avec lesquels il finit le corps de son petit poème, n'ayant de vérité que pour un membre. Et ces deux autres choses qui font que ce n'est toute vérité et que, quand il sent la vérité manquer, il se jette sur eux [*elles*] pour pouvoir tout de même faire le morceau, garder la vérité qui sans cet alliage serait infime, ce sont la drôlerie et la préciosité.

(« Jules Renard » vers 1896, in *Nouveaux Mélanges*, 1954)

Répétition

Dans un ordre tout différent je trouve qu'on peut « s'étendre » dans un livre comme *La Guerre et la Paix* (quoique je préfère la concentration, même dans la longueur) mais que dans un livre aussi bref, quoique si altier, la répétition d'une image ne convient peut'être pas si bien (je pense justement à un passage voisin de celui dont je venais de vous parler : ses Guadalquivir, ses Gulf Stream, ses lacs Tchad, ses Zuydersée). Mais au fond je crois que là j'ai tort et qu'il y a de la variété dans cette carte hydrographique du ciel. Il faut épuiser une idée, tant qu'elle a des choses différentes à livrer.

(Lettre à Jean Cocteau, 11 février 1919)

RÉPUBLIQUE

Soyez sûr que le fait d'exiger la licence ès lettres pour le service militaire a plus fait pour la cause de la République libérale avancée que toutes les expulsions de moines.

(Lettre à Georges de Lauris, 29 juillet 1903)

RESPECT

Ce n'est pas que je méconnaisse les vertus du respect, il est la condition même de l'amour. Mais il ne doit jamais, là où l'amour cesse, se substituer à lui pour nous permettre de croire sans examen et d'admirer de confiance. Ruskin aurait d'ailleurs été le premier à nous approuver de ne pas accorder à ses écrits une autorité infaillible, puisqu'il la refusait même aux Écritures Saintes. « Il n'y a pas de forme de langage humain où l'erreur n'ait pu se glisser » (*Bible d'Amiens,* III, 49). Mais l'attitude la « révérence » qui croit « insolent d'éclaircir un mystère » lui plaisait.

(« John Ruskin », préface du traducteur
à *La Bible d'Amiens* de John Ruskin, 1904)

RESTAURANT

Mes nombreux dîners au restaurant ont remis mon estomac à neuf. J'y mange pourtant beaucoup plus. Mais beaucoup plus lentement. Et puis c'est mon Évian, mon déplacement, ma villégiature à moi qui n'en ai pas.

(Lettre à sa mère, 18 août 1902)

Ritz (hôtel)

L'endroit sauf la lumière et l'incognito est bien hostile, et excepté un vieux concierge de nuit charmant, tout le monde odieux. Olivier au Ritz dérange, mais parce qu'il est gentil.

(Lettre à Jacques Truelle, vers décembre 1917)

Une oasis d'horreur dans un désert d'ennui.

(Lettre à André Gide, citant un vers du *Voyage* de Baudelaire, vers le 20 février 1919)

Je connais beaucoup d'employés du Ritz mais ils sont généralement bons pour promener, en livrée, les chiens d'une Américaine.

(Lettre à Mme Catusse, vers le 24 mai 1919)

Le Ritz est bouillant, ce que j'adore. C'est la maison la plus laide qui existe (après mon appartement), mais cela m'est tout à fait égal. À vingt ans j'ai senti que les demeures, laides ou belles me paraissaient pareilles – sauf les chefs-d'œuvre d'architecture inhabités, de même qu'entre les gens du monde spirituels et les gens du monde bêtes, il n'y avait guère de différence, peut'être une légère supériorité devant être accordée à la deuxième catégorie, plus reposante que celle qui se croit intellectuelle. Seulement ce qui rend le Ritz – si sain pour moi – atroce, ce sont les messieurs et les dames qui y dînent. Le plafond rococo hideusement comique ne dérange pas mes rêveries et ne menace pas ma tête (depuis que les berthas et gothas sont finis ou interrompus) mais tel Monsieur ou telle…

(Lettre à Natalie Clifford Barney, fin novembre 1920)

ROMAN (CONCEPTION DU)

Vous savez qu'il y a une géométrie plane et une géométrie dans l'espace. Eh bien pour moi, le roman ce n'est pas seulement de la psychologie plane, mais de la psychologie dans le temps. Cette substance invisible dans le temps, j'ai tâché de l'isoler, mais pour cela il fallait que l'expérience pût durer. J'espère qu'à la fin de mon livre, tel petit fait social sans importance, tel mariage entre deux personnes qui dans le premier volume appartiennent à des mondes bien différents, indiquera que du temps a passé et prendra cette beauté de certains plombs patinés de Versailles, que le temps a engainés dans un fourreau d'émeraude.

(Interview de Marcel Proust par Elie-Joseph Bois,
Le Temps, 13 novembre 1913)

ROMAN À CLEFS

Est-ce que par hasard vous pourriez me donner pour le livre que je finis quelques petites explications « couturières » ? […] Je désirerais qu'elles ne sachent ni l'une ni l'autre [*Mme Standish et Mme Greffulhe*] que cela m'intéresse (sans cela j'aurais tout simplement demandé à Mme Greffulhe que j'ai souvent vue depuis) parce que les deux femmes que je recouvrirais – comme deux mannequins – de leurs robes n'ont aucun rapport avec elles, que mon roman n'a aucune clef, que si je leur parle et si après cela mes personnages femmes sont empoisonneuses ou incestueuses ou n'importe quoi, elles croiront que j'ai voulu dire cela d'*elles* ! J'aime mieux pas !

(Lettre à Mme Gaston de Caillavet, 4 juillet 1912)

Mon cher petit, il est stupide d'écrire des romans. Voici ce qui arrive entre mille exemples [...] C'est pour cela que c'est idiot d'écrire parce qu'on est rattrapé par la vie, et que les livres les plus spontanés deviennent un jour ou l'autre des romans à clés. Il faudra que je change cela « sur épreuves ». Peut-être j'oublierais. Et alors Mme... est capable de me remercier.

(Lettre à Lucien Daudet, 3 novembre 1917)

Cher ami, dans un volume de *Swann*, M. de Charlus déniant à M. Adalbert de Périgord le droit de porter le titre de duc de Montmorency, dit : « Il n'y a pas de raisons pour qu'on ne le donne pas aussi bien à M. Bloch. » Et son neveu lui dit qu'il exagère. Or je viens d'apprendre que M. Louis de Périgord, en épousant Mme Blumenthal, lui a promis d'adopter M. Blumenthal, fils du premier mariage de cette dame et qui portera le titre de duc de Montmorency. Et cela rend lassant d'écrire quand on voit que même pour la plus futile boutade, on est rattrapé par la vie. Je vous demande du reste de ne pas parler de ce rien que j'effacerai peut'être maintenant qu'il aurait l'air d'une « clef ». C'est la déchéance des livres de devenir, si spontanément qu'ils aient été conçus, des romans à clefs, après coup. Et ce double emploi avec la plus banale existence, écœure.

(Lettre à Jacques de Lacretelle, 14 décembre 1917)

Je vous le répète les personnages sont entièrement inventés et il n'y a aucune clef. Ainsi personne n'a moins de rapports avec Mme Verdurin que Mme de Briey. Et pourtant cette dernière rit de la même façon.

(Lettre à Jacques de Lacretelle, 20 avril 1918)

Dans tout l'ouvrage (je ne parle pas des volumes, mais de l'ensemble des volumes), il y a à peine deux ou trois clés et qui n'ouvrent qu'un instant. Ainsi, il n'y a aucune clé pour Saint-Loup, mais, dans un passage non encore publié du livre, qui a paru dans la *Revue hebdomadaire*, je me suis souvenu d'une promenade sur les banquettes d'un café, promenade exécutée par mon pauvre ami Bertrand de Fénelon, qui a été tué en 1914. Pour le reste, il n'y a pas de traits de lui. Si vous vous rappelez vaguement *À l'ombre des jeunes filles en fleurs* (excusez-moi de parler ainsi de mes livres oubliés, mais c'est vous qui m'y conviez), au moment où M. de Charlus me regarde fixement et distraitement près du Casino, j'ai pensé un instant à feu le baron Doazan, habitué du salon Aubernon et assez dans ce genre. Mais je l'ai laissé ensuite et j'ai construit un Charlus beaucoup plus vaste, entièrement inventé. Quant aux Blocqueville, Janzé, etc., je ne les ai connues que de nom, et ma Madame de Villeparisis est plutôt Madame de Beaulaincourt (avec un rien de Madame de Chaponay-Courval). J'ai même dit qu'elle peignait des fleurs pour ne pas dire qu'elle en fabriquait. Car Madame de Beaulaincourt en faisait d'artificielles et c'eût été trop ressemblant. Mon Charlus est assez raté dans le prochain volume, mais il prend ensuite (je me le figure) une certaine ampleur. Beaucoup de gens croient que Saint-Loup est d'Albufera, je n'y ai jamais songé. Je suppose qu'il le croit lui-même ; c'est la seule explication que je trouve à sa brouille avec moi, laquelle me fait beaucoup de chagrin, d'autant plus qu'il venait de me rendre service.

(Lettre à Robert de Montesquiou, 18 avril 1921)

Du reste même pour les choses inanimées (ou soi-disant telles), j'extrais une généralité de mille réminiscences inconscientes. Je ne peux vous dire combien d'églises ont « posé » pour mon église de Combray dans *Du côté de chez Swann*. Les gens sont plus inventés, les monuments viennent apporter doucement tel sa flèche, tel son pavage, tel son dôme.

(Lettre à Robert de Montesquiou, 17 mai 1921)

Une femme [*Laure Hayman*] que j'ai aimée il y a trente ans m'écrit une lettre furibonde pour me dire qu'Odette c'est elle, que je suis un monstre. De telles lettres (et les réponses) voilà qui tue tout travail. Je ne parle pas de plaisir. Il y a longtemps que j'y ai renoncé.

(Lettre à Gaston Gallimard, vers le 17 mai 1922)

Odette de Crécy, non seulement n'est pas vous, mais est exactement le contraire de vous. Il me semble qu'à chaque mot qu'elle dit, cela se devine avec une force d'évidence. Il est même curieux qu'aucun détail de vous ne soit venu s'insérer au milieu du portrait différent. Il n'y a peut-être pas un autre de mes personnages les plus inventés de toute pièce, où quelque souvenir de telle autre personne qui n'a aucun rapport pour le reste, ne soit venu ajouter sa petite touche de vérité ou de poésie. Par exemple (c'est je crois dans *Les Jeunes Filles en fleurs*) j'ai mis dans le salon d'Odette toutes les fleurs très particulières qu'une dame « du côté de Guermantes », comme vous dites, a toujours dans son salon. Elle a reconnu ces fleurs, m'a écrit pour me remercier et n'a pas cru une seconde qu'elle fût pour cela Odette.

(Lettre à Laure Hayman, 18 mai 1922)

J'ai signalé dans un article des *Œuvres libres* la bêtise des gens du monde qui croient qu'on fait entrer ainsi *une personne* dans un livre. J'ajoute qu'ils choisissent généralement la personne qui est exactement le contraire du personnage. J'ai cessé depuis longtemps de dire que Madame G. [*Greffulhe*] « n'était pas » la duchesse de Guermantes, en était le contraire. Je ne persuaderai aucune oie […] Vous me lisez et vous vous trouvez une ressemblance avec Odette ! c'est à désespérer d'écrire des livres […] Les femmes du monde ne se font aucune idée de ce qu'est la création littéraire, sauf celles qui sont remarquables. Mais dans mon souvenir vous étiez justement remarquable. Votre lettre m'a bien déçu. Je suis à bout de forces pour continuer, et en

disant adieu à la cruelle épistolière qui ne m'écrit que pour
me faire de la peine, je mets mes respects et mon tendre
souvenir aux pieds de celle qui m'a jadis mieux jugé.

(Lettre à Laure Hayman, 18 mai 1922)

Voir à « Guermantes (duchesse de) », « Guermantes
(esprit de) », « Monocle à clefs »

ROMAN D'ANALYSE

L'expression roman d'analyse ne me plaît pas beaucoup.
Elle a pris le sens d'étude au microscope, mot qui lui-même
est faussé dans la langue commune, les infiniment petits
n'étant pas du tout – la médecine le montre – dénués d'importance […] Je remplacerais donc si vous voulez bien le
terme roman d'analyse par celui de roman d'introspection
[…] Pour dire un dernier mot du roman dit d'analyse, ce ne
doit être nullement un roman de l'intelligence pure, selon
moi. Il s'agit de tirer hors de l'inconscient pour la faire entrer
dans le domaine de l'intelligence, mais en tâchant de lui
garder sa vie, de ne pas la mutiler, de lui faire subir le moins
de déperdition possible, une réalité que la seule lumière de
l'intelligence suffirait à détruire semble-t-il. Pour réussir ce
travail de sauvetage, toutes les forces de l'esprit, et même
du corps, ne sont pas de trop. C'est un peu le même genre
d'effort prudent, docile, hardi, nécessaire à quelqu'un qui
dormant encore, voudrait examiner son sommeil avec l'intelligence, sans que cette intervention amenât le réveil. Il y

faut des précautions mais bien qu'enfermant en apparence une contradiction, ce travail n'est pas impossible.

> (Lettre à André Lang, fin octobre 1921,
> *Les Annales politiques et littéraires*, 26 février 1922)

ROMAN D'AVENTURES

Quant au roman d'aventures, il est bien certain qu'il y a dans la vie, dans la vie extérieure, de grandes lois aussi et si le roman d'aventures sait les dégager, il vaut le roman introspectif. Tout ce qui peut aider à découvrir des lois, à projeter de la lumière sur l'inconnu, à faire connaître plus profondément la vie, est également valable. Seulement un tel roman d'aventures est sous un autre nom introspectif aussi. Ce qui semble extérieur, c'est en nous que nous le découvrons. « *Cosa mentale* » dit par Léonard de Vinci de la peinture peut s'appliquer à toute œuvre d'art. Il faut pourtant concéder que le roman d'aventures, même quand il n'a pas ces hautes visées, s'imprègne aisément de la distinction de l'esprit qui le manie.

> (Lettre à André Lang, fin octobre 1921,
> *Les Annales politiques et littéraires*, 26 février 1922)

Voir à « Stevenson (Robert Louis) »

ROMAN INTROSPECTIF

Voir « Roman d'analyse »

ROMANCIER

Nous sommes tous devant le romancier comme les esclaves devant l'empereur : d'un mot, il peut nous affranchir. Par lui, nous perdons notre ancienne condition pour connaître celle du général, du tisseur, de la chanteuse, du gentilhomme campagnard, la vie des champs, le jeu, la chasse, la haine, l'amour, la vie des camps. Par lui, nous sommes Napoléon, Savonarole, un paysan, bien plus – existence que nous aurions pu ne jamais connaître – nous sommes nous-même. Il prête une voix à la foule, à la solitude, au vieil ecclésiastique, au sculpteur, à l'enfant, au cheval, à notre âme. Par lui nous sommes le véritable Protée qui revêt successivement toutes les formes de la vie. À les échanger ainsi les unes contre les autres, nous sentons que pour notre être, devenu si agile et si fort, elles ne sont qu'un jeu, un masque lamentable ou plaisant, mais qui n'a rien de bien réel. Notre infortune ou notre fortune cesse pour un instant de nous tyranniser, nous jouons avec elle et avec celle des autres. C'est pourquoi en fermant un beau roman, même triste, nous nous sentons si heureux.

(« Le pouvoir du romancier », sans date,
in *Nouveaux Mélanges*, 1954)

ROSEBUD

Voir à « Madeleine », « Madeleine (filiation littéraire de la) », « Madeleine (petite) », « Madeleine trempée »

ROTHSCHILD (BANQUE)

Je n'ai aucun besoin d'argent. Il me reste encore presque la moitié de celui des fauteuils, et la maison Rothschild m'annonce des comptes créditeurs. C'est la seule banque où cela arrive jamais, parce que c'est la seule honnête.

(Lettre à Mme Straus, vers le 13 février 1918)

ROTHSCHILD (FAMILLE)

Comme gens qui aiment à compliquer il y a les Rothschild qui en dehors de tout ce qu'ils demandent à leur future belle-fille exigent qu'elle soit juive. Cela fait beaucoup travailler la famille Halphen mais cette famille n'est pas illimitée. Je me rappelle que dans un train j'ai entendu des gens dire : « Vous voyez, si riches qu'ils soient, les Rothschild ne peuvent pas trouver de catholiques pour se marier avec eux. »

(Lettre à Georges de Lauris, fin décembre 1908)

RUPTURE

Il souffrait d'avance, sans en oublier une, toutes les douleurs d'une rupture qu'à d'autres moments il croyait pouvoir éviter, comme les gens qui règlent toutes leurs affaires en vue d'une expatriation qui ne s'effectuera pas, et dont la pensée, qui ne sait plus où elle devra se situer le lendemain, s'agite momentanément, détachée d'eux, pareille à ce cœur qu'on arrache à un malade et qui continue à battre, séparé du reste du corps. En tout cas, cette espérance que sa maîtresse reviendrait lui donnait le courage de persévérer dans la rupture, comme la croyance qu'on pourra revenir vivant du combat aide à affronter la mort. Et comme l'habitude est, de toutes les plantes humaines, celle qui a le moins besoin de sol nourricier pour vivre et qui apparaît la première sur le roc en apparence le plus désolé, peut-être en pratiquant d'abord la rupture par feinte, aurait-il fini par s'y accoutumer sincèrement. Mais l'incertitude entretenait chez lui un état qui, lié au souvenir de cette femme, ressemblait à l'amour.

(*Le Côté de Guermantes,* 1920)

Les créatures qui ont joué un grand rôle dans notre vie, il est rare qu'elles en sortent tout d'un coup d'une façon définitive. Elles reviennent s'y poser par moments (au point que certains croient à un recommencement d'amour) avant de la quitter à jamais.

(*Le Côté de Guermantes,* 1920)

Rupture (comédie de la)

Ce soir-là je pensai que, parmi les autres causes qui avaient pu me décider brusquement, sans même m'en rendre compte qu'au fur et à mesure, à jouer cette comédie de rupture, il y avait surtout que, quand, dans une de ces impulsions comme en avait mon père, je menaçais un être dans sa sécurité, comme je n'avais pas, comme lui, le courage de réaliser une menace, pour ne pas laisser croire qu'elle n'avait été que paroles en l'air, j'allais assez loin dans les apparences de la réalisation et ne me repliais que quand l'adversaire, ayant eu vraiment l'illusion de ma sincérité, avait tremblé pour tout de bon. D'ailleurs, dans ces mensonges nous sentons bien qu'il y a de la vérité ; que, si la vie n'apporte pas de changements à nos amours, c'est nous-mêmes qui voudrons en apporter ou en feindre, et parler de séparation, tant nous sentons que tous les amours et toutes choses évoluent rapidement vers l'adieu […] J'aurais offert à Albertine, en une heure, tout ce que je possédais, parce que je me disais : tout dépend de cette bataille ; mais ces batailles ressemblent moins à celles d'autrefois, qui duraient quelques heures, qu'à une bataille contemporaine qui n'est finie ni le lendemain, ni le surlendemain, ni la semaine suivante. On donne toutes ses forces, parce qu'on croit toujours que ce sont les dernières dont on aura besoin. Et plus d'une année se passe sans amener la « décision » […] Si cette comédie de séparation allait aboutir à une séparation ! On ne peut en envisager la possibilité, même invraisemblable, sans un serrement de cœur. On est doublement anxieux car la séparation se produirait alors au moment où elle serait insupportable, où on vient d'avoir de la souffrance par la femme qui vous quitterait avant de vous avoir guéri, au moins apaisé. Enfin, nous n'avons plus le point d'appui de l'habitude sur laquelle nous nous reposons, même dans le chagrin. Nous venons volontairement de nous en priver, nous avons donné à la journée présente une importance exceptionnelle, nous l'avons détachée des journées contiguës ; elle flotte sans racines comme un jour de départ ; notre imagination, cessant d'être paralysée par l'habitude, s'est éveillée ; nous avons soudain adjoint à notre amour quotidien des rêveries sentimentales qui le grandissent énormément, nous rendent indispensable une présence sur laquelle, justement, nous ne sommes plus absolument certains de pouvoir compter. Sans doute, c'est justement afin d'assurer pour l'avenir cette présence, que nous nous sommes livrés au jeu de pouvoir nous en passer. Mais ce jeu, nous y avons été pris nous-même, nous avons recommencé à souffrir parce que nous avons fait quelque chose de nouveau, d'inaccoutumé, et qui se trouve ressembler ainsi à ces cures qui doivent guérir plus tard le mal dont on souffre, mais dont les premiers effets sont de l'aggraver.

(La Prisonnière, parution posthume)

RUSKIN (JOHN)

Directeur de conscience de son temps, certes Ruskin le fut, mais il fut aussi son professeur de goût, son initiateur à cette beauté que Tolstoï réprouve au nom de la morale et dont Ruskin avait tout poétisé, jusqu'à la morale elle-même.

(« John Ruskin », La Chronique des arts
et de la curiosité, 27 janvier 1900)

Et, très loin d'avoir été un dilettante ou un esthète, Ruskin fut précisément le contraire, un de ces hommes à la Carlyle, averti par leur génie de la vanité de tout plaisir et, en même temps, de la présence auprès d'eux d'une réalité éternelle, intuitivement perçue par l'inspiration [...] Le don spécial pour Ruskin, c'était le sentiment de la beauté, dans la nature comme dans l'art. Ce fut dans la Beauté que son tempérament le conduisit à chercher la réalité, et sa vie toute religieuse en reçut un emploi tout esthétique. Mais cette Beauté à laquelle il se trouva ainsi consacrer sa vie ne fut pas conçue par lui comme un objet de jouissance fait pour la charmer, mais comme une réalité infiniment plus importante que la vie, pour laquelle il aurait donné la sienne. De là vous allez voir découler toute l'esthétique de Ruskin.

(« John Ruskin », *La Gazette des Beaux-Arts*, 1er avril 1900)

Comprenant mal jusque-là la portée de l'art religieux au Moyen Âge, je m'étais dit dans ma ferveur pour Ruskin : Il m'apprendra, car lui aussi, en quelques parcelles du moins, n'est-il pas la vérité ? Il fera entrer mon esprit là où il n'avait pas accès, car il est la porte. Il me purifiera, car son ins- piration est comme le lys de la vallée. Il m'enivrera et me vivifiera, car il est la vigne et la vie. Et j'ai senti en effet que le parfum mystique des rosiers de Saron n'était pas à tout jamais évanoui, puisqu'on le respire encore, au moins dans ses paroles. Et voici que les pierres d'Amiens ont pris pour moi la dignité des pierres de Venise, et comme la grandeur qu'avait la Bible, alors qu'elle était encore vérité dans le cœur des hommes et beauté grave dans leurs œuvres. *La Bible d'Amiens* n'était, dans l'intention de Ruskin, que le premier livre d'une série intitulée : *Nos pères nous ont dit* ; et en effet si les vieux prophètes du porche d'Amiens furent sacrés à Ruskin, c'est que l'âme des artistes du XIIIe siècle était encore en eux. Avant même de savoir si je l'y trouverais, c'est l'âme de Ruskin que j'y allais chercher et qu'il a imprimée aussi profondément aux pierres d'Amiens qu'y avaient imprimé la leur ceux qui les sculptèrent, car les paroles du génie peuvent aussi bien que le ciseau donner aux choses une forme immor- telle. La littérature aussi est une « lampe du sacrifice » qui se consume pour éclairer les descendants. Je me conformais inconsciemment à l'esprit du titre : *Nos pères nous ont dit*, en allant à Amiens dans ces pensées et dans le désir d'y lire la Bible de Ruskin. Car Ruskin, pour avoir cru en ces hommes d'autrefois, parce que en eux étaient la foi et la beauté, s'était trouvé écrire aussi sa Bible, comme eux pour avoir cru aux prophètes et aux apôtres avaient écrit la leur.

(« Ruskin à Notre-Dame d'Amiens », avril 1900,
Le Mercure de France)

Le nom de Meissonier approché de celui de Ruskin m'a serré le cœur comme une ressemblance entre une personne laide et une personne qu'on a beaucoup aimée. J'ai d'ailleurs aimé Ruskin avec un extrême scepticisme dont j'ai même marqué, toute révérence gardée, l'étendue.

(Lettre à Robert de Montesquiou, début novembre 1912)

Il y a chez Ruskin trop de génie obscurci et captif au milieu de théories caduques, pour qu'un Ruskinien non encore complètement initié doive lire autre chose que des Pages choisies, ce qui pour Ruskin pourrait s'appeler plutôt des pages délivrées.

(Lettre à Jacques Hébertot, 31 janvier 1917)

Mes préfaces, mes annotations à Ruskin, n'ont d'intérêt que pour un admirateur de Ruskin, et encore un admirateur qui serait pas mal désabusé.

(Lettre à l'abbé Mugnier, 14 février 1918)

Voir à « Peinture », « Traduction »

RUSSIE

Même en laissant de côté le point, trop long à discuter ici, de sa politique actuelle, vous savez que je resterai toujours fidèle à la Russie de Tolstoï, de Dostoïevski, de Borodine et de Mme Scheikévitch. Et c'est pour des raisons d'euphonie pure, et aussi à cause de la fatigue de ma vue, que j'ai fait si courte mon énumération des écrivains, si nulle celle des musiciens où je ne cite pas un seul de ceux que j'admire le plus.

(Lettre à Mme Scheikévitch, 21 janvier 1918)

S

SAGESSE MINÉRALE

Non seulement vous avez une bonne santé, mais vous êtes un sage qui prenez du Vittel.

(Lettre à Gaston Gallimard, 20 juillet 1922)

SAINTE-BEUVE (CHARLES-AUGUSTIN)

L'ennui pour Sainte-Beuve est d'avoir ainsi des relations avec des gens qu'il n'admire pas.

(Préface à *Propos de peintre. De David à Degas* de Jacques-Émile Blanche, 1919)

Je ne doute pas que le comte Molé ou le chancelier Pasquier aient été des hommes de mérite. Je pense qu'ils font moins honneur aux lettres françaises que Flaubert et Baudelaire, desquels Sainte-Beuve a parlé en laissant entendre que l'amitié personnelle, l'estime pour leur caractère dictait en partie les minces éloges qu'il leur accordait. Je ne trouve pas que se tromper sur la valeur d'une œuvre d'art soit toujours grave.

Flaubert méprisait Stendhal qui, lui-même, trouvait certaines villes du Midi déparées par leurs sublimes églises romanes. Mais Sainte-Beuve était critique et, de plus, proclamait à tout propos que le critique se révèle dans l'appréciation exacte des œuvres contemporaines.

(Lettre à Paul Souday, 10 novembre 1919)

La plus grande partie de ses *Lundis* sont consacrés à des auteurs de quatrième ordre, et quand il a à parler d'un de tout premier, d'un Flaubert ou d'un Baudelaire, il rachète immédiatement les brefs éloges qu'il leur accorde en laissant entendre qu'il s'agit d'un article de complaisance, l'auteur étant un de ses amis personnels.

(« À propos du "style" de Flaubert »,
La Nouvelle Revue Française, janvier 1920)

Flaubert a cruellement méconnu Stendhal, qui lui-même trouvait affreuses les plus belles églises romanes et se moquait de Balzac. Mais l'erreur est plus grave chez Sainte-Beuve, parce qu'il ne cesse de répéter qu'il est facile de porter un jugement juste sur Virgile ou La Bruyère, sur des auteurs depuis longtemps reconnus et classés, mais que le difficile, la fonction propre du critique, ce qui lui vaut vraiment son nom de critique, c'est de mettre à leur rang les auteurs contemporains. Lui-même, il faut l'avouer, ne l'a jamais fait une seule fois, et c'est ce qui suffit pour qu'on lui refuse le titre de guide.

(« À propos du "style" de Flaubert »,
La Nouvelle Revue Française, janvier 1920)

Voir « Blanche (Jacques-Émile) »

Sainte-Beuve (méthode de)

L'œuvre de Sainte-Beuve n'est pas une œuvre profonde. La fameuse méthode, qui en fait, selon Taine, selon M. Paul Bourget et tant d'autres, le maître inégalable de la critique au xixe siècle, cette méthode qui consiste à ne pas séparer l'homme et l'œuvre, à considérer qu'il n'est pas indifférent pour juger l'auteur d'un livre, si ce livre n'est pas « un traité de géométrie pure », d'avoir d'abord répondu aux questions qui paraissent le plus étrangères à son œuvre (comment se comportait-il…), à s'entourer de tous les renseignements possibles sur un écrivain, à collationner ses correspondances, à interroger les hommes qui l'ont connu, en causant avec eux s'ils vivent encore, en lisant ce qu'ils ont pu écrire sur lui s'ils sont morts, cette méthode méconnaît ce qu'une fréquentation un peu profonde avec nous-même nous apprend : qu'un livre est le produit d'un autre moi que celui que nous manifestons dans nos habitudes, dans la société, dans nos vices. Ce moi-là, si nous voulons essayer de le comprendre, c'est au fond de nous-même, en essayant de le recréer en nous, que nous pouvons y parvenir. Rien ne peut nous dispenser de cet effort de notre cœur.

(*Contre Sainte-Beuve*, 1908, publié en 1954)

En aucun temps, Sainte-Beuve ne semble avoir compris ce qu'il y a de particulier dans l'inspiration et le travail littéraire, et ce qui le différencie entièrement des occupations des autres hommes et des autres occupations de l'écrivain. Il ne faisait pas de démarcation entre l'occupation littéraire où, dans la solitude, faisant taire ces paroles qui sont aux autres autant qu'à nous, et avec lesquelles, même seuls, nous jugeons les choses sans être nous-mêmes, nous nous remettons face à face avec nous-mêmes, nous tâchons d'entendre, et de rendre, le son vrai de notre cœur – et la conversation !

(*Contre Sainte-Beuve*, 1908, publié en 1954)

En réalité, ce qu'on donne au public, c'est ce qu'on a écrit seul, pour soi-même, c'est bien l'œuvre de soi... Ce qu'on donne à l'intimité, c'est-à-dire à la conversation (si raffinée soit-elle, et la plus raffinée est la pire de toutes, car elle fausse la vie spirituelle en se l'associant : les conversations de Flaubert avec sa nièce sont sans danger) et à ces productions destinées à l'intimité, c'est-à-dire rapetissées au goût de quelques personnes et qui ne sont guère que de la conversation écrite, c'est l'œuvre d'un soi bien plus extérieur, non pas du moi profond qu'on ne retrouve qu'en faisant abstraction des autres et du moi qui connaît les autres, qu'on sent bien le seul réel, et pour lequel seuls les artistes finissent par vivre, comme un dieu qu'ils quittent de moins en moins et à qui ils ont sacrifié une vie qui ne sert qu'à l'honorer.

(*Contre Sainte-Beuve*, 1908, publié en 1954)

En aucun temps de sa vie Sainte-Beuve ne semble avoir conçu la littérature d'une façon vraiment profonde. Il la met sur le même plan que la conversation.

(*Contre Sainte-Beuve*, 1908, publié en 1954)

Saint-Simon

Voir « Inintelligible »

Salaïsme

Quant au salaïsme* n'êtes-vous donc pas assez psychologue me voyant autant pour avoir l'impression qu'il m'intéresse comme le gothique bien que beaucoup moins et que dans la réalité de ma vie, en moi, dans mes amitiés, etc. (vous en avez une sous les yeux) il est aussi absent que. Je ne trouve rien d'aussi absent. D'ailleurs je me fiche de ce que vous pensez à cet égard puisque vous-même dites n'y attacher aucune importance.

(Lettre à Antoine Bibesco, 11 novembre 1901)

J'ai fait sur le salaïsme des réflexions assez profondes et qui vous seront communiquées dans un de nos prochains entretiens métaphysiques. Inutile de vous dire qu'elles sont d'une extrême sévérité. Mais il reste une curiosité philosophique à l'égard des personnes. Dreyfusard, antidreyfusard, salaïste,

---

* Code dans la correspondance entre Proust et les frères Bibesco pour désigner l'homosexualité, dérivé du nom du comte Antoine Sala.

antisalaïste, sont presque les seules choses intéressantes à savoir d'un imbécile.

(Lettre à Antoine Bibesco, vers avril 1902)

Il était pourtant bien convenu que tu étais la *seule* personne à qui je m'étais ouvert de ceci que même Reynaldo ignore. Involontairement tu l'as appris à d'autres. J'ai fait tous mes efforts pour arranger. Mais si tu vas maintenant faire des allusions à Lauris ou à d'autres ! Mais pense un peu à l'effet que cela ferait, à ce que cela ferait penser de moi. Sans doute, dans des périodes surtout où ma *Fin de la jalousie* me cause, comme en ce moment des douleurs mortelles, ce qu'on peut penser de moi et de telles ou telles enfantines choses, me paraît sans importance. Mais il n'y a pas que moi, il y a ma… [*famille ?*] pour qui je me dois de ne pas me faire passer gratuitement pour salaïste, ne l'étant pas. Évidemment ceci n'aurait pas l'air forcément salaïste. Mais dégagé de l'interprétation que la connaissance de mon caractère et la suite quotidienne des événements a pu te donner, cela paraîtrait bien bizarre. De plus mon affectation d'humilité, etc., etc. me donne déjà en ceci un rôle suffisamment dépendant sans le souligner encore en me représentant à Lauris ou à d'autres comme dans l'attente d'un sourire du Roi. Et puis enfin et surtout ce que je t'ai confié par la violence de ma sympathie pour toi, l'absolu de ma confiance première, et l'habitude de tout te dire doit rester ton privilège et ne doit s'étendre à qui que ce soit.

(Lettre à Antoine Bibesco, vers la mi-septembre 1902)

Présente à M. Sala les hommages d'un faux ennemi.

(Lettre à Antoine Bibesco, vers la mi-juillet 1905)

Je me disais que quand on a été comme moi en butte à de constantes accusations de salaïsme, il y a de la part d'un ami manque d'une certaine délicatesse, plutôt encore intellectuelle que morale, à plaisanter avec tant d'insistance devant un inconnu sur un cas (d'ailleurs inventé de toutes pièces) de joséphisme* et plus encore, comme on me l'a dit ces temps-ci et comme j'avais négligé de m'en plaindre à vous, à en faire dans le monde le thème de plaisanteries dont vous dites vous-même qu'elles me font du tort [...] Ce sont choses que le raisonnement ne démontre point à ceux qui ne l'ont pas senti d'abord, les preuves dialectiques n'ayant pas le pouvoir de nous faire sortir de la famille d'esprits à laquelle nous appartenons.

(Lettre à Emmanuel Bibesco, printemps 1908)

Voir à « Homosexualité », « Tante »

SALON DE LA PRINCESSE MATHILDE

Quand on pense que ce salon (nous prenons ici le mot de « salon » dans son sens abstrait, car matériellement le salon de la princesse était rue de Courcelles avant d'être rue

---

* Code dans la correspondance entre Proust et les frères Bibesco pour désigner l'homosexualité, probablement forgé à partir du nom de Joseph II, empereur d'Allemagne.

de Berri) a été un des foyers littéraires de la seconde moitié du XIXe siècle ; que Mérimée, Flaubert, Goncourt, Sainte-Beuve sont venus là chaque jour dans une intimité vraie, une familiarité si entière que la princesse arrivait à l'improviste, leur demander à déjeuner ; qu'eux n'avaient pas de secrets littéraires pour elle et elle pas de réserve princière avec eux ; qu'elle leur a rendu service jusqu'à la fin – non seulement les petits services de chaque jour (Sainte-Beuve disait : « Sa maison est une sorte de ministère des grâces »), mais les grands et éclatants services qui arrêtent certaines persécutions, dissipent certaines préventions, facilitent le travail, secondent le succès, adoucissent la vie, changent une destinée – on ne peut s'empêcher de croire que certains pouvoirs mondains peuvent avoir, malgré tout, sur l'histoire littéraire une influence féconde et que de tels pouvoirs peu de femmes firent un aussi noble usage que la princesse ! […] En tout cas, le nom de la princesse reste gravé sur les Tables d'or de la littérature française. Un volume entier de Mérimée, *Lettres à la princesse* ; de nombreuses lettres de Flaubert, un « Lundi » de Sainte-Beuve, tant de pages mieux intentionnées qu'adroites du *Journal des Goncourt*, donnent de la princesse l'idée la plus favorable et la plus haute. Taine, Renan, combien d'autres furent aussi ses amis !

(« Un salon historique », *Le Figaro*, 25 février 1903)

Salon de Madeleine Lemaire

Voir « Mémoire »

Salons

Je ne pense rien des salons où l'on cause, ne les fréquentant pas. Quant à ceux où l'on travaille, je suis persuadé qu'on ne peut les fréquenter pour la raison qu'ils ne peuvent exister. La vie de salon me semble incompatible avec le travail. On dit qu'historiquement cela fut compatible mais comme je ne pense pas que les lois de l'esprit aient changé, donc je ne crois pas à cette prétendue compatibilité d'autrefois.

(Lettre à Lionel Hauser, mi-avril 1920)

Savoir

Ne vous plaignez pas de ne pas avoir *appris*. Il n'y a pas un savoir à proprement parler car il n'existe pas en dehors des mystérieuses associations de notre mémoire et du tact acquis de notre invention quand elle approche les mots. Le savoir, dans le sens d'une chose qui est toute faite au-dehors de nous et qu'on peut apprendre comme dans les Sciences – est nul en art. Au contraire c'est quand les rapports scientifiques entre les mots ont disparu de notre esprit et qu'ils ont pris une vie où les éléments chimiques sont oubliés dans une individualité nouvelle que la technique, le tact qui connaît leurs répugnances, flatte leurs désirs, connaît leur beauté, touche leurs formes, assortit leurs affinités, peut commencer. Et ceci n'existe que quand un être est un être et n'est plus tant de carbone, tant de phosphore etc.

(Lettre à Marie Nordlinger, début mars 1900)

Schlumberger (Gustave)

Mais Schlumberg m'apparaît comme une honte nationale, comme le triomphe de ce qu'il y a de plus bas et de
plus sot, du savoir sans intelligence et même, chose inouïe,
sans sérieux ; ce savoir idiot dont le sérieux est la seule
excuse est chez lui frivole. C'est aussi la bassesse devenue
arrogante, la vilaine bave du reptile redressé, une vie dite
de science (et en réalité d'une science qui ne comporte pas
plus de compréhension et d'où ne résulte pas plus d'« élévation » que de la science du bridge), qui se couronne par
le dévouement à des idées que Louis XVI trouvait suran-
nées et Vauban barbares, et tout cela sans l'excuse d'une
fidélité à des principes qu'il n'a jamais eus, à des amis qu'il
a connus à soixante ans et qui ne sont pas ses amis, car
ils ne peuvent que mépriser sa honteuse platitude devant
eux ; et avec l'aggravation de tous les reniements et de tous
les abandons.

(Lettre à Mme Straus, vers le 15 juin 1908)

Voir « Académie française »

Schopenhauer (Arthur)

Schopenhauer, par exemple, nous offre l'image d'un esprit
dont la vitalité porte légèrement la plus énorme lecture,
chaque connaissance nouvelle étant immédiatement réduite
à la part de réalité, à la portion vivante qu'elle contient.

Schopenhauer n'avance jamais une opinion sans l'appuyer aussitôt sur plusieurs citations, mais on sent que les textes cités ne sont pour lui que des exemples, des allusions inconscientes et anticipées où il aime à retrouver quelques traits de sa propre pensée, mais qui ne l'ont nullement inspirée. Je me rappelle une page du *Monde comme Représentation et comme Volonté* où il y a peut-être vingt citations à la file [...] Si je ne m'étais pas déjà laissé entraîner trop loin par Schopenhauer, j'aurais eu plaisir à compléter cette petite démonstration, à l'aide des *Aphorismes sur la Sagesse dans la Vie,* qui est peut-être de tous les ouvrages que je connais celui qui suppose chez un auteur, avec le plus de lecture, le plus d'originalité, de sorte qu'en tête de ce livre, dont chaque page renferme plusieurs citations, Schopenhauer a pu écrire le plus sérieusement du monde : « Compiler n'est pas mon fait. »

(« Sur la lecture », *La Renaissance latine*, 15 juin 1905,
réédité sous le titre « Journées de lecture »,
in *Pastiches et mélanges,* 1919)

Schumann (Robert)

Au moment où je me la représentais ainsi m'attendant à la maison, comme une femme bien aimée trouvant le temps long, s'étant peut-être endormie un instant dans sa chambre, je fus caressé au passage par une tendre phrase familiale et domestique du septuor. Peut-être – tant tout s'entrecroise et se superpose dans notre vie intérieure – avait-elle été inspirée à Vinteuil par le sommeil de sa fille – de sa fille, cause aujourd'hui de tous mes troubles – quand il enveloppait de sa douceur, dans les paisibles soirées, le travail du musicien, cette phrase qui me calma tant par le même moelleux arrière-plan de silence qui pacifie certaines rêveries de Schumann, durant lesquelles, même quand « le Poète parle », on devine que « l'enfant dort ».

(*La Prisonnière*, parution posthume)

Voir « Chopin (Frédéric) »

SECRET

Je tiens à garder votre secret, cela me rend service. Chose curieuse, bien qu'on ne m'ait jamais raconté cela, j'avais imaginé votre lettre telle quelle. Les romanciers devinent à travers les murs.

(Lettre à Jacques Boulenger, 14 octobre 1921)

SECRET MÉDICAL

J'espère que vous n'êtes pas souffrant (je n'ai pas vu mon frère qu'hélas je ne vois jamais vous le savez) ; d'ailleurs je le verrais que ce serait la même chose car il ne dit jamais un mot de ses malades. J'ai quelquefois appris trois ans après par quelqu'un qui avait eu l'appendicite ou autre chose qu'il avait été opéré par mon frère qui ne m'en avait rien dit !

(Lettre à Albert Nahmias fils, 2 janvier 1912)

SENSATION

[...] rien ne m'est plus étranger que de chercher dans la sensation immédiate, à plus forte raison dans la réalisation matérielle, la présence du bonheur. Une sensation, si désintéressée qu'elle soit, un parfum, une clarté, s'ils sont présents sont encore trop en mon pouvoir pour me rendre heureux. C'est quand ils me rappellent un autre, quand je les goûte entre le présent et le passé (et non pas dans le passé, impossible à expliquer ici) qu'ils me rendent heureux.

(Lettre à Marthe Bibesco, 24 avril 1912)

Au tournant d'un chemin j'éprouvai tout à coup ce plaisir spécial qui ne ressemblait à aucun autre, à apercevoir les deux clochers de Martinville, sur lesquels donnait le soleil couchant et que le mouvement de notre voiture et les lacets du chemin avaient l'air de faire changer de place, puis celui de Vieuxvicq qui, séparé d'eux par une colline et une vallée, et situé sur un plateau plus élevé dans le lointain, semblait pourtant tout voisin d'eux.

En constatant, en notant la forme de leur flèche, le déplacement de leurs lignes, l'ensoleillement de leur surface, je sentais que je n'allais pas au bout de mon impression, que quelque chose était derrière ce mouvement, derrière cette clarté, quelque chose qu'ils semblaient contenir et dérober à la fois.

Les clochers paraissaient si éloignés et nous avions l'air de si peu nous rapprocher d'eux, que je fus étonné quand, quelques instants après, nous nous arrêtâmes devant l'église de Martinville. Je ne savais pas la raison du plaisir que j'avais eu à les apercevoir à l'horizon et l'obligation de chercher à découvrir cette raison me semblait bien pénible ; j'avais envie de garder en réserve dans ma tête ces lignes remuantes au soleil et de n'y plus penser maintenant. Et il est probable que si je l'avais fait, les deux clochers seraient allés à jamais rejoindre tant d'arbres, de toits, de parfums, de sons, que j'avais distingués des autres à cause de ce plaisir obscur qu'ils m'avaient procuré et que je n'ai jamais approfondi. Je descendis causer avec mes parents en attendant le docteur. Puis nous repartîmes, je repris ma place sur le siège, je tournai la tête pour voir encore les clochers qu'un peu plus tard j'aperçus une dernière fois au tournant d'un chemin. Le cocher, qui ne semblait pas disposé à causer, ayant à peine répondu à mes propos, force me fut, faute d'autre compagnie, de me rabattre sur celle de moi-même et d'essayer de me rappeler mes clochers. Bientôt, leurs lignes et leurs surfaces ensoleillées, comme si elles avaient été une sorte d'écorce, se déchirèrent, un peu de ce qui m'était caché en elles m'apparut, j'eus une pensée qui n'existait pas pour moi l'instant avant, qui se formula en mots dans ma tête, et le plaisir que m'avait fait tout à l'heure éprouver leur vue s'en trouva tellement accru que, pris d'une sorte d'ivresse, je ne pus plus penser à autre chose. À ce moment et comme nous étions déjà loin de Martinville, en tournant la tête je les aperçus de nouveau, tout noirs cette fois, car le soleil était déjà couché. Par moments les tournants du chemin me les dérobaient, puis ils se montrèrent une dernière fois et enfin je ne les vis plus.

(Du côté de chez Swann, 1913)

Séparation

Voir à « Rupture », « Rupture (comédie de la) »

Sert (José-Maria)

C'est une joie pour moi de trouver dans cet ouvrage (dont le présent volume n'est qu'un premier tome) d'enthousiastes éloges adressés à un homme que j'admire et que j'aime entre tous, José-Maria Sert. Quel plaisir et quelle sincérité animent les pages où Blanche le compare à Michel-Ange, à Tintoret. Chose étrange, j'aurais pu vivre dans un autre temps que Sert, ou dans le même temps et ne le connaître pas. Mais nous nous connaissons. Il sait mon admiration pour lui, il ne m'a pas caché sa sympathie pour moi.

(Préface à *Propos de peintre. De David à Degas*
de Jacques-Émile Blanche, 1919)

Serveurs de restaurant

Ceux-ci, presque tous assez âgés, offraient des types extraordinairement laids et accusés de curés hypocrites, de confesseurs papelards, plus souvent d'anciens acteurs comiques dont on ne retrouve plus guère le front en pain de sucre que dans les collections de portraits exposés dans le foyer humblement historique de petits théâtres désuets où ils sont représentés jouant des rôles de valets de chambre ou de grands pontifes, et dont ce restaurant semblait, grâce à un recrutement sélectionné et peut-être à un mode de nomination héréditaire, conserver le type solennel en une sorte de collège augural.

(*Le Côté de Guermantes*, 1920)

SERVICE MILITAIRE

J'ai fait, contre l'avis du conseil de révision qui voulait me réformer, mon service dans l'Infanterie. Pendant mon service on voulut encore me réformer mais je restais jusqu'au bout. Plus malade ensuite je passai l'examen d'officier d'administration de réserve et fus reçu et nommé. Mais ma santé ayant encore empiré, ç'a encore été trop pour moi et je n'ai jamais pu faire vingt-huit jours ni treize jours et plutôt que de me faire ajourner chaque fois je préfère être réformé. Seulement dans mon état de santé la comparution devant un conseil de réforme qui vous fait déshabiller, etc., est assez dangereuse. Alors ma question est celle-ci : à supposer que j'eusse les protections les plus agissantes auprès du ministère de la Guerre est-il *possible* même si c'est irrégulier, qu'un officier de territoriale soit réformé par simple signature du ministre, à qui je remettrais tous les certificats médicaux de mes médecins (Brissaud etc.). Ou bien est-ce une chose aussi impossible que de se faire nommer bachelier par le ministre de l'Instruction publique sans s'être présenté devant le jury des professeurs ?

(Lettre à Joseph Reinach, début décembre 1906)

SERVITUDE

Ce qui *peut* asservir un tempérament d'un artiste c'est d'abord la force bienfaisante d'un tempérament plus puissant que le sien. Et c'est là une servitude qui n'est pas loin d'être le commencement de la liberté. C'est ensuite le pouvoir malfaisant de la paresse, de la maladie, du snobisme.

(Lettre à Maurice Le Blond, fin août 1904)

SILENCE

Dans la lecture, l'amitié est soudain ramenée à sa pureté première. Avec les livres, pas d'amabilité. Ces amis-là, si nous passons la soirée avec eux, c'est vraiment que nous en avons envie. Eux, du moins, nous ne les quittons souvent qu'à regret. Et quand nous les avons quittés, aucune de ces pensées qui gâtent l'amitié : Qu'ont-ils pensé de nous ? – N'avons-nous pas manqué de tact ? – Avons-nous plu ? – et la peur d'être oublié pour tel autre. Toutes ces agitations de l'amitié expirent au seuil de cette amitié pure et calme qu'est la lecture. Pas de déférence non plus ; nous ne rions de ce que dit Molière que dans la mesure exacte où nous le trouvons drôle ; quand il nous ennuie nous n'avons pas peur d'avoir l'air ennuyé, et quand nous avons décidément assez d'être avec lui, nous le remettons à sa place aussi brusquement que s'il n'avait ni génie ni célébrité. L'atmosphère de cette pure amitié est le silence, plus pur que la parole. Car nous parlons pour les autres, mais nous nous taisons pour nous-mêmes. Aussi le silence ne porte pas, comme la parole, la trace de nos défauts, de nos grimaces. Il est pur, il est vraiment une atmosphère. Entre la pensée de l'auteur et la nôtre il n'interpose pas ces éléments irréductibles réfractaires à la pensée, de nos égoïsmes différents.

(« Sur la lecture », *La Renaissance latine*, 15 juin 1905,
réédité sous le titre « Journées de lecture »,
in *Pastiches et mélanges,* 1919)

Bien plus, ce ne sont pas seulement les phrases qui dessinent à nos yeux les formes de l'âme ancienne. Entre les phrases – et je pense à des livres très antiques qui furent d'abord récités –, dans l'intervalle qui les sépare se tient encore aujourd'hui comme dans un hypogée inviolé, remplissant les interstices, un silence bien des fois séculaire. Souvent dans l'Évangile de saint Luc, rencontrant les *deux points* qui l'interrompent avant chacun des morceaux presque en forme de cantiques dont il est parsemé, j'ai entendu le silence du fidèle qui venait d'arrêter sa lecture à haute voix pour entonner les versets suivants comme un psaume qui lui rappelait les psaumes plus anciens de la Bible. Ce silence remplissait encore la pause de la phrase qui, s'étant scindée pour l'enclore, en avait gardé la forme ; et plus d'une fois, tandis que je lisais, il m'apporta le parfum d'une rose que la brise entrant par la fenêtre ouverte avait répandu dans la salle haute où se tenait l'Assemblée et qui ne s'était pas évaporé depuis près de deux mille ans.

(« Sur la lecture », *La Renaissance latine*, 15 juin 1905,
réédité sous le titre « Journées de lecture »,
in *Pastiches et mélanges,* 1919)

On a dit que le silence était une force ; dans un tout autre sens, il en est une terrible à la disposition de ceux qui sont aimés. Elle accroît l'anxiété de qui attend. Rien n'invite tant à s'approcher d'un être que ce qui en sépare, et quelle plus infranchissable barrière que le silence ? On a dit aussi que le silence était un supplice, et capable de rendre fou celui qui y était astreint dans les prisons. Mais quel supplice – plus grand que de garder le silence – de l'endurer de ce qu'on aime ! Robert se disait : « Que fait-elle donc pour qu'elle se taise ainsi ? Sans doute, elle me trompe avec d'autres ? » Il disait encore : « Qu'ai-je donc fait pour qu'elle se taise ainsi ? Elle me hait peut-être, et pour toujours. » Et il s'accusait. Ainsi le silence le rendait fou en effet, par la jalousie et par le remords. D'ailleurs, plus cruel que celui des prisons, ce silence-là est prison lui-même. Une clôture immatérielle, sans doute, mais impénétrable, cette tranche interposée d'atmosphère vide, mais que les rayons visuels de l'abandonné ne peuvent traverser. Est-il un plus terrible éclairage que le silence, qui ne nous montre pas une absente, mais mille, et chacune se livrant à quelque autre trahison ? Parfois, dans une brusque détente, ce silence, Robert croyait qu'il allait cesser à l'instant, que la lettre attendue allait venir. Il la voyait, elle arrivait, il épiait chaque bruit, il était déjà désaltéré, il murmurait : « La lettre ! La lettre ! » Après avoir entrevu ainsi une oasis imaginaire de tendresse, il se retrouvait piétinant dans le désert réel du silence sans fin.

(*Le Côté de Guermantes,* 1920)

Sincérité

Non, je ne trouverai pas un tableau plus beau parce que l'artiste aura peint au premier plan une aubépine, bien que je connaisse rien de plus beau que l'aubépine, car je veux rester sincère et que je sais que la beauté d'un tableau ne dépend pas des choses qui y sont représentées. Je ne collectionnerai pas les images de l'aubépine. Je ne vénère pas l'aubépine, je vais la voir et la respirer.

(« John Ruskin », préface du traducteur
à *La Bible d'Amiens* de John Ruskin, 1904)

Voir « Mensonge »

Sioniste

Voir « Sodomistes »

Snobisme

Sans doute le snobisme qui fait paraître raisonnable tout ce qu'il touche n'a pas encore atteint (pour les Français du moins), et par là préservé du ridicule, ces promenades esthétiques. Dites que vous allez à Bayreuth entendre un opéra de Wagner, à Amsterdam visiter une exposition de primitifs flamands, on regrettera de ne pouvoir vous accompagner. Mais si vous avouez que vous allez voir, à la pointe du Raz, une tempête, en Normandie, les pommiers en fleur, à Amiens, une statue aimée de Ruskin, on ne pourra s'empêcher de sourire. Je n'en espère pas moins que vous irez à Amiens après m'avoir lu.

(« Ruskin à Notre-Dame d'Amiens », avril 1900,
Le Mercure de France)

Le snobisme pur est plus innocent. Se plaire dans la société de quelqu'un parce qu'il a eu un ancêtre aux croisades, c'est de la vanité, l'intelligence n'a rien à voir avec cela. Mais se plaire dans la société de quelqu'un parce que le nom de son grand-père se retrouve souvent dans Alfred de Vigny ou dans Chateaubriand, ou (séduction vraiment irrésistible pour moi, je l'avoue) avoir le blason de sa famille (il s'agit d'une femme bien digne d'être admirée pour cela) dans la grande Rose de Notre-Dame d'Amiens, voilà où le péché intellectuel commence.

(« Sur la lecture » *La Renaissance latine*, 15 juin 1905,
réédité sous le titre « Journées de lecture »
in *Pastiches et mélanges*, 1919)

Vous pensez si ledit snobisme a souffert quand j'ai su que je ne pourrais pas me rendre à votre souper, surtout quand le souper a été transporté chez Larue, où la faveur d'être de vos invités eût été remarquée par tant de soupers des autres tables […] telles sont les souffrances du snobisme […] j'ai beaucoup regretté, snobisme d'un autre genre, de ne pouvoir aller au Châtelet pour ce grand spectacle.

(Lettre à Mme Edwards, 25 mai 1912)

Il n'est pas jusqu'à cette phrase « Êtes-vous snob » qui m'avait paru bien stupide la première fois et que je sens que je finirai par aimer, parce que je vous l'ai entendu dire. En soi, elle n'a aucun sens ; si dans les très rares amis qui continuent par habitude à venir demander de mes nouvelles il passe çà et là encore un duc ou un prince, ils sont largement compensés par d'autres amis dont l'un est valet de chambre et l'autre chauffeur d'automobile et que je traite mieux. Les valets de chambre sont plus instruits que les ducs et parlent un plus joli français, mais ils sont plus pointilleux sur l'étiquette et moins simples, plus susceptibles. Tout compte fait ils se valent. Le chauffeur a plus de distinction.

(Lettre à Mme Edwards, vers le 5 juin 1913)

Société

La vie passe et on ne voit pas ceux qu'on aime. Ma seule supériorité c'est de ne pas voir non plus les autres.

(Lettre à Léon Bailby, 20 juillet 1922)

Sodome et Gomorrhe

Le dossier lui-même (à moins qu'il ne soit faux !) ne peut rien contenir qui puisse gêner ma décoration [*de la Légion d'honneur*]. Mais voici un exemple : des volumes sont annoncés ayant pour titre *Sodome et Gomorrhe*. Les membres du conseil peuvent (et avec moins de satisfaction) croire qu'il s'agit de livres prosodomistes et progomorrhéens, comme le croyaient Barrès et l'abbé Mugnier qui ont été un peu déçus d'apprendre qu'ils étaient au contraire antisodomistes et antigomorrhéens. En réalité, j'aurais voulu qu'ils ne fussent ni pro ni anti, et objectifs seulement. Mais la fatalité des personnages, des caractères les a faits anti. Mais ce n'est pas inscrit dans le titre. D'autre part, même, cet « anti » comporte des peintures qui, si cruelles et sévères qu'elles soient, paraîtront terriblement crues à des gens qui ont oublié le ton des Pères de l'Église et sont habitués à une littérature douceâtre. Or il serait vraiment ridicule qu'après avoir été décoré, je subisse des peines disciplinaires pour livres inconvenants. Je te dirai du reste que je crois que tout cela ne se présentera pas. On a tant retardé (il a dû y avoir beaucoup de tirage pour des candidats en effet peu acceptables) les croix du 14 juillet qu'il me semble peu vraisemblable d'être décoré à cette promotion-ci. Or en juillet prochain *Sodome et Gomorrhe* aura déjà paru et sera si récent, que ce sera tout de même un obstacle, je crois. Mais je n'en retarderai pas d'un jour mon livre, pas plus que pour l'Académie, comme je l'ai dit à Barrès et à Régnier qui m'ont approuvé. Je ne méprise pas les distinctions honorifiques, mais c'est un supplément dont on peut se passer. L'œuvre, voilà ce qu'il faut faire ; le reste vient ou ne vient pas, c'est secondaire.

(Lettre à Robert Proust, 18 septembre 1920)

Du moment qu'un livre où il n'était nullement question de Gomorrhe, a été intitulé *Sodome et Gomorrhe*, il est indispensable que des livres où il est question seulement de Gomorrhe se nomment *Sodome et Gomorrhe* pour rester dans la logique du vers de Vigny. Ce que je vous ai peut'être dit, et c'est exact, c'est que ce Gomorrhérisme ne sera pas plus marqué [que] dans *Un amour de Swann*. C'est la jalousie du héros pour Albertine. Quant au sodomisme il ne reviendra (mais jamais que sous une forme comique ou cruelle, non équivoque, Léon Daudet dit : la *Leçon d'Anatomie*) que chaque fois qu'apparaîtra M. de Charlus (et plus jamais en action comme dans le volume que vous avez lu), c'est-à-dire de moins en moins souvent, sauf un peu avant la fin dans une terrible scène.

(Lettre à Jean Binet-Valmer, vers le 4 juin 1921)

J'ai épargné à mes amis l'ennui, qu'ils auraient feint par gracieuseté de trouver un plaisir, de dédier à aucun mes *Sodome et Gomorrhe*.

(Lettre à Jacques Boulenger, 21 novembre 1921)

J'ai supposé étant donné le mécontentement des sodomistes pour la façon dont je les ai (bien malgré moi et pour de pures raisons d'art et de composition) flétris dans *Sodome et Gomorrhe*, que vous en aviez quelques-uns chez vous ce soir, que ce soit le duc de Bissacia ou le duc de Le (je m'arrête ici car je crains n'étant pas très fort en généalogie que ce ne soit un peu parent avec vous).

(Lettre au duc de Guiche, 9 décembre 1921)

Le livre a pour titre *Sodome et Gomorrhe II* (j'ai voulu abriter sous le distique du chaste Vigny « *La femme aura Gomorrhe et l'homme Sodome* etc. » dans *La Colère de*

Samson, des peintures de caractère un peu vives). Mais en réalité dans ce volume-ci […] il y a surtout mon amour pour Albertine une des jeunes filles en fleurs, et le livre se termine sur un lever de soleil navrant et une scène de jalousie où je l'emmène à Paris pour en faire ma femme. Ceci paraîtra (*Sodome et Gomorrhe II* en trois volumes) dans quinze jours (30 avril). L'année prochaine, *Sodome et Gomorrhe III* racontera ma vie avec Albertine et ce qui advient de mes projets de mariage. M. de Charlus reparaît beaucoup dans ce livre-ci, et, einsteiniennes ou non des études de sommeil, de rêve etc. Et les Verdurin à Balbec et la princesse de Guermantes etc.

(Lettre à Émile Henriot, 13 avril 1922)

Voir à « Efféminé », « Presse »

SODOMISTES

Ces descendants des sodomistes, si nombreux qu'on peut leur appliquer l'autre verset de la Genèse : « Si quelqu'un peut compter la poussière de la terre, il pourra aussi compter cette postérité », se sont fixés sur toute la terre, ils ont eu accès à toutes les professions, et entrent si bien dans les clubs les plus fermés que, quand un sodomiste n'y est pas admis, les boules noires y sont en majorité celles de sodomistes, mais qui ont soin d'incriminer la sodomie, ayant hérité le mensonge qui permit à leurs ancêtres de quitter la ville maudite. Il est possible qu'ils y retournent un jour. Certes ils forment dans tous les pays une colonie orientale, cultivée, musicienne, médisante, qui a des qualités charmantes et d'insupportables défauts. On les verra d'une façon plus approfondie au cours des pages qui suivront ; mais on a voulu provisoirement prévenir l'erreur funeste qui consisterait, de même qu'on a encouragé un mouvement sioniste, à créer un mouvement sodomiste et à rebâtir Sodome. Or, à peine arrivés, les sodomistes quitteraient la ville pour ne pas avoir l'air d'en être, prendraient femme, entretiendraient des maîtresses dans d'autres cités, où ils trouveraient d'ailleurs toutes les distractions convenables. Ils n'iraient à Sodome que les jours de suprême nécessité, quand leur ville serait vide, par ces temps où la faim fait sortir le loup du bois, c'est-à-dire que tout se passerait en somme comme à Londres, à Berlin, à Rome, à Pétrograd ou à Paris.

(*Sodome et Gomorrhe,* 1921)

Solidarité

Crois bien que je sais pousser très loin et très gentiment la solidarité. Mais l'expérience m'a appris qu'il y a une ou deux personnes avec qui la désolidarisation permanente est une nécessité vitale, et un devoir de conscience.

(Lettre à Lucien Daudet, mai 1916)

Solitude

On devrait, quand on ne peut pas vivre dans la société, garder entièrement complète sa solitude ; une soirée comme celle de l'autre jour, où je vous ai entrevue, ranime tous mes désirs de causer avec vous, de causer avec vous de Maman, de mille choses que nous sommes peut'être seuls à sentir de même. Dès

lors la retraite n'est plus supportable. On n'a plus le « détache-
ment » qu'il faudrait. Penser aux gens qu'on aime ne suffit plus.

(Lettre à Mme Catusse, 22 décembre 1917)

Voir « Livre »

SOLITUDE (LES PLAISIRS DE LA)

Ma mémoire et mon imagination m'offrent de temps en
temps des séances de stéréoscope du sourire de votre fille
et des phonographes de sa voix. J'appelle cela, qui a un titre
un peu démodé : « Les Plaisirs de la solitudes. »

(Lettre à Mme Gaston de Caillavet, 4 juillet 1912)

SOMMEIL

Longtemps, je me suis couché de bonne heure.

(Du côté de chez Swann, 1913)

Voir « Véronal »

SONATE DE VINTEUIL

Dans la mesure où la réalité m'a servi, mesure très faible
à vrai dire, la petite phrase de cette Sonate, et je ne l'ai
jamais dit à personne, est (pour commencer par la fin),
dans la Soirée Saint-Euverte, la phrase charmante mais enfin

médiocre d'une *Sonate pour piano et violon* de Saint-Saëns [*opus 75 en ré mineur*], musicien que je n'aime pas. (je vous indiquerai exactement le passage qui vient plusieurs fois et qui était le triomphe de Jacques Thibaut). Dans la même soirée un peu plus loin, je ne serais pas surpris qu'en parlant de la petite phrase j'eusse pensé à *L'Enchantement du Vendredi saint*. Dans cette même soirée encore (page 241) quand le piano et le violon gémissent comme deux oiseaux qui se répondent j'ai pensé à la *Sonate* de Franck [*pour piano et violon*] surtout jouée par Enesco (dont le *quatuor* apparaît dans un des volumes suivants). Les trémolos qui couvrent la petite phrase chez les Verdurin m'ont été suggérés par un *prélude de Lohengrin* mais elle-même à ce moment-là par une chose de Schubert. Elle est dans la même soirée Verdurin un ravissant morceau de piano de Fauré.

(Lettre à Jacques de Lacretelle, 20 avril 1918)

Voir la préface.

SOUFFRANCE

L'asthme me paraissant enrayé, je crois que si mes ennuis pouvaient s'apaiser… mais hélas. – Tu me dis à cet égard qu'il y a des gens qui en ont autant et qui ont à travailler pour faire vivre leur famille. Je le sais. Bien que les mêmes ennuis, de bien plus grands ennuis, d'infiniment plus grands ennuis, ne signifient pas forcément les mêmes souffrances. Car il y a en tout ceci deux choses : la matérialité du fait qui fait souffrir. Et la capacité de la personne – due à sa nature –

à en souffrir. Mais enfin je suis persuadé que bien des gens souffrent autant, et bien plus, et cependant travaillent. Aussi apprenons-nous qu'ils ont eu telle ou telle maladie et qu'on leur a fait abandonner tout travail. Trop tard, et j'ai mieux aimé le faire trop tôt. Et j'ai eu raison. Car il y a travail et travail. Le travail littéraire fait un perpétuel appel à ces sentiments qui sont liés à la souffrance *Quand par tant d'autres nœuds tu tiens à la douleur.*

(Lettre à sa mère, 18 août 1902)

Voir « Psychologie »

SOUFFRANCE AMOUREUSE

La souffrance dans l'amour cesse par instants, mais pour reprendre d'une façon différente. Nous pleurons de voir celle que nous aimons ne plus avoir avec nous ces élans de sympathie, ces avances amoureuses du début, nous souffrons plus encore que, les ayant perdus pour nous, elle les retrouve pour d'autres ; puis, de cette souffrance-là, nous sommes distraits par un mal nouveau plus atroce, le soupçon qu'elle nous a menti sur sa soirée de la veille, où elle nous a trompé sans doute ; ce soupçon-là aussi se dissipe, la gentillesse que nous montre notre amie nous apaise, mais alors un mot oublié nous revient à l'esprit ; on nous a dit qu'elle était ardente au plaisir ; or nous ne l'avons connue que calme ; nous essayons de nous représenter ce que furent ces frénésies avec d'autres, nous sentons le peu que nous sommes pour elle, nous remarquons un air d'ennui, de nostalgie, de tristesse pendant que nous parlons, nous remarquons comme un ciel noir les robes négligées qu'elle met quand elle est avec nous, gardant pour les autres celles avec lesquelles, au commencement, elle nous flattait [...] Mais brusquement cette souffrance tombe à peu de chose en pensant à l'inconnu malfaisant de sa vie, aux lieux impossibles à connaître où elle a été, est peut-être encore, dans les heures où nous ne sommes pas près d'elle, si même elle ne projette pas d'y vivre définitivement, ces lieux où elle est loin de nous, pas à nous, plus heureuse qu'avec nous. Tels sont les feux tournants de la jalousie.

(*La Prisonnière*, parution posthume)

D'une part, le mensonge est souvent un trait de caractère ; d'autre part, chez des femmes qui ne seraient pas sans cela menteuses, il est une défense naturelle, improvisée, puis de mieux en mieux organisée, contre ce danger subit et qui serait capable de détruire toute vie : l'amour. D'autre part, ce n'est pas l'effet du hasard si les êtres intellectuels et sensibles se donnent toujours à des femmes insensibles et inférieures, et tiennent cependant à elles au point que la preuve qu'ils ne sont pas aimés ne les guérit nullement de tout sacrifier à conserver près d'eux une telle femme. Si je dis que de tels hommes ont besoin de souffrir, je dis une chose exacte, en supprimant les vérités préliminaires qui font de ce besoin – involontaire en un sens – de souffrir une conséquence parfaitement compréhensible de ces vérités. Sans compter que, les natures complètes étant rares, un être très sensible et très intellectuel aura généralement peu de volonté, sera le jouet de l'habitude et de cette peur de souffrir dans la minute qui vient, qui voue aux souffrances perpétuelles – et que dans ces conditions il ne voudra jamais répudier la femme qui ne l'aime pas. On s'étonnera qu'il se contente de si peu d'amour, mais il faudra plutôt se représenter la douleur que peut lui causer l'amour qu'il ressent. Douleur qu'il ne faut pas trop plaindre, car il en est de ces terribles commotions que nous donnent l'amour malheureux, le départ, la mort d'une amante, comme de ces attaques de paralysie qui nous foudroient d'abord, mais après lesquelles les muscles tendent peu à peu à reprendre leur élasticité, leur énergie vitales. De plus cette douleur n'est pas sans compensation. Ces êtres intellectuels et sensibles sont généralement peu enclins au mensonge. Celui-ci les prend d'autant plus au dépourvu que, même très intelligents, ils vivent dans le monde des possibles, réagissent peu, vivent dans la douleur qu'une femme vient de leur infliger plutôt que dans la claire perception de ce qu'elle voulait, de ce qu'elle faisait, de celui qu'elle aimait, perception donnée surtout aux natures volontaires et qui ont besoin de cela pour parer à l'avenir au lieu de pleurer le passé. Donc ces êtres se sentent trompés sans trop savoir comment. Par là la femme médiocre, qu'on s'étonnait de les voir aimer, leur enrichit bien plus l'univers que n'eût fait une femme intelligente. Derrière chacune de ses paroles, ils sentent un mensonge ; derrière chaque maison où elle dit être allée, une autre maison ; derrière chaque action, chaque être une autre action, un autre être. Sans doute ils ne savent pas lesquels, n'ont pas l'énergie, n'auraient peut-être pas la possibilité d'arriver à le savoir. Une femme menteuse, avec un truc extrêmement simple, peut leurrer, sans se donner la peine de le changer, des quantités de personnes et, qui plus est, la même, qui aurait dû le découvrir. Tout cela crée, en face de l'intellectuel sensible, un univers tout en profondeurs que sa jalousie voudrait sonder et qui n'est pas sans intéresser son intelligence.

(*La Prisonnière,* parution posthume)

Autrefois, quand j'apprenais qu'une femme aimait les femmes, elle ne me paraissait pas pour cela une femme autre, d'une essence particulière. Mais s'il s'agit d'une femme qu'on aime, pour se débarrasser de la douleur qu'on éprouve à l'idée que cela peut être on cherche à savoir non seulement ce qu'elle a fait, mais ce qu'elle ressentait en le faisant, quelle idée elle avait de ce qu'elle faisait ; alors descendant de plus en plus avant, par la profondeur de la douleur, on atteint au mystère, à l'essence. Je souffrais jusqu'au fond de moi-même, jusque dans mon corps, dans mon cœur – bien plus que ne m'eût fait souffrir la peur de perdre la vie – de cette curiosité à laquelle collaboraient toutes les forces de mon intelligence et de mon inconscient ; et ainsi c'est dans les profondeurs mêmes d'Albertine que je projetais maintenant tout ce que j'apprenais d'elle. Et la douleur qu'avait ainsi fait pénétrer en moi, à une telle profondeur, la réalité du vice d'Albertine me rendit bien plus tard un dernier office. Comme le mal que j'avais fait à ma grand-mère, le mal que m'avait fait Albertine fut un dernier lien entre elle et moi et qui survécut même au souvenir, car, avec la conservation d'énergie que possède tout ce qui est physique, la souffrance n'a même pas besoin des leçons de la mémoire.

(*Albertine disparue,* parution posthume)

Souffrance créatrice

Je ne nie pas a priori que l'équilibre parfait des facultés, la bonne santé physique et morale, les fruits d'un enseignement rationnel, ne soient choses excellentes. J'ai même tort de dire « a priori », car il a existé des époques où la santé morale et physique a été la source même de la supériorité en tout genre, et du génie. Par exemple les jeunes gens de Platon (différents des tiens en ce qu'ils aimaient plutôt les jeunes gens que les dames mais c'était la mode du temps) étaient certainement des êtres chez qui le corps, la pensée, l'esprit de justice, avaient été harmonieusement développés par une gymnastique physique, intellectuelle et morale. Et rien ne prouve que cette santé supérieure, cette perfection morale ne puisse renaître un jour. En attendant, et pour les temps modernes je suis hélas plus frappé du contraire. Je vois les fils de doctrinaires, élevés dans un esprit de haute solidarité et d'entière pureté morale, la descendance des Broglie si tu veux, devenir d'académiques fruits secs qui ne servent à personne, et en revanche la parole nouvelle qui découvre une parcelle encore inconnue de l'esprit, une nuance supplémentaire de la tendresse, jaillir de l'ivrognerie d'un Musset ou d'un Verlaine, des perversions d'un Baudelaire ou d'un Rimbaud, voire d'un Wagner, de l'épilepsie d'un Flaubert. Je ne sais plus si c'est Bergson ou Boutroux qui a dit que le roseau pensant ploie plus sous le poids de la pensée que sous le poids de la matière. Mais je crois que, ne fût-ce que par la valeur créatrice de la souffrance, la maladie physique est (dans nos jours dégénérés) presque une condition de la force intellectuelle un peu géniale.

(Lettre à Lionel Hauser, 28 avril 1918)

SOUFFRANCE DE CLASSE

On est inquiet et malheureux pour tout le monde. Les parents qui souffrent sincèrement de la mort d'un enfant me déchirent. Je dois dire, ce qui est peu à l'honneur de la Société que cette sensibilité est plus profonde chez les gens du peuple que dans le monde où je trouve que l'on se console avec une terrible facilité. Il y a des exceptions bien entendu. J'ai reçu du duc de Luynes une lettre qui est le cri de détresse le plus émouvant que j'aie jamais entendu. Celui-là est vraiment un père.

(Lettre à Clément de Maugny, 9 avril 1918)

SOUVENIR

C'est seulement quand certaines périodes de notre vie sont closes à jamais, quand, même dans les heures où la puissance et la liberté nous semblent données, il nous est défendu d'en rouvrir furtivement les portes, c'est quand nous sommes incapables de nous remettre même pour un instant dans l'état où nous fûmes pendant si longtemps, c'est alors seulement que nous nous refusons à ce que de telles choses soient entièrement abolies. Nous ne pouvons plus les chanter, pour avoir méconnu le sage avertissement de Goethe, qu'il n'y a de poésie que des choses que l'on sent encore. Mais ne pouvant réveiller les flammes du passé, nous voulons du moins recueillir sa cendre. À défaut d'une résurrection dont nous n'avons plus le pouvoir, avec la mémoire glacée que nous avons gardée de ces choses – la mémoire des faits qui nous dit : « tu étais tel » sans nous permettre de le redevenir, qui nous affirme la réalité d'un paradis perdu au lieu de nous le rendre dans le souvenir –, nous voulons du moins le décrire et en constituer la science.

(« John Ruskin », préface du traducteur
à *La Bible d'Amiens* de John Ruskin, 1904)

Le souvenir auquel j'attache tant d'importance n'est nullement ce qu'on appelle généralement ainsi. L'attitude d'un dilettante qui se contente de s'enchanter du souvenir des choses est le *contraire* de la mienne. Non que théoriquement, avec préméditation, j'aie constitué à cet égard un système. Rien de plus inconscient chez moi. Mais de même qu'en lisant Stendhal, Thomas Hardy, Balzac, j'ai relevé chez eux, avec mon intelligence, des traits profonds de leur instinct que j'aimerais dessiner car cela n'a jamais été fait si un peu de temps m'était concédé – de même en me lisant moi-même j'ai dégagé après coup des traits constitutifs de mon inconscient. Il m'est impossible d'aborder même un instant des points si difficiles étant aussi fatigué. Mais je peux dire que le souvenir des Dostoïevski, Tolstoï (vous comprenez bien que quand je cite de grands noms ce n'est pas pour m'égaler à eux ! ni même en approcher de mille lieues !) le « il devait plus tard se rappeler toujours le moment où il avait remarqué cette porte » est encore quelque chose d'extrêmement contingent et accidentel relativement à « mon » souvenir, où tous les éléments matériels constitutifs de l'impression antérieure se trouvant modifiés le souvenir prend au point de vue de l'inconscient la même généralité, la même force de réalité supérieure que *la loi* en physique, par la variation des circonstances. C'est un acte et non une volupté passive. D'ailleurs la notion de plaisir n'existe pas pour moi. Non que ma vie soit dépourvue de plaisirs comme on croit mais c'est que je ne le cherche jamais, il accompagne seulement l'amour ardent que j'ai des choses et qui peut-être en effet est un peu surexcité par la privation.

(Lettre à Jacques Copeau, 22 mai 1913)

Non, si je n'avais pas de croyances intellectuelles, si je cherchais simplement à me souvenir et à faire double emploi par ces souvenirs avec les jours vécus, je ne prendrais pas, malade comme je suis, la peine d'écrire. Mais cette évolution d'une pensée, je n'ai pas voulu l'analyser abstraitement mais la recréer, la faire vivre. Je suis donc forcé de peindre les erreurs, sans croire devoir dire que je les tiens pour des erreurs ; tant pis pour moi si le lecteur croit que je les tiens pour la vérité.

(Lettre à Jacques Rivière, 6 février 1914)

Tant que les choses sont possibles on les diffère, et elles ne peuvent prendre cette puissance d'attraits et cette apparente aisance de réalisation que quand, projetées dans le vide idéal de l'imagination, elles sont soustraites à la submersion alourdissante, enlaidissante du milieu vital. L'idée qu'on mourra est plus cruelle que mourir, mais moins que l'idée qu'un autre est mort ; que, redevenue plane après avoir englouti un être, s'étend, sans même un remous à cette place-là, une réalité d'où cet être est exclu, où n'existe plus aucun vouloir, aucune connaissance, et de laquelle il est aussi difficile de remonter à l'idée que cet être a vécu, qu'il est difficile, du souvenir encore tout récent de sa vie, de penser qu'il est assimilable aux images sans consistance, aux souvenirs laissés par les personnages d'un roman qu'on a lu.

(*Albertine disparue,* parution posthume)

Voir « Mémoire »

Souvenirs d'amour

Ce que nous sentons existe seul pour nous, nous le projetons dans le passé, dans l'avenir, sans nous laisser arrêter par les barrières fictives de la mort. Et quand mes grands souvenirs ne me la rappelèrent plus, de petites choses insignifiantes eurent ce pouvoir. Car les souvenirs d'amour ne font pas exception aux lois générales de la Mémoire elle-même régie par l'Habitude, laquelle affaiblit tout. Et ainsi, ce qui nous rappelle le mieux un être, c'est justement ce que nous avions oublié parce que c'était sans importance.

(« Révélations de Proust sur la suite de son roman, vers la fin de 1915 », in *Les Cahiers Marcel Proust,* I, 1927)

SPÉCULATION

Je crois que j'ai fini par justifier le mot de Mme de Sévigné sur son fils qui trouvait le moyen de perdre sans jouer et de dépenser sans paraître, puisque j'ai trouvé le moyen sans voir personne de faire « un pouf » sur les mines d'or !

(Lettre à Robert de Montesquiou, 20 mars 1912)

Tu serais bien gentil de jeter un coup d'œil sur mon « dossier » et de me dire si je n'ai pas des valeurs soit se trouvant à ces cours élevés, soit d'une nature assez immobile pour ne pas espérer de hausse sensible et s'il y en a de les faire vendre le plus rapidement possible. Il y a en effet des valeurs auxquelles je désirerais m'intéresser « quand j'aurai de l'argent » (mais je n'en ai jamais !) et qui d'ailleurs ont trop progressé. Or la crise actuelle les a légèrement éprouvées et si la maison Warburg pouvait faire parvenir au Crédit industriel et commercial à mon compte, le montant des réalisations qu'elle ferait pour moi, avant que la Bourse de Paris n'ait repris son calme, je pourrais répartir une trentaine de mille francs entre deux ou trois valeurs solides qui se trouvent momentanément à des cours qu'elles ont chance de ne pas revoir. J'éviterais ce déplacement de fonds par des achats à terme. Mais j'ai fait dans ce genre d'exercices une expérience lamentable l'an passé et n'ai pas grand goût à recommencer, surtout à la veille possible d'une guerre qui peut tout faire baisser et m'obligerait à payer de grosses différences. Tandis que si j'achète ferme, je garderai tranquillement pendant les orages des titres qui certainement verront des jours plus brillants.

(Lettre à Lionel Hauser, 4 octobre 1912)

Excuse-moi de mêler mes humbles affaires portant sur des riens à tous les vastes intérêts du chef d'une grande entreprise. Mais j'essaye de faire comme j'avais fait au moment de la crise américaine un placement en profitant des bas cours. Or du moment que j'ai vendu, au moins je veux profiter pour pouvoir acheter à des cours très déprimés. Or la lettre de ta maison m'annonçant qu'elle donnait l'ordre de vente était du 7 octobre et nous sommes le 15.

(Lettre à Lionel Hauser, 12 octobre 1912)

STENDHAL

Il plaçait la littérature non seulement au-dessous de la vie, dont elle est au contraire l'aboutissement, mais des plus fades distractions.

(Préface à *Tendres Stocks*, de Paul Morand, 1921)

Voir « Souvenir »

STEVENSON (ROBERT LOUIS)

Stevenson a écrit de grands chefs-d'œuvre, mais aussi de simples romans d'aventures qui ont un charme délicieux.

Ils tournent autour du prince Florizel de Bohême, que l'auteur pour ôter à sa fiction l'ombre de niaiserie qu'y pourrait mettre le snobisme fait finir dans une boutique à Londres, où il vend des cigarettes.

(Lettre à André Lang, fin octobre 1921)

Voir « Roman d'aventures »

STYLE

Nous ouvrons *Le Capitaine Fracasse* de Théophile Gautier et dès les premières pages plus de vingt termes, inconnus de nous, nous surprennent. Et on peut peut-être soutenir que pour certains livres ces mots exacts sont comme les clous précieux qui fixent immuablement la trame du style et lui interdisent ce flottement qui ne résiste pas à l'outrage du temps. Ce qui parut singulier à cette époque ne paraît plus aujourd'hui que singulièrement approprié.

(« Un professeur de beauté »,
Les Arts de la vie, 15 août 1905)

Ce que nous n'avons pas eu à éclaircir nous-mêmes (par exemple, des idées logiques), cela n'est pas vraiment nôtre, nous ne savons même pas si c'est le réel. C'est du « possible » que nous élisons arbitrairement. D'ailleurs, vous savez, ça se voit tout de suite au style. Le style n'est nullement un enjolivement comme croient certaines personnes, ce n'est même pas une question de technique, c'est – comme la couleur chez les peintres – une qualité de la vision, la révélation de l'univers particulier que chacun de nous voit, et que ne voient pas les autres. Le plaisir que nous donne un artiste, c'est de nous faire connaître un univers de plus.

(Interview de Marcel Proust par Elie-Joseph Bois,
Le Temps, 13 novembre 1913)

Si j'avais la joie de revoir M. France dont les bontés pour moi sont encore vivantes sous mes yeux, je lui demanderais comment il peut croire à l'unité du style, puisque les sensibilités sont singulières. Même la beauté du style est le signe infaillible que la pensée s'élève, qu'elle a découvert et noué les rapports nécessaires entre des objets que leur contingence laisse séparés.

(Préface à *Tendres Stocks*, de Paul Morand, 1921)

La continuité du style est non pas compromise mais assurée par le perpétuel renouvellement du style. Il y a à cela une raison métaphysique dont l'exposé allongerait trop cette réponse [...] On doit être préoccupé uniquement de l'impression ou de l'idée à traduire. Les yeux de l'esprit sont tournés au dedans, il faut s'efforcer de rendre avec la plus grande fidélité possible le modèle intérieur. Un seul trait ajouté (pour briller, ou pour ne pas trop briller, pour obéir à un vain désir d'étonner, ou à l'enfantine volonté de rester « classique ») suffit à compromettre le succès de l'expérience et la découverte d'une loi. On n'a pas trop de toutes ses forces de soumission au réel, pour arriver à faire passer l'impression la plus simple en apparence, du monde de l'invisible dans celui si différent du concret où l'ineffable se résout en claires formules.

(« Sommes-nous en présence d'un renouvellement du style ? »,
réponse publiée dans *La Renaissance politique, littéraire, artistique,* 22 juillet 1922)

Ressaisir notre vie ; et aussi la vie des autres ; car le style, pour l'écrivain aussi bien que pour le peintre, est une question non de technique, mais de vision. Il est la révélation, qui serait impossible par des moyens directs et conscients, de la différence qualitative qu'il y a dans la façon dont nous apparaît le monde, différence qui, s'il n'y avait pas l'art, resterait le secret éternel de chacun.

(*Le Temps retrouvé,* parution posthume)

L'ouvrage de l'écrivain n'est qu'une espèce d'*instrument optique* qu'il offre au lecteur afin de lui permettre de discerner ce que, sans ce livre, il n'eût peut-être pas vu en soi-même.

(*Le Temps retrouvé,* parution posthume)

Voir « Accent »

SUARÈS (ANDRÉ)

Voir « Critique littéraire »

Sully Prudhomme

[…] un élégiaque intellectuel que peut-être vous méprisez mais qui a fait des vers charmants : Sully Prudhomme.

(Lettre à Robert de Montesquiou, début mai 1912)

Symbolisme

Qu'il me soit permis de dire encore du symbolisme, dont en somme il s'agit surtout ici, qu'en prétendant négliger les « accidents de temps et d'espace » pour ne nous montrer que des vérités éternelles, il méconnaît une autre loi de la vie qui est de réaliser l'universel ou éternel, mais seulement dans des individus. Dans les œuvres comme dans la vie, les hommes pour plus généraux qu'ils soient doivent être fortement individuels (*cf. La Guerre et la Paix, Le Moulin sur la Floss*) et on peut dire d'eux, comme de chacun de nous, que c'est quand ils sont le plus eux-mêmes qu'ils réalisent le plus largement l'âme universelle. Les œuvres purement symboliques risquent donc de manquer de vie et par là de profondeur. Si, de plus, au lieu de toucher l'esprit, leurs « princesses » et leurs « chevaliers » proposent un sens imprécis et difficile à sa perspicacité, les poèmes, qui devraient être de vivants symboles, ne sont plus que de froides allégories.

(« Contre l'obscurité », *La Revue blanche,* 15 juillet 1896)

Swann

Je sens que ma caféine ne suffit plus à m'aider à vous écrire. Mais avant de vous dire adieu, je voudrais répondre à une objection de vous qui m'a beaucoup ému : « Je sens que je vais avoir bien des chagrins. » Je pense que vous voulez peut-être dire par là, considérant trop aimablement Swann comme une personne vivante, que vous avez été déçue de le voir devenir moins sympathique et même ridicule. Je vous assure que cela m'a fait à moi beaucoup de peine de le transformer ainsi. Mais je ne suis pas libre d'aller contre la vérité et de violer les lois des caractères. *Amicus Swann, sed magis amica veritas.* Les gens les plus gentils ont quelquefois des périodes odieuses. Je vous promets que dans le volume suivant, quand il devient dreyfusard, Swann recommence à être sympathique. Malheureusement, et cela me fait beaucoup de chagrin, il meurt dès le quatrième volume. Et le personnage principal du livre n'est pas lui. J'aurais aimé que ce fût lui. Mais l'art est un perpétuel sacrifice du sentiment à la vérité.

(Lettre à Mme Schiff, 2 juillet 1919)

Quand j'ai fait paraître il y a huit ans (et écrit il y en a douze) *Du côté de chez Swann* (paru en 1913), j'étais déjà fort malade et pour beaucoup de noms, je me suis servi tout simplement, comme faisait Balzac, de noms réels appartenant à des gens existants. Mais ce ne fut pas le cas pour mon héros, car je ne connaissais et n'avais entendu parler d'aucun Swann. Le prototype de Swann était M. Charles Haas, Haas l'ami des princes, l'israélite du Jockey. Mais ce n'était qu'un point de départ. Mon personnage évolue bien entendu autrement. Malgré tout je voulais chercher un nom d'apparence qui pût être anglo-saxonne et donner à mon oreille la sensation de *blanc* de l'*a* précédé d'une consonne et suivi d'une autre (je vous dis tout cela confidentiellement bien qu'il n'y ait aucun secret, mais parce que après plusieurs années écoulées, je peux me tromper sur la chimie assez particulière qui se passe dans notre cerveau quand nous fabriquons un nom). Les deux *nn* étaient destinés à compenser les deux *a*, à éviter l'idée de cygne liée à Mme de Guermantes (en quoi j'eus raison puisqu'une sœur du roi d'Angleterre dit, soit par esprit, soit par naïveté : *Du côté de chez Swann*, c'est l'histoire de Léda vue du côté du cygne.

(Lettre à Harry Swann, 10-11 décembre 1920)

Voir « Juifs »

T

Talent

Je crois en effet que, comme tous les mystères, la Poésie n'a jamais pu être entièrement pénétrée sans imitation et même sans élection. Quant au talent qui n'a jamais été très commun, il semble qu'il y en eut rarement moins qu'aujourd'hui. Certes si le talent consiste dans une certaine rhétorique ambiante qui apprend à faire des « vers libres » comme une autre apprenait à faire des « vers latins », dont les « princesses », les « mélancolies », « accoudées » ou « souriantes », les « béryls » sont à tout le monde, on peut dire qu'aujourd'hui tout le monde a du talent. Mais ce ne sont là que vains coquillages, sonores et vides, morceaux de bois pourris ou ferrailles rouillées que le flux a jetés sur le rivage et que le premier venu peut prendre, s'il lui plaît, tant qu'en se retirant, la génération ne les a pas remportés. Mais que faire avec du bois pourri, souvent débris d'une belle flotte ancienne image méconnaissable de Chateaubriand ou d'Hugo…

(« Contre l'obscurité », *La Revue blanche,* 15 juillet 1896)

Le bon sens des artistes, le seul critérium de la spiritualité d'une œuvre, c'est le talent. Ne pas oublier : le talent est le critérium de l'originalité, l'originalité est le critérium de la sincérité, le plaisir (pour celui écrit) est peut-être le critérium de la vérité du talent.

(« Notes sur la littérature et la critique »,
in *Contre Sainte-Beuve*, 1908, publié en 1954)

Les belles choses que nous écrirons si nous avons du talent sont en nous, indistinctes, comme le souvenir d'un air qui nous charme sans que nous puissions en retrouver le contour, le fredonner, ni même en donner un dessin quantitatif, dire s'il y a des pauses, des suites de notes rapides. Ceux qui sont hantés de ce souvenir confus des vérités qu'ils n'ont jamais connues sont les hommes qui sont doués. Mais s'ils se contentent de dire qu'ils entendent un air délicieux, ils n'indiquent rien aux autres, ils n'ont pas de talent. Le talent est comme une sorte de mémoire qui leur permettra de finir par rapprocher d'eux cette musique confuse, de l'entendre clairement, de la noter, de la reproduire, de la chanter. Il arrive un âge où le talent faiblit comme la mémoire, où le muscle mental qui approche les souvenirs intérieurs comme les extérieurs n'a plus de force. Quelquefois cet âge dure toute la vie, par manque d'exercice, par trop rapide satisfaction de soi-même. Et personne ne saura jamais, pas même soi-même, l'air qui vous poursuivait de son rythme insaisissable et délicieux.

(« Notes sur la littérature et la critique »,
in *Contre Sainte-Beuve*, 1908, publié en 1954)

TANTE

Je suis un peu effrayé de voir que M. de Charlus semble seulement au lecteur un noble plein de préjugés. C'est, en effet, la première impression qu'il fait et continuera pendant quelque temps de faire au « narrateur » que vous avez avec tant de finesse distingué de moi, mais, en réalité, M. de Charlus (et c'est ce qui explique cette misanthropie, ces sauts brusques de caractère, avec « moi ») est une vieille Tante (je peux dire le mot puisqu'il est dans Balzac).

(Lettre à Paul Souday, 1er janvier 1920)

Voir à « Charlus (baron de) », « Homosexualité », « Salaïsme »

TANTES (RACE DES)

Il [*Charlus*] appartenait à la race de ces êtres, moins contradictoires qu'ils n'en ont l'air, dont l'idéal est viril, justement parce que leur tempérament est féminin, et qui sont dans la vie pareils, en apparence seulement, aux autres hommes ; là où chacun porte, inscrite en ces yeux à travers lesquels il voit toutes choses dans l'univers, une silhouette installée dans la facette de la prunelle, pour eux ce n'est pas celle d'une nymphe, mais d'un éphèbe. Race sur qui pèse une malédiction et qui doit vivre dans le mensonge et le parjure, puisqu'elle sait tenu pour punissable et honteux, pour inavouable, son désir, ce qui fait pour toute créature la plus grande douceur de vivre ; qui doit renier son Dieu, puisque, même chrétiens, quand à la barre du tribunal ils comparaissent comme accusés, il leur faut, devant le Christ et en son nom, se défendre comme d'une calomnie de ce qui est leur vie même ; fils sans mère, à laquelle ils sont obligés de mentir toute la vie et même à l'heure de lui fermer les yeux ; amis sans amitiés, malgré toutes celles que leur charme fréquemment reconnu inspire et que leur cœur souvent bon ressentirait ; mais peut-on appeler amitiés ces relations qui ne végètent qu'à la faveur d'un mensonge et d'où le premier élan de confiance et de sincérité qu'ils seraient tentés d'avoir les ferait rejeter avec dégoût, à moins qu'ils n'aient à faire à un esprit impartial, voire sympathique, mais qui alors, égaré à leur endroit par une psychologie de convention, fera découler du vice confessé l'affection même qui lui est la plus étrangère, de même que certains juges supposent et excusent plus facilement l'assassinat chez les invertis et la trahison chez les Juifs pour des raisons tirées du péché originel et de la fatalité de la race.

(*Sodome et Gomorrhe,* 1921)

Tantes (les) et Juifs (les)

Enfin […] amants à qui est presque fermée la possibilité de cet amour dont l'espérance leur donne la force de supporter tant de risques et de solitudes, puisqu'ils sont justement épris d'un homme qui n'aurait rien d'une femme, d'un homme qui ne serait pas inverti et qui, par conséquent, ne peut les aimer ; de sorte que leur désir serait à jamais inassouvissable si l'argent ne leur livrait de vrais hommes, et si l'imagination ne finissait par leur faire prendre pour de vrais hommes les invertis à qui ils se sont prostitués. Sans honneur que précaire, sans liberté que provisoire, jusqu'à la découverte du crime ; sans situation qu'instable, comme pour le poète la veille fêté dans tous les salons, applaudi dans tous les théâtres de Londres, chassé le lendemain de tous les garnis sans pouvoir trouver un oreiller où reposer sa tête, tournant la meule comme Samson et disant comme lui : « Les deux sexes mourront chacun de son côté » ; exclus même, hors les jours de grande infortune où le plus grand nombre se rallie autour de la victime, comme les Juifs autour de Dreyfus, de la sympathie – parfois de la société – de leurs semblables, auxquels ils donnent le dégoût de voir ce qu'ils sont, dépeint dans un miroir qui, ne les flattant plus, accuse toutes les tares qu'ils n'avaient pas voulu remarquer chez eux-mêmes et qui leur fait comprendre que ce qu'ils appelaient leur amour (et à quoi, en jouant sur le mot, ils avaient, par sens social, annexé tout ce que la poésie, la peinture, la musique, la chevalerie, l'ascétisme, ont pu ajouter à l'amour) découle non d'un idéal de beauté qu'ils ont élu, mais d'une maladie inguérissable ; comme les Juifs encore (sauf quelques-uns qui ne veulent fréquenter que ceux de leur race, ont toujours à la bouche les mots rituels et les plaisanteries consacrées) se fuyant les uns les autres, recherchant ceux qui leur sont le plus oppo- sés, qui ne veulent pas d'eux, pardonnant leurs rebuffades, s'enivrant de leurs complaisances ; mais aussi rassemblés à leurs pareils par l'ostracisme qui les frappe, l'opprobre où ils sont tombés, ayant fini par prendre, par une persécution semblable à celle d'Israël, les caractères physiques et moraux d'une race, parfois beaux, souvent affreux, trouvant (mal- gré toutes les moqueries dont celui qui, plus mêlé, mieux assimilé à la race adverse, est relativement, en apparence, le moins inverti, accable qui l'est demeuré davantage) une détente dans la fréquentation de leurs semblables, et même un appui dans leur existence, si bien que, tout en niant qu'ils soient une race (dont le nom est la plus grande injure), ceux qui parviennent à cacher qu'ils en sont, ils les démasquent volontiers, moins pour leur nuire, ce qu'ils ne détestent pas, que pour s'excuser, et allant chercher, comme un médecin l'appendicite, l'inversion jusque dans l'histoire, ayant plaisir à rappeler que Socrate était l'un d'eux, comme les Israélites disent de Jésus, sans songer qu'il n'y avait pas d'anormaux quand l'homosexualité était la norme, pas d'antichrétiens avant le Christ, que l'opprobre seul fait le crime, parce qu'il n'a laissé subsister que ceux qui étaient réfractaires à toute prédication, à tout exemple, à tout châtiment, en vertu d'une disposition innée tellement spéciale qu'elle répugne plus aux autres hommes (encore qu'elle puisse s'accompagner de hautes qualités morales) que de certains vices qui y contredisent, comme le vol, la cruauté, la mauvaise foi, mieux compris, donc plus excusés du commun des hommes ; formant une franc-maçonnerie bien plus étendue, plus efficace et moins soupçonnée que celle des loges, car elle repose sur une identité de goûts, de besoins, d'habitudes, de dangers, d'apprentissage, de savoir, de trafic, de glossaire, et dans laquelle les membres mêmes qui souhaitent de ne pas se connaître aussitôt se reconnaissent à des signes naturels ou de convention, involontaires ou voulus, qui signalent un de ses semblables au mendiant dans le grand seigneur à qui il ferme la portière de sa voiture, au père dans le fiancé de sa fille, à celui qui avait voulu se guérir, se confesser, qui avait à se défendre, dans le médecin, dans le prêtre, dans l'avocat qu'il est allé trouver ; tous obligés à protéger leur secret, mais ayant leur part d'un secret des autres que le reste de l'humanité ne soupçonne pas et qui fait qu'à eux les romans d'aventures les plus invraisemblables semblent vrais, car dans cette vie romanesque, anachronique, l'ambassadeur est ami du forçat ; le prince, avec une certaine liberté d'allures que donne l'éducation aristocratique et qu'un petit bourgeois tremblant n'aurait pas, en sortant de chez la duchesse s'en va conférer avec l'apache ; partie réprouvée de la collectivité humaine, mais partie importante, soupçonnée là où elle n'est pas étalée, insolente, impunie là où elle n'est pas devinée ; comptant des adhérents partout, dans le peuple, dans l'armée, dans le temple, au bagne, sur le trône ; vivant enfin, du moins un grand nombre, dans l'intimité caressante et dangereuse avec les hommes de l'autre race, les provoquant, jouant avec eux à parler de son vice comme s'il n'était pas sien, jeu qui est rendu facile par l'aveuglement ou la fausseté des autres, jeu qui peut se prolonger des années jusqu'au jour du scandale où ces dompteurs sont dévorés ; jusque-là obligés de cacher leur vie, de détourner leurs regards d'où ils voudraient se fixer, de les fixer sur ce dont ils voudraient se détourner, de changer le genre de bien des adjectifs dans leur vocabulaire, contrainte sociale légère auprès de la contrainte intérieure que leur vice, ou ce qu'on nomme improprement ainsi, leur impose non plus à l'égard des autres mais d'eux-mêmes, et de façon qu'à eux-mêmes il ne leur paraisse pas un vice.

(*Sodome et Gomorrhe,* 1921)

TÉLÉPATHIE

J'ai pendant toute la guerre, et pour laisser les questions militaires de côté, j'ai dans mes livres noté une série de faits que j'inventais, que je ne pouvais savoir, qui souvent n'avaient pas encore eu lieu, et qui se sont trouvés minutieusement réalisés dans la vie. Je vous en citerai verbalement quelques-uns [...]. Mais ce n'est nullement à la télépathie et à la théorie de Bergson que j'attribue cette description de faits que je ne pouvais connaître. Je crois qu'elle est une conséquence logique de prémisses vraies. Est-ce qu'il n'y a pas un théorème qui dit : quand deux triangles semblables etc. eh bien je crois que cette géométrie est vraie aussi pour l'humanité, et qu'en ne s'écartant pas d'un raisonnement juste on trouve naturellement avec la précision la plus subtile ce que la vie contrôle ensuite, à l'étonnement irréfléchi du lecteur informé.

(Lettre au duc de Guiche, 17 juin 1921)

TÉLESCOPE

Voir « Je »

TEMPS

Le temps qui change les êtres ne modifie pas l'image que nous avons gardée d'eux.

(*Le Temps retrouvé*, parution posthume)

Une heure n'est pas qu'une heure, c'est un vase rempli de parfums, de sons, de projets et de climats.

(*Le Temps retrouvé,* parution posthume)

TEMPS PERDU

Si vous avez reçu des épreuves du *Côté de Guermantes*, ou de la dactylographie de *Sodome et Gomorrhe* vous m'aiderez, en me les communiquant sans retard, à rattraper le temps perdu.

(Lettre à Gaston Gallimard, vers le 3 décembre 1919)

THACKERAY (W.M.)

Voir « Eliot (George) »

THÉORIES ET THÉORICIENS

Ceux qui théorisaient ainsi employaient des expressions toutes faites qui ressemblaient singulièrement à celles d'imbéciles qu'ils flétrissaient. Et peut-être est-ce plutôt à la qualité du langage qu'au genre d'esthétique qu'on peut juger du degré auquel a été porté le travail intellectuel et moral. Mais, inversement, cette qualité du langage […] dont croient pouvoir se passer les théoriciens, ceux qui admirent les théoriciens croient facilement qu'elle ne prouve pas une grande valeur intellectuelle, valeur qu'ils ont besoin, pour la discerner, de voir exprimer directement et qu'ils n'induisent pas de la beauté d'une image. D'où la grossière tentation pour l'écrivain d'écrire des œuvres intellectuelles. Grande indélicatesse. Une œuvre où il y a des théories est comme un objet sur lequel on laisse la marque du prix. Encore cette dernière ne fait-elle qu'exprimer une valeur qu'au contraire en littérature le raisonnement logique diminue. On raisonne, c'est-à-dire on vagabonde, chaque fois qu'on n'a pas la force de s'astreindre à faire passer une impression par tous les états successifs qui aboutiront à sa fixation, à l'expression de sa réalité.

(*Le Temps retrouvé,* parution posthume)

THÉS

Au point de vue exactitude matérielle ce n'est pas que rarement que je vais dans ce que M. de la Fouchardière appelle d'un nom particulièrement antédiluvien les « five o'clock », c'est *jamais*. Depuis quinze ans que je ne suis pas sorti deux fois avant neuf heures du soir et si j'avais pu le faire j'aurais mieux aimé aller au Louvre à tout ce que je ne connais pas qu'à de ce que l'épilepsie grammaticale du langage actuel nomme des « thés dansants », des « thés littéraires » etc.

(Lettre à Rosny Aîné, 25 décembre 1919)

TITRE

En sentant percer votre lassitude à la lecture de ces pages qui vous semblent interminables, j'ai compris quelle avait été mon erreur d'intituler mon ouvrage *À la recherche du temps perdu.* Ce titre, tant qu'il ne sera pas expliqué par le dernier volume, *Le Temps retrouvé,* perpétue le malentendu entre moi et mes lecteurs, même les plus éminents, qui croient à un déroulement de souvenirs, à quelque chose d'assez voisin des « Mémoires ».

(Lettre à Jean Ajalbert, vers la mi-décembre 1919)

Et même dans *L'Éducation sentimentale* (titre si beau par sa solidité – titre qui conviendrait d'ailleurs aussi bien à *Madame Bovary* – mais qui n'est guère correct au point de vue grammatical) se glissent encore çà et là des restes, infimes d'ailleurs, de ce qui n'est pas Flaubert (« sa pauvre petite gorge »), etc.

(« À propos du "style" de Flaubert »,
La Nouvelle Revue Française, 1er janvier 1920)

Mais je ne peux vous dire quelle délicatesse infinie j'ai trouvée dans cette manière d'enfreindre et de respecter en même temps ce que je vous avais demandé, en intitulant un article politique, avec guillemets encore !, « À la recherche du temps perdu ». Ce titre (absurde en tête de mon œuvre qu'il fausse en lui donnant l'air d'être un déroulement arbitraire de souvenirs) a souvent été employé depuis par des hommes politiques comme convenant à la lamentable situation où nous sommes. Mais écrit par vous, c'est tout autre chose. Que de fines et mélancoliques allusions il contient pour moi. Vous m'avez répondu en poète, et du fond du Temps que j'ai perdu.

(Lettre à Charles Maurras, 4 mai 1921)

Le titre le meilleur est : *Les Intermittences du cœur*. C'est le mieux, il n'y a pas à hésiter.

(Lettre à Gaston Gallimard, 19 septembre 1921)

Voir à « *À la recherche du temps perdu* », « Balzaciens (titres) », « Construction », « Traduction »

TOLSTOÏ (LÉON)

On élève maintenant Balzac au-dessus de Tolstoï. C'est de la folie. L'œuvre de Balzac est antipathique, grimaçante, pleine de ridicule, l'humanité y est jugée par un homme de lettres désireux de faire un grand livre, dans Tolstoï par un dieu serein. Balzac arrive à donner l'impression du grand ; chez Tolstoï tout est naturellement plus grand, comme les crottes d'un éléphant à côté d'une chèvre. Ces grandes scènes de moisson dans *Anna Karénine*, de chasse, de patinage, etc., sont comme de grandes surfaces réservées qui espacent le reste, donnent une impression plus vaste [...] Cette œuvre n'est pas d'observation mais de construction intellectuelle. Chaque trait, dit d'observation, est simplement le revêtement, la preuve, l'exemple d'une loi dégagée par le romancier, loi rationnelle ou irrationnelle. Et l'impression de puissance et de vie vient précisément de ce que ce n'est pas observé, mais que chaque geste, chaque parole, chaque action n'étant que la signification d'une loi, on se sent se mouvoir au sein d'une multitude de lois. Seulement comme la vérité de ces lois est connue par Tolstoï par l'autorité intérieure qu'elles ont eue sur sa pensée, il y en a qui restent inexplicables pour nous [...] Et malgré tout, dans cette création qui semble inépuisable, il semble que Tolstoï se soit pourtant répété, n'ait eu à sa disposition que peu de thèmes, déguisés et renouvelés, mais les mêmes dans l'autre roman.

(« Tolstoï », sans date,
in *Nouveaux Mélanges,* 1954)

Voir à « Balzac (Honoré de) », « Ruskin (John) », « Souvenir »

TOMBEAU

Je vais tout de suite vous dire la chose effrayante mais *tombeau* [...] *Tombeau, tombeau, tombeau.*

(Lettre à Mme de Noailles, 12 mars 1904)

TRADUCTION

J'ai beaucoup aimé la *vie de Méléagre,* le début si subtil et de tant de grâce, les charmantes choses douces et tolérantes du milieu, la fin si belle. Je ne sais pas le grec et à peine le français, deux conditions pour mal juger des mérites spéciaux de votre traduction en tant que traduction, mais que je suis sûr des autres, et serais d'ailleurs garant de ceux-là !

(Lettre à Pierre Louÿs, 23 octobre 1893)

Je crois que cette traduction [*La Bible d'Amiens*], non pas à cause de mon talent qui est nul, mais de ma conscience qui a été infinie – sera une traduction comme il y en a très peu, une véritable reconstitution. Si vous saviez qu'il n'y a pas une expression ambiguë, pas une phrase obscure sur laquelle je n'aie demandé des consultations à au moins dix écrivains anglais et sur laquelle je n'aie un dossier de correspondance, vous ne prononceriez pas le mot de « contresens ». Et à force d'approfondir le sens de chaque mot, la portée de chaque expression, le lien de toutes les idées, je suis arrivé à une connaissance si précise de ce texte que chaque fois que j'ai consulté un Anglais – ou un Français sachant à fond l'anglais – sur une difficulté quelconque – il était généralement une heure avant de voir surgir la difficulté et me félicitait de savoir l'anglais mieux qu'un Anglais. En quoi il se trompait. Je ne sais pas un mot d'anglais parlé et je ne lis pas bien l'anglais. Mais depuis quatre ans que je travaille sur *La Bible d'Amiens* je la sais entièrement par cœur et elle a pris pour moi ce degré d'assimilation complète, de transparence absolue, où se voient seulement les nébuleuses qui tiennent non à l'insuffisance de notre regard, mais à l'irréductible obscurité de la pensée contemplée […] Et cela n'empêche pas que si vous me demandiez à boire en anglais, je ne saurais pas ce que vous me demandez parce que j'ai appris l'anglais quand j'avais de l'asthme et ne pouvais parler, que je l'ai appris des yeux et ne sais ni prononcer les mots, ni les reconnaître quand on les prononce. Je ne prétends pas savoir l'anglais. Je prétends savoir Ruskin.

(Lettre à Constantin de Brancovan, fin janvier 1903)

Je crains de vous avoir laissé croire hier soir que ma traduction n'était pas de moi seul. C'est moi seul au contraire qui l'ai entièrement faite. J'ai demandé çà et là un conseil à d'Humières, mais le tout est de moi, et refait vingt fois. Si je vous disais que, sans Madame H... je ne l'aurais pu c'est qu'elle m'a donné les premiers éléments de l'anglais. Mais quand elle a quitté la France, je n'avais jamais ouvert un livre de Ruskin, elle ne m'en a donc pas pu traduire une ligne.

(Lettre à Robert de Montesquiou, 13 mars 1904)

Quant à Pater certes ne n'est pas moi qui le traduirai. J'ai encore deux Ruskin à faire et après j'essaierai de traduire ma pauvre âme à moi, si elle n'est pas morte dans l'intervalle.

(Lettre à Maurice Barrès, mi-mars 1904)

C'est avec une bien grande surprise – que votre modestie excessive nous avait ménagée en ne parlant jamais de vos travaux – que j'ai reçu la jolie traduction de Keats, écrite par un poète ami de notre vieux et pur langage (qui traduit par exemple historien par conteuse). Peut'être avec un pédantisme de confrère me permettrais-je aussi un jour, si j'ai l'honneur de vous voir, de vous confier quelques hésitations au sujet de certains « principes de traduction » que vous semblez adopter avec une partialité dont ils ne sont pas toujours dignes.

(Lettre à la marquise de Clermont-Tonnerre,
5 décembre 1907)

Des amis anglais à moi les Schiff – amis de mes livres surtout – m'écrivent une lettre désolée que je n'ai pas sous la main (elle doit être dans mes draps). Ils ont vu annoncer mon livre avec un titre qui signifie (je vous dis à peu près) au lieu de *À la recherche du temps perdu* Souvenir de choses passées[*]. Cela détruit le titre. Mais ce qui est plus grave (et il faut que je retrouve cette lettre pour voir) *Du côté de chez Swann* serait traduit en anglais par : *À la manière de Swann*[**]. Cela je ne peux pas le croire, ni l'admettre. Vous savez ce que signifie le titre « Du côté de chez Swann » dont le sens principal est qu'à Combray, il y avait deux buts de promenade, un chemin qui menait vers le château de Guermantes et un autre vers la propriété de Swann. Le titre qu'on me dit (mais il y a sûrement erreur, informez-vous) serait un non-sens et le premier un titre d'H. Bordeaux. Mes amis m'écrivent qu'il y avait pourtant bien des façons de traduire exactement mes titres (qu'ils admirent, mais cela c'est leur affaire). En tout cas un éditeur en donnant le droit de traduire un livre ne donne pas celui de le déformer. Et les titres inquiètent mes amis Schiff sur la traduction de l'ouvrage.

(Lettre à Gaston Gallimard, vers le 14 septembre 1922)

J'aurais bien une ou deux critiques à vous faire. Par exemple « À la recherche du temps perdu » ne veut nullement dire cela. Les vers que vous ajoutez, la dédicace à vos amis, ne remplacent pas l'amphibologie voulue du *Temps*

1. *Remembrance of Things Past.*
2. *Swann's Way.*

perdu qui se retrouve à la fin de l'ouvrage, *Le Temps retrouvé.* Quant à *Swann's Way* cela peut signifier *Du côté de chez Swann,* mais tout aussi bien la manière de Swann. En ajoutant *to* vous auriez tout sauvé.

(Lettre à Charles Scott-Moncrieff,
vers le 10 octobre 1922)

Voir « Dostoïevski (Fédor) »

TRAVAIL LITTÉRAIRE

Voir « Sainte-Beuve (méthode de) »

TRIONAL

Voir « Médecine »

TRISTESSE

Moi je me sens ce soir sur le point de tomber malade ; et je suis si triste, si découragé que ce serait peut'être le mieux ; cela m'empêcherait d'aller chercher des occasions de tristesses ; et je finirais peut'être par me résigner à ignorer ce qui me peine, mener la vie plus apparemment maladive, plus réellement saine, la vie plainte par les autres, regrettée par moi, d'autrefois.

(Lettre à Mme Straus, 20 novembre 1918)

TYPE DE FEMME

Mais, telles quelles, les choses sont infiniment plus intéressantes que vous ne pouvez l'imaginer, car votre photographie m'a confirmé le bien-fondé de mes conceptions sur l'amour. Ne vous étonnez donc pas si je lui attache une grande importance. Je pense, en effet, que les hommes n'aiment pas telle ou telle femme isolée, mais un certain type de femme dont ils ne s'écartent jamais. Si, par suite d'un deuil ou d'une séparation, ils perdent la femme qu'ils aiment, ils courent après son type, qu'ils poursuivent obstinément, quoique souvent à leur insu. Si votre père a épousé en secondes noces Madame votre Mère, c'est qu'elle incarnait ce type spécial qu'il aimait plus que tout. Elle devait ressembler, par quelque côté, à sa première épouse. Il n'est donc pas étonnant que je retrouve sur votre image quelques traits d'une femme qui n'était pas votre mère et que vous n'avez sans doute jamais vue. À travers elle, un reflet du type de femme qu'aimait votre père est venu se poser sur votre visage, créant en quelque sorte une ressemblance au second degré.

(Lettre à Jacques Benoist-Méchin, fin mai 1922)

TYRANNIE

Quant à la « tyrannie » que l'idéal « romain » exerce sur nous ne pensez-vous pas que c'est en nous efforçant d'obéir aux autres que peu à peu nous prenons conscience de nous-même. Jamais pouvoir ne fut aussi tyrannique que celui qu'exerçait le hiératisme byzantin sur les artistes romains.

Et cependant est-il rien de plus délicieux que leur sculpture ? Les œuvres plus libres qui suivirent se plient encore sous ce joug avec une soumission que je trouve pour ma part d'un charme incomparable [...] c'est une grande erreur de croire qu'une influence artistique ait besoin pour s'exercer de la contrainte officielle. Le grand tyran, c'est l'amour, et l'on imite servilement ce qu'on aime quand on n'est pas original. La vérité, c'est qu'il n'y a qu'une seule liberté véritable pour l'artiste, c'est l'originalité. Sont esclaves, que l'État s'occupe d'eux ou non, ceux qui ne sont pas originaux. N'essayez pas de briser leurs chaînes, ils s'en forgeraient d'autres immédiatement.   •

(Lettre à Maurice Le Blond, fin août 1904)

U

Universel

Universel

Aucun esprit juste ne contestera qu'on fait perdre sa valeur universelle à une œuvre en la dénationalisant, et que c'est à la cime même du particulier qu'éclot le général. Mais n'est-ce pas une vérité de même ordre, qu'on ôte sa valeur générale et même nationale à une œuvre en cherchant à la nationaliser ? Les mystérieuses lois qui président à l'éclosion de la vérité esthétique aussi bien que de la vérité scientifique sont faussées si un raisonnement étranger intervient d'abord. Le savant qui fait le plus grand honneur à la France par les lois qu'il met en lumière cesserait de lui faire honneur s'il le cherchait et ne cherchait pas la vérité seule, ne trouverait plus ce rapport unique qu'est une loi.

(Lettre à Daniel Halévy, 19 juillet 1919)

V

Valéry (Paul)

À Monsieur Paul Valéry qui dans le *Cimetière Marin* a fixé l'abstrait dans un concret mouvant comme personne ne l'avait fait jusque-là. Admiratif hommage.

(Envoi autographe d'un volume de *Du côté de Guermantes* à Paul Valéry, fin octobre 1920)

Vanité

Voir « Appartement »

Venise

Je partis pour Venise afin d'avoir pu avant de mourir, approcher, toucher, voir incarnées, en des palais défaillants mais encore debout et roses, les idées de Ruskin sur l'architecture domestique au Moyen Âge. Quelle importance, quelle réalité peut avoir aux yeux de quelqu'un qui bientôt doit quitter la terre une ville aussi spéciale, aussi localisée dans le temps, aussi particularisée dans l'espace que Venise et comment les théories d'architecture domestique que j'y pouvais étudier et vérifier sur des exemples vivants pouvaient-elles être de ces « vérités qui dominent la mort, empêchent de la craindre, et la font presque aimer » (Renan) ? C'est le pouvoir du génie de nous faire aimer une beauté, que nous sentons plus réelle que nous, dans ces choses qui aux yeux des autres sont aussi particulières et aussi périssables que nous-mêmes.

(« John Ruskin », préface du traducteur
à *La Bible d'Amiens* de John Ruskin, 1904)

Pourvu que ce sirocco ne fasse pas étouffer Madame votre Mère. Je lui avais dit Venise ce n'est pas fameux. D'ailleurs ce n'est pas absolu, le manque de poussière a réussi très bien à des gens qui étouffaient comme elle. Et la gondole force au repos. Si je me souviens bien ce que vous avez là-bas est à peu près aussi beau que le palais des Doges (bien digne de vos deux dogaresses). Ce qui m'embrouille un peu c'est que j'adorais un palais Contarini-Fasan qui doit être un bibelot à côté de vos grandeurs mais qui était, dans son étroitesse, délicieux.

(Lettre à Jacques Porel, 14 octobre 1919)

Venise est trop pour moi un cimetière de bonheur pour que je me sente encore la force d'y retourner. Je le désire beaucoup, mais quand j'y pense avec la netteté d'un projet, trop d'angoisses suscitées s'opposent à sa réalisation prochaine.

(Lettre à Mme Catusse, début mai 1906)

Voir « Pavés »

Vérité

Voir « Archives »

Verlaine (Paul)

C'est après le cimetière seulement (par une de ces bizarreries que vous croyez prudemment affectées) que j'ai entendu la Messe, en récitant vos belles prières pour le salut de l'âme de Verlaine. Elles feront beaucoup pour le salut de la vôtre, ainsi naturellement hissées à une telle hauteur sur vos actions antérieures en faveur du poète malade et dénué. Un mot de Turenne, un mot de Condé s'exhausse pour nous des hauts faits à la taille desquels ils commencent. Ainsi les bons et hauts faits pour Verlaine que vous y taisez achèvent de donner une noblesse à cet article, la seule noblesse que votre nom et votre imagination même n'auraient pu lui imposer. J'ai admiré combien plus pénétrant toujours que quiconque, vous avez démêlé cet émouvant contraste (qui est aussi dans la vie de Watteau, moins tragique mais aussi souffrante) entre poésie d'éden et une vie d'enfer.

(Lettre à Robert de Montesquiou, 10 janvier 1896)

Vermeer (Johannes)

J'ai envie d'écrire une lettre aux journaux (la première de ma vie) pour demander que si (car j'ignore la question de droit, etc.) on exige de l'Allemagne et de l'Autriche des réparations artistiques, on n'ajoute pas si délicieux soient-ils, de nouveaux Watteau à nos Watteau, mais qu'on prenne le Vermeer de Dresde et celui de Vienne. Le plus grand peintre du monde est inconnu des Français (*La Dentellière* du Louvre est exquise mais insuffisante) et comme d'ici longtemps on ne tiendra pas à aller le voir en Allemagne et en Autriche, quel fortifiant pour l'imagination française.

(Lettre à Walter Berry, 10 juillet 1919)

Voir à « *Vue de Delft* », « Petit pan de mur jaune (le) »

VERNIS DES MAÎTRES (LE)

Car si on cherche ce qui fait la beauté absolue de certaines choses, des *Fables* de La Fontaine, des comédies de Molière on voit que ce n'est pas la profondeur ou telle ou telle autre vertu qui semble éminente. Non c'est une espèce de fondu, d'unité transparente où toutes les choses, perdant leur premier aspect de choses, sont venues se ranger les unes à côté des autres dans une espèce d'ordre, pénétrées de la même lumière, vues les unes dans les autres, sans un seul mot qui reste au-dehors, qui soit resté réfractaire à cette assimilation (je sens que je suis moi-même incompréhensible à force de mal dire, mais cette idée me vient pour la première fois et je ne sais comment l'exprimer). Je suppose que c'est ce qu'on appelle le vernis des maîtres et c'est ce que possède à un degré inouï et avec une fraîcheur de couleurs éblouissante, *Le Visage émerveillé*[*].

(Lettre à Anna de Noailles, 12-13 juin 1904)

---

[*] Roman d'Anna de Noailles publié en 1904.

VÉRONAL

M'ennuyant après ton adorable mari et toi, je me suis résolu au lieu de prendre mon lait à prendre un médicament (Véronal) que j'ignorais et qui m'avait-on dit me ferait dormir et me mettrait en état d'aller l'après-midi voir les personnes que je désirais tant voir. Or on est allé l'acheter hier soir à minuit. Je l'ai pris aussitôt. Mes reins ne peuvent plus sans doute rien supporter car non seulement cela ne m'a pas fait dormir mais une heure après j'ai été pris d'une crise à *y rester*. Elle semble se calmer en ce moment (trois heures de l'après-midi). Mais seulement que me lever serait impossible, je t'envoie ce petit mot de tendresse et de souvenir en attendant la prochaine visite que je vous ferai et dont je demanderai la possibilité à autre chose qu'au Véronal rayé de mes papiers.

(Lettre à Mme Charles Nathan, 20 janvier 1912)

Je voulais vous dire que (sauf avis médical autorisé) vous avez tort de vous résigner à l'insomnie. Je l'ai connue et sais l'ombre immense qu'elle projette sur la journée, bien avant l'heure de se coucher. À cette époque je croyais comme beaucoup de gens qu'un narcotique est quelque chose de pernicieux. Là-dessus j'ai consulté Brissaud, homme admirable, vaste intelligence et mauvais médecin, qui trouvait (j'exagère à peine) qu'on devait vivre de Trional. Je n'entre pas à cause de ma vue dans des détails, mais enfin si vous preniez par exemple une fois ou deux du Véronal et dormiez, vous auriez vos cachets sur votre table et au lieu de les avaler (système Brissaud), vous sauriez qu'ils sont là, que cela n'a donc aucune importance que vous vous endormiez ou non puisque vous pourrez toujours grâce au cachet dormir, et cette sécurité suffit à faire dormir (c'est comme pour rater une femme ou être certain de ne pas rater). De plus ces hypnotiques (qui n'en sont pas) sont surtout des nervins, et les deux ou trois jours suivants votre système nerveux etc. sera tonifié. Votre travail sera plus aisé. Je ne vois plus Bergson, mais quand je le voyais il prenait régulièrement du Trional depuis des années et s'en trouvait très bien. J'ajoute pourtant que si vous désiriez faire cela il faudrait que je vous donne des précisions. Mais à mon avis ce ne serait pas suffisant, car je crois qu'il faudrait cela transitoirement pour avant tout redormir. Mais ensuite s'attaquer à la cause de l'insomnie. Or je suis persuadé qu'il y a peu d'insomnies dont les *pilules laxatives* ne viennent à bout si elles font tant soit peu couler le foie.

(Lettre à Louis de Robert, mai 1919)

Je trouve votre théorie bien audacieuse. 1er point : on ne sait *rien* de l'insomnie ; 2e point : l'insomnie provient de la déminéralisation des cellules nerveuses (comment pouvez-vous passer du premier point au deuxième ?) ; 3e point : pour dormir il faut commencer par supprimer le Véronal etc. qui déminéraliserait. Qu'en sait-on ? – Je reconnais que ma façon d'user du Véronal est absurde. Mais c'est un médicament utile en tant qu'*entraîneur*, par le sommeil artificiel préalable au sommeil naturel. Demandez à Bergson s'il ne me sait pas gré du Trional.

(Envoi autographe d'un exemplaire de *Du côté de chez Swann*,
à la marquise de Ludre, vers le 21 juin 1919)

Vous dites que votre machine à exprimer est détraquée : mais cela même est si joliment exprimé que cela prouve qu'elle n'est pas détraquée du tout. Je voudrais bien vous voir, pour vous voir, pour savoir comment on fait pour s'exprimer si bien, quelle cure vous avez suivie, si vous pouvez dormir sans Véronal alors que j'en prends tous les jours 1 gramme 50 sans sommeil.

(Lettre à Mme Straus, 24 décembre 1919)

(ne me jugez pas gâteux parce que j'ai écrit *œufs* au lieu de *eux*, il y a déjà quinze ans le Véronal me faisait cela et j'existe encore)

(Lettre à la princesse Soutzo, début juillet 1922)

VERTU

Voir « Vice »

VICE

[...] on n'apprécie jamais personne autant que ceux qui joignent à de grandes vertus celle de les mettre sans compter à la disposition de nos vices.

(*La Prisonnière*, parution posthume)

Vierge dorée (La)

La *Joconde* est avant tout la *Joconde* de Vinci. Que nous importe (sans vouloir déplaire à M. Hallays) son lieu de naissance, que nous importe même qu'elle soit naturalisée française ? – Elle est quelque chose comme une admirable « Sans-patrie ». Nulle part où des regards chargés de pensée se lèveront sur elle, elle ne saurait être une « déracinée ». Nous n'en pouvons dire autant de sa sœur souriante et sculptée (combien inférieure du reste, est-il besoin de le dire ?) la Vierge dorée. Sortie sans doute des carrières d'Amiens, n'ayant accompli dans sa jeunesse qu'un voyage, pour venir au porche Saint-Honoré, n'ayant plus bougé depuis, s'étant peu à peu hâlée à ce vent humide de la Venise du Nord qui, au-dessus d'elle, a courbé la flèche, regardant depuis tant de siècles les habitants de cette ville dont elle est le plus ancien et le plus sédentaire habitant, elle est vraiment une Amiénoise. Ce n'est pas une œuvre d'art. C'est une belle amie que nous devons laisser sur la place mélancolique de province d'où personne n'a pu réussir à l'emmener, et où, pour d'autres yeux que les nôtres, elle continuera à recevoir en pleine figure le vent et le soleil d'Amiens, à laisser les petits moineaux se poser avec un sûr instinct de la décoration au creux de sa main accueillante, ou picorer les étamines de pierre des aubépines antiques qui lui font depuis tant de siècles une parure jeune. Dans ma chambre une photographie de la *Joconde* garde seulement la beauté d'un chef-d'œuvre. Près d'elle une photographie de la Vierge dorée prend la mélancolie d'un souvenir.

(« Ruskin à Notre-Dame d'Amiens », avril 1900,
Le Mercure de France)

Vinteuil

Ce Vinteuil, que j'avais connu si timide et si triste, avait, quand il fallait choisir un timbre, lui en unir un autre, des audaces, et, dans tout le sens du mot, un bonheur sur lequel l'audition d'une œuvre de lui ne laissait aucun doute. La joie que lui avaient causée telles sonorités, les forces accrues qu'elle lui avait données pour en découvrir d'autres, menaient encore l'auditeur de trouvaille en trouvaille, ou plutôt c'était le créateur qui le conduisait lui-même, puisant, dans les couleurs qu'il venait de trouver, une joie éperdue qui lui donnait la puissance de découvrir, de se jeter sur celles qu'elles semblaient appeler, ravi, tressaillant comme au choc d'une étincelle, quand le sublime naissait de lui-même de la rencontre des cuivres, haletant, grisé, affolé, vertigineux, tandis qu'il peignait sa grande fresque musicale, comme Michel-Ange attaché à son échelle et lançant, la tête en bas, de tumultueux coups de brosse au plafond de la chapelle Sixtine. Vinteuil était mort depuis nombre d'années ; mais, au milieu de ces instruments qu'il avait animés, il lui avait été donné de poursuivre, pour un temps illimité, une part au moins de sa vie. De sa vie d'homme seulement ? Si l'art n'était vraiment qu'un prolongement de la vie, valait-il de lui rien sacrifier ? n'était-il pas aussi irréel qu'elle-même ?

(*La Prisonnière,* parution posthume)

Vinteuil (musique de)

Deux hypothèses qui se représentent pour toutes les questions importantes : les questions de la réalité de l'Art, de la réalité de l'Éternité de l'âme ; c'est un choix qu'il faut faire entre elles ; et pour la musique de Vinteuil, ce choix se représentait à tout moment sous bien des formes. Par exemple, cette musique me semblait quelque chose de plus vrai que tous les livres connus. Par instants je pensais que cela tenait à ce que ce qui est senti par nous de la vie, ne l'étant pas sous forme d'idées, sa traduction littéraire, c'est-à-dire intellectuelle, en en rendant compte l'explique, l'analyse, mais ne le recompose pas comme la musique, où les sons semblent prendre l'inflexion de l'être, reproduire cette pointe intérieure et extrême des sensations qui est la partie qui nous donne cette ivresse spécifique que nous retrouvons de temps en temps et que, quand nous disons : « Quel beau temps ! quel beau soleil ! » nous ne faisons nullement connaître au prochain, en qui le même soleil et le même temps éveillent des vibrations toutes différentes. Dans la musique de Vinteuil, il y avait ainsi de ces visions qu'il est impossible d'exprimer et presque défendu de constater, puisque, quand, au moment de s'endormir, on reçoit la caresse de leur irréel enchantement, à ce moment même où la raison nous a déjà abandonnés, les yeux se scellent et, avant d'avoir eu le temps de connaître non seulement l'ineffable mais l'invisible, on s'endort. Il me semblait même, quand je m'abandonnais à cette hypothèse où l'art serait réel, que c'était même plus que la simple joie nerveuse d'un beau temps ou d'une nuit d'opium que la musique peut rendre : une ivresse plus réelle, plus féconde, du moins à ce que je pressentais. Il n'est pas possible qu'une sculpture, une musique qui donne une émotion qu'on sent plus élevée, plus pure, plus vraie, ne corresponde pas à une certaine réalité spirituelle. Elle en symbolise sûrement une, pour donner cette impression de profondeur et de vérité. Ainsi rien ne ressemblait plus qu'une telle phrase de Vinteuil à ce plaisir particulier que j'avais quelquefois éprouvé dans ma vie, par exemple devant les clochers de Martainville, certains arbres d'une route de Balbec ou, plus simplement, au début de cet ouvrage, en buvant une certaine tasse de thé.

(*La Prisonnière,* parution posthume)

Que Vinteuil essayât de faire plus solennel, plus grand, ou de faire plus vif et plus gai, de faire ce qu'il apercevait se reflétant en beau dans l'esprit du public, Vinteuil, malgré lui, submergeait tout cela sous une lame de fond qui rend son chant éternel et aussitôt reconnu. Ce chant, différent de celui des autres, semblable à tous les siens, où Vinteuil l'avait-il appris, entendu ? Chaque artiste semble ainsi comme le citoyen d'une patrie inconnue, oubliée de lui-même, différente de celle d'où viendra, appareillant pour la terre, un autre grand artiste. Tout au plus, de cette patrie Vinteuil, dans ses dernières œuvres semblait s'être rapproché. L'atmosphère n'y était plus la même que dans la sonate, les phrases interrogatives s'y faisaient plus pressantes, plus inquiètes, les réponses plus mystérieuses ; l'air délavé du matin et du soir semblait y influencer jusqu'aux cordes des instruments. Morel avait beau jouer merveilleusement, les sons que rendait son violon me parurent singulièrement perçants, presque criards. Cette âcreté plaisait et, comme dans certaines voix, on y sentait une sorte de qualité morale et de supériorité intellectuelle. Mais cela pouvait choquer. Quand la vision de l'univers se modifie, s'épure, devient plus adéquate au souvenir de la patrie intérieure, il est bien naturel que cela se traduise par une altération générale des sonorités chez le musicien, comme de la couleur chez le peintre. Au reste, le public le plus intelligent ne s'y trompe pas puisque l'on déclara plus tard les dernières œuvres de Vinteuil les plus profondes. Or aucun programme, aucun sujet n'apportait un élément intellectuel de jugement. On devinait donc qu'il s'agissait d'une transposition, dans l'ordre sonore, de la profondeur.

(*La Prisonnière,* parution posthume)

Vinteuil (sonate et septuor de)

Sans doute le rougeoyant septuor différait singulièrement de la blanche sonate ; la timide interrogation, à laquelle répondait la petite phrase, de la supplication haletante pour trouver l'accomplissement de l'étrange promesse qui avait retenti, si aigre, si surnaturelle, si brève, faisant vibrer la rougeur encore inerte du ciel matinal, au-dessus de la mer. Et pourtant, ces phrases si différentes étaient faites des mêmes éléments, car, de même qu'il y avait un certain univers, perceptible pour nous, en ces parcelles dispersées çà et là, dans telles demeures, dans tels musées, et qui était l'univers d'Elstir, celui qu'il voyait, celui où il vivait, de même la musique de Vinteuil étendait, notes par notes, touches par touches, les colorations inconnues d'un univers inestimable, insoupçonné, fragmenté par les lacunes que laissaient entre elles les auditions de son œuvre ; ces deux interrogations si dissemblables qui commandaient les mouvements si différents de la sonate et du septuor, l'une brisant en courts appels une ligne continue et pure, l'autre ressoudant en une armature indivisible des fragments épars, c'était pourtant, l'une si calme et timide, presque détachée et comme philosophique, l'autre si pressante, anxieuse, implorante, une même prière, jaillie devant différents levers de soleil intérieurs, et seulement réfractée à travers les milieux différents de pensées autres, de recherches d'art en progrès au cours d'années où il avait voulu créer quelque chose de nouveau. Prière, espérance qui était au fond la même, reconnaissable sous ces déguisements dans les diverses œuvres de Vinteuil, et, d'autre part, qu'on ne trouvait que dans les œuvres de Vinteuil. Ces phrases-là, les musicographes pourraient bien trouver leur apparentement, leur généalogie, dans les œuvres d'autres grands musiciens, mais seulement pour des raisons accessoires, des ressemblances extérieures, des analogies plutôt ingénieusement trouvées par le raisonnement que senties par l'impression directe. Celle que donnaient ces phrases de Vinteuil était différente de toute autre, comme si, en dépit des conclusions qui semblent se dégager de la science, l'individuel existait. Et c'était justement quand il cherchait puissamment à être nouveau, qu'on reconnaissait, sous les différences apparentes, les similitudes profondes et les ressemblances voulues qu'il y avait au sein d'une œuvre, quand Vinteuil reprenait à diverses reprises une même phrase, la diversifiait, s'amusait à changer son rythme, à la faire reparaître sous sa forme première, ces ressemblances-là voulues, œuvre de l'intelligence, forcément superficielles, n'arrivaient jamais à être aussi frappantes que ces ressemblances dissimulées, involontaires, qui éclataient sous des couleurs différentes, entre les deux chefs-d'œuvre distincts ; car alors Vinteuil, cherchant puissamment à être nouveau, s'interrogeait lui-même ; de toute la puissance de son effort créateur il atteignait sa propre essence à ces profondeurs où, quelque question qu'on lui pose, c'est du même accent, le sien propre, qu'elle répond.

(*La Prisonnière,* parution posthume)

Voir « Entendre pour la première fois »

VIOLLET-LE-DUC (EUGÈNE)

C'est malheureux que Viollet-le-Duc ait abîmé la France en restaurant avec science mais sans flamme, tant d'églises dont les ruines seraient plus touchantes que leur rafistolage archéologique avec des pierres neuves qui ne nous parlent pas, et des moulages qui sont identiques à l'original et n'en ont rien gardé. Mais il avait tout de même le génie de l'architecture et ce livre-là* est admirable.

(Lettre à Mme Straus, début octobre 1907)

---

* *Dictionnaire raisonné de l'architecture française du XIe au XVIe siècle.*

VISAGE

Le visage humain est vraiment comme celui du Dieu d'une théogonie orientale, toute une grappe de visages juxtaposés dans des plans différents et qu'on ne voit pas à la fois.

(À l'ombre des jeunes filles en fleurs, 1918)

VOIX

J'étais persuadé que la pièce sur Pallas que vous m'aviez récitée par ce matin glorieux où le soleil perçait saint Sébastien de ses flèches ne pourrait pas, si malléables que m'eussent paru les éléments de sa beauté, me rendre, quand elle se lèverait des pages, tout le rayonnement qui la transfigurait dans votre voix. Or c'est juste le contraire qui est arrivé. Après vous avoir quitté ce matin-là, cherchant à revivre toutes mes impressions de cette belle matinée et repensant à votre récitation, j'avais eu tout d'un coup une crainte c'est que cette pièce si belle, si belle et neuve en ses pensées, ses images, ne le fût pas autant en son accent, qu'elle se rattachât trop par son début à l'intonation de certaines pièces de Madame de Noailles, comme *Les Héros*. Or cette impression n'existe pas à la lecture. Le malentendu venait de votre voix.

(Lettre à Jean Cocteau, vers le 20 juin 1912)

VUE DE DELFT

Le tableau que j'ai le plus aimé en Hollande et qui est d'ailleurs illustre mais enfin à tout hasard je vous le rappelle c'est la *Vue de Delft* de Ver Meer de Delft (appelé aussi Van de Meer de Delft) rien de Van der *Neer*) au musée de La Haye. Évidemment, il y a à Amsterdam trois ou quatre Rembrandt que j'aime encore plus. Mais cette *Vue de Delft* me semble un des cinq ou six plus beaux tableaux que je connaisse dans le monde entier ainsi qu'une femme du même Ver Meer à La Haye aussi, et (moins beau mais charmant) une rue de Delft du même, à la maison Six à Amsterdam.

(Lettre à la princesse Hélène de Caraman-Chimay, fin juin 1907)

Voir à « Vermeer (Johannes) », « Petit pan de mur jaune (le) »

VULGAIRE

Enfin j'arrive à l'argument le plus souvent invoqué par les poètes obscurs en faveur de leur obscurité, à savoir le désir de protéger leur œuvre contre les atteintes du vulgaire. Ici le vulgaire ne me semble pas être où l'on pense. Celui qui se fait d'un poème une conception assez naïvement matérielle pour croire qu'il peut être atteint autrement que par la pensée et le sentiment (et si le vulgaire pouvait l'atteindre ainsi il ne serait pas le vulgaire), celui-là a de la poésie l'idée enfantine et grossière qu'on peut précisément reprocher au vulgaire. Cette précaution contre les atteintes du vulgaire est donc inutile aux œuvres. Tout regard en arrière vers le vulgaire, que ce soit pour le flatter par une expression facile, que ce soit pour le déconcerter par une expression obscure, ont fait à jamais manquer le but à l'archer divin. Son œuvre gardera impitoyablement la trace de son désir de plaire ou de déplaire à la foule, désirs également médiocres, qui raviront, hélas, des lecteurs de second ordre.

(« Contre l'obscurité », *La Revue blanche,* 15 juillet 1896)

W

Wagner (Richard)
Watteau (Antoine)

Wells (H.G.)
Whistler (James)

WAGNER (RICHARD)

Je me suis fort ennuyé à Tannhäuser jusqu'au récit. Et malgré les exclamations admiratives de toute la salle cette languissante prière d'Elisabeth m'a laissé glacé. Mais que toute la fin est belle [...] Plus Wagner est légendaire, plus je le trouve humain et le plus splendide artifice de l'imagination ne m'y semble que le langage symbolique et saisissant de vérités morales.

(Lettre à Reynaldo Hahn, vers mai 1895)

Les « délicats » ne peuvent pas aller voir tel opéra de Wagner parce que le costume de la chanteuse est affreux, que les chœurs sont mauvais, que tel morceau est chanté dans un mouvement trop lent. Les gens qui aiment vraiment Wagner sont trop contents d'avoir une occasion d'entendre un opéra de Wagner en entier et glissent plus facilement sur ces erreurs de détail qu'ils aperçoivent tout de même très bien ; je ne dis pas qu'il n'y ait pas dans la cathédrale de Chartres – au fait à Chartres y en a-t-il ? – des choses que j'aimerais mieux ne pas y voir.

(Lettre à Paul Grunebaum-Ballin, 6 janvier 1905)

L'Enchantement du vendredi saint est un morceau que Wagner écrivit avant de penser à faire *Parsifal* et qu'il y introduisit ensuite. Mais les ajoutages, ces beautés rapportées, les rapports nouveaux aperçus brusquement par le génie entre les parties séparées de son œuvre qui se rejoignent, vivent et ne pourraient plus se séparer, ne sont-ce pas de ses plus belles intuitions ?

(« Sainte-Beuve et Balzac »,
in *Contre Sainte-Beuve*, 1908, publié en 1954)

En jouant cette mesure, et bien que Vinteuil fût là en train d'exprimer un rêve qui fût resté tout à fait étranger à Wagner, je ne pus m'empêcher de murmurer : « Tristan », avec le sourire qu'a l'ami d'une famille retrouvant quelque chose de l'aïeul dans une intonation, un geste du petit-fils qui ne l'a pas connu. Et comme on regarde alors une photographie qui permet de préciser la ressemblance, par-dessus la sonate de Vinteuil, j'installai sur le pupitre la partition de *Tristan*, dont on donnait justement cet après-midi-là des fragments au concert Lamoureux. Je n'avais, à admirer le maître de Bayreuth, aucun des scrupules de ceux à qui, comme à Nietzsche, le devoir dicte de fuir, dans l'art comme dans la vie, la beauté qui les tente, et qui s'arrachent à *Tristan* comme ils renient *Parsifal* et, par ascétisme spirituel, de mortification en mortification parviennent, en suivant le plus sanglant des chemins de croix, à s'élever jusqu'à la pure connaissance et à l'adoration parfaite du *Postillon de Longjumeau*. Je me rendais compte de tout ce qu'a de réel l'œuvre de Wagner, en revoyant ces thèmes insistants et fugaces qui visitent un acte, ne s'éloignent que pour revenir, et, parfois lointains, assoupis, presque détachés, sont, à d'autres moments, tout en restant vagues, si pressants et si proches, si internes, si organiques, si viscéraux qu'on dirait la reprise moins d'un motif que d'une névralgie [...] Là où un petit musicien prétendrait qu'il peint un écuyer, un chevalier, alors qu'il leur ferait chanter la même musique, au contraire, sous chaque dénomination, Wagner met une réalité différente, et chaque fois que paraît un écuyer, c'est une figure particulière, à la fois compliquée et simpliste, qui, avec un entrechoc de lignes joyeux et féodal, s'inscrit dans l'immensité sonore. D'où la plénitude d'une musique que remplissent en effet tant de musiques dont chacune est un être. Un être ou l'impression que nous donne un aspect momentané de la nature. Même ce qui est le plus indépendant du sentiment qu'elle nous fait éprouver garde sa réalité extérieure et entièrement définie ; le chant d'un oiseau, la sonnerie du cor d'un chasseur, l'air que joue un pâtre sur son chalumeau, découpent à l'horizon leur silhouette sonore. Certes, Wagner allait la rapprocher, s'en saisir, la faire entrer dans un orchestre, l'asservir aux plus hautes idées musicales, mais en respectant toutefois son originalité première comme un huchier les fibres, l'essence particulière du bois qu'il sculpte.

(*La Prisonnière*, parution posthume)

WATTEAU (ANTOINE)

Voir à « Verlaine (Paul) », « Vermeer (Johannes) »

WELLS (H.G.)

Je voudrais que vous n'ayez pas lu pour pouvoir vous en distraire d'assez mauvais mais très amusants livres d'une sorte de Jules Verne anglais qui s'appelle Wells.

(Lettre à Mme Léon Yeatman, 28 mars 1902)

WHISTLER (JAMES)

Et je pense à l'histoire que Whistler raconte d'un déjeuner au cours duquel il fut saisi par des huissiers, ayant à sa table tous les milliardaires et lords possibles. « Ce n'était rien pour eux dit Whistler de m'acheter un ou deux tableaux et de faire ainsi partir l'huissier. Mais aucun ne le fit. Ce ne fut pas je crois par avarice. Non plus par méchanceté car tous aimaient bien se trouver avec moi, sortir avec moi. Non, conclut le peintre des *Nocturnes*, je crois que la vérité c'est que personne n'en eut même l'idée, que ce fut par *manque d'imagination.* »

(Lettre à Sydney Schiff, 5 juillet 1922)

ANNEXES

QUI EST QUI ?

Agostinelli, Alfred (1888-1914). Amant, chauffeur et, à partir de 1913, secrétaire de Proust. Suit des cours financés par Proust dans une école d'aviation sous le nom de Marcel Swann pour devenir pilote. Se tue accidentellement en vol. Le choc de cette disparition déclenchera l'introduction dans la *Recherche* du cycle d'Albertine, personnage dont il fut l'un des modèles.

Albaret, Céleste (1891-1984). Gouvernante de Proust de 1914 à 1922. Apparaît sous sa véritable identité dans *Sodome et Gomorrhe*.

Albertine (Simonet). Personnage principal de la *Recherche* (sans compter le Narrateur) à l'identité assez floue, définie le plus souvent par le corps et les sens, aussi désirable qu'insaisissable, plus simple en réalité que ne l'imagine le Narrateur torturé par la jalousie.

Albufera, Louis Suchet, marquis puis duc d' (1877-1953). Arrière-petit-fils du maréchal d'Empire, ami et confident de Proust, amant de Louisa de Mornand, liaison dont Proust fut le témoin et parfois l'acteur privilégiés. À en partie inspiré le personnage de Robert de Saint-Loup.

Alton, d', famille. Proust fait la connaissance des deux frères (le comte, le vicomte) et de leurs épouses en villégiature à l'été 1908 à Cabourg. Par leur conversation et leur correspondance, ils lui fournissent nombre d'informations sur les us et coutumes de l'aristocratie.

Arman de Caillavet, famille. Le personnage de M. Verdurin serait en partie inspiré de la personne d'Albert Arman (1841-1919), riche héritier, dont l'épouse, née Léontine Lippmann, égérie d'Anatole France, tient en son hôtel de l'avenue Hoche l'un des salons littéraire, artistique et politique les plus courus de Paris et aurait partiellement inspiré à Proust le personnage de Mme Verdurin.

Barrès, Maurice (1862-1923). Écrivain admiré de Proust. Entretinrent des relations suivies pendant une quinzaine d'années, à peine entachées par les prises de position antidreyfusardes du chantre nationaliste de la terre et des morts, et les réserves qu'ils pouvaient exprimer réciproquement sur tel ou tel de leurs articles ou de leurs œuvres.

Bénardaky, Marie de (1874-191 ?). Issue d'une famille de l'aristocratie russe installée à Paris, épouse du prince Michel Radziwill. Enfant, Proust jouait avec elle aux Champs-Élysées. Elle fut son grand amour de jeunesse, avec Jeanne Pouquet.

Bergson, Henri (1859-1941). Philosophe admiré de Proust qui devient, *via* sa mère, son cousin par alliance. Leurs conceptions de la mémoire et surtout de la reconnaissance (superposition d'un souvenir et d'une situation présente) ont été abusivement rapprochées alors que l'analyse de leurs textes révèle davantage de divergences que de convergences.

Berma, La. Personnage de grande tragédienne à son meilleur dans *Phèdre,* largement inspiré par Sarah Bernhardt (1844-1923).

Berry, Walter (1859-1927). Avocat américain francophile, collectionneur, admirateur inconditionnel de la *Recherche*, dédicataire de *Pastiches et mélanges*, président de la chambre de commerce américaine à Paris lorsqu'il fait, en 1916, connaissance de Proust, auquel il se lie d'amitié.

Bibesco, Antoine, prince (1878-1951). Brillant et séduisant aristocrate roumain, diplomate et dramaturge, auquel Proust se lie en 1899 jusqu'à en faire l'un de ses confidents.

Billy, Robert de (1869-1953). Condisciple de Proust à l'École libre des sciences politiques, diplomate, ami et confident avec qui il partage la passion de l'histoire de l'art.

Blanche, Jacques-Émile (1861-1942). Peintre et critique d'art, fils et petit-fils de fameux aliénistes. Auteur d'un portrait en pied de Proust (1892), dont celui-ci, mécontent, ne conserva que la moitié haute (musée d'Orsay). Mondain, antidreyfusard, dilettante. À inspiré en grande partie le personnage du peintre Elstir dans la *Recherche*.

Brancovan, Constantin, prince de. Aristocrate roumain installé à Paris. Dirige la revue *La Renaissance latine*. Y fait collaborer Proust qu'il invite également à la villa Bessarraba, splendide propriété familiale située dans la région d'Évian.

Brichot. Personnage d'universitaire dans la *Recherche*. Membre de l'Institut, professeur à la Sorbonne, il est du clan Verdurin.

Calmette, Gaston (1858-1914). Directeur du *Figaro* à partir de 1902, auquel il fait souvent collaborer Proust, lequel en fera le dédicataire de *Du côté de chez Swann*. Assassiné à son bureau par la femme du ministre Joseph Caillaux contre lequel son journal faisait campagne.

Catusse, Marie-Marguerite (1858-1928). Amie proche de la mère de Proust. Rend d'innombrables services pratiques à l'écrivain.

Charlus, baron de. L'un des principaux personnages de la *Recherche*. Aristocrate, homosexuel, sadomasochiste, antisémite, inspiré par Robert de Montesquiou pour la conversation et par Doäzan pour le physique. Remarquable d'intelligence, de sensibilité, de culture et de perversité, il demeure de bout en bout ambigu, marginal, non conformiste et énigmatique.

Chevigné, Laure, comtesse de (1859-1936). Née Laure de Sade, elle est l'un des principaux modèles du personnage de la duchesse de Guermantes. Proust l'avait connue lorsqu'il entra jeune dans le monde.

Daudet, Léon (1867-1942). Écrivain, journaliste nationaliste, pamphlétaire antisémite, pilier du journal *L'Action française*, membre de l'Académie Goncourt. Proust fait sa connaissance en 1894 chez son père, Alphonse Daudet, qu'il admire. Principal artisan de l'attribution du prix Goncourt 1919 à la *Recherche*.

Daudet, Lucien (1878-1946). Frère de Léon et deuxième fils d'Alphonse. Amant puis ami de Proust.

Doäzan, baron Jacques (1840-1907). Homme épais au visage boursouflé et couperosé. Modèle physique du personnage du baron de Charlus.

Dreyfus, Robert (1873-1939). Journaliste et historien. Ami et confident de Proust depuis le lycée Condorcet. Cofondateur avec lui et Daniel Halévy de la revue *Le Banquet*.

Flers, Robert, Pellevé de La Motte-Ango, marquis de (1872-1927). Ami de Proust au lycée Condorcet. Cofondateur de la revue *Le Banquet*. Dramaturge à grand succès en tandem avec Gaston de Caillavet puis avec Francis de Croisset. Membre de l'Académie française et directeur du *Figaro*.

Fortuny (y Madrazo, Mariano) [1871-1949]. Peintre, graveur, décorateur, couturier espagnol. Se spécialise dans la fabrication de tissus imprimés inspirés de modèles anciens, idée qui rencontre un grand succès mondain. Ses vêtements habillent plusieurs personnages de la *Recherche*.

Gallimard, Gaston (1881-1975). Fait connaissance de Proust en 1908 sur la côte normande par l'entremise de son oncle Robert Gangnat. Ils ne reprennent langue qu'en 1912, Gallimard étant devenu entretemps administrateur du comptoir d'édition de *La Nouvelle Revue Française*. Après un refus du premier volume, le manuscrit de la *Recherche* est rattrapé par la maison d'édition, dont Gaston Gallimard est devenu le directeur. La Maison demeurera l'éditeur historique de Proust, lequel en est le plus prestigieux emblème.

Gramont, Armand de, duc de Guiche (1879-1962). Physicien, membre de l'Académie des sciences. Fait connaissance de Proust au tout début du siècle à un dîner chez les Noailles. À partiellement inspiré au physique le personnage de Robert de Saint-Loup.

Greffulhe, Elisabeth, comtesse (1860-1952). Née Elisabeth de Caraman-Chimay. Mécène et wagnérienne d'une grande beauté, elle jouissait d'une place éminente dans le faubourg Saint-Germain. À partiellement inspiré le personnage de la duchesse et de la princesse de Guermantes.

Hahn, Reynaldo (1875-1947). Pianiste prodige, chanteur et compositeur. Fait connaissance de Proust dans un salon en 1894. Devient son amant puis son plus proche ami jusqu'à son dernier souffle.

Halévy, Daniel (1872-1962). Historien et essayiste. Fait connaissance de Proust au lycée Condorcet. Homme de revues. Les deux hommes restent en permanente relation intellectuelle en dépit de leurs divergences littéraires (Péguy, Sainte-Beuve) et de l'opposition de leurs tempéraments.

Hauser, Lionel (1868-1958). Cousin de Proust, son ami et conseiller financier.

Hayman, Laure (1851-1932 ou 1939). Fait connaissance de Proust en 1888. Cette très belle femme lui fit faire ses premiers pas dans le monde. Leur relation privilégiée ne survit pas à la publication du premier volume de la *Recherche,* Laure Hayman ne lui pardonnant pas de s'être inspiré d'elle pour le personnage d'Odette et d'avoir fourni moult détails l'identifiant.

Lacretelle, Jacques de (1888-1985). Écrivain. Fait connaissance de Proust pendant la guerre, qui l'introduit auprès de la *NRF* à laquelle il collaborera régulièrement. Membre de l'Académie française à partir de 1936.

Lauris, comte Georges de (1876-1963). Aristocrate dont Proust fait la connaissance en 1902. Auteur d'une thèse sur Benjamin Constant et le libéralisme et de trois romans. Confident de Proust notamment pendant la gestation du *Contre Sainte-Beuve.*

Le Cuziat, Albert (1881-1938). Ancien valet de chambre dans de grandes maisons (Radziwill, Greffulhe, Orloff, Rohan), très au fait des questions généalogiques et protocolaires. Documente le romancier de la *Recherche* de première main, et plus encore après avoir ouvert en 1911 une maison close pour homosexuels en l'hôtel Marigny (11 rue de l'Arcade). Proust, qui lui donne des meubles de sa famille pour l'agrémenter, en fait le modèle du bordel de Jupien.

Lemaire, Madeleine (1845-1928). Peintre. Évoluera vers les portraits, les éventails, les aquarelles fleuries. Transforma son atelier de la rue de Monceau en salon mondain, littéraire, politique et artistique, que Proust fréquente à partir de 1893.

Madrazo, Maria de (1865-1948). Sœur aînée de Reynaldo Hahn, mariée à l'oncle de l'artiste Fortuny. Son hôtel abrite une collection de tableaux qui éblouit durablement Proust.

Maurras, Charles (1868-1952). Journaliste, écrivain, poète et théoricien de *L'Action française*. Nationaliste, antidreyfusard, antisémite et partisan d'une monarchie catholique de tradition contre-révolutionnaire. Sans se fréquenter, Proust et Maurras, que tout sépare politiquement, se respectent, se lisent et s'écrivent.

Montesquiou-Fesenzac, Robert, comte (1855-1921). Dandy, amateur excentrique, collectionneur extravagant et mécène. Personnalité marquante des salons littéraires, il inspire le personnage de Des Esseintes à Huysmans avant d'inspirer celui de Charlus à Proust qui a fait sa connaissance en 1893.

Morand, Paul (1888-1976). Diplomate, écrivain. Fait connaissance de Proust vers 1915-1916. Une véritable amitié naît de cette rencontre, étendue au couple que Morand forme avec celle qui deviendra sa femme, la princesse Soutzo née Hélène Chrissoveloni. Proust signe la préface de *Tendres Stocks* (1921), recueil de nouvelles de Morand qui le lance en littérature.

Mornand, Louisa Montaud dite Louisa de (1884-1963). Comédienne. Maîtresse de Louis d'Albufera. Son destin inspire en partie à Proust les personnages d'Odette et de Rachel.

Nahmias, Albert (1886-1979). Secrétaire et ami de Proust. Travaille au montage, à la mise au net et à la dactylographie de certains manuscrits de la *Recherche*.

Noailles, Anna de (1876-1933). Poétesse inspirée par l'amour de la nature. Fille du prince Grégoire de Brancovan, épouse de Mathieu de Noailles. Proust fait sa connaissance vers 1898 et se lie à elle d'une forte amitié. Auteur remarqué des recueils de poèmes *Le Cœur innombrable* et *L'Ombre des jours,* elle publie plusieurs romans.

Nordlinger-Riefstahl, Marie-Louis (1876-1961). Cousine anglaise de Reynaldo Hahn, elle assiste Proust dans ses traductions de Ruskin.

Pouquet, Jeanne. Épouse du journaliste dramaturge Gaston de Caillavet (1869-1915), ami de Proust et l'un des modèles de Robert de Saint-Loup. Secrètement amoureux de Jeanne, Proust la transposera à travers le personnage de Gilberte dont le Narrateur est épris.

Rivière, Jacques (1886-1925). Critique, essayiste et secrétaire général à partir de 1911 puis directeur à partir de 1919 de la *Nouvelle Revue Française.* Interlocuteur privilégié de Proust aux éditions de la *NRF* à partir de 1914.

Robert, Louis de (1871-1937). Écrivain. Ami et confident de Proust depuis 1897. L'aide à chercher un éditeur, puis lui prodigue des conseils pour la correction des épreuves.

Ruskin, John (1819-1900). Grand écrivain anglais, éminent critique d'art, spécialiste de l'œuvre du peintre Turner et d'architecture, professeur de dessin à Oxford. Proust se fit le traducteur, le préfacier et le propagandiste de ses écrits en France.

Sala, comte Antoine. Dans leur correspondance, Proust et les frères Bibesco utilisent un néologisme de leur invention dérivé de ce nom (« salaïsme ») pour désigner l'homosexualité en évitant de la nommer.

Scheikévitch, Marie (1884-1964). Amie de Proust depuis leur rencontre à Cabourg au cours de l'été 1912.

Schiff, Sydney (1868-1944). Héritier d'une riche famille anglo-allemande. Romancier sous le pseudonyme de Stephen Hudson. S'enthousiasme pour la *Recherche* dès 1915. Entre en relation épistolaire avec Proust en 1919 et le rencontre un an après à Paris. Leur correspondance se poursuit jusqu'à sa mort. Traduit le dernier volume de la *Recherche* en anglais (1931) après la mort de Scott Moncrieff.

Souday, Paul (1869-1929). Critique littéraire au *Temps* à partir de 1912.

Straus, Geneviève (1849-1926). Veuve de Georges Bizet, remariée à l'avocat Émile Straus. Elle joua un rôle dans l'Affaire par son activisme dreyfusard. Amoureux de son fils Jacques au lycée, Proust reporta plus tard son affection sur elle. Il fit ses premiers pas dans le monde en fréquentant son salon.

Vaudoyer, Jean-Louis (1883-1963). Écrivain et critique d'art. Accompagne Proust, auquel il se lie d'amitié, pour visiter une exposition hollandaise au Jeu de Paume en mai où il contemplera la *Vue de Delft* de Vermeer auquel le critique venait de consacrer des articles dans *L'Opinion*.

Sources principales : *Dictionnaire Marcel Proust,* publié sous la direction d'Annick Bouillaguet et Brian G. Rogers (Honoré Champion, 2004) et notes de Philippe Kolb pour la *Correspondance générale de Marcel Proust* (21 volumes, Plon, 1970-1993).

LES QUESTIONNAIRES DE PROUST

*Confessions. An Album to Record Thoughts,
Feelings, & c.*

Cet album fut retrouvé par André Berge, un des fils d'Antoinette Faure, qui publia pour la première fois en 1924 les pages remplies par Marcel Proust. André Berge rapporte que certaines pages comportent des dates qui s'échelonnent entre 1884 et 1887 (André Berge, « Autour d'une trouvaille », *Cahiers du Mois*, n° 7, 1er décembre 1924).

Your favourite virtue. Toutes celles qui ne sont pas particulières à une secte, les universelles.

Your favourite qualities in a man. L'intelligence, le sens moral.

Your favourite qualities in a woman. La douceur, le naturel, l'intelligence.

Your favourite occupation. La lecture, la rêverie, les vers, l'histoire, le théâtre.

Your chief characteristic. –

Your idea of happiness. Vivre près de tous ceux que j'aime avec les charmes de la nature, une quantité de livres et de partitions, et pas loin d'un théâtre français.

Your idea of misery. Être séparé de maman.

Your favourite colour and flower. Je les aime toutes, et pour les fleurs, je ne sais pas.

If not yourself, who would you be? N'ayant pas à me poser la question, je préfère ne pas la résoudre. J'aurais cependant bien aimé être Pline le Jeune.

Where would you like to live? Au pays de l'idéal, ou plutôt de mon idéal.

Your favourite prose authors. George Sand, Augustin Thierry.

Your favourite poets. Musset.

Your favourite painters and composers. Meissonier, Mozart, Gounod.

Your favourite heroes in real life. Un milieu entre Socrate, Périclès, Mahomet, Musset, Pline le Jeune, Augustin Thierry.

Your favourite heroines in real life. Une femme de génie ayant l'existence d'une femme ordinaire.

Your favourite heroes in fiction. Les héros romanesques poétiques, ceux qui sont un idéal plutôt qu'un modèle.

Your favourite heroines in fiction. Celles qui sont plus que des femmes sans sortir de leur sexe, tout ce qui est tendre, poétique, pur, beau dans tous les genres.

Your favourite food and drink. –

Your favourite names. –

Your pet aversion. Les gens qui ne sentent pas ce qui est bien, qui ignorent les douceurs de l'affection.

What characters in history do you most dislike? –

What is your present state of mind? –

For what fault have you most toleration? Pour la vie privée des génies.

Your favourite motto. Une qui ne peut pas se résumer parce que sa plus simple expression est ce qu'[il y] a de beau, de bon, de grand dans la nature.

Marcel Proust par lui-même

Le titre est de la main de Marcel Proust. Proust a dû répondre à ce questionnaire à l'époque de son volontariat, ou quelque temps après. (Volontariat effectué du 15 novembre 1889 au 14 novembre 1890.)

Le principal trait de mon caractère. Le besoin d'être aimé et, pour préciser, le besoin d'être caressé et gâté bien plus que le besoin d'être admiré.

La qualité que je désire chez un homme. Des charmes féminins.

La qualité que je désire chez une femme. Des vertus d'homme et la franchise dans la camaraderie.

Ce que j'apprécie le plus chez mes amis. D'être tendre pour moi, si leur personne est assez exquise pour donner un grand prix à leur tendresse.

ANNEXES

Mon principal défaut. Ne pas savoir, ne pas pouvoir « vouloir ».

Mon occupation préférée. Aimer.

Mon rêve de bonheur. J'ai peur qu'il ne soit pas assez élevé, je n'ose pas le dire, j'ai peur de le détruire en le disant.

Quel serait mon plus grand malheur ? Ne pas avoir connu ma mère ni ma grand-mère.

Ce que je voudrais être. Moi, comme les gens que j'admire me voudraient.

Le pays où je désirerais vivre. Celui où certaines choses que je voudrais se réaliseraient comme par un enchantement et où les tendresses seraient toujours partagées.

La couleur que je préfère. La beauté n'est pas dans les couleurs, mais dans leur harmonie.

La fleur que j'aime. La sienne – et après, toutes.

L'oiseau que je préfère. L'hirondelle.

Mes auteurs favoris en prose. Aujourd'hui Anatole France et Pierre Loti.

Mes poètes préférés. Baudelaire et Alfred de Vigny.

Mes héros dans la fiction. Hamlet.

Mes héroïnes favorites dans la fiction. Bérénice.

Mes compositeurs préférés. Beethoven, Wagner, Schumann.

Mes peintres favoris. Léonard de Vinci, Rembrandt.

Mes héros dans la vie réelle. M. Darlu, M. Boutroux.

Mes héroïnes dans l'histoire. Cléopâtre.

Mes noms favoris. Je n'en ai qu'un à la fois.

Ce que je déteste par-dessus tout. Ce qu'il y a de mal en moi.

Caractères historiques que je méprise le plus. Je ne suis pas assez instruit.

Le fait militaire que j'admire le plus. Mon volontariat !

La réforme que j'estime le plus. –

Le don de la nature que je voudrais avoir. La volonté, et des séductions.

Comment j'aimerais mourir. Meilleur – et aimé.

État présent de mon esprit. L'ennui d'avoir pensé à moi pour répondre à toutes ces questions.

Fautes qui m'inspirent le plus d'indulgence. Celles que je comprends.

Ma devise. J'aurais trop peur qu'elle ne me porte malheur.

LE PREMIER NUMÉRO
DU « BULLETIN MARCEL PROUST »

BULLETIN

de la Société

DES AMIS DE MARCEL PROUST

ET DES

AMIS DE COMBRAY

1950

N° 1

BULLETIN DE LA SOCIÉTÉ
DES AMIS DE MARCEL PROUST
ET DES AMIS DE COMBRAY
n° 1 – 1950

=

Sommaire

– CHRONIQUE BIBLIOGRAPHIQUE –

Roland CAILLEUX : *Une Lecture.* – H. BONNET : *Le Progrès spirituel dans l'œuvre de Marcel Proust.* – A. MAUROIS : *À la recherche de Marcel Proust.* – Pierre CHARDON : *Marcel Proust.* – Philippe KOLB : *Correspondance de Marcel Proust. – Lettres à André Gide.* – E. de GRAMONT : *Marcel Proust.* – GREEN : *The Mind of Proust.*
    Assumpcao de Araujo : *Proust Club.*

SOCIÉTÉ DES AMIS DE MARCEL PROUST
ET DES AMIS DE COMBRAY
Association déclarée sous le n° 2420
SIÈGE SOCIAL :
20, rue du Docteur-Galopin – ILLIERS (Eure-et-Loir)

———————

Présidence d'Honneur :
Madame Gérard MANTE-PROUST
M. le Préfet d'Eure-et-Loir – M. le Maire d'Illiers
M. l'Inspecteur d'Académie d'Eure-et-Loir

Président :
M. le Professeur Henri MONDOR, de l'Académie française

Vice-Présidents :
M. André BILLY, de l'Académie Goncourt
M. Gérard BAUER, de l'Académie Goncourt,
ancien Président de la Société des Gens de Lettres

Trésorier : M. Paul-Albert BOYER
Secrétaire général : M. P.-L. LARGHER
Secrétaire général adjoint : M. André FERRÉ
Secrétaire : M. Yves ROBERGE

Membres du Comité :

Madame ALEXANDRE-DEBRAY ;
M. le Comte Robert de BILLY ;
M. Henri BONNET ;
M. BOURDIL ;
M. René GOBILLOT ;
Madame la Duchesse de La ROCHEFOUCAULD ;
M. Jean POMMIER, Professeur au Collège de France.

AVANT-PROPOS

Grâce à l'exemplaire d'une amie de Marcel Proust, la baronne D..., si digne, en ses rebondissantes et spirituelles indignités, de fixer, il y a un tiers de siècle, l'attention du mémorialiste et de figurer parmi ses personnages, j'aurais pu, pendant la guerre inaugurale de 1914, dans un village de Champagne, être l'un des premiers à admirer *Du côté de chez Swann*. Mais je ne sus pas mieux le lire que ne l'avait fait le brillant Comité de lecture de la maison d'édition, qui allait passer pour être la plus clairvoyante.

Avant la fin de la première moitié du livre, je l'avais abandonné ; découragé, je crois, par ce que Barrès devait appeler l'incroyable surabondance et Gide l'extraordinaire foisonnement. Le goût de la clarté n'allait-il pas alors, assez souvent, jusqu'à faire préférer la transparence à la densité, la discrétion à l'opulence, et jusqu'à se laisser proclamer, non sans nervosité, vertu nationale ?

Avec une impertinence juvénile, qui avait résisté à la trentième année, il m'arriva d'aller plus loin dans les critiques que dans la lecture et de prendre plaisir, par exemple, à faire remarquer que dans les deux premières pages du livre appelé à devenir fameux l'on pouvait compter jusqu'à dix ou douze emplois de l'adverbe *comme* dont Mallarmé avait critiqué, dans les vers, l'abusive ou paresseuse utilisation, se crut-elle parfois elliptique.

Je ne reculai pas trop longtemps l'occasion de me ressaisir et je reconnus, dès lors, avec un émerveillement qui ne devait pas cesser d'augmenter, les nombreuses séductions d'une œuvre considérable où l'on voit un talent sans conformisme, un génie sans violence, pris, jusqu'à une tragique alternative, entre les trésors importants dont ils savent pouvoir disposer et la nécessité du long temps dont ils craignent d'être privés. Dès le début de son grand ouvrage, Marcel

Proust n'avouait-il pas, en effet, sentir sa santé « à jamais ruinée » et préssentir sa vie « limitée à un avenir peu lointain » ? Même s'il n'y eut là qu'une forme de l'anxiété, elle devint telle que la hâte et le surmenage héroïque qui en résultèrent ont sans doute précipité la mort de l'artiste.

Mon enthousiasme de néophyte m'ayant entraîné à presser plusieurs amis de s'enrichir aussi de cette lecture, je les vis assez régulièrement passer, à leur tour, par trois étapes : d'abord rebutés ; puis commentant avec conviction cette lassitude ou leur inadhésion ; enfin, pour les moins inconstants, le plaisir venu, propagandistes chaleureux.

Si j'ai rappelé ces achoppements de l'admiration, en quelques cas, ce n'est que pour mieux promettre, à ceux qui doutent encore, la joie de pénétrer dans l'univers proustien et celle de s'abandonner au pouvoir et à la familiarité d'une des intelligences supérieures les plus amènes, les moins infatuées.

Marcel Proust fut d'ailleurs, en apparence, si peu pressé des premières caresses de la gloire ou si assuré, peut-être, d'y prétendre au jour choisi, que, dans une ombre favorable, il termina l'œuvre entier, avant de consentir la publication d'un seul des volumes. On le vit même aimer, en toute franchise, le succès d'Anatole France et celui de Maurice Barrès, dans un temps où plusieurs de ses contemporains, leurs cadets, ne savaient les supporter et risquaient de prendre ou de faire prendre, pour pure exigence esthétique, une animosité qui pouvait n'être qu'irritabilité de l'orgueil ou aigre impatience de succession.

Ce ne fut pas le moindre mérite de Proust romancier et de Proust prosateur, quand ses grands livres parurent, que d'autoriser ou engager à trouver sommaires, rudimentaires ou essoufflés, tant de romans et tant d'écritures.

S'il a été déjà donné, en bien des gloses, les raisons de cette écrasante supériorité de Proust, il est assez facile d'imaginer cent autres problèmes, soulevés par ses chefs d'œuvre et son génie, auxquels la postérité s'appliquera : sa culture de voluptueux et d'érudit ; son vocabulaire à la fois très riche et très précis ; une syntaxe de surprenantes souplesse et docilité ; certain arôme de symbolisme ; du réalisme aussi ; un goût scientifique de vérité, d'objectivité ; un humour délicieux et la diversité de ses ressources comiques, parmi lesquelles, au début, surtout, le simulacre à peine narquois de quelque solennité révélait les premiers maîtres ; une politesse où les uns déplorèrent des excès de révérences et qui ne fut, le plus souvent, qu'adroite précaution d'observateur, cherchant à découvrir chacun, dans sa spontanéité ou ses ruses, et encourageant, par l'extrême affabilité, des postures utilement caricaturales ; une patience et une lucidité de clinicien capable de décrire des syndromes inédits, notamment la puberté du chagrin ; un égal bonheur de ton, que Proust rapportât, recréât des bavardages d'offices, de salons, ou invitât à des approfondissements psychologiques vertigineux ; les coquetteries de l'humaniste ; les prodigalités du poète, musicien du silence lui aussi et expert en douceurs nervaliennes ; enfin, chez ce sédentaire emmitouflé, le savant contemplateur des bocages, des cours d'eau et des fleurs. Telle phrase de lui, agréable à se réciter comme les fragments de Saint-Simon ou de Chateaubriand dont sa mémoire s'enchantait si volontiers, ne semble-t-elle pas l'une des plus savoureuses de Colette ? « C'est ainsi qu'au pied de l'allée qui dominait l'étang artificiel, s'était composée sur deux rangs, tressés de fleurs de myosotis et de pervenches, la couronne naturelle, délicate et bleue qui ceint le fond clair-obscur des eaux, et que le glaïeul, laissant fléchir ses glaives avec un abandon royal, étendait sur l'eupatoire et la grenouillette au pied mouillé, les fleurs de lis en lambeaux, violettes et jaunes, de son spectre lacustre. » Telle autre phrase, d'une lettre à la Princesse Bibesco, ne s'oppose-t-elle pas à l'alléchant évangile des *Nourritures terrestres* : « Et peut-être aussi la grande sobriété de ma vie sans voyages, sans promenades, sans société, sans lumière, est-elle une circonstance contingente qui entretient chez moi la pérennité du désir. »

J'arrive à mon simple propos d'aujourd'hui :

Des amis de Marcel Proust, au nombre déjà imposant, sont, depuis plusieurs années, réunis en une ASSOCIATION. Ils ont pensé que leur culte d'un nom et d'une œuvre particulièrement insignes pouvait se refléter et se développer dans un BULLETIN périodique où les trouvailles progressives d'une biographie et d'une exégèse jamais terminées, les arguments d'une admiration sans cesse élargie, auraient toutes facilités d'expression et de confrontation.

L'on ne manquera pas de voir très vite ce que le projet, l'utilité et le succès de ce BULLETIN doivent et devront à Madame Suzy Mante-Proust, Président d'Honneur, à Messieurs Larcher, Secrétaire Général de l'Association, Ferré, Secrétaire de rédaction, de Fallois, Archiviste.

Henri MONDOR,
de l'Académie française.

OCCURRENCES DES NOMS
DE PERSONNAGES
D'À *LA RECHERCHE DU TEMPS PERDU*

Albertine est citée 2 360 fois
Guermantes (plusieurs personnages) : 1 742
Swann (plusieurs personnages) : 1 643
Mère : 1 395 (et Maman 215)
Charlus, Palamède de Guermantes, baron de Charlus : 1 294
Verdurin, M. (Gustave ou Auguste) et Mme : 1 167
Saint-Loup : 791
Françoise (plusieurs personnages) : 789
Gilberte (fille Swann) : 690
Odette (Mme Swann) : 696
Morel : 503
Bloch (plusieurs personnages) : 476
Aimé : 410
Cambremer : 400
Villeparisis (marquise de) : 397
Andrée : 389
Cottard : 376
Brichot : 311
Vinteuil (le père et la fille) : 302
Norpois (plusieurs personnages) : 300
Bergotte : 299
Elstir : 295
Jupien : 219
Oriane : 200

Rachel : 169
Forcheville : 167
Legrandin : 161
La Berma : 154
Stermaria : 70
Gisèle : 47

Occurrences des lieux ayant un statut de personnage

Balbec : 777 fois
Paris : 622
Combray : 429

Réalisé grâce au moteur de recherche intégré au CD-Rom des éditions Honoré Champion, *Proust CD-Rom, Œuvres romanesques complètes,* selon le texte de l'édition Gallimard-Quarto et à partir du livre d'Étienne Brunet, *Le Vocabulaire de Proust,* 3 volumes, Slatkine-Champion, 1983. Voir également Akio Wada, « La formation des noms de personnages dans la genèse d'*À la recherche du temps perdu* », in *Index général des cahiers de brouillon de Marcel Proust,* Université d'Osaka, 2009.

DE CHARLES HAAS À CHARLES SWANN

« La mort vient de frapper un des hommes les plus aimables et les plus spirituels de Paris. M. Charles Haas, si justement apprécié dans les salons et les clubs, a succombé hier à une longue et douloureuse maladie. C'est un galant homme de moins et un brillant causeur qui disparaît de la société mondaine où, jusque dans ces dernières années, il avait occupé une place qui restera longtemps vide. Son irréprochable élégance, sa physionomie originale, pleine de malice et de finesse ; sa tournure distinguée, tout son extérieur, en un mot, qui prévenait en sa faveur et rappelait des personnages d'une époque moins barbare que la nôtre – le portrait d'un Valois descendu de son cadre – avait beaucoup moins contribué à son succès dans le monde que son charmant esprit. Il en avait infiniment, et du meilleur, et du plus pur français. C'était surtout un conteur incomparable, possédant au suprême degré l'art de présenter une anecdote, etc. »

(Dancourt, *Le Figaro,* 15 juillet 1902
cité par Henri Raczymow, *Le Cygne de Proust,* Gallimard, 1989)

« Nous apprenons avec un vif regret que M. Charles Swann a succombé hier à Paris, dans son hôtel, des suites d'une douloureuse maladie. Parisien dont l'esprit était apprécié de tous, comme la sûreté de ses relations choisies mais fidèles, il sera unanimement regretté, aussi bien dans les milieux artistiques et littéraires, où la finesse avisée de son goût le faisait se plaire et être recherché de tous, qu'au Jockey-Club dont il était l'un des membres les plus anciens et les plus écoutés. Il appartenait aussi au Cercle de l'Union et au Cercle Agricole. Il avait donné depuis peu sa démission de membre du Cercle de la rue Royale. Sa physionomie spirituelle comme sa notoriété marquante ne laissaient pas d'exciter la curiosité du public dans tout *great event* de la musique et de la peinture, et notamment aux "vernissages", dont il avait été l'habitué fidèle jusqu'à ces dernières années, où il n'était plus sorti que rarement de sa demeure. Les obsèques auront lieu, etc. »

(*La Prisonnière*, parution posthume)

HAPAX DU « TRÉSOR
DE LA LANGUE FRANÇAISE »
RELEVÉS DANS LA « RECHERCHE »

aboutonner
adomestiquer
aérolithique
agraphie
ajourer
albumen
allumettier
androcéphale
annihilateur
anthémis
anticaillautisme
antirévisionnisme
antiseptisé
apatrié
assouvissable
baballe
balnéation
barbotis
bizarroïde
bouloir
brouillonné
cacographié
cambronnesque
catéchismer

charlatante
charlisme
choquable
cinématographié
ciroplaste
coiffage
colorable
complexement
condoléancer
contagieusement
contresignant
conventionalisme
copiable
copiateur
créné
crêpelage
débarquage
déclassant
décommandant
délaisseur
délinéamenté
démarquant
dématérialisant
désencombrant

désenflant
désengoués
désignateur
désignatif
désorchestrée
dormant
ébourrifage
écourtement
émietteur
emmittouflement
émollié
empelopsis
encaoutchouté
encauchemardé
enfarinement
engrillagées
enjuponnement
enrhumable
épastrouillant
époilant
équarissure
escroqueur
étuver
ferrailleux

fixure
funiculeur
galonnard
garceur
gâtine
géminant golfeur
gourdiflot
gribiche
grougement
gynophile
homogenéiser
homonymat
hypogéen
inaboli
incriminateur
incueillissable
inefficacement
infectement
infleurissable
insexualité
installage
instantanéisant
julot
jupière
Jusquauboutiste
Langueur
Léonardesque
limogé
linéamenté
lissage
losanger
louisphilippement
malaxation
manoeuvreur
mélancolieusement
mendéliste

mendelssohnien
multisonore
musculeusement
nacrer
napoléonide
nautre
nervuré
nervurer
neutraliste
ocellure
odontalgiste
pailleronisme
palestrinisant
parcellé
patoiseur
pédalé
pépettes
pistant
plâtrant
pointillis
pollinisé
postdater
potinage
poudrederizé
préhistoriquement
profaneur
prohébreu
prosectomie
quadrilobe
questation
quitus
racoquiné
radiotélépathie
migrainer
monténégriser
morphinomanie

réadaptant
recalage
recroisetté
réinventé
relationné
reluqué
rétroflexion
retrousseur
ripailleur
routiné
sabraque
sauvoir
scintillateur
somnescence
sorbonicole
sorboniforme
sportulaire
striant
supplicateur
suréminence
tamoul
tigelé
toppatelle
traînaillant
transvertébration
trimorphe
trompailler
turnérien
ultralégitimiste
usable
varaigne
veinure
ventueux
vibratilité
vignette
volapük

Source : Étienne Brunet, *Le Vocabulaire de Proust*, Slatkine-Champion, 1983, volume I, p. 24.

PLAN DE LA *RECHERCHE*

BIBLIOGRAPHIE

De Marcel Proust

À la recherche du temps perdu, édition de Pierre Clarac et André Ferré, 3 vol., Gallimard, coll. « La Pléiade », 1954.

Nouvelle édition de Jean-Yves Tadié, 4 vol., Gallimard, coll. « La Pléiade », 1987-1989.

Édition de Jean-Yves Tadié, 1 vol., Gallimard, coll. « Quarto », 1999.

Édition de Bernard Raffalli, André Alain Morello, Michelle Berman, avec un Quid de Marcel Proust de Philippe Michel-Thiriet, 3 vol., Robert Laffont, coll. « Bouquins », 1987.

Éditions Omnibus, 2 vol., 2011.

En format de poche en 7 vol. chez Folio, en 10 vol. chez Garnier-Flammarion, en 8 vol. à la L.G.F.

L'édition intégrale d'*À la recherche du temps perdu* est également accessible sur Internet gratuitement, dans son édition originale découpée en 78 épisodes et indexée sur un moteur de recherche interne : http://intexto.org/opus/fr/proust.

Jean Santeuil, précédé de *Les Plaisirs et les Jours,* édition de Pierre Clarac et Yves Sandre, Gallimard, coll. « La Pléiade », 1972.

L'Indifférent, édition de Philip Kolb, Gallimard, 1978.

Écrits de jeunesse, édition d'Anne Borrel, Institut Marcel Proust International, 1991.

Correspondance

Correspondance générale de Marcel Proust, 21 vol., édition de Philip Kolb, Plon, 1970-1993.

Index général de la Correspondance de Marcel Proust, édition de Kazuyoshi Yoshikawa, Presses de l'Université de Kyoto, 1998.

Lettres (1879-1922), anthologie éditée par Françoise Leriche. Préface et postface de Katherine Kolb. Notices biographiques des correspondants par Virginie Greene, Plon, 2004.

Lettres à Reynaldo Hahn, édition de Philip Kolb, Gallimard, 1956.

Mon cher Petit. Lettres à Lucien Daudet, édition de Michel Bonduelle, Gallimard, 1991.

Correspondance avec Daniel Halévy, Éditions de Fallois, 1992.

Correspondance 1914-1922 avec Jacques Rivière, éditée par Philip Kolb, préface de Jean Mouton, Gallimard, 1976.

Correspondance avec Gaston Gallimard, éditée par Pascal Fouché, Gallimard, 1989.

Préfaces, articles, textes, essais

Traduction, notes et préface à *La Bible d'Amiens* de John Ruskin, Mercure de France, 1904.

Traduction, notes et préface à *Sésame et les lys* de John Ruskin, Mercure de France, 1906.

Chroniques, Gallimard, 1927.

Textes retrouvés, édition de Kolb et Price, Gallimard, 1971.

Contre Sainte-Beuve, édition de Bernard de Fallois, Gallimard, 1954.

Contre Sainte-Beuve, précédé de *Pastiches et mélanges,* suivi de *Essais et articles*, édition de Pierre Clarac et Yves Sandre, Gallimard, coll. « La Pléiade », 1971.

Anthologies

Voyager avec Marcel Proust, édition d'Anne Borrel, La Quinzaine Littéraire/ Louis Vuitton, 1994.

Sur Marcel Proust

ABRAHAM, Pierre, *Proust,* Rieder, 1930.

AHLSTEDT, Eva, *La Pudeur en crise : un aspect de l'accueil d'*À la recherche du temps perdu *de Marcel Proust 1913-1930,* Université de Göteborg, J. Touzot, 1985.

AJALBERT, Jean, *Mémoires en vrac,* Albin Michel, 1938.

ALBARET, Céleste, *Monsieur Proust,* souvenirs recueillis par Georges Belmont, Robert Laffont, 1973.

BALES, Richard (édité par), *The Cambridge Companion to Proust,* Cambridge University Press, 2001.

–, *Proust and the Middle Âges,* Droz, Genève, 1975.

BARDÈCHE, Maurice, *Marcel Proust romancier,* Les Sept couleurs, 1971.

BARTHES, Roland, *La Préparation du roman, I et II. Cours et séminaires au Collège de France,* édition de Nathalie Léger, Seuil/Imec, 2003.

BAYARD, Pierre, *Proust et la digression,* Les Éditions de Minuit, 1996.

BEAUCHAMP, Louis de, *Marcel Proust et le Jockey Club,* Émile-Paul, 1973.

–, *Le Petit Groupe et le Grand Monde de Marcel Proust,* Nizet, 1990.

BECKETT, Samuel, *Proust,* 1930, traduit de l'anglais par Edith Fournier, Les Éditions de Minuit, 1990.

BENJAMIN, Walter, *Sur Proust,* traduit de l'allemand par Robert Kahn, Nous, 2010.

BENOIST-MÉCHIN, Jacques, *Retour à Marcel Proust,* Amiot, 1957.

–, *Avec Marcel Proust,* Albin Michel, 1977.

BERNARD, Anne-Marie, *Le Monde de Proust vu par Paul Nadar,* Caisse nationale des monuments historiques et des sites/Éditions du Patrimoine, 1999.

BERNARD, Sacha, *À l'ombre de Marcel Proust,* Nizet, 1979.

BERSANI, Jacques (édition de), *Les Critiques de notre temps et Proust,* Garnier, 1971.

BIBESCO, Princesse, *Au bal avec Marcel Proust,* Gallimard, 1928.

–, *Le Voyageur voilé, Marcel Proust,* La Palatine, Genève, 1949.

BIDOU-ZACHARIASEN, Catherine, *Proust sociologue. De la maison aristocratique au salon bourgeois,* Descartes, 1997.

BILLY, Robert de, *Marcel Proust. Lettres et conversations*, Les Portiques, 1930.

BIZUB, Édouard, *La Venise intérieure. Proust et la poétique de la traduction*, La Baconnière, Neuchâtel, 1991.

BLANCHE, Jacques-Émile, *Mes modèles*, Stock, 1928.

–, *La Pêche aux souvenirs*, Flammarion, 1949.

BLOCH-DANO, Evelyne, *Madame Proust*, Grasset, 2004.

BLONDEL, Dr Charles, *La Psychographie de Marcel Proust*, Vrin, 1932.

BONNET, Henri, *L'Eudémonisme esthétique de Proust*, Vrin, 1949.

–, *Marcel Proust de 1907 à 1914*, Nizet, 1971.

–, *Le Progrès spirituel dans « La Recherche » de Marcel Proust*, Nizet, 1979.

–, *Les Amours et la Sexualité de Proust*, Nizet, 1985.

BOUILLAGUET, Annick, et ROGERS, Brian G. (édité par), *Dictionnaire Marcel Proust*, Honoré Champion, 2004.

BOUILLAGUET, Annick (édité par), *Proust et les moyens de la connaissance*, Presses universitaires de Strasbourg, 2008.

–, *Proust lecteur de Balzac et de Flaubert. L'imitation cryptée*, Honoré Champion, 2000.

BOYER, Philippe, *Le Petit Pan de mur jaune*, Seuil, 1987.

BRASSAÏ, *Marcel Proust sous l'emprise de la photographie*, Gallimard, 1997.

BRÉE, Germaine, *Du temps perdu au temps retrouvé*, Les Belles Lettres, 1950.

BRUNEL, Patrick, *Le Rire de Proust*, Honoré Champion, 1997.

BRUNET, Étienne, *Le Vocabulaire de Proust*, 3 vol., Slatkine-Champion, 1983.

BUISINE, Alain, *Proust et ses lettres*, Presses universitaires de Lille, 1983.

–, *Proust. Samedi 27 novembre 1909*, Lattès, 1991.

BUCKNALL, Barbara, *The Religion of Art in Proust*, University of Illinois Press, Urbana, 1969.

BURNET, Étienne, *Essences (sur Proust et Bergson)*, Seheur, 1929.

CARASSUS, Émilien, *Le Snobisme et les Lettres françaises, de Paul Bourget à Marcel Proust 1884-1914*, Armand Colin, 1965.

CARTER, William C., *Marcel Proust. A Life*, Yale University Press, New Haven et Londres, 2002.

–, *Proust in Love*, Yale University Press, New Haven et Londres, 2006.

CASA-FUERTE, Ilan de, *Le Dernier des Guermantes. Mémoires*, Julliard, 1994.

BIBLIOGRAPHIE

CASTELLANE, Boni de, *Mémoires*, Perrin, 1986.

CATTAUI, Georges, *Marcel Proust, Proust et son temps, Proust et le Temps,* Julliard, 1953.

CELLY, Raoul, *Répertoire des thèmes de Marcel Proust*, Cahiers Marcel Proust, Gallimard, 1935.

CHARDIN, Philippe, *Proust ou le bonheur du petit personnage qui compare,* Honoré Champion, 2006.

– (sous la direction de), *Originalités proustiennes,* Éditions Kimé, 2010.

CHAUDIER, Stéphane, *Proust et le langage religieux. La cathédrale profane,* Honoré Champion, 2004.

CITATI, Pietro, *La Colombe poignardée. Proust et la* Recherche, traduit de l'italien par Brigitte Pérol, Gallimard, 1997.

CLAUSEL, Jean, *Le Marcel de Proust*, Portaparole, Rome, 2009.

CLÉDER, Jean et Montier Jean-Pierre (sous la direction de), *Proust et les images. Peinture, photographie, cinéma, vidéo,* Presses universitaires de Rennes, 2003.

CLERMONT-TONNERRE, Elisabeth de, *Robert de Montesquiou et Marcel Proust,* Flammarion, 1925.

–, *Marcel Proust*, Flammarion, 1948.

COCTEAU, Jean, *Portraits-souvenirs 1900-1914,* Grasset, 1935.

COMPAGNON, Antoine, *Proust entre deux siècles*, Seuil, 1989.

–, « La *Recherche du temps perdu* de Marcel Proust », in *Les Lieux de mémoire,* sous la direction de Pierre Nora (III, La France, 2. Traditions), Gallimard, 1992, p. 927-967.

COUTY, Daniel et PREISS, Axel, Notice « Proust », in *Dictionnaire des écrivains de langue française,* Larousse, 2001.

CRÉMIEUX, Benjamin, *Du côté de chez Marcel Proust,* Lemarget, 1929.

CURTIUS, Ernst-Robert, *Marcel Proust,* La Revue nouvelle, 1929.

CZAPSKI, Joseph, *Proust contre la déchéance. Conférences au camp de Griazowitez,* Les éditions Noir sur blanc, Lausanne, 1987, rééd. 2011.

DAUDET, Léon, *Souvenirs et polémiques,* Nouvelle Librairie nationale, 1920, rééd. Laffont, coll. « Bouquins », 1992

DAUDET, Lucien, *Autour de soixante lettres de Marcel Proust,* Gallimard, 1929.

DAVENPORT-HINES, Richard, *Proust au Majestic,* Grasset, 2008.

DELATTRE, Floris, *Bergson et Proust*, Albin Michel, 1948.

DELEUZE, Gilles, *Proust et les signes*, PUF, 1964.

DESCOMBES, Vincent, *Proust. Philosophie du roman,* Les Éditions de Minuit, 1987.

DEZON-JONES, Elyane, *Proust et l'Amérique : la fiction américaine à la recherche du Temps perdu,* Nizet, 1982.

DIESBACH, Ghislain de, *Proust,* Perrin, 1991.

DOUBROVSKY, Serge, *La Place de la madeleine. Écriture et fantasme chez Proust,* Mercure de France, 1974 ; rééd. Ellug, 2000.

DREYFUS, Robert, *Souvenirs sur Marcel Proust* (accompagnés de lettres inédites), Grasset, 1926.

DUBOIS, Jacques, *Pour Albertine. Proust et le sens du social,* Seuil, 1997.

DUCHÊNE, Roger, *L'Impossible Marcel Proust,* Robert Laffont, 1994.

DUPLAY, Maurice, *Mon ami Marcel Proust,* Gallimard, 1972.

DUVAL, Sophie, *L'Ironie proustienne. La vision stéréoscopique,* Honoré Champion, 2004.

ENTHOVEN, Raphaël (sous la direction de), *Lectures de Proust,* Fayard/France Culture, 2011.

ERMAN, Michel, *Marcel Proust,* Fayard, 1994.

–, *Le Bottin proustien,* La Table Ronde, La Petite Vermillon, 2010.

–, *Le Bottin proustien des lieux,* La Table Ronde, La Petite Vermillon, 2011.

FERNANDEZ, Ramon, *Proust,* Éditions de la Nouvelle Revue critique, 1943 ; réédition préfacée par Dominique Fernandez, Grasset, coll. « Cahiers rouges », 2009.

FERRÉ, André, *Géographie de Marcel Proust,* Éditions du Sagittaire, 1939.

–, *Les Années de collège de Marcel Proust,* Gallimard, 1959.

FEUILLERAT, Albert, *Comment Marcel Proust a composé son roman* [1934], Slatkine, 1972.

FISER, Emeric, *L'Esthétique de Marcel Proust,* Redier, 1933.

FOSCHINI, Lorenza, *Le Manteau de Proust,* Portaparole, Rome, 2008.

FRAISSE, Luc, *Le Processus de la création chez Marcel Proust. Le fragment expérimental,* José Corti, 1988.

–, *L'Œuvre cathédrale. Proust et l'architecture médiévale,* José Corti, 1995.

–, *L'Esthétique de Marcel Proust,* Sedes, 1995.

–, *Proust et le japonisme,* Presses universitaires de Strasbourg, 1997.

–, *La Correspondance de Marcel Proust. Son statut dans l'œuvre. L'Histoire de son édition,* Annales littéraires de l'Université de Franche-Comté, 1998.

–, *Proust au miroir de sa correspondance,* Sedes, 1996.

–, *Sodome et Gomorrhe de Marcel Proust*, Sedes, 2000.

Francis, Claude et Gontier, Fernande, *Proust et les siens* suivi de *Souvenirs de Suzy Mante-Proust*, Plon, 1982.

Gabory, Georges, *Essai sur Marcel Proust*, Le Livre, 1926.

Gautier-Vignal, Louis, *Proust connu et inconnu*, Robert Laffont, 1976.

Genette, Gérard, *Figures II, III*, Seuil, 1969, 1972.

Genette, Gérard et Todorov, Tzvetan (sous la direction de), *Recherche de Proust*, Seuil, 1980.

Goncourt, Edmond et Jules de, *Journal*, Robert Laffont, coll. « Bouquins », 1989.

Gramont, Elisabeth de, *Les Marronniers en fleur. Mémoires II*, Grasset, 1929.

Gregh, Fernand, *Mon amitié avec Marcel Proust. Souvenirs et lettres inédits*, Grasset, 1958.

Grimaldi, Nicolas, *Proust, les horreurs de l'amour*, PUF, 2008.

Haddad-Wolting, Karen, *L'illusion qui nous frappe. Proust et Dostoïevski, une esthétique romanesque*, Honoré Champion, 1995

Hahn, Reynaldo, *Notes. Journal d'un musicien,* Plon, 1933.

Halévy, Daniel, *Pays parisiens*, Grasset, 1932.

Haymann, Ronald, *Proust,* Heinemann, Londres, 1990.

Henry, Anne, *Marcel Proust, théories pour une esthétique,* Klincksieck, 1981.

–, *Proust romancier. Le Tombeau égyptien*, Flammarion, 1983.

Huas, Jeanine, *Les Femmes chez Proust,* Hachette, 1971.

Jaloux, Edmond, *Avec Marcel Proust*, La Palatine, Genève, 1953.

Joubert, Claude-Henry, *Le Fil d'or. Études sur la musique dans* À la recherche du temps perdu *de Marcel Proust*, José Corti, 1984.

Jullian, Philippe, *Robert de Montesquiou*, Perrin, 1987.

Kristeva, Julia, *Le Temps sensible*, Gallimard, 1994.

Lacretelle, Jacques de, *Les Aveux étudiés*, Gallimard, 1934.

–, *Portraits d'autrefois et figures d'aujourd'hui*, Perrin, 1973.

–, *Les Vivants et leur Ombre*, Grasset, 1977.

Ladenson, Elisabeth, Notice « Proust », in *Dictionnaire des cultures gays et lesbiennes,* sous la direction de Didier Eribon, Larousse, 2003.

–, *Proust lesbien*, EPEL, 2004.

Lattre, Alain de, *Le Personnage proustien*, José Corti, 1984.

Lauris, Georges de, *Souvenirs d'une belle époque*, Amiot-Dumont, 1948.

LELONG, Yves, *Proust, la santé du malheur,* Séguier, 1987.

LEROY, Pierre, *Catalogue de la collection,* Sotheby's, 27 juin 2007.

LHOMEAU, Franck et COELHO, Alain, *Marcel Proust à la recherche d'un éditeur,* Olivier Orban, 1988.

MABIN, Dominique, *Le Sommeil de Proust,* PUF, 1992.

MACCHIA, Giovanni, *L'Ange de la nuit,* Gallimard, 1993.

MADAULE, Jacques, *Reconnaissances : Claudel, Proust, Du Bos,* Desclée de Brouwer, 1943.

MANSFIELD, Lester, *Le Comique de Marcel Proust,* Nizet, 1953.

MARGERIE, Diane de, *Proust et l'obscur,* Albin Michel, 2010.

MASSIS, Henri, *Le Drame de Marcel Proust,* Grasset, 1937.

MATORÉ, Georges et MECZ, Irène, *Musique et structure romanesque dans À la Recherche du temps perdu,* Klincksieck, 1973.

MAURIAC, Claude, *Proust,* Seuil, coll. « Écrivains de toujours », 1953.

–, *L'Oncle Marcel,* Grasset, 1988.

MAURIAC, François, *Proust,* Marcelle Lesage, 1926.

–, *Du côté de chez Proust,* La Table ronde, 1947.

MAURIAC-DYER, Nathalie, *Proust inachevé. Le dossier « Albertine disparue »,* Honoré Champion, 2005.

MAUROIS, André, *À la recherche de Marcel Proust,* Hachette, 1949.

MICHEL, François-Bernard, *Le Souffle coupé,* Gallimard, 1984.

MIGUET-OLLAGNIER, Marie, *La Mythologie de Marcel Proust,* Les Belles Lettres, 1982.

MILLER, Milton L., *Psychanalyse de Proust,* Fayard, 1977.

MILLY, Jean, *Proust et le style,* Minard, 1970, Slatkine, 1990.

–, *Proust dans le texte et l'avant-texte,* Flammarion, 1985.

MINGELGRUN, Albert, *Thèmes et structures bibliques dans l'œuvre de Marcel Proust,* L'Âge d'Homme, 1978.

MONTESQUIOU, Robert de, *Les Pas effacés,* Émile-Paul, 1923.

MORAND, Paul, *Première visite à Marcel Proust,* Le Cheval ailé, Genève, 1948.

–, *Le Visiteur du soir,* La Palatine, Genève, 1949.

–, *Journal d'un attaché d'ambassade,* La Table ronde, 1949 ; Gallimard, 1963.

–, *Venises,* Gallimard, 1971.

MOUTON, Jean, *Le Style de Marcel Proust,* Corrêa, 1948.

MUGNIER, Abbé, *Journal 1879-1939,* Mercure de France, 1985.

BIBLIOGRAPHIE

Muller, Marcel, *Les Voix narratives dans la « Recherche du temps perdu »*, Droz, Genève, 1965, 1983.

Naturel, Mireille, *Proust et le fait littéraire*, Honoré Champion, 2010.

Newman Gordon, Pauline, *Dictionnaire des idées de Proust*, Stanford University, Mouton, 1968.

Nouvelle Revue Française (La), numéro spécial « Hommage à Marcel Proust », janvier 1923, réédité en 1990.

Oriol, Judith, *Femmes proustiennes*, Samuel Tastet éditeur, 2009.

Painter, George D., *Marcel Proust*, traduit de l'anglais par Georges Cattaui et R.P. Vial, Mercure de France, 1963, réédité en 1990.

Péchenard, Christian, *Proust et les autres*, La Table ronde, 1999.

Picon, Gaétan, *Lecture de Proust*, Mercure de France, 1963.

Pierre-Quint, Léon, *Comment travaillait Proust*, Les Cahiers Libres, 1928.

–, *Marcel Proust, sa vie, son œuvre*, Éditions du Sagittaire, 1935.

–, *Proust et la stratégie littéraire*, Buchet-Chastel, 1954.

Piroué, Georges, *Proust et la musique du devenir*, Denoël, 1960.

Plantevignes, Marcel, *Avec Marcel Proust*, Nizet, 1966.

Pommier, Jean, *La Mystique de Marcel Proust*, Droz, 1939.

Poulet, Georges, *L'Espace proustien*, Gallimard, 1963.

–, *Études sur le temps humain*, Plon, 1950.

Pouquet, Jeanne, *Le Salon de Mme Arman de Caillavet*, Hachette, 1926.

Raczymow, Henri, *Le Cygne de Proust*, Gallimard, 1989.

–, *Ruse et déni. Cinq essais de littérature*, PUF, 2011.

Raimond, Michel, *Le Signe des temps*, Sedes, 1976.

–, *Proust romancier*, Sedes, 1984.

Ravier, Thomas, A., *Éloge du matricide. Essai sur Proust*, Gallimard, 2008.

Recanati, Jean, *Profils juifs de Marcel Proust*, Buchet-Chastel, 1979.

Revel, Jean-François, *Sur Proust*, Grasset, 1987.

Rey, Pierre-Louis, *Marcel Proust, sa vie, son œuvre*, Frédéric Birr, 1984.

–, « La nouvelle Pléiade de Proust », in *La Bibliothèque de la Pléiade. Travail éditorial et valeur littéraire*, sous la direction de Joëlle Gleize et Philippe Roussin, Éditions des archives contemporaines, 2009.

Richard, Jean-Pierre, *Proust et le monde sensible*, Seuil, 1974.

Risset, Jacqueline, *Une certaine joie. Essai sur Proust*, Hermann, 2009.

Rivane, Georges, *Influence de l'asthme sur l'œuvre de Marcel Proust*, La Nouvelle Édition, 1945.

ROBERT, Louis de, *Comment débuta Marcel Proust*, Gallimard, 1969 (nouvelle édition augmentée).

ROBITAILLE, Martin, *Proust épistolier*, Presses de l'Université de Montréal, 2003.

ROBERT, Pierre-Edmond, *Marcel Proust, lecteur des Anglo-Saxons*, Nizet, 1976.

ROGER, Alain, *Proust. Les plaisirs et les noms*, Denoël, 1985.

SCHEIKÉVITCH, Marie, *Souvenirs d'un temps disparu*, Plon, 1935.

SCHNEIDER, Michel, *Maman*, Gallimard, 1999.

SIMON, Anne, *Proust ou le réel retrouvé*, PUF, 2000.

SOUZA, Sybil de, *La Philosophie de Marcel Proust*, Rieder, 1939.

SPRINKER, Michael, *History and Ideology in Proust: "À la recherche du temps perdu" and the Third French Republic*, Verso, Londres, 1998.

TADIÉ, Jean-Yves, *Proust et le roman*, Gallimard, 1971.

–, *Proust, le dossier*, Belfond, 1983.

–, *Marcel Proust*, Gallimard, 1996.

–, *Proust. La cathédrale du temps*, Gallimard, coll. « Découvertes », 1999.

– (sous la direction de), *Proust et ses amis*, Les Cahiers de la *NRF*/Gallimard, 2010.

– (sous la direction de), Catalogue de l'exposition « Proust, l'écriture et les arts », BnF/RMN/Gallimard, 1999.

VACLAV ZIMA, Peter, *Le Désir du mythe. Une lecture sociologique de Marcel Proust*, Nizet, 1973.

VALLÈS-BLED, Maïthé *(et al.)*, *Proust et les peintres*, Catalogue de l'exposition du musée de Chartres, 1991.

YOSHIKAWA, Kazuyoshi, *Proust et l'art pictural*, Honoré Champion, 2010.

ZAGDANSKI, Stéphane, *Le Sexe de Proust*, Gallimard, 1994.

POUR EN SAVOIR PLUS

Bulletin Marcel Proust, publié depuis 1950 par la Société des amis de Marcel Proust et des amis de Combray créée en 1947.

Adresse : 4-6, rue du Dr-Proust, BP 20025, 28120 Illiers-Combray. Tél./fax : 02 37 24 30 97

Courriel : marcelproust@wanadoo.fr

BIBLIOGRAPHIE

Site (https://www.amisdeproust.fr/) remarquable notamment pour ses anciens numéros en ligne du *Bulletin Marcel Proust,* pour l'onglet « Institut Marcel Proust international » qui renseigne utilement sur les activités proustiennes dans le monde, et pour l'onglet pédagogique qui rend de signalés services aux enseignants.

Bulletin d'informations proustiennes (https://www.presses.ens.fr/ periodiques_bulletin-d-informations-proustiennes.html), depuis sa création en 1975 par Bernard Brun, publié aux éditions de l'École normale supérieure par l'équipe Proust de l'ITEM/CNRS (http://www. item.ens.fr/bip/) constituée en 1962 pour l'étude scientifique du fonds Proust de la BnF. Indispensable pour toute étude génétique tant des manuscrits d'*À la recherche du temps perdu* que du corpus épistolaire. Centres de documentation imprimée et électronique.

Responsable de l'équipe : Nathalie Mauriac-Dyer, ITEM (Institut des textes & manuscrits modernes), Site ENS : 45, rue d'Ulm, 75005 Paris.

Marcel Proust aujourd'hui, revue internationale bilingue français-anglais (https://brill.com/view/serial/MPA).

Marcel Proust Holdings at the University of Alabama at Birmingham Mervyn H. Sterne Library (http://contentdm.mhsl.uab.edu/cdm/ref/ collection/PROUST/id/0). Propose notamment un précieux répertoire bibliographique de ce que l'œuvre de Proust a suscité comme commentaires, thèses, exégèses, essais… Mervyn H. Sterne Library 1530 Third Avenue South Birmingham, AL 35294-0014 (USA).

Kolb-Proust Archives University of Illinois (https://www.library.illinois.edu/ rbx/kolbproust/fr/). Site d'un centre de recherche créé en 1993 principalement consacré à la correspondance de Proust. Caroline Szylowicz, Kolb-Proust Librarian. The Kolb-Proust Archive for Research University Library, Room 429 1408 W. Gregory Drive Urbana, Illinois 61801. Tél. : (217) 244-3092. Fax : (217) 333-2214 kpa@illinois.edu.

–, *Proust Ink,* le site de William C. Carter et Nicolas D. Drogoul en anglais (http://www.proust-ink.com/).

Radio Proust (https://vimeo.com/radioproust). Une somme d'informations et de liens utiles sur un autre site américain créé par le proustophile Larry Bensky pour Bard College.

Vu d'Italie http://www.marcelproust.it/.

Association proustienne à Naples, Palazzo Serra di Cassano, via Monte di Dio, 80100 Napoli.

Associazione Amici di Marcel Proust, Dr. Adolfo Battagliese, via Nardones 74, 80132 Napoli. Revue de l'Association : *Quaderni Proustiani.*

Vu d'Allemagne : Proust Gesellschaft. Dr. Reiner Speck. Brahmsstr. 17 Koln Lindenthal.

Vu d'Angleterre : Dr. Cynthia Gamble. Flat 89, 49 Hallam Street, London W1W, 6JP.

Vu des Pays-Bas : *Marcel Proust Vereniging.* Président : Sjef Houppermans. Groenenduk 38, 4587 CV Kloosterzande.

Vu de Suède : Proust Sallskapet. Ander Fogenmarck, Maria Hjort. Munksjö-vägen 9, 12247 Enskede. Fax. : 0046 8 7374443.

Vu du Danemark : Det danske Proust-Selskab Proust-salon 15-17, Biblioteket Danasvej, Danasvej 30B, 1910 Frederiksberg http://www.proust.dk/

Filmographie

Percy Adlon, *Céleste*, autour de Céleste Albaret, 1981.

Volker Schlöndorff, *Un amour de Swann*, 1984.

Raoul Ruiz, *Le Temps retrouvé*, 1998.

Chantal Akerman, *La Captive*, adapté de *La Prisonnière*, 2000.

Fabio Carpi, *Le Intermittenze del cuore* (*Les Intermittences du cœur*), 2004.

Nina Companeez, *À la recherche du temps perdu*, téléfilm en deux parties, France 2, 2011.

Adaptations pour des films avortés

Suso Cecchi d'Amico et Luchino Visconti, *À la recherche du temps perdu,* Persona, 1984.

Harold Pinter, *Le Scénario Proust : À la recherche du temps perdu*, avec la collaboration de Joseph Losey et de Barbara Bray, traduit de l'anglais par Jean Pavans, Gallimard, 2003.

Documentaires

Portrait-souvenir de Marcel Proust (1962) par Roger Stéphane et Roland Darbois, réalisé par Gérard Herzog. Précieux et passionnant recueil de témoignages de ceux qui l'ont connu quarante ans après la mort de

BIBLIOGRAPHIE

l'écrivain. Avec Paul Morand, François Mauriac, Jacques de Lacretelle, Jean Cocteau, Philippe Soupault, Daniel Halévy, Emmanuel Berl, Céleste Albaret... (Site : www.ina.fr.)

Marcel Proust, documentaire de Pierre Dumayet et Robert Bober, série « Un siècle d'écrivains », France 3, 1995.

RECONNAISSANCE DE DETTES

À Philip Kolb *in memoriam*.

Que les particuliers et les institutions propriétaires de lettres de Marcel Proust, détenteurs de leurs droits moraux ou patrimoniaux, et érudits éditeurs de sa correspondance et de ses manuscrits, reçoivent ici l'expression de notre gratitude éternelle.

Mmes Anne Borrel, Florence Callu, Katherine Kolb, Virginie Greene, Françoise Leriche, Nathalie Mauriac-Dyer, Caroline Szylowicz.

MM. Thierry Bodin, Michel Bonduelle, Jean-Pierre Halévy, Pierre Leroy, Gérard Lhéritier, Patrick Mante-Proust, Jean-Yves Tadié.

Ainsi que Kolb-Proust Archive for Research, Université de l'Illinois à Urbana.
Bibliothèque nationale de France.
Musée des textes et manuscrits, Paris.

L'Épuration des intellectuels, Complexe, 1985.
Germinal. L'aventure d'un film, Fayard, 1993.
Brèves de blog. Le nouvel âge de la conversation, Les Arènes, 2008.
La Nouvelle Rive gauche (avec Marc Mimram), Alternatives, 2011.
Du côté de chez Drouant. Cent dix ans de vie littéraire chez les Goncourt, Gallimard, 2013.

Anthologie

Occupation, Robert Laffont, coll. « Bouquins », 2018.

Romans

La Cliente, Gallimard, 1998. Prix Wizo, Goncourt des Polonais.
Double vie, Gallimard, 2001. Prix des libraires.
État limite, Gallimard, 2003.
Lutetia, Gallimard, 2005. Prix Maisons de la presse.
Le Portrait, Gallimard, 2007. Prix de la langue française.
Les Invités, Gallimard, 2008.
Vies de Job, Gallimard, 2011. Prix de la Fondation Prince Pierre de Monaco, Prix Méditerranée, Prix Ulysse.
Une question d'orgueil, Gallimard, 2013.
Sigmaringen, Gallimard, 2014. Prix du Salon du livre de Genève.
Golem, Gallimard, 2016.
Retour à Séfarad, Gallimard, 2018. Prix des Vendanges littéraires de Rivesaltes.

Dictionnaires

Autodictionnaire Simenon, Omnibus, 2009.
Dictionnaire amoureux des écrivains et de la littérature, Plon, 2016.

Rapport

La Condition du traducteur, Centre national du livre, 2012.

Réalisation : Nord Compo à Villeneuve-d'Ascq

Achevé d'imprimer en avril 2019
par Normandie Roto Impression s.a.s.
61250 Lonrai
N° d'imprimeur : 1900557
Dépôt légal : mai 2019
ISBN : 979-10-210-3848-6
Numéro d'édition : 4256
Imprimé en France